말씀과 함께

역사서 강의

말씀과 함께· 역사서 강의

초판1쇄   2023년 8월 15일

지은이   양진일
판권   ⓒ양진일 2023
펴낸이   윤용
디자인   최주호
펴낸곳   도서출판 세미한
등록번호   제2019-000016호
등록된곳   경기도 화성시 10 용사로 221. 105-1208
전화   010-4475-4015
팩스   0504-325-4015
이메일   yyipsae@daum.net
facebook   www.facebook.com/yyipsae

ISBN   979-11-984185-0-0   03230

값 25,000 원

우리가 어떤 마음으로 하나님의 말씀과 대면하고 있는지, 정말 진실한 마음으로
하나님과의 만남을 가져가고 있는지를 돌아보는 것이 중요합니다. 우리가 어떤
마음으로 하나님을 만나고자 하는지에 따라서 하나님은 우리를 그렇게 만나주십니다.

말씀과 함께

역사서 강의

양진일
지음

여호수아-에스더

세미한

프롤로그

    하나님 나라의 복음만이 선포되어야 할 교회 안에서 우리는 과연 하나님 나라의 복음을 온전히 듣고 있는지요? 도리어 오늘날 교회 안에서 세상에서의 성공과 승리, 높아짐을 추구하는 세상의 복음이 하나님의 이름으로 포장되어 선포되고 있는 것은 아닌가라는 두려움과 떨림이 밀려옵니다. 신앙인에게 요청되는 가장 중요한 자질은 분별입니다. 하나님의 역사와 악령의 역사에 대한 분별, 목사와 삯꾼에 대한 분별, 참 신자와 거짓 신자에 대한 분별, 진리의 말씀과 유혹의 말에 대한 분별이 필요합니다. 이 분별을 가능케 하는 것이 하나님의 말씀입니다. 말씀의 중요성은 아무리 강조해도 지나치지가 않습니다.

    오랜 시간 성경을 공부하고 가르치는 자로 살았습니다. 제가 강의를 하면서도 말씀의 일차 수신자는 저 자신임을 기억하며 말씀 앞에서 살아가고자 오늘도 발버둥치고 있습니다. 저와 함께 공부하셨던 많은 분들이 강의 내용이 책으로 나오기를 기대하셨는데 올해 계속하여 책 출간이 이어지고 있습니다. 출판 시장이 어려운 가운데서도 1월에 나온 '구약성경, 책별로 만나다'는 4쇄를, 4월에 나온 '신약성경, 책별로 만나다'는 출간 2주만에 2쇄를 찍었고, 4월에 나온 '모세오경 강의'도 2쇄를 앞두고 있습니다.

이 책은 모세오경 강의에 이어 1년 과정의 '말씀과함께' 성경 공부 가운데 역사서 강의 내용을 그대로 풀어 정리한 것입니다. 강의의 현장성을 살리고자 구어체 그대로를 살려 기술하였습니다. 이 책을 통해 역사서의 주요 내용들과 친숙해 지시면서 하나님이 원하시는 하나님나라 백성의 삶을 힘있게 걸어갈 수 있는 영양분을 섭취하실 수 있기를 소망합니다.

이 책이 나오기까지 고마운 분들이 참 많습니다. 하나님의 사람으로 저를 낳아주시고 신앙 안에서 양육해주신 사랑하는 어머니와 말씀 앞에서 자기 존재를 꺾어 나가며 날마다 새로워지고자 하는 공동체 식구들에게 고마움을 전합니다. 무엇보다 '말씀과함께' 강의에 함께 해주셨던 모든 분들에게 감사를 드립니다. 온맘 다해 경청해주신 여러분이 계셨기에 제가 더욱 힘내어 '말씀과함께' 사역을 할 수 있었습니다. 저를 초대해주시고 말씀 안에서 아름다운 동역을 할 수 있도록 해주신 전국에 있는 여러 교회들에게도 감사를 드립니다. 2023년 '말씀과함께' 길벗으로 함께 하고 계신 모든 분들에게도 평화의 인사를 드립니다.

하나님의 임재와 부재가 혼재된 삶의 여정 속에서 말씀과함께 걸어가는 삶의 기쁨이 여러분 모두에게 가득하시기를 바랍니다. 고맙습니다.

목차

말씀과 함께 역사서 1-1

역사서 핵심 사상

오늘부터 역사서를 공부합니다. 먼저 역사서의 특징에 대해서 보도록 하겠습니다. 역사서는 70인경 번역 이후부터 등장한 장르입니다. 유대인들은 성경을 3개의 장르로 나눕니다. 토라가 있고 예언서가 있고 성문서가 있습니다. 그리고 유대인들은 가장 중요한 말씀을 앞부분에 배치했는데, 토라, 예언서, 성문서의 순서로 성경을 배치했습니다. 이것을 유대인들은 무엇과 비교했습니까? 성막과 비교했습니다. 성막의 출입문인 동쪽으로 들어가면 뜰이 있고 그다음에 성소가 있고 제일 마지막으로 지성소가 있습니다. 성막 전체가 거룩한 하나님의 임재를 상징하는 곳이지만 가장 거룩한 장소는 지성소이고 그다음 거룩한 장소는 성소이고 그다음 거룩한 장소가 뜰입니다. 성경 전체가 거룩한 하나님의 말씀이지만 가장 거룩한 말씀은 토라이고 그다음 거룩한 말씀은 예언서이고 그다음 거룩한 말씀을 성문서로 보았습니다. 그래서 유대인들은 토라를 지성소에, 예언서를 성소에, 성문서를 뜰에 비유합니다.

주전 3세기부터 히브리어 성경을 헬라어로 번역한 최초의 번역 성경이 등장하는데 이것이 바로 70인경입니다. 그런데 70인경으로 성경을 번역하면서 몇 가지 수정이 가해졌습니다. 첫째는 책의 제목이 만들어졌습니다. 원래 히브리어 성경에는 책의 제목이 없었습니다. 70인경으로 성경을 번역하면서 그 본문의 가장 중요한 키워드와 주제를 하나씩 뽑아 책의 제목으로 붙였습니다. 첫 번째 두루마리를 읽어보니 여기서 가장 중요한 키워드는 모든 것의 시작을 말하는 '게네시스'이다, 그래서 창세기라는 제목이 만들어졌습니다. 두 번째 두루마리를 읽어보니 여기서 가장 중요한 주제는 '엑소더스'다, 그래서 출애굽기란 책의 제목이 붙여졌습니다. 이런 식으로 창세기, 출애굽기, 레위기란 책의 제목이 70인경 때부터 만들어진 것입니다.

둘째는 책의 배치를 새롭게 했습니다. 태초의 창조부터 주전 400년경의 말라기까지 시간적 순서에 따라 성경을 재배치 한 것입니다. 70인경으로 성경을 번역하면서 책의 제목이 만들어지고 시간적 순서에 따라 성경 본문을 새롭게 배치했습니다. 셋째는 성경을 4개의 장르로 나누었습니다. 창세기부터 신명기까지를 토라, 여호수아부터 에스더까지를 역사서, 욥기부터 아가까지를 시가서, 이사야부터 말라기까지를 예언서라고 불렀습니다. 원래 유대인의 성경에서는 성경이 3개의 장르였는데 70인경 때부터 4개의 장르로 전환된 것입니다.

역사서라고 하는 것은 70인경 번역 이후부터 등장한 장르입니다. 70인경 때부터 성경은 율법서, 역사서, 시가서, 예언서의 4개의 장르

가 되었습니다. 초대 교인들이 읽은 구약 성경이 70인경입니다. 바울
이 전도했던 대부분의 이방 지역의 초대 교인들은 히브리어로 구약을
읽을 수가 없었습니다. 그들은 헬라어로 번역된 70인경을 읽었습니
다. 그리고 AD 397년에 신약 성경의 27권을 정경으로 확정할 때 신
약 성경의 배치를 70인경의 장르 배치 순서를 따라 배치를 했습니다.

토라가 제일 앞에 배치된 것처럼 복음서를 제일 앞에 배치하였고,
토라 다음에 역사서가 나오는 것처럼 복음서 다음에 역사서인 사도행
전을 배치했습니다. 역사서 다음에는 시가서가 나오는 것처럼 시가서
에 대응하는 21권의 서신서를 배치하였고, 70인경의 제일 마지막에
예언서가 나오는 것처럼 신약 성경 제일 마지막에 요한계시록을 배치
한 것입니다.

신앙인들 중에 마태복음부터 요한계시록까지의 배치 순서가 쓰인
순서라고 생각하시는 분들이 있는데 절대 그렇지 않습니다. 사도 바울
이 AD 64년에 순교합니다. 바울이 쓴 편지는 아무리 늦어도 64년 이
전에는 쓰여야 합니다. 제일 먼저 쓰인 복음서가 마가복음입니다. 마
가복음이 AD 70년경에 기술되었습니다. 복음서 중에 제일 먼저 쓰인
마가복음조차도 사도 바울이 순교한 이후에 쓰인 것입니다. 신약 성경
은 쓰인 순서에 따라 배치된 것이 아닙니다.

그렇다면 왜 마태복음부터 요한계시록까지의 순서로 신약 성경이
배치되어 있는 것일까요? 그것은 70인경의 장르 배치 순서를 그대로

따라한 것입니다. 토라에 뭐가 나옵니까? 하나님의 구원 사건인 출애굽과 하나님의 말씀인 십계명과 율법이 나옵니다. 예수 그리스도의 구원 사건과 예수님의 말씀과 예수님의 사역이 기록된 것이 뭐죠? 복음서입니다. 구약 성경에 토라가 제일 앞에 나오는 것처럼 신약 성경에 복음서를 제일 앞에 배치한 것입니다. 토라 다음에는 무엇이 나옵니까? 여호수아부터 에스더까지의 역사서가 나옵니다. 초대 교회의 역사를 다루고 있는 신약 성경의 유일한 역사서가 뭐죠? 사도행전입니다. 그래서 복음서 다음에 사도행전이 나오는 것입니다.

역사서 다음에는 시가서가 나옵니다. 시가서에 대응하는 것이 바로 21개의 서신서입니다. 서신서는 바울 서신이 먼저 나오고 그다음에 공동 서신이 나옵니다. 바울의 편지는 특정한 교회나 특정한 개인에게 보낸 것입니다. 공동 서신은 수신자들이 공동인 것입니다. 모든 바울의 편지는 특정 교회나 특정 개인에게 보낸 것이기에 로마 교회에 보낼 편지가 고린도 교회로 가면 안 됩니다. 고린도 교회에 보낼 편지가 에베소 교회에 전달되면 안 됩니다. 왜 그렇습니까? 고린도전서에 당파 문제에 대한 기술이 나옵니다. 고린도 교회 안에 당파 문제가 있었기 때문에 바울이 쓴 것입니다. 고린도 교회의 구체적인 문제를 다루고 있는 그 편지가 에베소 교회로 전달이 되면 그 수신자들이 볼 때 얼마나 황당하겠습니까. 그런데 공동 서신은 하나님의 백성 된 누가 읽어도 상관이 없는 것입니다.

21권의 서신서가 있는데 바울의 편지가 먼저 나오고 그다음에 공동

서신이 나옵니다. 바울의 서신은 교회에게 보낸 편지가 먼저 나오고 개인에게 보낸 편지가 그다음에 나옵니다. 교회에게 보낸 편지는 긴 것이 앞에 나오고 짧은 것이 뒤에 배치됩니다. 로마서가 제일 앞에 배치된 것은 분량이 가장 길기 때문입니다. 전서와 후서가 있다고 할 때는 항상 전서가 후서보다 분량이 깁니다. 이런 원칙이 있는 것입니다. 특별한 기준 없이 로마서부터 빌레몬서까지 배치되어 있는 것이 아닙니다. 교회에게 보낸 편지가 앞에 나오고 개인에게 보낸 편지가 뒤에 나오고, 교회에게 보낸 편지도 분량이 긴 것들이 앞에 나오고 분량이 작을수록 뒤에 나오고, 전서와 후서가 있다고 할 때 항상 전서가 후서보다 분량이 더 깁니다. 이런 식으로 70인경으로 성경을 번역하면서 책의 제목이 만들어졌고 장르가 4개로 새로워졌다, 70인경의 장르 배치 순서를 그대로 따른 것이 바로 신약 성경이라고 이해하시면 되겠습니다.

유대인들의 히브리어 성경에는 역사서라는 것이 따로 존재하지 않습니다. 70인경 때부터 역사서라는 장르가 등장하게 됩니다. 역사라는 단어만 들어도 머리가 아프신 분들이 계실 수 있는데 대한민국 사회는 역사 전쟁의 현장이라는 말이 있습니다. 진보적인 역사의식을 가진 사람과 보수적인 역사의식을 가진 사람들 사이에는 합의되는 내용이 거의 없습니다. 예를 들어, 박정희 대통령을 어떻게 볼 것인가, 노무현 대통령을 어떻게 볼 것인가에 있어 입장이 하늘과 땅 차이입니다. 일제 강점기를 어떻게 볼 것인가, 미국을 어떻게 볼 것인가에 대해서도 입장 차이가 너무나 큽니다. 어떤 역사의식을 가지고 있느냐에 따라서 어떤 사건이나 인물에 대한 생각의 폭이 너무나 큰 간격을 드러냅니다. 대한민국 사회 안에서 어떤 이야기를 꺼내게 되면 금방 논쟁이 일어납니다. 그래서 교회 안에서는 절대 정치 얘기를 하면 안 된다고 조언합니다. 정치 이야기를 하다 보면 친밀했던 사람들도 금방 원수가 될 수 있기 때문입니다. 대한민국 사회가 역사 전쟁의 한복판에 있다 보니 보수건 진보건 간에 모든 사람들이 수용할 만한 객관적이고 중립적인 역사 해석은 없을까라는 소망을 많이 품게 됩니다. 그러나 그러한 역사 해석은 존재하지 않습니다.

역사라고 하는 것은 몇 년 몇 월 며칠에 무슨 사건이 있었다는 것을 기술하는 것이 아닙니다. 그것은 사실에 대한 보도입니다. 역사라고 하는 것은 그 사건을 해석하는 것입니다. 예를 들어, 1947년 7월 19일에 한지근이라는 사람이 건국준비위원회의 지도자인 여운형을 혜화동 로터리에서 권총으로 암살을 했습니다. 여기까지만 쓰게 되면 이것은 사실에 대한 보도입니다. 역사는 이 사건을 해석하는 것입니다. 왜 한지근이 여운형을 암살했는지, 이것이 한지근 개인의 활동인지 아니면 한지근 배후에 미 군정이나 이승만이 있었는지, 한지근이 여운형을 암살한 사건이 2년 뒤에 안두희가 김구를 암살한 사건과 어떤 상관성이 있는지 등을 평가하고 해석하고 기술하는 것을 우리는 역사라고 합니다.

이처럼 역사에는 역사를 기술하는 사람의 해석과 관점이 들어갑니다. 그래서 우리가 어떤 역사책을 볼 때 제일 중요하게 보아야 하는 것이 이것을 쓴 사람이 누구인가 하는 것입니다. 역사를 기술하는 그 사람을 우리는 사가라고 하고 사가가 가지고 있는 관점을 사관이라고 합니다. 어떤 사가가 어떤 사관으로 역사를 기술하느냐에 따라 동일한 사건과 인물조차도 전혀 다른 해석이 나올 수 있습니다. 역사에는 해석이 들어갑니다. 따라서 역사를 기술함에 있어 가장 중요한 것은 누구의 해석인가 하는 것입니다.

예를 들어, 1909년 10월 26일에 안중근이 이토 히로부미를 권총으로 암살했습니다. 이 사건에 대해서 일본에서는 안중근을 테러리스트라고 합니다. 우리 민족은 안중근에 대해서 뭐라고 얘기합니까? 독립투사 또는 의사라고 합니다. 동일한 인물에 대한 평가가 너무나 다른 것입니다. 우리는 오랜 시간 역사를 암기과목처럼 공부했습니다. 1392년에 이성계가 조선을 건국하고 1492년에는 콜럼버스가 미 대륙을 발견하고 1592년에는 임진왜란이 발발했다는 식으로 암기했습니다. 그래서 누군가 1492년이라고 질문하면 콜럼버스가 미 대륙을 발견한 해라고 답변을 합니다. 콜럼버스가 미 대륙을 발견했다고 하는 것은 누구의 해석입니까? 콜럼버스의 해석이고 콜럼버스를 파견한 스페인의 해석입니다. 콜럼버스가 미 대륙을 발견하기 전까지 그 땅에는 아무도 살고 있지 않았습니까? 그렇지 않습니다. 오랜 세월 동안 그 땅에 거주하고 있던 원주민들이 있었습니다. 그렇다면 원주민들에게는 1492년이 어떤 해로 기억되겠습니까? 침략과 학살이 시작된 해입니다. 똑같은 사건이라 하더라도 유럽의 관점으로 바라보는 것과 원주민의 관점으로 바라보는 것은 이렇듯 하늘과 땅의 차이를 드러냅니다. 그래서 역사를 공부할 때 가장 중요한 것은 이것이 누구의 관점인가 하는 것입니다.

그렇다면 성경의 역사서는 누구의 관점으로 기록된 것일까요? 성경의 역사서는 선지자의 관점으로 기술된 것입니다. 그래서 우리가 역사서라고 부르는 본문을 유대인들은 전기 예언서라고 부릅니다. 여호수아, 사사기, 사무엘, 열왕기가 여기에 해당됩니다. 우리가 역사서라고 부르는 본문을 유대인들은 왜 전기 예언서라고 부를까요? 역사서가 이스라엘 역사에 대한 기술인데 선지자의 관점으로 기술된 이스라엘 역사이기 때문입니다. 이것을 꼭 기억해주셔야 합니다. 선지자의 관점으로 기술된 이스라엘 역사가 성경의 역사서입니다.

그렇다면 선지자의 관점이라고 하는 것이 다른 역사가의 관점과는 어떤 차이를 드러내는 것일까요? 이스라엘 역사를 보시면 총 42명의 왕이 등장합니다. 보통 일반 역사가가 왕을 평가할 때 가장 중요하게 보는 것은 그 왕이 통치할 때의 정치, 경제, 군사적인 업적입니다. 그 왕이 통치할 때 얼마나 정치적인 안정을 일구었는가, 경제적 부강을 건설했는가, 군사적인 승리를 거두었는가, 영토를 확장했는가 등이 평가의 중요한 기준입니다. 이것이 일반 역사가의 관점입니다. 예를 들어, 고구려의 광개토대왕의 이름을 들으시면 여러분은 좋은 왕이라는 느낌과 나쁜 왕이라는 느낌 가운데 어떤 느낌을 가지십니까? 대부분 긍정적 이미지가 더 클 것 같습니다. 그 이유가 뭐죠? 영토 확장 때문입니다. 실제 광개토대왕이 통치할 때 얼마나 고구려 백성을 수탈했는지, 그들의 삶을 억압하였는지에 대해서는 관심도 없고 잘 알지도 못합니다. 왜냐하면 일반 역사가들이 왕들을 평가할 때 이 왕이 얼마나 민주적인 통치를 하고 백성들의 삶을 평안하게 해주었는지는 그렇게 중요한 평가 기준이 아니기 때문입니다. 왕에 대한 평가 기준에서 중요한 것은 정치, 경제, 군사적 업적입니다. 이것이 일반 역사가들이 왕을 평가하는 기준입니다.

그런데 선지자들의 평가 기준은 다릅니다. 선지자들은 왕을 평가할 때 이 왕이 통치할 때 얼마나 정치, 경제, 군사적인 업적들을 많이 성취했는가를 주목하지 않습니다. 선지자가 가장 중요하게 보는 것은 이 왕이 통치할 때 얼마나 신실하게 하나님과 동행했는가 하는 것입니다. 하나님과의 언약을 신실하게 준행했는지, 하나님만을 섬기는 종교개혁을 단행했는지, 미쉬파트와 체데크의 삶을 실현했는지를 중요하게 봅니다. 이것이 일반 역사가와 선지자의 관점의 차이입니다.

일반 역사가의 관점으로 이스라엘의 42명의 왕을 평가한다고 하면 A+를 받을 수 있는 왕이 6명이 있습니다. 정치적 안정도 일궈내고 경제적 부강도 일궈내고 외국과의 전쟁에서 승리를 일궈내면서 영토를 확장한 6명의 왕이 있습니다. 공교롭게도 6명의 왕이 100년 주기로 2명씩 등장합니다. 주전 10세기에 다윗과 솔로몬, 주전 9세기에 오므리와 아합, 주전 8세기에 여로보암 2세와 웃시야입니다. 이스라엘은 100년 주기로 전성기를 구가했습니다.

주전 10세기에 다윗과 솔로몬은 통일 이스라엘의 왕입니다. 주전 9

세기에 오므리와 아합은 북이스라엘의 왕입니다. 오므리와 아합은 야훼 신앙을 밀어내고 바알 신앙을 국가 종교로 만들려고 했습니다. 그것을 막으려고 했던 예언자가 누구입니까? 엘리야와 엘리사입니다. 북이스라엘의 최고 전성기를 일궜던 오므리와 아합은 하나님이 보시기에는 가장 악한 왕들입니다. 주전 8세기에 북이스라엘에서는 여로보암 2세가 남유다에서는 웃시야라는 왕이 전성기를 재현합니다. 일반 역사가의 관점으로는 이 6명이 A+입니다.

그런데 이 6명 가운데 선지자가 볼 때도 그나마 점수를 조금 받을 수 있는 사람은 다윗과 웃시야 정도 밖에는 없습니다. 솔로몬, 오므리, 아합, 여로보암 2세 모두가 F입니다. 예언자의 관점으로 바라볼 때 이들 모두가 함량 미달입니다. 왜냐하면 이 왕들이 통치할 때 하나님과의 언약을 신실하게 지키지도 않았고 하나님과 신실하게 동행하지도 않았고 미쉬파트와 체데크를 구현하지도 않았기 때문입니다. 그중에서도 최악의 왕을 꼽으라고 한다면 바로 오므리입니다.

오므리 왕조는 4대를 통해 약 40년간 북이스라엘을 통치했습니다. 왕조의 존속 기간이 그리 길지 않은 편입니다. 그런데 오므리 왕조가 멸망한지 100년이 지난 이후에 기록된 앗수르 문헌을 보면 북이스라엘을 오므리의 집이라고 표기합니다. 오므리 왕조가 무너진 지 100년이 지났는데도 다른 나라 외교 문서에 북이스라엘을 오므리의 집이라고 할 만큼 다른 나라에게 강력한 인상을 남긴 왕조가 오므리 왕조입니다. 그만큼 오므리란 사람이 엄청난 왕입니다. 그런데 성경에서 발견하게 되는 오므리라는 인물은 이스라엘 땅에 바알 신앙을 국가 종교로 도입하고자 한 사람, 자기 아들 아합과 이세벨이라고 하는 시돈의 공주를 결혼시킨 사람 등의 부정적인 기술만 있지 오므리에 대해서 단 한 구절도 긍정적인 기술이 없습니다. 세상의 평가와 하나님의 평가가 이렇게 다른 것입니다.

우리가 세상에서 성공하는 그 자체가 하나님께 영광을 돌리는 일이 아님을 기억해야 합니다. 오므리와 아합 시대는 외형적으로 보면 북이스라엘이 최고의 번영을 누린 시대입니다. 전성기를 구가하고 성공하는 것처럼 보였습니다. 그런데 북이스라엘의 번영이 하나님께도 영광이 되는 것이었습니까? 북이스라엘의 성공이 하나님께도 기쁨이 되는 것이었습니까? 절대 그렇지 않습니다. 세상적인 성공이 하나님을 떠나 세상과 손 맞잡은 결과일 수도 있음을 보여주는 것이 오므리와 아합의 이야기입니다.

오늘날에도 자녀가 좋은 대학에 들어가거나 좋은 직장에 취업을 하고 세상적으로 승승장구하게 되면 그 모든 것들이 하나님의 복과 은혜를 받은 것처럼 규정할 때가 많이 있습니다. 그러나 외형적인 그러한 모습으로 하나님의 복과 은혜, 성공을 논할 수는 없습니다. 신앙인들에게 성공이라는 것은 하나님께 얼마나 온전히 순종했는가에 달려있는 것입니다. 세상적으로 얼마나 잘 나갔는가를 가지고 신앙인의 성공을 논할 수는 없습니다. 외형적으로 보면 북이스라엘이 가장 번성했을 때가 오므리의 때이고 아합의 때이고 여로보암 2세의 때이지만 이때 하나님은 예언자를 보내셔서 북이스라엘을 끊임없이 책망하십니다. 세상적으로는 번영을 누렸지만 하나님의 평가는 불합격입니다. 일반 사가의 관점과 예언자의 관점이 다르다는 것을 꼭 기억하셔야 합니다.

이스라엘은 고대 근동 사회에서 군사적으로 강력한 나라는 아닙니다. 고대 근동 지역에서 강력한 나라들은 모두 메소포타미아에서 출현했습니다. 메소포타미아에서 출현한 나라가 앗수르와 바벨론입니다. 바로 옆에는 어떤 나라가 있습니까? 페르시아가 있습니다. 이 세 나라가 수백 년 동안 고대 근동의 패권을 장악했습니다. 그리고 항상 2인자의 자리를 차지했던 곳이 애굽입니다. 고대 근동 사회 안에서 메소포타미아에 있는 국가들이 항상 챔피언, 애굽이 만년 2인자였습니다. 그리고 3위 자리를 두고 아람, 블레셋, 두로와 시돈, 이스라엘 등의 나라들이 각축을 했습니다.

그런데 이스라엘은 군사적으로 강한 나라가 아니었는데 특이하게도 100년 주기로 3번의 전성기를 구가합니다. 어떻게 이것이 가능했을까요? 이스라엘이 전성기를 구가할 때는 공통점이 있습니다. 첫째, 이스라엘이 전성기를 구가할 때는 고대 근동의 최강자라 할 수 있는 메소포타미아에 있는 나라들과 애굽이 내분에 시달리거나 이방 민족의 공격을 받아서 다른 곳에 눈을 돌릴 수가 없을 때입니다. 이때 이스라엘이 번영을 구가할 수 있었습니다.

둘째, 두로와 긴밀한 동맹 관계를 맺었을 때 이스라엘은 번영을 구가합니다. 주전 10세기 다윗과 솔로몬 시대에도 두로 왕 히람과 지속적인 동맹 관계를 맺습니다. 솔로몬이 성전들을 건축하고 왕궁을 건축할 때 중요한 모든 재료들을 어느 나라에서 수입합니까? 두로에서 수입합니다. 솔로몬이 성전을 건축할 때 성전 건축의 총 책임자를 어디에서 데리고 옵니까? 두로에서 데려옵니다. 왜 성전 건축의 총 책임자를 두로에서 데리고 왔죠? 이스라엘은 한 번도 성전을 건축해 본 적이 없습니다. 유일하게 건축한 것이 성막입니다. 그래서 성전을 지으려고 할 때 성전 건축의 베테랑을 두로에서 데려온 것입니다. 왜 이 사람을 데려왔습니까? 이 사람이 신전 건축을 많이 해본 전문가이기 때문입니다. 그렇다면 이 사람은 그동안 어떤 종교의 성전 건축을 많이 한 것일까요? 바로 바알 신전입니다. 두로와 시돈은 바알 숭배의 본산입니다.

솔로몬이 야훼 하나님을 위해 건축한 성전은 형태적으로 보면 바알 신전과 유사합니다. 바알 신전과 유사한 이유가 뭐겠습니까? 신전 건축의 베테랑을 데려와서 성전을 건축하였는데 이 사람이 그동안 무수하게 지은 신전은 바알 신전입니다. 그래서 바알 신전처럼 야훼의 성전을 건축합니다. 그것을 보여주는 두 가지 증거가 성전 앞에 있는 기둥과 놋바다입니다. 성막 앞에는 기둥이 없습니다. 그런데 솔로몬이 건축한 성전에는 야긴과 보아스라는 기둥이 있습니다. 신전 앞에 기둥을 세우는 것이 바알 신전의 특징입니다. 야긴과 보아스라고 하는 것은 고대 근동 사회의 이방 신의 이름입니다. 이방 신의 기둥을 앞에 세우는 이유는 야훼가 주신이고 이들은 주신인 야훼를 모시고 지키는 신이라는 것입니다.

그리고 성전에는 거대한 놋바다가 있습니다. 그 놋바다를 12마리의 황소가 떠받치고 있습니다. 황소가 어느 신의 엠블럼인가요? 바알의 엠블럼입니다. 솔로몬이 건축한 성전에는 성막에는 존재하지 않았던 것들이 만들어졌는데 이 두 가지 모두가 바알 신전의 모습을 그대로 재현한 것입니다. 솔로몬이 건축한 야훼의 성전이 바알 신전과 유사한 이유는 솔로몬이 성전을 건축하기 위해 신전 건축의 베테랑을 두로에서 데려왔는데 두로는 바알 숭배의 본산이고 그가 오랜 기간 건축했던 신전이 바알 신전이기 때문입니다. 이스라엘이 바알 숭배의 본산인 두로와 긴밀한 동맹 관계를 유지할 때 외형적인 전성기를 구가했습니다.

당시 두로는 지중해 무역을 독점했습니다. 두로와 긴밀한 동맹 관계를 통해 이스라엘도 지중해 무역의 혜택을 누린 것입니다. 그 결과, 두로와의 연대와 협력으로 인해 이스라엘은 경제적인 부강함을 누렸습니다. 바알 숭배의 본산인 두로와 손 맞잡음을 통해 이스라엘은 야훼 신앙을 저버리고 바알 종교를 국교화하고자 하였습니다. 그 대표적인 왕이 오므리와 아합입니다.

구약 성경을 읽다 보면 하나님만을 섬겨야 할 이스라엘은 끊임없이 하나님을 저버리고 다른 신들에게로 향합니다. 대표적인 신이 바알입니다. 출애굽의 놀라운 사건을 경험하고, 야훼 하나님과 시내산 언약도 체결하고, 가나안 땅도 차지하게 된 이스라엘이 자신들을 구원하시고 돌보신 하나님을 저버리고 바알 숭배에 빠지는 것을 보면 참 안타깝기도 하고 어이없기도 합니다. 그러면서 이런 질문이 생깁니다. 이스라엘 전체가 야훼 하나님을 섬기겠다고 언약을 체결한 신앙 공동체 아닙니까. 이스라엘의 왕 모두가 하나님을 믿었던 사람들 아닙니까. 그런데 왜 이렇게 오랜 세월 동안 이스라엘 공동체 안에 바알 숭배가 만연했을까요? 하나님만을 믿겠다고 다짐하고 결단한 이스라엘 공동체 안에 어떻게 이방 신전들이 세워질 수 있었으며, 왜 오랜 세월 동안 이스라엘의 왕들은 이방 신전들을 타파하지 아니하고 내버려 두었는지 참 이해하기가 어렵습니다. 여기서 제가 이스라엘 공동체 안에서 우상 타파가 어려웠던 이유를 설명하고자 합니다.

열왕기를 보면, 솔로몬은 무수하게 많은 신전들을 건축합니다. 한국 교회는 솔로몬을 야훼 하나님을 위해 성전을 건축한 사람으로 규정을 많이 하는데 실제 솔로몬은 통치 40년 동안 엄청나게 많은 건축 사업에 올인합니다. 국고성, 병거성, 마병성, 왕궁과 무수한 신전을 건축했습니다. 솔로몬은 수십 개의 신전을 지었는데 그 수십 개의 신전 가운데 하나가 야훼 하나님을 위한 성전입니다. 이것을 정확하게 아셔야 됩니다. 솔로몬은 야훼 하나님을 위한 성전만 건축한 사람이 아니고 수십 개의 신전을 건축했습니다. 그것이 어디에 기록되어 있습니까? 열왕기상 11장입니다. 솔로몬이 선지자의 관점으로 F를 받을 수밖에 없었던 이유는 그가 이방의 온갖 우상들을 합법적으로 이스라엘 공동체 안으로 유입했던 왕이기 때문입니다. 도입만 했습니까? 솔로몬은 그 이방의 신들을 위해 신전을 다 건축합니다. 그렇다면 왜 솔로몬은 이방의 우상들을 이스라엘 공동체 안으로 유입했을까요?

솔로몬의 아버지는 다윗입니다. 다윗은 밑바닥에서부터 최정상까지 올라간 자수성가형 인물입니다. 다윗은 평생 전쟁을 한 사람으로서 전쟁에서 한 번도 진 적이 없습니다. 솔로몬은 태어났을 때부터 금수저 30개를 물고 나온 재벌 2세 같은 아들입니다. 태어났을 때부터 엄청난 권력과 부귀영화를 소유하게 되었는데 자기 힘으로 획득한 것은 하나도 없습니다. 아버지를 통해 모든 것을 물려받았습니다. 그리고 열왕기상 1장에 나오는 것처럼 솔로몬은 아도니야의 반란으로 인해 아버지가 죽기도 전에 왕위에 등극하게 됩니다. 솔로몬이라는 이름은 샬롬과 동일합니다. 그 이름의 뜻이 평화입니다. 솔로몬은 전쟁과는 거리가 먼 사람입니다. 아버지 다윗과는 전혀 다른 인생의 결을 가진 인물입니다.

솔로몬은 아버지께 물려받은 많은 것들을 지켜낼 수 있는 방식으로 결혼 동맹을 선택합니다. 이스라엘과 대적이 될 수 있는 모든 이방 나라와 사돈 관계를 맺은 것입니다. 솔로몬은 이방의 공주들을 자기의 아내로 맞이합니다. 이방의 공주가 이스라엘의 왕비가 되었을 때 그 공주만 이스라엘로 왔을까요? 자기 나라 공주가 이스라엘의 왕비가 된 상황을 이용하여 이스라엘과 무역을 하기 위해서 상인들도 들어왔을 것이고, 이방의 공주를 보필하기 위한 이방의 궁녀와 신하들도 이스라엘로 들어오게 됩니다. 결혼 동맹을 통해 이방 나라 사람들이 이스라엘로 들어오게 되었고, 그들의 종교와 문화도 함께 들어오게 됩니다. 무엇보다 솔로몬은 자신의 아내가 된 사람들의 종교 생활을 보장하기 위해서 그들의 신전을 다 지어줍니다. 그 내용이 열왕기상 11

장에 나옵니다.

더 나아가 솔로몬은 이방의 공주들을 위해 신전만 지어준 것이 아니라 그 신전에 나아가 예배를 드립니다. 성경에서 말하는 우상 숭배의 대표가 바로 솔로몬입니다. 성경이 말하는 우상 숭배가 무엇입니까? 하나님을 믿기는 믿는데 하나님만을 믿지 못하고 다른 것을 겸하여 섬기는 것입니다. 솔로몬은 예루살렘에 야훼를 위한 신전 뿐 아니라 그모스 신전, 다곤 신전, 바알 신전 등 많은 이방 신전들을 건축하고 그 신전에 나아가 예배까지 드렸습니다.

놀라운 것은 솔로몬이 죽은 다음에 이스라엘 왕들이 예루살렘 안에 있는 이방의 신전들을 계속 존치시켰다는 것입니다. 이방의 신전을 폐쇄하고 종교 개혁 운동을 일으킨 왕은 히스기야와 요시야뿐입니다. 이 일로 인하여 히스기야와 요시야는 예언자들로부터 A+의 평가를 받습니다. 그러나 안타까운 것은 이방의 신전을 폐쇄한 히스기야와 요시야가 백성들로부터는 전폭적인 지지를 받지 못했다는 것입니다. 혹시 이스라엘의 42명의 왕 가운데 가장 오랜 기간 통치한 왕이 누군지 아시나요? 므낫세입니다. 므낫세는 55년을 통치합니다. 므낫세는 분열 왕국 당시에 남유다의 왕입니다. 북이스라엘의 왕 가운데 가장 오랜 기간 통치한 사람은 여로보암 2세입니다. 41년을 통치했습니다. 여기서 우리는 우상 숭배에 몰두한 왕일수록 통치 기간이 길다는 것을 알 수 있습니다. 통치 기간이 길다는 말은 백성들의 지지를 받았다는 것입니다. 종교 개혁 운동을 일으켰던 왕들은 백성들의 사랑을 받지 못

하고 우상 숭배에 몰두했던 왕들은 백성의 사랑을 받았음을 기억하셔
야 합니다.

　여기서 다시 제기되었던 그 질문으로 돌아가 보겠습니다. 왜 이스라
엘 공동체 안에서 우상 타파가 어려웠을까요? 왜 이방 신전을 폐쇄하
지 못했을까요? 고대 사회의 신전을 보면 일단 그 규모가 엄청나게 큽
니다. 외국에 여행 가서서 각 종교의 신전을 보시면 어떤 생각이 드세
요? 그 규모와 화려함이 엄청나다는 것을 알 수 있습니다. 그렇다면 왜
신전은 스케일이 클까요? 고대 사회에서의 신전은 보통 네 가지의 기
능을 감당합니다.

　첫째는 예배를 드리는 장소입니다. 둘째로 은행의 역할을 했습니다.
신전만큼 돈이 많이 모이는 곳이 없습니다. 그 누적된 돈을 통하여 고
리대금업과 같은 은행업을 하였습니다. 복음서를 보면, 예수님이 성전
에 들어가셔서 상을 뒤집어엎고 채찍을 휘두르시면서 성전이 강도의
소굴이 되었다고 책망을 합니다. 당시 예루살렘 성전의 권력자들은 성
전에 있는 돈을 가지고 실제로 고리대금업을 하면서 가난한 자들의 등
골을 빼먹었습니다. 셋째로 세무서의 역할을 했습니다. 이스라엘 백성
이 십일조와 성전세 같은 세금을 성전에 납부했습니다. 넷째로 전쟁에
서 획득한 전리품이나 외국에서 선물로 받은 보물 등을 보관하는 보물
창고의 역할을 했습니다. 보통 신전은 이러한 네 가지의 역할을 한다
고 생각하시면 됩니다.

신전의 고유한 네 가지 기능 외에 중요하게 하나 추가되는 것이 있습니다. 바로 외교 대사관의 역할입니다. 예를 들어, 그모스라는 신은 모압 사람들이 섬기는 주 신입니다. 그모스 신전이 모압 땅에 있을 때에는 위에서 말한 네 가지 역할을 한다고 보시면 됩니다. 예배를 드리는 장소, 은행, 세무서, 보물창고의 역할입니다. 그런데 그모스 신전이 모압 땅 바깥에 존재하게 되는 경우에는 기본적인 네 가지 기능에다 플러스 알파로 중요한 새로운 기능이 하나 추가됩니다. 예루살렘에 있는 그모스 신전은 모압 대사관의 역할을 하는 것입니다.

　왜 이스라엘 역사에서 예루살렘에 있었던 이방의 신전들을 파괴할 수 없었는가 할 때 이방 신전을 파괴하는 행위는 그 나라의 대사관을 폐쇄하는 것이고, 외교관들을 추방하는 것과 동일합니다. 그렇게 되면 어떤 일이 벌어지겠습니까? 그 나라와의 외교 관계가 단절됩니다. 그 나라와의 외교 관계가 단절되게 되면 그 나라와의 경제 교류 협력 관계도 중단됩니다. 솔로몬 시대에 건축한 예루살렘에 있던 이방 신전들을 폐쇄하지 못했던 중요한 이유가 바로 이것입니다. 예루살렘에 있던 이방 신전들은 대사관의 역할도 했습니다. 이방 신전을 폐쇄하게 되면 그 나라와의 외교 문제가 발생합니다. 심한 경우에는 외교 관계가 단절되고 경제 교류 협력 관계도 중단됩니다. 그렇게 되면 이스라엘 경제는 위축됩니다. 이스라엘이 과감하게 우상 숭배를 끝장내지 못하고 이방 신전들을 폐쇄시키지 못했던 가장 중요한 이유는 바로 경제적인 문제 때문입니다.

요시야 왕은 주전 621년에 종교 개혁 운동을 펼칩니다. 예루살렘에 있었던 이방 신전들을 박살냅니다. 위에 드린 설명에 근거하면 요시야 왕이 예루살렘에 있던 이방 신전을 박살내었을 때 순차적으로 어떤 일이 일어났겠습니까? 이방과의 외교 관계도 단절되고 이방과의 경제 교류 협력 관계도 중단되었을 것입니다. 그 결과 이스라엘 경제가 위축됩니다. 그래서 예레미야 44장 17절을 보면 애굽으로 내려간 사람들이 이런 이야기를 합니다.

> "우리 입에서 낸 모든 말을 반드시 실행하여 우리가 본래 하던 것 곧 우리와 우리 선조와 우리 왕들과 우리 고관들이 유다 성읍들과 예루살렘 거리에서 하던 대로 하늘의 여왕에게 분향하고"

여기 하늘 여왕이 이쉬타르입니다. '그 앞에 전제를 드리리라 그때에는' 즉 이방 신들을 열심히 섬길 때에는 '우리가 먹을 것이 풍부하여 복을 받고 재난을 당하지 아니하였더니'라고 말합니다. 이 말씀을 통해 우리는 요시야 종교 개혁 운동 당시에 대다수의 이스라엘 백성들은 요시야의 종교 개혁 운동을 좋아하지 않았다는 것을 알 수 있습니다. 왜 좋아하지 않았습니까? 종교 개혁 운동으로 인해 먹고 살기가 어려워졌기 때문입니다. 경제가 위축되었기 때문입니다. 교회에서 성경공부를 할 때, 왜 이스라엘이 우상 숭배를 중단하지 못했는가, 이방 신전을 파괴하지 못했는가라고 했을 때 종교적으로만 설명을 하고자 하는데 사실은 그렇게 하지 못한 가장 중요한 이유는 경제적인 문제 때문임을 기억하셔야 합니다.

이스라엘 백성은 조금 가난하게 살더라도 하나님만을 섬기는 삶이 아니라 우상을 숭배하더라도 좀 더 부유한 삶을 추구했습니다. 이것이 이스라엘이 실패한 가장 중요한 이유입니다. 조금 가난하게 살더라도 야훼 하나님만을 섬기는 삶이 아니라, 우상을 숭배하더라도 좀 더 부유한 삶을 추구한 결과 그들은 하나님의 백성이라는 정체성을 상실했습니다. 하나님과 다른 신을 겸하여 섬기는 우상 숭배적 삶을 살았습니다.

이 문제는 기독교 2천 년의 역사에서도 계속해서 반복되는 문제입니다. 오늘 우리에게도 그대로 해당되는 문제라 할 수 있습니다. 신앙인이 신앙인다움을 상실하는 가장 중요한 이유는 더 부유해지고 싶은 욕망 때문입니다. 그 욕망에 지배를 받게 되면 신앙인다운 정직, 신앙인다운 진실, 신앙인다운 거룩을 상실할 가능성이 높아집니다. 신명기 32장 15절을 보겠습니다.

"그런데 여수룬이 기름지매 발로 찼도다 네가 살찌고 비대하고 윤택하매 자기를 지으신 하나님을 버리고 자기를 구원하신 반석을 업신여겼도다"

이 구절을 보면 부유함 자체를 하나님의 은혜와 복이라고 말하지 않습니다. '그런데 여수룬이' 여수룬은 이스라엘을 가리키는 애칭으로 '하나님께 복 받은 자'라는 뜻입니다. 신명기는 형통이나 번영이나 풍요로움 안에 배교의 씨앗이 있다고 봅니다. 결코 성경은 부유함 자체를 하나님의 은혜와 동일시하지 않습니다. 잠언에서도 아굴이라는 사람이 이렇게 기도합니다. 잠언 30장 8절입니다.

"곧 헛된 것과 거짓말을 내게서 멀리 하옵시며 나를 가난하게도 마옵시고 부하게도 마옵시고 오직 필요한 양식으로 나를 먹이시옵소서"

부유함 자체가 하나님의 은혜라면 더 부유하게 해달라고 기도해야 하지 않겠습니까? 그런데 부유해질수록 사람들이 하나님을 망각할 위험성이 더욱 높아집니다. 부유할수록 인생의 주요한 문제 앞에서 자신이 소유한 부유함으로 직면한 문제를 해결하고자 하지 하나님께 기꺼이 무릎을 꿇지 않게 됩니다. 풍요와 번영을 긴장감을 가지고 대할 것을 요청하는 것이 신명기 말씀의 핵심입니다.

정리해 보겠습니다. '왜 구약 시대 이스라엘이 우상 숭배를 단호하게 단절하지 못했는가?'라고 했을 때 가장 중요한 이유는 경제적인 문제 때문입니다. 예루살렘에 있던 이방 신전들은 대사관의 역할을 하였고, 그 이방 신전을 폐쇄하게 되면 그 나라와의 외교 관계가 단절되고 경제 교류 협력이 중단됩니다. 그 결과 이스라엘 경제는 위축되고 백성들의 불평불만이 고조됩니다. 그러면 왕의 통치는 흔들릴 수밖에 없습니다. 예레미야 44장 17절에서 본 것처럼, 이스라엘 백성들은 우상을 섬기더라도 부유하게 살아가는 삶을 소망했습니다.

우리는 히스기야나 요시야 같은 종교 개혁을 일으킨 왕들을 존경하지만 실제 당시의 이스라엘 백성들은 히스기야나 요시야를 사랑하지 않았습니다. 종교 개혁 운동으로 인해 경제적인 어려움이 닥쳤기 때문입니다. 반대로 우상 숭배에 몰두했던 므낫세는 55년이나 통치합니다. 백성들의 전폭적인 지지를 받았음을 알 수 있습니다. 백성들은 왜 므낫세 왕을 좋아했을까요? 우상 숭배의 결과 이스라엘이 경제적으로 부강해졌기 때문입니다. 이스라엘의 정치 경제 군사적 전성기를 이끌었던 다윗과 솔로몬, 오므리와 아합, 웃시야와 여로보암 2세 때의 특징이 뭐라고 했습니까? 바알 숭배의 본산이었던 두로와 긴밀한 동맹 관계를 맺었다는 것입니다. 이스라엘이 정치 경제 군사적으로 잘 나갔을 때는 항상 하나님을 떠났을 때입니다.

기독교 2천 년의 역사도 마찬가지입니다. 오늘날 한국 기독교가 이렇게 타락하고 부패하게 된 가장 중요한 이유도 돈이 많아졌기 때문입니다. 사도행전 3장 6절에서 베드로는 자기에게 구걸하는 지체 장애인에게 이렇게 말합니다.

"나에게 당신이 원하는 은과 금은 없지만 나에게 있는 것을 당신에게 주겠소, 예수의 이름으로 일어나 걸으시오"

2천 년 교회의 역사는 베드로가 했던 말과 정반대의 모습을 드러냅니다. 오늘날 지상의 교회에는 은과 금이 가득합니다. 그런데 은과 금이 가득한 교회 안에 뭐가 없습니까? 예수의 이름이 없습니다. 베드로에게는 은과 금은 없었지만 예수의 이름이 있었는데, 오늘날 교회에는 은과 금은 넘쳐나는데 정작 있어야 할 예수가 없는 경우가 너무나 많습니다. 욕망을 붙잡고 신앙의 본질을 잃어버린 결과라 할 수 있습니다. 구약 시대에 우상 숭배를 단호하게 끊어내지 못했던 가장 중요한 이유가 경제적인 문제와 연관이 있다는 것을 꼭 기억해주시기 바랍니다.

구약 성경 안에는 두 개의 역사서가 있습니다. 하나가 신명기 역사서이고 또 하나가 역대기 역사서입니다. 열왕기와 역대기를 읽다 보면 똑같은 이스라엘 왕조사에 대한 내용인데 왜 굳이 이것을 두 번이나 썼는가 하는 의문이 듭니다. 그 이유는 열왕기와 역대기를 기술한 목적이 다르기 때문입니다. 열왕기는 과거 반성이 목적이고 역대기는 미래 건설이 목적입니다. 여호수아, 사사기, 사무엘, 열왕기의 네 권을 신명기 역사서라고 합니다. 신명기 역사서는 바벨론 포로기 때 기록되었습니다. 기록한 목적이 무엇이었을까요?

하나님의 언약 백성 이스라엘이 왜 하나님께 심판을 받을 수밖에 없었는가, 우리가 무엇을 잘못한 것인가에 대해 이스라엘 역사를 통해 기술하고 있는 것이 바로 신명기 역사서입니다. 신명기 역사서는 하나님의 심판을 받을 수밖에 없었던 이스라엘의 죄악들을 숨김없이 기록하고 있습니다. 다윗이 밧세바를 범한 것, 그 죄를 은닉하기 위해서 우리아를 죽인 것, 솔로몬이 무수하게 많은 이방 여인과의 결혼을 통해서 이방의 신전을 지은 것, 이방 제단에 나아가 참배한 것 등을 있는 그대로 기술하고 있는 것이 신명기 역사서입니다.

그런데 역대기 역사서는 하나님의 은혜로 바벨론에 포로로 끌려갔던 자들이 다시 가나안 땅으로 돌아온 후에 기술됩니다. 가나안 귀환은 하나님께서 허락하신 은혜의 사건입니다. 이때 돌아온 사람들은 바벨론에서 형성했던 모든 기득권을 포기하고 이 악물고 돌아왔습니다. 그들은 돌아오면서 어떤 결단을 했을까요? 실패했던 조상들의 전철을 다시 밟으면 안 된다, 이제는 정말 하나님이 원하시는 멋지고 아름다운 이스라엘 공동체를 건설해야겠다는 마음으로 돌아왔습니다. 그러면서 멋지고 아름다운 이스라엘을 건설하기 위해서 지도자들은 어떤 자세를 가져야 하는지, 백성들은 어떤 자세를 가져야 하는지를 과거의 역사 가운데 본받을 만한 긍정적인 내용을 중심으로 다시 기술했습니다. 그것이 바로 역대기 역사서입니다.

역사는 발생한 모든 사건을 낱낱이 기술하는 것이 아닙니다. 역사는 그 역사를 기술하는 목적에 부합하는 자료를 수집하여 기술합니다. 신명기 역사서 같은 경우에는 과거 반성이 목적이기에 '조상들이 무엇을 잘못했는가'를 보여주는 자료가 많이 수집되었고, 역대기 역사서는 미래 건설이 목적이기에 본받을만한 긍정적인 모델을 제시할 수 있는 자료를 수집하여 기술합니다. 그래서 역대기에서는 다윗이 밧세바를 만나지도 않습니다. 밧세바라는 이름조차 나오지 않습니다. 밧세바 대신 밧수아라는 이름이 등장합니다. 그리고 솔로몬이 이방 신전을 건축한 것도 나오지 않습니다. 이것이 '역사 왜곡이 아니냐?'라고 생각하기 쉬운데 위에서 말씀드린 것처럼 역사라고 하는 것은 일어났던 모든 사건을 기술하는 것이 목적이 아닙니다. 왜 역대기에서는 다윗과 솔로몬의 죄악과 얼룩을 상세하게 기록하고 있지 않을까요? 바로 역사를 기록하는 목적이 다르기 때문입니다. 이처럼 신명기 역사서와 역대기 역사서는 기록되어진 시점도 다르고 기록되어진 목적도 다릅니다.

하나님만을 섬겨야 할 이스라엘은 끊임없이 우상 숭배를 행했습니다. 우상 숭배의 본질은 하나님과 다른 것을 겸하여 섬기는 것입니다. 이스라엘이 단호하게 우상 숭배를 끊지 못한 이유가 경제 문제와 긴밀한 연관이 있다는 것을 기억하십시오. 이스라엘은 고대 사회에서 독특한 신앙을 고백한 공동체입니다. 고대 근동 사회에서 대부분의 민족은 다신교 혹은 일신교의 신앙을 가졌습니다. 이스라엘만 유일신교의 신앙을 고백했습니다. 다신교라고 하는 것은 여러 신이 있다는 것을 인정할 뿐만 아니라 실제 여러 신을 섬기는 것입니다. 일신교와 유일신교는 약간 혼동되는 개념이기는 한데 이렇게 이해하시면 됩니다. 일신교라고 하는 것은 여러 신이 있다는 것은 인정하지만 한 신만을 섬기겠다는 것이고, 유일신교라고 하는 것은 한 신 외에는 존재하지 않으며 그 신만을 섬기겠다는 것입니다.

이스라엘은 다신교 사회도 아니고 일신교 사회도 아니고 유일신교를 고백하는 공동체입니다. 그런데 '하나님 외에는 신이 없습니다, 우리는 하나님만을 믿고 섬기겠습니다'라고 고백은 하였지만 실제의 삶 속에서는 하나님만을 믿지 못하고 하나님과 다른 신들을 겸하여 섬긴 것이 이스라엘이 지속적으로 드러낸 가장 큰 죄악입니다. 예수님께서 구약 이스라엘의 문제를 한 문장으로 정리하신 말씀이 마태복음 6장 24절에 나옵니다.

"너희가 하나님과 맘몬을 겸하여 섬길 수 없다"

여기에서의 맘몬은 풍요의 신인 바알을 말합니다. 이스라엘은 하나님 외에는 신이 없다고 고백하였지만 실제로는 하나님과 바알을 겸하여 섬겨 왔습니다. 이런 겸하여 섬김이 우상 숭배의 본질임을 기억해야 합니다. 중요한 것은 우상을 숭배하는 사람들은 자신들이 우상을 숭배하는지를 잘 모른다는 것입니다. 어떤 우상 숭배자도 '나는 지금 우상을 숭배하고 있다'라고 인지하면서 우상을 숭배하는 사람은 없습니다.

흥미로운 것은 착한 사람들이 좋은 마음으로 우상을 숭배할 때가 많이 있다는 것입니다. 우상이라고 하는 것은 하나님 아닌 것을 하나님의 자리에 올려놓는 것입니다. 기독교인들은 이런 고백을 합니다. '하나님만이 절대자이시고 그 외에 모든 것들은 하나님 앞에서 상대적인 존재이다, 하나님만이 온전하시고 그 외에 모든 것들은 불완전한 존재이다' 이처럼 하나님 외에는 절대자가 없다는 것이 기독교 신앙의 핵심입니다. 하나님 앞에서 모든 것들은 상대화 될 수밖에 없는 것입니다. 그런데 상대화될 수밖에 없는 것들을 절대자의 자리, 신성불가침의 대상으로 여기는 경우가 있습니다. 이것이 바로 우상 숭배입니다. 불완전하고 상대적일 수밖에 없는 것을 하나님 자리에 올려놓으면서 신성불가침의 대상으로 삼는 것이 우상입니다. 하나님 아닌 것을 하나님의 자리에 올려놓는 것입니다. 상대적인 것을 절대화시키고, 비판 가능한 것을 신성불가침의 대상으로 삼는 것입니다.

구약 시대 이스라엘 공동체 안에 있었던 대표적인 우상 숭배의 이데올로기가 있습니다. 이스라엘 역사에서 무수하게 많은 예언자가 등장해서 이스라엘 백성들의 죄를 질타했음에도 불구하고 이스라엘 백성들이 콧방귀를 끼고 경청하지 않았던 가장 중요한 이유가 세 가지 우상을 붙잡고 있었기 때문입니다. 바로 성전 신학, 왕정 신학, 시온 신학입니다. 성전 신학은 '성전은 하나님의 집이다'라는 대전제에서 출발합니다. 하나님의 집이 무너지는 것은 하나님이 무너지는 것과 똑같습니다. 하나님이 무너질 수 있습니까? 절대 그런 일은 일어나지 않습니다. 따라서 하나님의 집인 성전도 절대로 무너지지 않는다는 것이 성전 신학입니다.

왕정 신학은 무엇입니까? 하나님은 다윗의 후손들을 통해서 세계를 통치하고 있다는 것입니다. 다윗 왕조가 끝장나는 것은 하나님의 세계 통치가 끝장나는 것과 동일합니다. 하나님의 세계 통치가 멈출 수 있습니까? 없습니다. 따라서 다윗의 후손들이 다스리는 남유다 왕국은 절대 멸망하지 않는다는 것이 왕정 신학입니다. 시온 신학은 무엇입니까? 시온은 예루살렘의 별칭입니다. 시온 신학은 예루살렘이 하나님의 도성이라는 것입니다. 하나님의 도성인 예루살렘이 무너지는 것은 하나님의 무너짐과 똑같습니다. 하나님이 무너질 수 있습니까? 없습니다. 따라서 하나님의 도성인 예루살렘도 절대로 무너지지 않는다는 것이 시온 신학입니다.

예언자 미가는 죄악으로 충만한 예루살렘은 하나님의 심판을 받아

돌무더기가 될 것이라고 경고했습니다. 그러나 시온 신학을 가지고 있던 남유다 백성들은 예언자 미가의 말을 경청하지 않았습니다. 북이스라엘은 멸망한다 해도 남유다는 절대로 망하지 않는다고 자신만만했습니다. 그 이유가 무엇입니까? 왕정 신학 때문입니다. 예루살렘 안에만 있으면 안전을 보장받을 수 있다고 생각했습니다. 시온 신학 때문입니다. 무엇보다 예루살렘 안에 무엇이 있습니까? 하나님의 집인 성전이 있습니다. 성전은 절대 무너지지 않는다는 성전 신학으로 그들은 자신만만했습니다. 남유다 백성들은 성전과 다윗 왕조와 예루살렘을 하나님의 자리에 올려놓았습니다. 그것들을 하나님과 동일시하고 절대화했습니다. 신성불가침의 대상으로 만들었습니다. 이것이 무엇입니까? 바로 우상 숭배입니다.

오늘날 한국 개신교인들도 빈번하게 우상 숭배의 죄악을 범합니다. 기독교 우상, 교회 우상, 목사 우상입니다. 기독교 우상이라는 것은 무엇입니까? 기독교를 누가 비판하게 되면 핏대를 올리면서 기독교를 옹호하려고 합니다. 기독교가 무너지게 되면 마치 하나님이 무너진다고 생각을 합니다. 어떤 교회가 문제가 있음에도 불구하고 교회 문제를 지적하는 사람들이 있으면 어떻게든 교회를 지켜내고자 합니다. 교회가 무너지면 하나님이 무너진다고 생각을 합니다. 어떤 문제 있는 목사가 있는데 누가 그 목사의 문제를 지적하면 그 목사를 지켜내고자 최선을 다합니다. 그 목사가 무너지면 하나님이 무너진다 생각을 하는 것입니다. 이것이 바로 기독교 우상이고 교회 우상이고 목회자 우상입니다.

타락한 기독교가 무너지는 것이 하나님의 무너짐과 무슨 상관이 있습니까? 타락한 교회가 무너지는 것이 하나님의 무너짐과 무슨 상관이 있습니까? 부패한 목사가 무너지는 것이 하나님의 무너짐과 무슨 상관이 있습니까? 정말 착하고 좋은 마음으로 하나님과 기독교, 하나님과 교회, 하나님과 목회자를 동일시하면서 목회자를 지켜내는 것이 하나님을 지켜내는 것처럼, 교회를 지켜내는 것이 하나님을 지켜내는 것처럼, 기독교라는 현실 종교를 지켜내는 것이 하나님을 지켜내는 것처럼 착각을 합니다. 이것이 자기도 모르는 사이에 행하는 우상 숭배라는 것을 아셔야 합니다.

하나님 앞에서 모든 것들은 상대화되어야 합니다. 하나님 외에 그 어떤 것도 절대적인 것은 존재하지 않습니다. 하나님 아닌 것을 하나님의 자리에 올려놓는 것이 우상 숭배입니다. 하나님을 떠나겠다는 악한 마음이 아닌, 착하고 좋은 마음으로 자기도 모르는 사이에 우상 숭배를 할 수 있음을 기억하고 긴장감을 가져야 합니다. 출애굽 후 이스라엘 백성들은 자기들을 출애굽 시키신 하나님을 기억하고 기념하고자 금송아지를 제작했습니다. 얼마나 좋은 마음입니까? 그러나 그 행동이 형상을 만들지 말라 명하신 하나님의 말씀을 위반하는 불순종의 행위였습니다. 의도와 목적이 좋다고 하더라도 하나님의 뜻을 위반하는 것이라면 그것은 죄악입니다.

하나님은 성전과 다윗 왕조와 예루살렘을 바벨론이라는 막대기를 사용하셔서 친히 무너뜨리셨습니다. 그것들이 무너진다고 해서 하나님이 무너지셨습니까? 결코 그렇지 않습니다. 하나님은 성전과 다윗 왕조와 예루살렘을 친히 무너뜨리심으로 이스라엘 백성들이 얼마나 잘못된 신학적 이해를 가지고 왜곡된 우상 숭배에 몰두해 왔는지를 깨우쳐 주셨습니다. 성전이 무너지고 다윗 왕조가 끝장나고 예루살렘은 돌무더기가 되었지만 하나님의 존재와 그분의 세계 통치는 변함 없으심을 하나님은 보여주셨습니다. 이 땅에 그 어떤 것도 하나님과 동일시될 수 없음을 보여주신 것입니다.

말씀과 함께 역사서 1-2

여호수아서

여호수아서를 보겠습니다. 여호수아서는 가나안 땅 정복에 대한 신학적인 근거를 제공하고 있는 본문입니다. 우리가 여호수아서를 읽을 때 가장 중요하게 기억해야 할 것이 땅 신학입니다. 하나님이 이스라엘만을 사랑하셔서 아무 죄 없는 가나안 원주민들을 몰아내고 이스라엘 백성을 가나안 땅에 살게 한 것이 아닙니다.

땅 신학의 내용을 다시 한번 정리해 보겠습니다. 사람들이 발 딛고 살아가는 모든 땅의 주인은 하나님이시다, 하나님은 특정 민족과 공동체에게 그 땅에 살 수 있는 기회를 주신다, 그 땅에 살고 있는 사람들은 땅의 주인이 아니라 임차인으로 그 땅에 거주하는 것이다, 그들이 그 땅에 계속 거주하기 위해서는 땅의 주인이신 하나님께 성실하게 임대료를 납부해야 한다, 그 임대료는 사법적인 정의가 구현되는 미쉬파트와 서로가 서로를 형제로 대하는 체다카를 구현하는 것이다, 미쉬파트와 체다카가 넘치는 사회를 건설하게 되면 땅의 주인이신 하나님은 임차인들이 성실하게 임대료를 납부하고 있다고 간주해주시고 임차인들이 계속해서 그 땅에 살 수 있도록 기회를 주신다, 그런데 만약 미쉬파트와 체다카가 깨진 사회 즉 강한 자가 약한 자를 억압하고 지배하고 착취하여 약자들의 울부짖음이 넘쳐나는 사회가 만들어지게 되면 땅 신학에 근거했을 때 임차인들이 임대료를 체납하는 것으로 이해하신다, 임대료가 체납되게 되면 하나님은 예언자를 보내셔서 임대료가 체납되어 있음을 경고하신다, 하나님의 경고를 듣고도 임대료를 납부할 마음이 제로 상태가 되었을 때 하나님은 땅의 임차인들을 교체하신다는 것입니다. 땅 신학에 근거할 때 가나안 정복 전쟁은 임차인 교체 사건입니다.

여호수아서를 이해할 때 꼭 기억해야 하는 것이 땅 신학입니다. 이스라엘과 가나안 원주민들의 싸움은 이스라엘과 가나안 원주민의 싸움이라기보다는 하나님 대 하나님의 땅을 더럽혔던 죄인들 사이의 전쟁으로 이해하셔야 합니다. 가나안 정복 전쟁은 창조주 하나님의 땅 소유권을 찾기 위한 권리 투쟁입니다. 새로운 임차인으로 가나안 땅에 들어오게 된 이스라엘은 부단한 순종을 통해서 약속의 땅을 차지해야 합니다. 팔짱 끼고 가만히 있어도 가나안 땅이 이스라엘 백성에게 택배로 배달되는 것이 아닙니다. 하나님의 약속을 믿는 자들의 능동적 순종을 통해서 가나안 땅을 주시겠다는 하나님의 약속은 성취가 됩니다. 그 땅을 주시겠다는 하나님의 약속을 믿고 순종하는 자가 그 땅을 차지하게 되는 것입니다.

여기서 중요한 질문을 하나 던질 수 있습니다. '이스라엘 백성들은 왜 가나안 땅을 차지해야 하는 것인가?' 하는 질문입니다. 구약 시대에는 땅을 차지하는 것이 구원이고 땅을 상실하는 것이 구원을 상실하는 것입니다. 신약과 조금 개념이 다릅니다. 신약에서는 영원한 안식에 거하는 것이 구원받는 것입니다. 그런데 구약에서는 땅을 차지하는 것이 구원 받은 증거입니다. 이스라엘이 중요한 절기 행사에서 하나님께 이렇게 고백합니다. "우리는 유리방황하던 아람 사람이었습니다." 이스라엘의 조상들은 땅이 없어서 여기저기를 유리방황하던 사람들입니다. 유리방황하던 그들에게 하나님은 가나안 땅을 주셨습니다. 그러나 그들이 하나님께 온전히 순종하지 못한 결과 가나안 땅에서 내어 쫓김을 당했습니다. 이것이 바로 구약 이스라엘의 역사입니다.

땅이 중요한 이유는 하나님의 통치가 구현되는 세상이 어떤 곳인지를 구체적으로 보여주어야 하기 때문입니다. 구원을 받는다는 것이 무엇입니까? 구원은 죽은 다음에 천국에 입성하는 것이 아니라 이 땅에서부터 하나님의 백성 되는 것입니다. 흑암의 권세 가운데 있던 자들이 하나님 나라의 백성이 되는 것, 인생의 주인을 하나님으로 바꾸는 것, 하나님의 통치 안에 들어가는 것이 구원받는 것입니다. 누가 구원받은 사람입니까? 하나님의 통치 안에 거하는 자들이 구원받은 사람들입니다. 어디가 하나님의 나라입니까? 하나님의 통치가 온전히 구현되는 곳이 하나님의 나라입니다. 하나님이 원하시는 바가 현실로 구현되는 그곳이 하나님의 나라입니다.

하나님이 원하시는 정치, 하나님이 원하시는 경제, 하나님이 원하시는 사법, 하나님이 원하시는 문화는 어디서 구현되는 것입니까? 우리의 삶 속에서 구현됩니다. 우리의 삶이 펼쳐지는 현장이 바로 땅인 것입니다. 구체적인 땅 위에서 하나님이 원하시는 정치 경제의 모습이 무엇인지, 하나님이 원하시는 공동체의 모습이 무엇인지가 구현되지 못한다면 신앙은 관념이 되어 버립니다. 하나님의 통치가 구현되었을 때의 모습이 어떠한지를 사람들에게 보여줄 수 있기 위해서라도 땅이 필요합니다. 구체적 삶이 필요합니다. 머릿속에서는 존재하는데 실제의 삶 속에서 구현되는 실체가 없다면 신앙은 관념이 되어버리는 것입니다.

성경이 말하는 예배와 비교할 때 오늘 우리가 생각하는 예배는 그 의미가 많이 축소되어 있습니다. 출애굽기에서 모세와 아론이 바로를 처음 만났을 때 바로에게 요구한 것이 히브리인들이 하나님을 예배할 수 있도록 해달라는 것입니다. 그때 모세하고 아론이 말한 예배는 우리가 경험하는, 묵도에서 시작해서 축도로 끝나는 예배가 아닙니다. 만약 그런 예배를 드리게 해달라는 것이었다면 애굽에서도 얼마든지 그런 예배를 드릴 수 있었을 것입니다. 구약이 말하는 신앙은 인생의 주인을 결정하는 것이고, 예배는 인생의 주인을 찬양하고 경배하는 것과 그분이 원하시는 바대로 삶을 살아내는 것입니다. 바로의 압제 가운데에서 하나님만을 인생의 주인 삼는 예배를 드릴 수 있겠습니까? 그리고 하나님이 원하시는 삶을 살아낼 수 있습니까? 불가능합니다. 따라서 하나님을 예배하기 위해서라도 출애굽이 일어날 수밖에 없는 것입니다.

그런데 오늘 우리는 묵도에서 시작해서 축도로 끝나는 그 의식을 예배라고 생각합니다. 그런 예배를 드리는 것이었다면 그것은 애굽에서도 얼마든지 가능한 일입니다. 그러나 예배는 그러한 의식 이상입니다. 하나님의 통치 안에 거한다는 것이 무엇인지, 하나님의 백성으로 살아간다는 것이 무엇인지를 구체적인 가나안 땅 위에서 살아내는 것이 예배입니다. 바로가 통치하고 있는 애굽적 삶과 하나님이 통치하시는 하나님 나라의 삶이 어떻게 다른가를 구체적인 삶을 통해 증거해야 합니다.

그래서 요한복음에 보면 교회가 세상을 향해서 할 수 있는 가장 강력한 전도 구호가 '와 보라'입니다. 세상은 이기심이 왕 노릇하는 곳이고 맘몬이 왕 노릇하는 곳이고 권력이 왕 노릇하는 곳이고 욕망이 왕 노릇하는 곳입니다. 그런 세상 속에서 신음하는 사람들에게 하나님이 왕 노릇하는 곳이 어떤 곳인지를 직접 '와 보라'하면서 세상과 전혀 다른 또 하나의 세상을 교회가 보여주어야 합니다. 만약 교회가 그것을 보여줄 수 없다면 어떻게 전도할 수 있겠습니까? 사실 오늘날 교회가 전도하기 어려운 가장 중요한 이유 가운데 하나가 세상과 다른 모습이 교회 안에 별로 없다는 점입니다.

그런 의미에서 가나안 땅을 차지하는 것이 왜 중요한가를 다시 한번 기억해야 합니다. 우리의 신앙은 관념과 고백 안에서만 머물러서는 안됩니다. 구체적인 삶으로 발현되어야 합니다. 하나님이 원하시는 정치, 경제, 사회, 사법, 언론, 가정의 모습이 어떠한 것인지를 구체적으로 보여주어야 합니다. 증거하고 살아내야 합니다. 그렇지 않으면 신앙은 말장난이 됩니다. 자기도 살아내지 않는 삶을 살아내라고 사람들에게 전도하는 꼴이 되는 것입니다. 오늘날 신앙인들이 하나님을 자기 인생의 주인이라고 고백은 하지만 일상의 삶 속에서는 인생의 주인 되신 하나님이 원하시는 바대로 살아가지 못하는 경우들이 참으로 많습니다. 하나님을 자기 인생의 주인이라고 고백하는 사람들과 맘몬을 자기 인생의 주인이라고 고백하는 사람들 사이에 어떤 삶의 차별성이 있는지를 생각해 보십시오.

믿는 사람들의 결혼식이 믿지 않는 사람들의 결혼식과 무슨 차이가 있는지, 믿는 사람들의 자녀 양육이 믿지 않는 사람들의 자녀 양육과 무슨 차이가 있는지, 믿는 사람들의 문화 향유 생활이 믿지 않는 사람들의 문화 향유 생활과 무슨 차이가 있는지를 정직하게 질문해 보십시오. 일요일에 교회 가서 묵도에서 시작해서 축도로 끝나는 예배를 드린다는 점에서 차별성이 있을 뿐이지, 대부분의 삶은 오늘 대한민국 사회의 주류 문화와 주류 가치에 동화되어 살아가고 있는 것이 신앙인들의 현주소입니다. 신앙인들 대부분이 교회 안에서는 하나님을 섬기는 사람이지만 세상에서는 맘몬과 권력과 욕망을 숭배하며 살아가고 있습니다. 이것이 바로 우상 숭배입니다. 교회 공동체를 통해 하나님 나라 백성들의 삶은 이런 것이라고 하는 새로운 삶의 문화를 살아내고 증거해야 하는데 오늘날 한국 교회 안에 그러한 모습이 너무 부재합니다. 세상에 보여줄 만한 말씀에 근거한 삶이 존재하지 않는다면 결국 신앙은 관념이 되어 버립니다. 머릿속과 입술에서만 존재하는 신앙으로 추락하는 것입니다. 구체적인 땅 위에서 신앙의 삶을 살아내는 것이 너무나 중요합니다.

가나안 땅은 언제든지 상실될 수 있는 조건적인 구원이라고 하는 것을 꼭 기억하셔야 합니다. 가나안 땅에 들어가고 가나안 땅을 차지했다고 해서 영원토록 가나안 땅이 이스라엘의 소유가 되는 것이 아닙니다. 하나님의 은혜 가운데 가나안 땅을 차지했지만 그 땅에서 하나님이 원하시는 미쉬파트와 체다카가 구현되는 사회를 건설하지 못하면 예언자의 경고를 듣게 될 것입니다. 예언자의 경고를 듣고도 돌이키지 않게 되면 언제든지 그 땅에서 내어 쫓김을 당할 수 있습니다. 가나안 땅은 언제든지 상실될 수 있는 조건적 구원의 상징입니다.

구약은 하나님의 은혜로 얻게 된 구원을 어떻게 지킬 것인가에 관심이 있습니다. 어떻게 보면 구원을 받는 것은 전적인 은혜입니다. 성경의 중요한 공식 가운데 하나가 '선 은총, 후 응답'입니다. 우리가 순종을 누적시킨 결과 구원을 받는 것이 아닙니다. 구원은 도적같이 우리에게 임하는 것입니다. 하나님의 전적인 은혜로 우리에게 주어지는 선물입니다. 구원을 받는 것보다 훨씬 중요한 것이 구원을 지켜내는 것입니다. 성경은 하나님의 은혜로 구원은 받았지만 구원의 여정에서 탈락한 사람들, 즉 구원을 상실한 사람들이 많이 있음을 우리에게 알려주고 있습니다. 구원의 중간 탈락 가능성을 압축적으로 잘 보여주는 것이 마태복음 18장입니다.

마태복음 18장에 보면 한 사람이 왕에게 일만 달란트를 빚져 있습니다. 일만 달란트는 오늘날의 돈으로 환산하면 약 6조 정도 됩니다. 도저히 갚을 수 없는 돈을 말하는 것입니다. 왕이 채무자를 불러서 일만 달란트를 갚을 것을 명하는데 이 사람이 울면서 자기를 긍휼히 여겨 달라고 요청합니다. 그러자 갑자기 왕이 일만 달란트를 탕감해줍니다. 얼마나 놀라운 은혜입니까? 이 사람이 왕으로부터 엄청난 은혜를 받고 나오자마자 자기에게 백 데나리온 빚진 사람을 만나게 됩니다. 백 데나리온은 오늘날의 돈으로 환산하면 약 천만 원 정도 됩니다. 이 사람은 왕에게는 채무자였지만 누군가에게는 채권자였던 것입니다. 왕에게 일만 달란트를 탕감 받은 직후에 자기에게 백 데나리온 빚진 자를 만났는데 그 사람이 빚을 갚지 않는다는 이유로 그 사람의 멱살을 잡고 감옥에 쳐 넣습니다. 엄청난 탕감의 은혜를 받은 사람이 그 은혜를 흘려보내지 않고 자기에게 빚을 갚지 않았다는 이유로 백 데나리온 빚진 사람을 감옥에 넣은 것입니다. 그다음이 중요합니다. 이 모든 이야기를 왕이 듣게 됩니다. 그리고 왕은 자신에게 일만 달란트 탕감 받은 자를 소환합니다. 소환해서 무엇을 합니까? 일만 달란트 탕감해준 사건을 취소시켜 버립니다. 놀라운 은혜를 받았지만 그 은혜를 흘려보내지 아니하고 독점한 사람에게 은혜를 취소시켜 버린 것입니다. 마태복음 18장은 오늘 우리에게 주는 경고의 말씀입니다.

오늘날 한국 교회가 거의 설교하지 않는 것 가운데 하나가 구원의 상실 가능성입니다. 생각 있는 많은 사람들이 오늘날 한국 교회가 구원 도매업을 하고 있다고 비판합니다. 교회는 너무나 쉽게 구원을 선포해 줍니다. 교회만 오면 구원, 세례만 받으면 구원을 받는 것처럼 말합니다. 대한민국 사회를 놀라게 만들었던 범죄자들이 종교를 선택할 때 대부분 기독교를 택합니다. 그 이유가 무엇일까요? 현재 기독교에는 회개에 있어 보속 개념이 없습니다. 교회에 등록하고 세례만 받으면 그 존재가 개과천선했다고 주장합니다. 그러면 죽을 때까지 전국 교회를 돌아다니면서 간증 스타하면서 평생 먹고 살 수가 있습니다. 과거에 극악무도한 나쁜 짓을 많이 했을수록 간증 스타로서 그의 몸값은 높아집니다.

정말 그 존재가 하나님과의 만남을 통해서 변화된 것이 맞습니까? 그 사람들이 정말 하나님을 만났다면, 정말 새로운 존재가 되었다면 간증 스타가 될 것이 아니라 자신의 죄악으로 인해 삶이 망가진 사람들을 찾아다니면서 참회해야 한다고 저는 생각합니다. 오늘날 한국 교회는 너무나 쉽게 회개했다고 인정해 줍니다. 정말 잘못된 것입니다. 성경은 회개에 대해 그렇게 쉽고 가볍게 말하지 않습니다.

하나님의 백성이 되는 것은 어렵지 않습니다. 하나님의 백성이 되는 것은 전적인 하나님의 은혜입니다. 문제는 하나님의 백성 됨을 지켜내는 것에 있습니다. 구원을 받았다는 것은 천국에 있는 아파트 분양권을 소유하게 되는 것이 아닙니다. 구원받은 사람은 이제 더 이상 자기 마음대로 자기 삶을 살 수 없습니다. 구원받았다는 것은 흑암의 권세 가운데 있던 자가 이제는 하나님의 백성이 된 것입니다. 하나님의 백성이 되었다는 것은 하나님의 통치 안에 거하는 자가 되었다는 것입니다. 이것이 구원받은 것입니다.

하나님의 백성이 되는 구원의 출발은 전적인 하나님의 은혜입니다. 그러나 하나님의 은혜로 하나님의 백성은 되었지만 하나님의 통치 안에 거하는 것을 본인이 거부할 때가 있습니다. 하나님의 뜻이 아닌 자기의 뜻대로 살고자 하나님의 통치를 거부하고 구원의 여정에서 스스로 뛰쳐나가는 사람들이 있습니다. 성경은 그런 사람들에 대한 이야기를 많이 하고 있는데 우리 한국 교회는 한 번 구원은 영원한 구원인 것처럼 주장합니다. 구원을 받는 것보다 중요한 것은 구원을 지켜내는 것입니다. 성경의 주된 관심은 하나님의 은혜로 얻게 된 구원을 어떻게 지켜낼 것인가에 있습니다.

가나안 땅에 정착하는 것은 구원의 완성이 아니라 구원의 시작이라는 사실을 기억해야 합니다. 할례와 세례도 구원의 완성이 아닌 구원의 시작을 나타내는 의식입니다. 세례는 무엇을 상징하는 예식입니까? 하나님과 무관했던 옛 삶을 죽이고 이제는 하나님의 백성으로 살아가겠다는 다짐과 결단의 표시가 세례입니다. 세례는 한 사람이 평생을 하나님의 사람으로 신실하게 살았다는 확증의 표시가 아닙니다. 앞으로 하나님의 백성으로 신실하게 살아갈 것을 다짐하는 출발의 표시입니다. 세례가 구원의 완성 표시가 아니라 구원의 출발 표시임을 기억해야 합니다.

여호수아 착각 증후군 환자라는 말이 있습니다. 자기를 여호수아라고 생각하고 자기와 반대편에 서 있는 사람들을 가나안 원주민으로 사고하고 대하는 것입니다. 이스라엘 군대가 가나안 원주민에 대해서 취해야 될 자세는 무엇입니까? 전멸입니다. 자신은 항상 하나님이 돕는 여호수아와 이스라엘이고 자신의 대적자는 가나안 원주민이고, 자신은 다윗이고 자신의 대적자는 골리앗이고, 자신은 모세이고 자신의 대적자는 바로라는 식의 사고가 여호수아 착각 증후군 환자들의 사유 방식입니다.

기독교 2천 년의 역사 가운데 이런 환자들이 많이 있었습니다. 1090년부터 1290년까지 200년 동안 있었던 십자군 전쟁에서 십자군들이 가장 사랑했던 본문이 바로 여호수아서입니다. 여리고를 정복하는 방식 그대로를 군사 교본으로 사용했습니다. 성을 매일 한 바퀴씩 돌면 하나님이 그 성을 주실 것이라고 생각했습니다. 근대 이후에 서구 유럽에 있는 기독교 국가들이 남미나 아시아나 아프리카를 식민 지배할 때에도 그들이 가장 사랑했던 본문이 여호수아서입니다. 우리는 이스라엘 군대이고 우리가 정복하고자 하는 땅은 가나안이고, 그 나라 사람들은 가나안 원주민들이며, 그들이 섬기고 있는 미신을 타파하고 하나님에 대한 신앙을 그들에게 전해주야 한다는 사명감을 가지고 군대를 보내고 그 땅을 정복했습니다.

기독교 역사에서 여호수아서는 가장 많이 오용된 본문 중 하나입니다. 자신의 정복욕을 여호수아서 본문을 통해 정당화한 경우들이 많습니다. 우리가 기억해야 할 것은 신앙인들이 행하는 모든 일들에 하나님이 함께 하시거나 돕는 것은 아니라는 것입니다. 하나님은 항상 신앙인들을 편드는 분이 아니십니다. 하나님이 우리의 편이 되기를 기대하기보다는 우리가 하나님의 편이 되기를 결단해야 합니다. 오늘 우리가 하나님의 편에 서 있는가, 우리가 오늘 하나님의 뜻을 붙잡고 하나님의 뜻에 순종하고 있는가를 성찰해야 합니다. 우리가 하나님의 편에 서 있지 못하고 하나님을 이용하려고 한다면, 하나님은 신앙인들을 심판하실 것입니다.

여호수아서 안에 기록된 가나안을 우리 존재 바깥에 있는 타자로만 규정하시면 안 됩니다. 가나안은 하나님을 대적하는 세력을 상징합니다. 우리 안에 있는 이기심, 탐욕, 불순종의 자세가 가나안입니다. 그것을 먼저 정복하는 것이 필요합니다. 하나님께 임대료를 성실하게 납부하지 않았던 가나안 원주민들을 정복하고 임차인이 교체되는 사건이 여호수아서의 핵심인데, 본문에 나오는 가나안 원주민들을 나와 대립 관계에 있는 사람이나 안티 기독교인들로만 생각하지 말아야 합니다. 가나안은 누구입니까? 하나님께 불순종하는 내 안에 있는 죄악된 모습이 가나안입니다. 하나님 앞에 꺾이지 않는 내 안의 죄악된 고집이 가나안입니다. 세속의 가치와 세속의 주류 문화를 추종하고 있는 나의 죄악된 삶이 가나안입니다.

십자군 전쟁이나 제국주의 정복 때 하나님의 뜻을 운운하면서 여호수아서를 인용한 것은 가장 반성경적인 태도입니다. 신앙인들이 조심해야 될 것 가운데 하나가 자기 이익을 목적으로 성경을 인용하는 것입니다. 우리가 말씀에 근거해서 죄악된 자신을 꺾어내고 자신을 변화시켜 내고 궁극적으로 하나님께 영광을 돌리는 삶을 살아내도록 하는 것이 성경이 기록된 목적입니다. 성경은 교훈과 책망과 바르게 함과 의로 교육하기에 유익하도록 기술된 하나님의 말씀입니다.

성경을 우리에게 허락해 주신 하나님의 본 뜻을 잘 기억해야 합니다. 우리는 '성경적'이라는 표현을 자기 이익 중심적, 자기 유익 중심적으로 사용하는 경우들이 많습니다. 일반적으로 신앙인들이 '성경적'이라는 표현을 언제 사용하고 있는지를 잘 보십시오. 누군가와 논쟁이나 대립 상황에 처해 있을 때, 성경 안에 있는 한 구절을 끄집어내어 반대편에 있는 사람들을 제압하고자 할 때, 성경적이라는 표현을 많이 씁니다. 그것을 조심하셔야 됩니다.

성경은 1600년의 기간 동안 40여명의 저자에 의해서 다양한 상황 속에서 기술되어 졌습니다. 그 말씀이 나오게 된 배경과 상황, 수신자들을 올바로 알아야만 그 말씀의 본 의미를 제대로 이해할 수 있습니다. 그 말씀이 나오게 된 맥락을 무시하고 문자적 표현만 끄집어내어 모든 상황 속에 적용시키고자 하다가는 큰 오류를 범할 수도 있습니다. 성경 안에는 문자적으로 상반된 내용을 담고 있는 경우들도 많습니다. 그것이 어떤 맥락에서 누구에게 어떤 의도로 선포된 말씀인지를 잘 아는 것이 중요합니다.

갈라디아서 6장과 관련된 한 이야기가 전해지고 있는데 실제 있었던 일인지는 모르겠습니다. 신앙생활을 열심히 하던 한 청년이 있었다고 합니다. 지방에서 올라와 서울에서 대학 생활을 하였는데 부모님이 등록금으로 보내 주신 300만원을 주식에 투자했다가 모두 날렸다고 합니다. 나름 신앙심이 투철했던 청년은 등록금이 사라진 상황 속에서도 매일 큐티를 했다고 합니다. 토요일 오전에도 큐티를 했는데 그날 본문이 갈라디아서 6장이었고 청년은 2절을 읽다가 깜짝 놀랐다고 합니다. "너희가 짐을 서로 지라 그리하여 그리스도의 법을 성취하라" 당시 이 청년이 다니던 교회의 청년부가 30명 정도 모였다고 합니다. 청년은 자신이 지금 처해 있는 상황 속에서 왜 하나님이 이 말씀을 주셨을까 생각했다고 합니다. 그리고 청년부 1인당 10만원씩의 짐을 나누어지는 것이 하나님의 뜻이라는 결론을 내렸다고 합니다. 등록금으로 내야 하는 돈이 300만원이고 청년부 회원은 30명이니까 한 사람당 10만원씩을 내면 등록금을 낼 수 있다고 생각한 것입니다. 그래서 청년부 집회할 때 예배 끝나고 나서 손을 들고 앞에 나가서 이 모든 이야기를 했다고 합니다. "이런 일 때문에 힘이 들었는데 오늘 갈라디아서 6장을 큐티하다가 하나님께서 짐을 서로 지라는 말씀을 주셨습니다. 이 말씀에 순종하여 그리스도의 법을 성취하면 좋겠습니다." 그때 어떤 청년이 손을 들고 이렇게 얘기했다고 합니다. "5절에는 각각 자기의 짐을 질 것이라는 말씀이 있는데요?"

이 이야기는 지어낸 이야기일 수도 있고 실제 있었던 이야기일 수도 있습니다. 중요한 것은 성경을 이렇게 인용하는 것이 가장 위험하다는 것입니다. 그렇다면 갈라디아서 6장 2절과 5절의 말씀은 어떻게 이해해야 할까요? 개인적으로는 항상 5절의 자세를 갖는 것이 필요합니다. 내가 감당해야 될 짐은 내가 책임지겠다는 자세가 필요합니다. 그런데 이런 자세만 취하게 되면 교회 공동체가 너무나 개인화되고 파편화될 위험성이 있습니다. 그래서 중요한 것이 내 짐은 내가 감당하겠다는 자세와 함께, 힘이 연약하여 스스로의 짐을 짊어질 수 없는 지체들을 돌아보며 그들을 돕고자 하는 자세가 필요합니다.

이렇게 하지 않고 자기가 힘들 때는 2절을 강조하고, 남이 힘들 때는 5절을 강조하면서 자기 이익만 챙기고자 하는 것은 가장 반 성경적인 자세라고 할 수 있습니다. 여호수아서의 말씀을 보면서 항상 나는 이스라엘이고 나와 대립관계에 있는 사람을 가나안 원주민으로 규정하면서 자기 이익 중심적으로 성경을 해석하는 것은 너무나 성경을 왜곡하는 방식임을 아셔야 합니다.

2장을 보면 여리고 성에 파견된 정탐꾼이 기생 라합을 만나는 이야기가 나옵니다. 여리고 성은 하나님의 심판을 받아야 하는 성입니다. 그런데 하나님의 심판을 받아 멸망할 수밖에 없는 여리고 성안에 누가 살고 있습니까? 하나님의 나라를 갈망하는 라합 같은 여인이 살고 있습니다. 하나님의 심판을 받게 되는 여리고 성안에 라합 같은 여인이 있음을 기억해야 합니다. 그래서 우리가 어느 집단에 대해서 '저 집단은 희망이 없어, 저 집단은 하나님께 심판을 받는 것이 당연해'라는 식의 규정을 조심해야 합니다. 우리가 생각할 때 집단적으로 많은 문제가 있는 곳에도 그 안에는 라합 같은 사람이 있습니다. 여리고 성에 파견된 정탐꾼이 가장 잘한 일이 여리고 성에서 라합을 만난 것입니다. 오늘날 우리도 어느 곳에서나 라합 같은 사람이 있을 것이라는 기대와 소망을 가지고 사람들을 만나야 합니다. 라합 같은 사람을 만나고자 하는 의지가 중요합니다.

소위 의로움을 추구하는 사람들이 걸리기 쉬운 심각한 질병이 엘리야 콤플렉스입니다. 엘리야 콤플렉스는 열왕기상 19장에 나오는데 엘리야는 하나님께 이렇게 하소연합니다. "이스라엘 공동체 안에서 하나님을 섬기는 사람은 나밖에 없습니다. 모든 이스라엘 백성들은 배교를 했습니다. 나밖에 깨어있는 사람이 없습니다." 그때 하나님이 뭐라고 답변하십니까? 바알에게 무릎 꿇지 않은 7천 명이 있음을 알려주십니다. 그때부터 엘리야는 동역하기 시작합니다. 19장 이전까지 엘리야는 혈혈단신으로 외로이 분투를 했습니다. 동역자가 없었습니다. 그런데 열왕기상 19장에서 하나님의 말씀을 듣고 나서 엘리사도 만나고 자기의 제자들도 양성하면서 동역하기 시작합니다.

오늘날 의롭게 살아가고자 하는 신앙인들 중에도 우리 교회에 깨어있는 사람은 나밖에 없다고, 우리 직장에 진실한 사람은 나밖에 없다고 한탄하시는 분들이 계십니다. 절대 그렇지 않습니다. 그렇게 생각하는 누군가가 또 있습니다. 여리고 성안에도 라합 같은 사람이 있다는 것을 기억해야 합니다. 라합 같은 사람을 만나고자 하는 열망이 필요합니다. 그리고 라합 같은 사람을 볼 수 있는 눈이 필요하고 그런 사람을 만났을 때 그 사람과 관계 맺고자 하는 의지도 필요합니다. 여호수아 2장은 하나님의 심판을 받는 여리고 성안에도 하나님의 나라를 갈망하는 라합 같은 존재가 있음을 우리에게 잘 보여주고 있습니다.

여호수아 5장 13절을 보겠습니다.

"여호수아가 여리고에 가까이 이르렀을 때에 눈을 들어 본즉 한 사람이 칼을 빼어 손에 들고 마주 서 있는지라 여호수아가 나아가서 그에게 묻되 너는 우리를 위하느냐 우리의 적들을 위하느냐 하니 그가 이르되 아니라 나는 여호와의 군대 대장으로 지금 왔느니라 하는지라"

이 말씀이 매우 중요합니다. 우리는 이런 기대를 할 수 있습니다. 여호수아가 칼을 빼 들고 있는 사람에게 "너는 우리를 위하느냐, 우리의 적들을 위하느냐?"라고 했을 때 당연히 여호와의 군대 장관이라면 이스라엘을 위한다고 말할 것 같지 않습니까? 그런데 여호와의 군대 장관은 "나는 여호와의 군대 장관이다."라고 대답합니다. 하나님은 항상 이스라엘만 편드는 분이 아니십니다. 하나님은 어떤 상황에서건 항상 이스라엘만 편드는 이스라엘의 부족 신이 아닙니다. 이스라엘이 잘못된다 하더라도 항상 하나님은 이스라엘 편을 드십니까? 이스라엘을 도우십니까? 아닙니다. 이스라엘이 잘못된 길을 걸어갈 때는 이스라엘을 심판하시는 분이 하나님이십니다. 하나님의 뜻을 이루기 위해 이스라엘이 선택된 것이지 하나님이 이스라엘을 위해 존재하는 것이 아닙니다. 우리가 이것을 바꿔 생각하면 안 됩니다. 하나님이 이스라엘을 위해 존재하는 것이 아니라 이스라엘이 하나님을 위해 선택되고 존재하는 것입니다.

신앙인들 중에 이렇게 말씀하시는 분들이 간혹 계십니다. "하나님이 그의 백성 된 우리를 심판하시겠어?" 그렇게 자신만만해 하다가 하나님께 심판 받은 사람들이 구약 이스라엘 백성입니다. 우리가 과연 주의 재림의 날에 구원에 대해 자신만만해 할 수 있을까요? 한국 교회 안의 모든 교인들이 구원을 받을 수 있을까요? 내가 구원받는 자 안에 포함될 수 있는가는 별개의 문제이지만 지금 한국 기독교를 하나님이 원하시는 신앙 공동체라고 생각하시면 안 됩니다. 내가 한국 교회 안에서 인정받고 존경받는 것은 아무 의미가 없습니다. 하나님의 판단에서 우리가 합격하느냐가 중요합니다. 하향 평준화된 한국 교회의 지금 상황에서 서로의 신앙을 도토리 키 재기 하는 것은 아무 의미가 없습니다.

제가 2000년에 목동에 있는 어느 교회 교육 담당으로 사역할 때 권사님 두 분이 서로를 칭찬하시는 모습을 보았습니다. "권사님은 신앙이 너무 좋아."라고 한 분이 칭찬하시니까 상대편 권사님도 "우리 권사님이 더 좋지."라고 맞장구를 치셨습니다. 제가 볼 때는 도토리 키 재기입니다. 우리가 교회 안에서 인정받는다고 해서 그것이 하나님의 인정과 동일하다고 생각하시면 안 됩니다. 너무 많은 신앙인들이 하나님은 항상 자기의 편인 것처럼 자신만만해 하는 경우가 많은데 하나님은 기독교인들을 항상 편드는 분이 아니십니다. 그래서 여호와의 날에 이스라엘이 심판을 받는 것 아닙니까? 하나님이 우리의 편이 되기를 원하기 이전에 우리가 하나님의 편에 서 있는가를 성찰해야 합니다.

7장을 보면 아간 사건이 나옵니다. 아간은 하나님의 일을 행하면서 자기 이권을 챙긴 사람입니다. 오늘날 한국 사회로부터 비판을 받고 있는 목회 세습도 아간과 같은 유형의 잘못이라고 할 수 있습니다. 하나님의 일을 한다는 명분을 나타내지만 실상은 자기 이권을 챙기는 것입니다. 아간 사건이 중요한 이유는 우리가 맞서 싸워야 될 하나님나라의 대적이 우리 존재 바깥에만 있는 것이 아니라는 것입니다. 하나님 나라의 대적은 어디에도 있습니다. 우리 안에도 있습니다. 이기심과 탐욕에 지배를 받고 있는 나 자신이 하나님 나라의 대적자일 때도 많이 있습니다.

2장의 라합 사건과 7장의 아간 사건은 연관시켜서 보아야 합니다. 하나님의 백성이 불순종할 때는 언약 공동체에서 탈락하기도 하고 이방인이라 하더라도 하나님을 경외하는 경우에는 하나님 백성 공동체의 일원이 될 수 있음을 보여줍니다. 하나님 나라의 백성이라는 것은 폐쇄적인 구조로 존재하는 것이 아닌 열린 구조임을 주목해야 합니다. 누가 하나님 나라의 백성입니까? 하나님께 순종하는 자가 하나님 나라의 백성입니다. 내가 한 번 하나님의 백성이 되었다고 해서 어떤 경우에도 나는 하나님의 백성이 되는 것이 아닙니다. 아간 같이 탈락하는 사람이 있습니다. 반대로 하나님의 통치 바깥에 있던 이방인이었던 라합 같은 경우에는 돌이켜 하나님의 백성 공동체에 들어오기도 하는 것입니다.

9장에는 가나안 원주민이었던 기브온 사람들이 이스라엘 공동체에

편입되는 사건이 나옵니다. 기브온 사람들은 먼 곳에서 온 것처럼 위장해서 이스라엘과 언약을 체결합니다. 그들이 이스라엘을 속였다는 것을 알게 되지만 언약을 지키기 위해 그들을 죽이지 않고 대신에 나무 패고 물 긷는 자, 즉 '느디님'으로 삼습니다. 느디님은 '바쳐진 자'라는 뜻입니다. 이때부터 기브온 사람들은 나무 패고 물 긷는 자가 됩니다. 여기서 '나무를 팬다, 물을 긷는다'는 것은 제사와 연관된 행동입니다.

고대 사회에서는 나무가 가까이에 있고 물이 흐르는 곳에 신전을 지었습니다. 왜 나무가 있고 물이 흐르는 곳에 신전을 지었을까요? 신전의 가장 일상적인 기능이 무엇입니까? 제사입니다. 하루에 짐승을 몇 마리 혹은 몇 십 마리를 제물로 바치려고 한다면 무엇이 필요합니까? 짐승을 태울 장작이 필요합니다. 그리고 짐승을 도살하는 과정에서 발생한 피를 깨끗하게 닦기 위해서 그리고 짐승의 내장 같은 씻기 위해서는 물이 필요합니다. 그래서 고대 사회의 모든 신전은 나무가 있고 물이 확보되는 곳에 지었던 것입니다.

왜 예루살렘에 성전을 건축하게 되었을까요? 예루살렘이 성전 건축의 탁월한 부지로 선택된 이유가 무엇일까요? 예루살렘 성전 동쪽에는 감람산이 있습니다. 거기서 나무를 확보할 수 있습니다. 그리고 성전의 동쪽과 남쪽에는 샘이 흐릅니다. 예루살렘은 물 근원이 있고 나무를 확보할 수 있는 곳입니다. 그래서 예루살렘이 성전 건축에 가장 좋은 부지로 선택된 것입니다. 성전에서 제사가 지속되기 위해서는 나무를 패고 물을 길러오는 사람이 필요합니다. 이 사람들을 '느디님'이라고 합니다. 이스라엘은 자신들을 속인 기브온 사람들을 느디님으로 삼습니다.

참고로 느디님까지가 범 레위지파입니다. 레위 지파 안에는 크게 세 부류의 사람들이 있다고 보면 됩니다. 제일 위에 제사장이 있고, 제사장을 보필하는 사람이 레위인입니다. 그리고 레위인을 보필하는 사람이 느디님입니다. 알기 쉽게 비유로 설명을 드리자면, 오늘날 교회의 담임목사가 제사장이라면 부교역자가 레위인입니다. 그리고 각 부서의 간사나 총무들이 느디님입니다. 제사장, 레위인, 느디님의 세 부류의 사람들을 총칭하여 레위 지파라 하는 것입니다.

여호수아 10장에서는 태양이 멈추는 기적 사건이 나옵니다. 당대 사람들은 태양이 돌고 있다고 생각했기 때문에 태양이 '멈춘다'라고 기술을 했습니다. 당대 사람들이 느끼기에는 마치 태양이 멈춘 것처럼 오랜 시간이 확보된 놀라운 사건을 경험하게 된 것입니다. 다음으로 중요한 것이 10장 42절의 말씀입니다. 여호수아서를 읽어 보신 분들은 읽으면서 뭔가 이상하다는 것을 느낄 수 있습니다. 어떤 구절에서는 마치 단번에 가나안 땅을 차지한 것처럼 말하고 있는데 다른 구절에서는 차지하지 못한 땅이 아직도 많이 남아 있다고 기술을 합니다. 가나안 땅 정복과 관련하여 일관성이 없다는 느낌을 갖게 됩니다. 10장 42절을 보겠습니다.

"이스라엘의 하나님 여호와께서 이스라엘을 위하여 싸우셨으므로 여호수아가 이 모든 왕들과 그들의 땅을 단번에 빼앗으니라"

여기서는 '단번에 빼앗았다'고 말합니다. 다음은 11장 19절입니다.

"기브온 주민 히위 족속 외에는 이스라엘 자손과 화친한 성읍이 하나도 없고 이스라엘 자손이 싸워서 다 점령하였으니"

여기서는 '다 점령하였다'고 말합니다. 다음은 12장 24절입니다.

"하나는 디르사 왕이라 모두 서른한 왕이었더라"

12장 7절 위에 소제목을 보면 '여호수아가 정복한 왕들'이라고 되어 있습니다. 그리고 24절에서는 31명의 왕을 정복했다고 말합니다. 그런데 바로 아래 13장 1절을 보겠습니다.

"여호수아가 나이가 많아 늙으매 여호와께서 그에게 이르시되 너는 나이가 많아 늙었고 얻을 땅이 매우 많이 남아 있도다"

이 구절에서는 이스라엘이 정복해야 될 땅이 매우 많이 남아 있다고 말합니다. 가나안 땅 정복과 관련하여 여호수아 본문 안에 있는 상이한 주장은 이렇게 정리하면 됩니다. 이스라엘이 정복한 땅과 관련해서는 단번에 정복한 것입니다. 그런데 가나안 전체적으로 봤을 때는 아직까지 정복하지 못한 땅이 매우 많이 남아 있는 것입니다.

이스라엘이 요단강을 건넌 후에 가나안 중부지방, 가나안 남부지방, 가나안 북부지방의 순서로 땅 정복을 합니다. 그런데 여기서 중부지방, 남부지방, 북부지방을 다 정복한 것은 아닙니다. 중부에 있는 몇 개의 도시 국가, 남부에 있는 몇 개의 도시 국가, 북부에 있는 몇 개의 도시 국가를 정복한 것입니다. 정복한 땅과 관련해서는 단번에 정복한 것이 맞습니다. 그러나 가나안 땅 전체를 정복한 것은 아닙니다. 아직까지 정복하지 못한 땅이 매우 많이 남아 있습니다.

당시 가나안은 도시 국가의 형태로 존재하고 있었습니다. 도시 국가는 하나의 도시가 국가인 것입니다. 여리고라는 성안에 그 성을 통치하는 왕이 있습니다. 아이라는 성안에 그 성을 통치하는 왕이 있습니다. 여리고도 하나의 국가이고 아이도 하나의 국가이고 헤브론도 하나의 국가이고 예루살렘도 하나의 국가로 존재하고 있었던 것입니다. 12장 24절의 '31명의 왕을 정복했다'는 말은 31개의 도시 국가를 정복했다는 것입니다. 31개의 도시 국가를 정복했다는 말을 들으시면 많이 정복했다는 생각이 드십니까, 조금 정복했다는 생각이 드십니까? 성경에 정복한 왕의 수는 나오지만 당시 가나안에 몇 개의 도시 국가가 있었는지를 우리는 알지 못합니다.

예를 들어, 당시 가나안에 300개의 도시 국가가 있었다고 한다면 31개의 도시 국가 정복은 10% 정도의 정복을 한 것입니다. 만약 가나안에 50개의 도시 국가가 있었다고 한다면 31개의 도시 국가는 62% 정도의 정복을 한 것입니다. '31명의 왕을 정복했다'라고 하면 많은 도시 국가를 정복한 것처럼 생각하기 쉬운데 당시 가나안에 몇 개의 도시 국가가 있었는지를 알 수 없기 때문에 이것이 어느 정도의 성을 정복했는지를 알 길이 없습니다. 그런데 13장 1절을 보면 이스라엘이 아직까지 정복하지 못한 땅이 많이 있음을 알 수 있습니다. 정복한 땅과 관련해서는 단번에 정복했지만 정복하지 못한 미정복 지역이 많이 있었다고 정리하면 되겠습니다.

이스라엘이 정복 전쟁과 관련하여 용기 있는 순종을 하지 못했음을 알 수 있습니다. 여호수아 18장을 보면 정복 전쟁에 열심을 내지 못하는 지파들에게 그들이 원하는 땅을 지도상으로 먼저 분배하는 사건이 나옵니다. 여호수아 18장 이하의 기록은 이스라엘이 차지한 지역이 아니라 차지해야 할 지역입니다. 지도상으로 먼저 땅을 분배하고, 그 땅을 분배받은 지파는 용기를 내어 그 땅을 차지해야 하는 것입니다.

이스라엘은 가나안 땅을 정복함에 있어서 믿음과 용기를 드러내지 못했습니다. 대다수의 도시 국가를 정복하지 못했고, 심지어 왕을 정복한 지역에서도 주민들을 몰아내지는 못했습니다. 지도층만 교체를 한 것입니다. 그 대표가 바로 예루살렘입니다. 여호수아 12장 10절을 보겠습니다.

"여호수아가 정복한 왕 가운데 하나는 예루살렘 왕이요"

여호수아가 예루살렘의 왕은 정복을 했습니다. 그런데 15장 63절을 보십시오.

"예루살렘 주민 여부스 족속을 유다 자손이 쫓아내지 못하였으므로 여부스 족속이 오늘까지 유다 자손과 함께 예루살렘에 거주하니라"

이스라엘 군대가 예루살렘의 왕은 정복하였지만 그 땅에 살고 있던 원주민들은 쫓아내지 못한 것입니다. 그들과 동거를 하게 됩니다. 동거의 결과 가나안 토착 문화에 이스라엘은 금방 동화되어 버립니다. 우리가 알다시피 여부스 족속까지 완전히 정복한 사람이 다윗입니다. 다윗은 예루살렘을 정복하고 성의 이름을 다윗성이라고 명명합니다. 다윗때가 되어서야 여부스 사람까지 완전히 정복을 한 것입니다.

가나안 정복 전쟁과 관련하여 이렇게 정리할 수 있습니다. 첫째, 31명의 왕을 정복했다고 할 때 당시 가나안에 몇 개의 도시 국가가 있었는지를 알 수 없기 때문에 이것이 어느 정도의 정복인지를 정확히 판단할 수 없습니다. 둘째, 여호수아 12장 10절과 15장 63절에 근거해볼 때 예루살렘 왕은 정복했지만 예루살렘 주민들은 쫓아내지 못합니다. 왕은 정복하였지만 주민들은 쫓아내지 못하고 원주민들과 이스라엘이 동거를 하게 된 경우가 많음을 알 수 있습니다. 셋째, 여호수아 18장에 나오는 것처럼 이스라엘 7지파는 지도상으로 땅을 먼저 분배받습니다. 대다수의 지파가 가나안 정복 전쟁에서 믿음과 용기를 드러내지 못하였기에 여호수아가 특단의 조치를 취한 것입니다. 지도상의 땅 분배는 차지한 땅에 대한 분배가 아닙니다. 지도상으로 땅 분배를 받은 지파들이 용기 있게 그곳으로 나아가 그 땅에 살고 있는 원주민들과 싸워 그 땅을 차지해야 하는 것입니다. 그런데 대다수의 지파가 용기 있게 싸우지 못하고 원주민들과 동거하였고, 그 결과 가나안 주류문화에 동화되어 버렸습니다.

여호수아 18장 1절 위에 소제목을 보면 '나머지 땅 분배'라고 되어 있습니다. 그리고 11절에 보면 '베냐민 자손의 기업', 19장 1절에 보면 '시므온 자손의 기업'이라는 소제목이 나옵니다. 이 소제목을 보면 마치 이스라엘이 정복한 땅을 각 지파에게 분배하는 것처럼 생각하기 쉽습니다. 그러나 그렇지 않습니다. 18장 이하의 땅 분배는 정복한 땅을 분배하는 것이 아닙니다. 지도상으로 먼저 분배하는 것입니다. 지파에서 3명씩 대표들을 뽑아서 그들이 거주하고 싶은 땅을 그려오게 하였고, 실로 성소에 모여서 지파들끼리 지도상으로 땅을 분배한 것입니다.

이제 지파들은 무엇을 해야 합니까? 지도상으로 분배 받은 땅을 정복해야 합니다. 그런데 대다수의 지파가 지도상으로 분배 받은 땅을 온전히 정복하지 못합니다. 가나안 원주민들과 대부분 동거를 하게 되었고 그 결과 가나안 문화와 가나안 종교에 동화되어 버립니다. '어떻게 이스라엘이 가나안 땅에 들어가자마자 야훼 유일 신앙을 떠나 이방의 우상을 숭배하게 되었는가?'라고 질문할 때, 가장 중요한 이유는 가나안 땅을 온전히 정복하지 못했기 때문입니다. 왕들은 정복하였지만 백성들과는 동거를 하게 된 결과 이방의 우상 숭배 문화에 금방 동화되어 버린 것입니다. 이것이 바로 여호수아서가 말하고 있는 핵심입니다.

[질문]

신앙인들은 이 땅의 주류문화와 주류가치와 구별된 삶을 살아야 한다고 하시면서 믿는 자의 결혼식도 달라야 한다고 하셨는데 예를 들자면 어떻게 달라야 할까요?

[답]

보통 신앙인들의 결혼식은 목사님이 주례와 축복 기도를 하고 교인들이 축가를 하는 정도에서 세상의 결혼식과 차별성이 있습니다. 그러나 본질적으로 신앙인들의 결혼도 이 집안의 욕망과 저 집안의 욕망이 만나는 현장이 되는 경우가 많습니다. 신앙을 가진 부모님들이 미혼 자녀들에게 하는 새빨간 거짓말 중 하나가 있습니다. "나는 다른 것은 안 본다. 믿음만 좋으면 돼." 라는 말입니다. 말은 그렇게 하시는데 막상 믿음만 좋은 사람을 데리고 오면 부모님이 앓아 누우십니다. 결혼이 이 집안의 세속적 욕망과 저 집안의 세속적 욕망이 만나는 장이 아니라 신앙의 가족이 확대되는 잔치가 되면 좋겠다는 생각을 합니다.

가향 공동체 지체들의 결혼식에 한 번 초대하도록 하겠습니다. 공동체에서의 결혼식은 토요일 하루 종일 진행됩니다. 신랑과 신부의 결혼을 발표하면 두 사람의 한 몸 됨을 함께 준비하는 결혼 준비팀을 구성합니다. 결혼 준비팀에서 신혼집도 함께 구하고 집안 장식도 함께 하고 결혼식 준비도 함께 합니다. 보통 결혼식은 두 시간 정도 진행됩니다. 결혼식의 세부적인 내용들은 매번 새롭게 구성합니다. 중요한 것은 돈이 왕 노릇 하는 결혼식이 아닌 지체들의 사랑으로 만들어지는 잔치라는 것입니다. 일반적인 결혼식의 완성은 돈입니다. 오늘날 결혼 관련 산업들의 전형적인 마케팅이 있습니다. '인생의 한번 뿐'이라는 것입니다. 굳이 고가의 드레스를 입을 필요가 있습니까? 많은 돈을 들여서 신부 화장과 사진을 찍을 필요가 있습니까? 50명이 모이는 교회 안에도 화장 잘하는 지체들이 꼭 한 명씩은 있습니다. 그 지체가 와서 신랑과 신부 화장을 해주면 안 됩니까? 사진 잘 찍는 지체들이 사진을 찍고 멋있게 인화해서 앨범에 담아주면 안 됩니까? 저는 어떤 정답을 말하고자 하는 것이 아닙니다. 작은 것 하나에서부터 대부분의 사람들이 하고 있는 대로 따라가는 경우들이 많은데 저는 멈추어 서서 새로운 대안들을 만들어 나갔으면 좋겠다는 생각입니다.

[기도]

하나님, 여전히 바람은 차갑지만 봄이 우리 안에 들어와 있음을 느낍니다. 매서운 겨울에도 봄이 옴을 소망하는 것처럼 코로나로 덮인 이 땅 가운데 우리가 기대하고 소망하는 새날이 올 것을 기대합니다. 무엇보다 '말씀과 함께'에 참여하고 있는 우리 각자가 한국 교회의 평균적인 신앙을 뛰어 넘어 성경이 말하는 하나님나라 백성의 삶을 더욱 신실하게 살아가기를 소망합니다. 날마다 말씀 앞에서 우리의 생각과 삶을 뒤바꿔 내게 하시고 하나님과 신실하게 동행하는 자 되게 하여 주옵소서. 우리의 연약한 믿음이 더욱 굳세어지기를 소망합니다. 하나님의 백성으로 살아간다는 것이 얼마나 즐겁고 행복한 일인가를 몸소 경험하게 하시고 세상에 '와 보라' 할 수 있는 믿음의 공동체를 만나게 하여 주옵소서. 한 주간의 삶도 하나님께 의탁드리오며 예수 그리스도의 이름으로 기도합니다. 아멘

말씀과 함께 역사서 2-1

여호수아서는 총 24장까지 있는데 내용적으로는 세 부분으로 구분할 수 있습니다. 1장부터 12장은 가나안 땅 정복 이야기이고 13장부터 22장은 가나안 땅을 분배하는 이야기입니다. 여기서 가나안 땅을 분배한다고 할 때 모든 지파가 정복한 땅을 분배받은 것이 아닙니다. 일곱 지파는 지도상으로 먼저 땅을 분배받습니다. 지도상으로 분배받은 그 땅을 차지해야 할 책임이 그들에게 주어진 것입니다. 마지막으로는 여호수아의 고별 설교가 23~24장에 나옵니다.

12장 24절을 보면 이스라엘 군대가 정복한 왕의 수가 총 31명이라고 되어 있습니다. 31명이라는 왕의 숫자만 보면 많은 왕을 정복했다고 생각하기 쉬운데, 그 당시에 가나안 땅에 몇 개의 도시 국가가 있었는지를 알지 못하기 때문에 31명의 왕을 정복했다는 것이 어느 정도의 비율로 가나안 땅을 정복했는지를 말해주지 않습니다. 이집트의 기록을 보면 가나안 땅의 도시 국가 150개를 정복했다는 식의 표현이 나옵니다. 이런 기록들을 통해 당시 가나안 땅에 150개 이상의 도시 국가가 있었다는 것을 알 수 있습니다. 그래서 31개라는 것은 의외로 적은 숫자일 수도 있습니다. 이스라엘 백성은 담대하게 가나안 땅을 정복하지 못하고 대부분은 가나안 원주민들과 동거를 하게 되었고 동거의 결과 금방 가나안의 바알 숭배 문화에 동화 되어버렸습니다.

여호수아 17장 15절을 보면 요셉 자손들이 자기들이 차지한 땅이 너무 좁다고 하면서 새로운 땅을 더 달라고 합니다. 이때 여호수아가 그들에게 이렇게 대답합니다.

"여호수아가 그들에게 이르되 네가 큰 민족이 되므로 에브라임 산지가 네게 너무 좁을진대 브리스 족속과 르바임 족속의 땅 삼림에 올라가서 스스로 개척하라 하니라"

'개척하라'는 말이 나옵니다. 히브리어로 '빠라'라는 동사입니다. '빠라'라는 단어가 나오는 다른 곳이 있는데 바로 창세기 1장 1절입니다. "태초에 하나님이 천지를 창조하셨다"라고 할 때 '창조했다'는 의미의 동사가 '빠라'입니다. 제가 어렸을 때만 하더라도 목사님들이 히브리어에서 '무엇을 만든다', '창조한다'라는 의미를 가진 동사가 몇 개 있는데 '빠라'라는 동사는 무에서 유를 창조할 때에만 사용되는 동사로서 하나님의 창조를 뜻하는 단어라고 설명을 많이 하셨습니다. 그런데 그렇지 않습니다.

그렇지 않음을 잘 보여주는 것이 여호수아 17장 15절입니다. 여기에서 삼림을 '개척하라'고 할 때 '빠라'라는 동사가 사용됩니다. 빠라라는 것은 무에서 유를 창조할 때 사용되는 것이 아니라, 무가치한 것을 가치 있는 것으로 전환시켜 낼 때 사용되는 동사입니다. 여러분, 난지도 아시죠? 옛날의 난지도는 냄새나는 쓰레기 산이었는데 지금은 하늘 공원으로 바뀌었습니다. 이런 것이 빠라입니다. 개망나니 같았던 사람이 진실한 사람으로 변화되는 것이 빠라입니다. 무에서 유를 만들어내는 것이 아니라 사람들이 살 수 없는 삼림을 사람들이 거주할 수 있는 멋진 곳으로 변화시켜 내는 것이 빠라입니다. 무에서 유를 만들어내는 것이 아니라 무가치한 것을 가치 있는 것으로 변화시켜 낼 때 사용되는 동사가 빠라라고 이해하시면 되겠습니다.

18장으로 넘어가 보시면 1절 위에 '나머지 땅 분배'라는 소제목이 있습니다. 이 본문을 읽을 때 오해해서는 안 되는 것이 있습니다. 여기서 분배되는 땅들은 정복한 땅이 아니라는 것입니다. 일곱 지파는 용기 있게 가나안 원주민들과 싸우지 않았습니다. 그래서 가나안 땅 정복이 지지부진해지자 여호수아는 특단의 조치를 취합니다. 지파 당 3명씩 대표를 뽑아서 가나안 땅을 정탐하게 한 다음에 각 지파가 차지하고 싶은 땅을 지도상으로 분배해준 것입니다. 이것이 18장부터 나오는 내용입니다.

18장 11절 위에 보면 '베냐민 자손의 기업'이라고 되어 있고, 19장 1절 위에 보면 '시므온 자손의 기업'이라는 소제목이 나옵니다. 이 소제목을 보면서 각 지파들이 이 땅을 차지한 것처럼 오해하기 쉬운데 그렇지 않습니다. 지도상으로 먼저 분배를 받은 것입니다. 지도상으로 분배를 받았으면 그다음에 무엇을 해야 합니까? 자기들이 분배받은 땅의 원주민들과 치열하게 싸워서 그 땅을 차지해야 합니다. 여호수아 18장부터 나오는 내용은 각 지파가 실제 차지한 땅이 아니라 차지해야 될 땅임을 기억하셔야 합니다.

그렇다면 지도상으로 분배받은 땅을 각 지파가 제대로 차지했을까요? 그러지 못했음을 우리는 단 지파를 통해서 알 수 있습니다. 여호수아 19장 47절을 보겠습니다. 개역 개정은 이렇게 되어 있습니다.

"그런데 단 자손의 경계는 더욱 확장되었으니"

확장되었다고 말합니다. 그런데 NIV를 비롯한 영어 성경을 보면 '확장되었다'는 의미가 나오지 않습니다. '땅을 차지하는데 어려움을 겪었다'라고 되어 있습니다. 이것은 개역 개정 성경의 완전한 오역입니다. 단 지파의 땅이 확장된 것이 아닙니다. 그들은 지도상으로 분배받은 땅을 포기하고 자기 지파들이 살 땅을 찾아서 위로 북상을 했습니다. 그리고 레셈 지방에 가서 그곳 원주민들과 싸워 그 땅을 차지하고 단 지파의 땅이라고 깃발을 꽂은 것입니다. 그것이 바로 19장 47절의 내용입니다.

"그런데 단 자손의 경계는 더욱 확장되었으니 이는 단 자손이 올라가서 레셈과 싸워 그것을 점령하여 칼날로 치고 그것을 차지하여 거기 거주하였음이라 그들의 조상 단의 이름을 따라서 레셈을 단이라 하였더라"

이스라엘의 영토 경계를 이야기할 때 '단에서 브엘세바까지'라고 말합니다. 단은 이스라엘 가장 북단의 경계이고 브엘세바는 남단의 경계입니다. 제일 북쪽이 단 지파의 땅입니다. 그런데 원래 단 지파가 지도상으로 분배받은 땅은 가나안 중부 지방입니다. 그러면 여기서 중요한 질문이 나옵니다. '가나안 중부 지방을 지도상으로 분배받은 단 지파가 어떻게 제일 북단으로 올라가게 되었을까?'라는 질문입니다.

단 지파는 지도상으로 가나안 중부지방을 분배 받은 후에 자기들이 분배받은 땅으로 갔을 것입니다. 가서 보니까 바로 옆에 누가 살고 있냐면 블레셋 사람들이 살고 있는 것입니다. 이때 블레셋은 철기 문화를 사용하고 있었고 이스라엘은 여전히 청동기문화에 머물러 있었습니다. 이스라엘이 블레셋과 싸워서 이길 승산이 없는 것입니다. 그래서 단 지파는 지도상으로 분배 받은 가나안 중부 지방을 포기하고 자기들이 거주할 수 있는 땅을 찾아서 위로 올라가게 된 것입니다. 단 지파가 거주할 땅을 찾아 북상하다가 발생하게 된 사건이 사사기 17장과 18장에 나옵니다. 미가라고 하는 사람의 집에 있었던 제사장을 훔쳐가는 이야기가 나옵니다. 그리고 최종적으로 단 지파는 제일 북쪽에 정착하게 됩니다.

그래서 이스라엘 영토를 이야기할 때 '단에서 브엘세바'라고 말하게 된 것입니다. 참고로 단 지파가 차지한 곳에 헐몬산이 있습니다. 헐몬산은 겨울에 스키를 탈 수 있을 만큼 눈이 많이 내립니다. 이 헐몬산에 쌓인 눈이 녹아내리면서 요단강으로 흐릅니다. 히브리어로 '내려간다'

는 동사가 '야라드'입니다. 어디에서 내려가는 것입니까? 단에서 내려가는 것입니다. 그래서 '야라드'와 '단'을 합쳐서 야라드단, 요르단, 요단강이 된 것입니다.

요단강을 기준으로 동편과 서편을 나눕니다. 구약 시대에 요단 동편에 누가 있었습니까? 에돔, 모압, 암몬 족속과 이스라엘의 르우벤, 갓, 므낫세 반 지파가 있었습니다. 지금은 요단 동편에 요르단이라는 나라가 있습니다. 요단 서편에 있는 나라가 이스라엘입니다. 요단 동편과 요단 서편의 경계가 요단강입니다. 요단강의 폭은 넓은 곳은 100미터 정도 되고 좁은 곳은 10미터에서 20미터 정도 됩니다. 10미터 정도의 요단강을 사이에 두고 이쪽은 요르단 군인이 총을 들고 서 있고 저쪽은 이스라엘 군인이 총을 들고 서 있습니다.

사람들은 자유롭게 요단강 물에 출입을 합니다. 요단강은 단 지파의 땅에서 흘러내리는 물들이 내려오면서 형성된 것이라고 이해하시면 됩니다. 물이 흘러 내려오다가 큰 호수를 하나 만들었는데 그것이 게네사렛 호수입니다. 게네사렛 호수가 있는 곳이 갈릴리 지방입니다. 그래서 이 호수를 갈릴리 바다라고 부르기도 합니다. 여기서 계속 물이 흘러 내려가다가 물이 들어오기는 하는데 나가지는 않는 닫힌 바다를 형성하게 됩니다. 그것이 바로 사해입니다. 사해에는 소금을 비롯한 광물 자원이 매우 많습니다. 그래서 사해는 요르단이 반, 이스라엘이 반을 차지합니다.

정리해보면, 원래 단 지파는 가나안 중부 지방을 차지해야 될 지파인데 그것을 포기하고 북쪽으로 올라갔습니다. 그리고 레셈이라는 북쪽 땅에 정착하면서 그곳을 단 지파의 땅이라고 주장한 것입니다. 이것은 영토가 확장된 것이 아닙니다. 지도상으로 분배받은 땅을 포기하고 정복하기 쉬운 땅을 찾아 이동한 것입니다. 개역개정 성경에 확장되었다는 말은 단 지파가 지도상으로 분배받은 땅도 차지하고 새로운 지역도 차지한 것처럼 오해하게 만드는 표현입니다. 전혀 그렇지 않았음을 기억하시면 좋겠습니다.

여호수아 21장을 보면 레위인들에게 48개의 성읍이 주어집니다. 48이라고 하는 것은 4 곱하기 12입니다. 레위인들에게는 총 48개의 성읍이 주어지는데 이것은 각 지파 당 동서남북 4개씩의 성읍을 레위인에게 준 것입니다. 레위인들은 이스라엘 전역에 있는 48군데 성읍에서 생활합니다. 레위인들이 일상의 생활에서 가장 중요하게 행하는 일이 무엇입니까? 성소와 관련된 일을 하고 제사를 돕고, 제물로 사용되는 짐승을 키우는 것입니다. 그래서 레위인들에게는 목축이 가능할 수 있도록 목초지를 제공해 줍니다.

레위인들이 48개의 성읍에 분산되어 살았다는 것을 통해 우리는 이스라엘 땅 안에 하나님을 예배할 수 있는 48개의 장소가 있었다는 것을 알 수 있습니다. 모세 때 만들었던 성막이나 솔로몬 시대 때 만든 성전을 생각하시면서 이스라엘 땅 안에서 하나님을 예배할 수 있는 곳이 한 군데만 있었다고 생각하시면 안 됩니다. 레위인들이 거주했던 성읍 안에 하나님께 예배를 드릴 수 있는 성소가 있었습니다. 하나님은 이스라엘 백성들에게 하나님을 예배할 수 있는 기회의 균등성을 보장하신 것입니다.

하나님께 예배드릴 수 있는 곳이 가나안 지역 남쪽 어딘가 한 군데만 있다고 생각해 보십시오. 가나안 북쪽 지역에 거주하게 된 사람들은 하나님께 예배를 드리고자 할 때마다 얼마나 큰 결단을 해야 하겠습니까? 그곳까지 가는 것만 해도 며칠을 소요해야 합니다. 하나님은 12지파 모두에게 균등하게, 그리고 지파 안에서도 동서남북에 하나씩 예배를 드릴 수 있는 장소를 마련해주셔서 그 누구도 예배드리는 기회로부터 소외되지 않게 하셨습니다.

48군데 예배드릴 수 있는 장소 중에서 모세 때 시내산에서 만들었던 성막이 있는 곳을 중앙 성소라고 합니다. 중앙 성소의 지성소에는 무엇이 있습니까? 언약궤가 있습니다. 하나님의 말씀이 담겨 있는 언약궤가 있는 곳이 중앙 성소입니다. 한번 생각해 보십시오. 성막에는 뜰도 있고 성소도 있고 지성소도 있는데 사람들이 하나님께 제물을 바친다고 할 때에는 이 세 곳 중에서 어디가 필요한 것입니까? 뜰이 필요한 것입니다. 뜰에 제물을 바칠 수 있는 번제단이 있고 더러운 것을 씻어낼 수 있는 물두멍이 있습니다. 지방 성소에는 언약궤는 없지만 하나님께 제사드릴 수 있는 뜰이 있는 것입니다. 이스라엘이 가나안 땅에 정착했을 때 하나님을 예배할 수 있는 곳이 총 48군데가 있었는데 그 중에 언약궤가 보관되어 있는 성소를 중앙 성소라고 하고 나머지 성소를 지방 성소라고 한 것입니다.

그런데 이후에 지방 성소들이 우상 숭배의 소굴이 됩니다. 그때 예언자들은 지방 성소를 산당이라고 칭합니다. 예를 들어 열왕기상 3장에 보면 솔로몬이 일천 번제를 바쳤던 곳이 기브온 산당입니다. 기브온에 하나님께 제사를 드릴 수 있는 성소가 있었는데 열왕기의 저자는 그것을 산당이라고 부릅니다. 기브온 산당처럼 가나안 땅 안에 하나님께 예배를 드릴 수 있는 48군데 성소가 있었고, 그 가운데 언약궤가 있던 곳이 중앙 성소이고 나머지를 지방 성소라고 부른 것입니다. 시간이 지나면서 지방 성소는 우상 숭배의 소굴이 되었고, 예언자들은 이때 지방 성소를 산당이라고 부른 것입니다.

중요한 것은 산당에서도 예배를 드렸다는 것입니다. 중앙 성소인 예루살렘에서만 예배를 드린 것이 아닙니다. 중앙 성소와 각 지파 안에 있는 지방 성소 모두에서 예배를 드릴 수 있었다는 것이 중요합니다. 12지파 곱하기 동서남북 4곳 해서 총 48군데 지역에 레위인들을 거주하도록 함으로써 이스라엘 백성 누구나 자신이 거주하는 곳에서 하나님을 예배할 수 있도록 예배드림의 기회의 균등성을 보장했다는 것이 21장의 핵심적인 내용입니다.

여호수아 21장 45절을 보겠습니다.

"여호와께서 이스라엘 족속에게 말씀하신 선한 말씀이 하나도 남음이 없이 다 응하였더라"

여기에서 '다 응하였더라'라는 말씀이 육경의 근거 구절이 됩니다. '성경 본문의 어디부터 어디까지를 하나의 단락으로 볼 것인가?'라고 했을 때 사경도 있고 오경도 있고 육경도 있고 구경도 있습니다. 그 가운데 육경은 약속과 성취의 맥락에서 본문 단락을 구분한 것입니다. 하나님이 아브라함에게 약속하신 두 가지가 있습니다. 후손의 번성과 가나안 땅을 주시겠다는 것입니다. 후손의 번성은 애굽에서 성취되었습니다. 가나안 땅을 주시겠다는 말씀은 여호수아서에서 성취된 것입니다. 약속과 성취의 맥락에서 본문 단락을 구분하는 것이 육경의 특징인데 21장 45절의 하나님의 말씀이 '다 응하였다'는 말씀을 육경의 근거 구절로 삼고 있다는 것을 기억하시면 좋겠습니다.

사사기

　이제 사사기를 보겠습니다. 사사기는 사사 시대에 대한 기록입니다. 사사 시대는 여호수아 사후부터 이스라엘의 왕정이 세워지기 전까지의 기간을 말합니다. 이스라엘은 출애굽 이후에 모세가 이스라엘 전체를 다스리는 정치적인 리더십을 갖게 됩니다. 모세는 죽기 전에 자신의 비서실장이었던 여호수아를 이스라엘 지도자로 임명합니다. 그래서 여호수아를 중심으로 가나안 땅 정복 사건이 펼쳐집니다. 그런데 여호수아는 죽기 전에 후계자를 임명하지 않습니다. 그래서 여호수아가 죽은 다음부터는 이스라엘 전체를 다스리는 지도자는 등장하지 않습니다. 이스라엘 전체에서 리더십을 인정받는 것이 아니라 특별한 지파에서만 리더십을 인정받은 지도자들을 우리는 사사라고 부릅니다.

　이처럼 사사 시대의 가장 중요한 특징은 지도력의 축소입니다. 지도력이 축소되었기 때문에 사사가 명령을 내려도 순종하는 지파와 순종하지 않는 지파로 나뉩니다. 전쟁에 참여할 것을 사사가 요청을 해도 응하는 지파가 있고, 응하지 않는 지파도 있습니다. 사사 삼손 같은 경우에는 혈혈단신으로 블레셋과 치열하게 싸우고 있는데 유다 지파 사람들은 블레셋과 싸우는 삼손을 도리어 책망합니다. 이처럼 이스라엘 전체에 대한 리더십을 갖지 못하고 특별한 지파에게서만 리더십을 인정받았던 지도자들이 사사이고, 지도력의 축소가 사사 시대의 중요한 특징입니다.

사사 시대 때 이스라엘은 12지파 연맹 공동체가 붕괴됩니다. 이스라엘은 출애굽 이후 시내산에서 12지파 연맹 공동체를 결성합니다. 왕이 이스라엘 전체를 다스리는 것이 왕정이라면 12지파 연맹 공동체는 일상의 삶에서는 지파별로 자치를 하고, 공동체 전체적으로 중요한 일이 있을 때에는 12지파 전체가 한마음으로 하나 되는 것을 지향하는 정치 체제입니다. 예를 들어, 르우벤 지파 안에서 어떤 일이 일어났다고 한다면 르우벤 지파의 장로들이 그 문제를 해결하는 것입니다. 르우벤 지파의 문제를 베냐민 지파가 간섭하지 않습니다. 평상시에는 지파별 자치를 하는 것입니다. 그런데 외적이 이스라엘을 공격하는 등의 공동체 전체에 영향을 미치는 사건이 일어나게 될 때에는 모든 지파가 한마음으로 힘을 모으는 것입니다. 이것을 12지파 연맹 공동체라고 합니다.

그런데 사사 시대에는 이것이 제대로 작동되지 않았습니다. 평상시에는 지파별 자치를 하다가 위기의 순간에는 모든 지파가 힘을 모아야 하는데 힘을 모으지 않은 것입니다. 어느 이방 국가가 이스라엘을 공격할 때 북쪽으로 공격할 수도 있고 남쪽이나 중부 지방으로 공격을 할 수도 있습니다. 외적이 침략을 할 때 처음부터 이스라엘 12지파 모두가 공격을 받는 것이 아닙니다. 제일 먼저 공격을 받는 지파가 있을 것입니다. 공격을 받은 지파는 뿔 나팔을 불고 전령들을 보내어 자신들이 지금 위기에 처해 있으니 빨리 와서 우리를 도우라고 할 것입니다. 그런데 전령의 긴급한 소식을 듣고서도 대부분의 지파들이 안 도와줍니다. 자기의 문제가 아닌 이상 개입을 하지 않고 강 건너 불구경하듯이 합니다. 이처럼 사사 시대에는 12지파 연맹 공동체의 하나 됨이 깨어지고 지파와 지파 사이에 분열, 갈등, 다툼 등이 계속 반복되었습니다.

재미있는 것은 어느 지파가 긴급한 상황에서 도움을 요청할 때에는 거절을 하거나 전쟁을 할 때에도 함께하지 않다가 그 지파가 승리를 하고 나면 전리품을 나누길 원하는 지파가 있었다는 것입니다. 바로 에브라임 지파입니다. 사사기 8장과 12장에 보면 에브라임 지파는 다른 지파를 도와야 할 때에는 돕지 않습니다. 그러다가 그 지파가 전쟁에서 승리를 하고 전리품을 나눌 때 자기들의 몫을 챙기려고 합니다. 사사기 12장 1~3절을 보겠습니다.

"에브라임 사람들이 모여 북쪽으로 가서 입다에게 이르되 네가 암몬 자손과 싸우러 건너갈 때에 어찌하여 우리를 불러 너와 함께 가게 하지 아니하였느냐 우리가 반드시 너와 네 집을 불사르리라 하니 입다가 그들에게 이르되 나와 내 백성이 암몬 자손과 크게 싸울 때에 내가 너희를 부르되 너희가 나를 그들의 손에서 구원하지 아니한 고로 나는 너희가 도와주지 아니하는 것을 보고 내 목숨을 돌보지 아니하고 건너가서 암몬 자손을 쳤더니 여호와께서 그들을 내 손에 넘겨주셨거늘 너희가 어찌하여 오늘 내게 올라와서 나와 더불어 싸우고자 하느냐 하니라"

사사 입다가 암몬과의 전쟁에서 승리한 후에 에브라임 지파가 옵니다. 그들은 위기의 순간에는 도움을 제공하지 않다가 승리한 이후에 와서 자기들을 부르지 않았다고 도리어 화를 냅니다. 전리품을 나누고 갖기 위해 교묘하게 말을 만들어내고 있는 것입니다. 이처럼 지파간의 하나 됨이 완전히 깨져버리고 지파간의 분열이 일어난 시대가 바로 사사 시대입니다. 이것을 가장 잘 보여주는 사건이 15장에 나옵니다. 이 때 삼손은 혈혈단신으로 블레셋과 싸우다가 그들의 공격을 피해 유다 지파의 땅으로 몸을 숨겼습니다. 15장 9절부터 11절을 보겠습니다.

"이에 블레셋 사람들이 올라와 유다에 진을 치고 레히에 가득한지라 유다 사람들이 이르되 너희가 어찌하여 올라와서 우리를 치느냐 그들이 대답하되 우리가 올라온 것은 삼손을 결박하여 그가 우리에게 행한 대로 그에게 행하려 함이로라 하는지라 유다 사람 삼천 명이 에담 바위틈에 내려가서 삼손에게 이르되 너는 블레셋 사람이 우리를 다스리는 줄을 알지 못하느냐 네가 어찌하여 우리에게 이같이 행하였느냐"

지금 치열하게 블레셋과 싸우고 있는 삼손에게 같은 동족인 유다 지파 사람들이 뭐라고 말을 하고 있습니까? 왜 블레셋의 심기를 건드리냐는 것입니다. 블레셋의 통치를 순순히 받아들여야지 왜 괜히 블레셋과 싸워서 우리를 피곤하게 만드냐는 것입니다. 마치 안중근이 이토 히로부미를 암살한 후에 조선 사람들이 안중근에게 '왜 사람을 죽이는 살인을 했냐?'라고 책망하는 것과 똑같은 것입니다. 삼손이 용기를 내어 블레셋과 맞서 싸우고 있을 때 힘이라도 조금 보태야 되는 것 아닙니까? 그런데 전혀 그러지 않았습니다.

삼손이 블레셋과 싸우다가 유다 지파의 땅으로 피신을 했는데 유다 지파 사람들은 블레셋 군인들에게 자신들이 삼손을 잡아다가 블레셋 군인들에게 넘겨주겠으니 자신들의 땅에는 들어오지 말라고 부탁을 합니다. 유다 지파 사람들은 블레셋의 통치와 지배를 당연한 현실로 받아들이고 있습니다. 한쪽은 블레셋의 압제로부터 해방하기 위해 싸움을 하고, 다른 한쪽은 블레셋의 통치를 당연하게 받아들이면서 도리어 맞서 싸우는 자를 책망하는 시대가 바로 사사 시대입니다.

사사 시대의 또 하나의 특징은 지도자의 부재입니다. 지도자임을 내세우는 자들은 많았겠지만 정말 믿고 따를 만한 지도자는 없었습니다. 사사기에는 총 12명의 사사가 나옵니다. 성경에 나오는 사사들은 그나마 그 시대에서는 하나님과의 소통이 이루어졌던 괜찮은 사람들입니다. 그런데 12명의 사사 중에서도 우리가 존경할 만한 사람은 그렇게 많지가 않습니다. 시대 전체가 얼마나 하향 평준화되었는가를 알 수 있습니다. 더욱 안타까운 것은 시간이 지날수록 사사들의 수준이 낮아진다는 것입니다. 초기에 나오는 옷니엘, 에훗, 드보라 등의 사사들은 그나마 나은데 뒤에 등장하는 기드온, 입다, 삼손은 많은 문제와 한계를 드러내고 있습니다.

예를 들어, 12사사 중 가장 마지막에 등장하는 인물이 삼손인데 삼손에게서 우리가 본받을만한 신앙의 모습이 뭐가 있을까요? 삼손하면 떠오르는 것이 술 잘 먹는 것, 여자와 잘 노는 것, 힘 센 것 밖에는 없습니다. 사사인 삼손에게서 본받을 만한 신앙적 내용이 없다는 것이 얼마나 안타까운 일입니까? 그런데 삼손이 그 시대에서는 제일 나은 사람입니다. 신뢰하고 믿을 만한 지도자의 부재, 이것이 바로 사사 시대의 특징임을 알 수 있습니다.

사사들이 정치적 군사적 성격의 지도자라면 레위인들은 종교적 신앙적 성격의 지도자라 할 수 있습니다. 사사 시대에 레위인들의 삶은 어땠을까요? 안타깝게도 종교 지도자인 레위인에게서도 우리가 본받을 만한 내용이 나오지 않습니다. 사사기 19장에 보면 가장 거룩해야 될 레위인조차도 첩을 소유하고 있습니다. 오늘날 목회자들의 성적 일탈과 똑같은 것입니다. 성적 일탈을 행하는 목회자를 보면서 우리가 존경과 신뢰를 보낼 수 있겠습니까? 레위인의 성적 일탈은 사사 시대에 보고 배울 만한 신앙적 롤 모델이 부재했음을 잘 보여주는 내용입니다.

또 하나의 문제가 제사장의 사유화입니다. 이것은 사사기 17장에 나옵니다. 미가라고 하는 사람이 집 안에 가정 산당을 만듭니다. 그리고 한 레위인을 제사장으로 고용해서 자기 가정을 위해서 사역하게 만듭니다. 원래 레위인이나 제사장은 성소에서 하나님의 말씀을 있는 그대로 선포해야 하는 사람인데 개별 가정에 고용이 된 것입니다. 미가 집안의 제사장이 된 이후에 그는 어떤 사역을 행했을까요? 하나님의 뜻을 제대로 선포할 수 있었을까요? 그 집 안에 하나님이 보시기에 잘못된 일이 있다 하더라도 그것을 질타하게 되면 언제 잘릴지 모르는데 그것을 말할 수 있었을까요? 쉽지 않았을 것입니다.

그는 미가 집안을 위해 일하는 가정 제사장이 된 것입니다. 자기의 생계를 책임지고 있는 미가 집안을 부담스럽게 하는 말씀은 절대 선포하지 못했을 것입니다. 이런 사람을 우리는 생계형 목회자라고 부를 수 있습니다. 생계형 목회자들은 먹고 살기 위해서 사역을 합니다. 자기의 생계를 책임져주는 사람이 있다면 그가 누구이든 그와 함께 하고 그가 원하는 사역을 행합니다. 생계형 목회자들은 먹고 살기 위해서 사람들이 듣기 원하는 메시지를 선포할 수밖에 없습니다. 소비자 중심의 목회자가 되는 것입니다.

소비자 중심의 목회를 '문화 기독교'라고 합니다. 우리나라에는 초대형 교회들이 많습니다. 세계에서 교인들이 가장 많이 모이는 장로 교회와 감리 교회가 우리나라에 있습니다. 장로 교회는 사랑의교회이고 감리 교회는 금란교회입니다. 그리고 교단을 초월하여 교인들이 가장 많은 교회는 여의도순복음교회이고 2위가 은혜와진리교회입니다. 전 세계에서 교인이 가장 많이 모이는 50개 교회 가운데 20개 정도가 대한민국에 있습니다. 한국 교회의 특징이라고 할 수 있는데 수만 명, 수천 명 이상의 교인들이 모이는 교회들이 매우 많습니다.

미국에서는 2천 명 이상의 교인이 모이는 교회를 메가 처치라고 합니다. 메가 처치의 중요한 특징이 바로 '문화 기독교'입니다. 문화 기독교에는 중요한 두 가지 특징이 있습니다. 첫째는, 성도들이 요구하는 필요에 민감하게 응답을 해준다는 것입니다. 둘째는, 성경에 기록되어 있다 하더라도 성도들이 부담스러워하는 메시지는 절대 선포하지 않는다는 것입니다. 이것이 문화 기독교의 특징입니다. 한 마디로 목회가 서비스업이 된 것입니다. 요즘은 사람들이 교회에 카페가 없으면 그 교회는 안 가려고 합니다. 사람들을 오게 하기 위해서는 교회 공간 안에 카페를 만들어야 합니다. 사람들을 교회로 전도하기 위해서는 주중에 문화 교실 같은 프로그램도 개설해야 하고, 무엇보다도 넓은 주차장을 확보해야 합니다.

교인들이 교회를 선택할 때 무엇을 중요시하는가를 면밀하게 조사하여 그것들을 구비해야 합니다. 교인들의 필요와 욕구에 신속하게 응답해주어야 교회가 성장할 수 있는 것입니다. 그것 가운데 하나가 성경 찬송 안 들고 가도 되는 것입니다. 거대한 스크린을 보면서 예배를 드리면 됩니다. 의자가 딱딱하다고 불평을 하면 금방 극장식 의자를 깔아주어야 합니다. 예배가 너무 재미없다고 하면 재미있는 예배를 만들기 위해 신속하게 대응책을 강구합니다. 이 모든 것들이 문화 기독교의 모습입니다. 저는 개인적으로 죄를 짓는 것이 아닌 이상 교인들의 필요에 민감하게 응답하는 것이 무조건 나쁘다고 보지는 않습니다. 진짜 문제는 어디 있냐면 목회가 서비스업이 되다 보니까 교인들이 부담스러워하는 메시지는 거의 선포하지 않는다는 것입니다.

우리나라 중대형 교회 목사님들 가운데 부동산 투기를 죄라고 자신 있게 외치는 사람이 있습니까? 학벌을 숭배하고 학벌을 가지고 사람을 차별하는 것이 죄라고 자신 있게 외치는 목사들이 있습니까? 목사들이 말하는 죄라는 것은 주로 예배에 참석하지 않는 것, 성경을 잘 읽지 않는 것, 교회에 봉사 활동에 열심히 참여하지 않는 것, 기도 생활을 게을리 하는 것, 불신자들에게 열심을 다해 전도하지 않는 것 등입니다. 주로 종교적 범주 안에서의 행동을 가지고 죄를 이야기합니다. 오늘날 대한민국 사회를 망가뜨리고 있는 이 시대의 중심 죄악에 대해서 단호하게 문제를 지적하고 신앙인들만이라도 그 죄악에 동참하지 말라고 단호하게 말하는 목사님들은 거의 없습니다.

왜 그렇습니까? 시대의 중심죄악을 질타하게 되면 거기에 동참하고 있는 많은 교인들이 목사의 설교를 부담스러워하고, 결국은 교회를 떠나게 됩니다. 사람들이 교회를 떠나게 되면 헌금이 줄고, 헌금이 줄면 목회자의 생활에 직접적인 영향을 미칩니다. 결국은 교인들의 헌금으로 목회자가 생계를 유지하다 보니 교인들의 눈치를 볼 수밖에 없고 교인들이 필요로 하는 것을 중심으로 목회가 전개될 수밖에 없는 것입니다. 이런 것이 전형적인 문화 기독교의 모습입니다. 사사기 17장과 18장에 나오는 미가의 집에 고용되었던 가정 제사장처럼 오늘날 많은 경우에 목회가 생계를 위한 서비스업으로 변질되었음을 볼 수 있습니다.

사사 시대를 설명할 수 있는 또 하나의 특징은 사사 시대가 신학적으로 너무나 혼란스러웠다는 것입니다. 신학적 혼란과 분별없음을 보여주는 대표적인 인물이 입다입니다. 입다는 홍길동처럼 서자 출신입니다. 그래서 길르앗 집안으로부터 무시를 당하고 내어 쫓김을 당합니다. 내어 쫓김을 당한 후에 입다는 비류들과 힘을 모아서 유명한 산적이 됩니다. 그러다 어느 날 길르앗 사람들이 위기에 처하게 되자 유명한 산적이 된 입다와 협상을 벌입니다. 입다가 자신들을 도와주면 입다를 길르앗 집안의 지도자로 세워 주겠다는 것입니다. 이 제안이 입다에게 얼마나 솔깃했겠습니까? 입다는 제안을 수용하고 하나님께 도움을 요청합니다. 그리고 서원을 합니다. 자신이 하나님의 도움으로 전쟁에서 승리하고 돌아온다면 자기를 가장 먼저 맞이하는 사람을 하나님께 번제로 바치겠다고 합니다. 그런데 정말 놀라운 승리를 거두고 입다가 돌아옵니다. 이때 입다를 제일 먼저 맞이한 존재가 누구입니까? 입다의 외동딸입니다. 한글 성경에는 입다가 자신이 약속한 것처럼 외동딸을 하나님께 바친 것처럼 나옵니다.

이것이 얼마나 황당한 일인가를 우리가 주목해야 합니다. 사사는 그 시대에서 하나님의 선택을 받고 하나님의 일을 행한 인물입니다. 하향 평준화된 시대의 형편을 고려해야 하지만 그래도 그 시대에서는 그나마 하나님과의 소통도 이루어지는 괜찮은 인물이라고 할 수 있습니다. 입다가 하나님의 도우심을 요청하고 하나님께 서원의 기도를 드리는 것을 보면 그의 신앙이 보통은 아니라는 것을 알 수 있습니다. 그런데 입다가 하나님께 무슨 내용으로 서원을 하고 있습니까? 하나님이 가장 가증하게 여기시는 것을 하나님의 이름으로 서원하고 있습니다.

하나님이 가장 가증하게 여기시는 것이 무엇입니까? 사람을 제물로 바치는 인신제사입니다. 그것이 레위기 18장 21절과 신명기 12장 31절에 나옵니다. 한 마디로 입다의 서원 자체가 하나님의 뜻과는 너무나 거리가 먼 것입니다. 입다는 하나님이 가장 가증하게 여기시는 일을 하나님의 이름으로 하나님께 행한 것입니다. 우리가 깨어 있지 못하면 이런 일이 벌어질 수 있습니다. 자기 딴에는 하나님을 위해서 그 일을 하고 있다고 생각하는데 실제로는 하나님의 뜻과는 아무런 상관이 없을 뿐만 아니라 도리어 하나님의 마음을 아프시게 하는 일을 할 수도 있는 것입니다. 누구의 이름으로요? 하나님의 이름으로 그렇게 하는 것입니다.

더욱 안타까운 것은 이것입니다. 창세기를 보면, 하나님은 천지를 창조하시고 나서 늘 '보시기에 좋다'고 말씀하십니다. 그런데 유일하게 좋지 않았던 것이 있습니다. 바로 사람이 홀로 독처하는 것입니다. 그래서 하나님은 돕는 배필을 창조하십니다. 이때 돕는 배필의 의미가 무엇입니까? 반대하며 돕는 것입니다. 그런데 입다 이야기에서는 돕는 배필이 보이지 않습니다. 입다는 하나님의 뜻하고는 아무런 상관이 없지만 자신이 서원한 것을 약속대로 지키겠다고 할 수 있습니다. 그런데 입다와 함께하던 주위 사람들 중에 하나님의 말씀으로 깨어 있는 사람이 한 명이라도 있었다면 입다의 서원이 얼마나 잘못된 것인가를 지적해 줄 수 있었을 것입니다.

입다가 하나님의 이름으로 하나님이 가장 가증하게 여기시는 일을 하나님께 행하지 못하도록 반대하며 돕는 사람이 한 명이라도 있었다면 얼마나 좋았을까요? 그런데 그런 인물이 전혀 보이지 않습니다. 이처럼 사사 시대는 하나님의 말씀으로 깨어 있는 사람, 돕는 배필의 역할을 하는 사람이 보이지 않는 시대입니다. 하나님의 이름으로 하나님이 가장 가증하게 여기시는 일을 행할 정도로 분별력을 상실한 신학적 혼란의 시대였습니다.

이런 신학적 혼란과 분별없음은 입다 시대에만 국한된 것이 아닙니다. 오늘 우리 시대에도 이런 안타까운 일들이 지속되고 있습니다. 예를 들어, 우리가 20세기 초반에 독일에 살고 있던 독일 사람이라고 생각을 해 보십시오. 독일 사람들은 대부분 루터교인입니다. 1차 세계대전이 끝나고 나서 독일은 엄청난 전쟁 배상금을 물게 됩니다. 그 배상금을 내느라 경제적 삶이 너무나 팍팍하고 힘겨운 상황이었습니다. 이때 히틀러라는 사람이 등장합니다. 그 이후에 히틀러가 저질렀던 무수한 악행들은 우리가 잘 알고 있습니다.

문제는 당시 독일 국가 교회의 많은 목회자들이 히틀러를 지지했다는 것입니다. 심지어 히틀러를 게르만 민족을 위해서 하나님이 보내주신 메시아라고까지 칭송했습니다. 바르트, 본회퍼, 뉘뮐러 같은 소수의 깨어있는 목회자들만이 히틀러를 악의 화신이라고 비판했습니다. 대다수의 목회자들과 그 목회자들에게 영향받았던 절대 다수의 신앙인들은 히틀러를 열광적으로 지지했습니다. 히틀러가 2차 세계 대전을 일으키고 600만 명의 유대인을 학살할 수 있었던 이유도 독일 국민들의 전폭적인 지지가 있었기 때문입니다. 독일의 신앙인들은 하나님의 뜻에 대한 분별력이 없어서 지지하지 말아야 할 자를 지지하고 추종하였습니다. 그 결과 큰 죄악에 동참하게 된 것입니다.

한국 교회도 마찬가지입니다. 일제 강점기 때 일본은 민족말살 정책의 일환으로 신사 참배를 요구했습니다. 이때 한국 교회 구성원의 95% 이상이 신사 참배를 했습니다. 1940년부터 1945년 사이에 매주 교회에서 주일 예배를 드린 교회는 신사 참배를 한 교회입니다. 교회 역사가 80년 이상 된 교회들이 자기 교회 역사책을 만들 때 이런 내용을 기술하는 경우들이 있습니다. 우리는 일제 강점기에도 매주 예배를 드렸다고 자랑을 하는데 사실 이것은 매우 부끄러운 고백입니다.

당시 신사 참배를 반대했던 교회들은 폐쇄를 당했습니다. 교회 구성원들은 가정에서 예배를 드렸습니다. 주일날 교회에서 예배를 드렸던 모든 교회는 신사 참배를 한 교회입니다. 그것도 모르고 자기 교회는 1940년부터 1945년 사이 그 힘겨운 시절에도 매주 교회에서 주일 예배를 드렸다고 자랑을 하는데 정말 이것은 역사적 사실에 대한 이해가 전혀 없는 부끄러운 이야기입니다.

역사를 공부하다 보면 깨닫게 되는 것이 있습니다. 한 시대를 주름잡던 가장 힘 있었던 집단이 100년 후에도 인정받는 경우가 거의 없다는 것입니다. 오늘날 소위 대형 교회 중심의 한국 교회가 50년 100년 후에 어떤 평가를 받을 것인가를 한번 생각해 보십시오. 저는 후세대들이 21세기 한국 교회를 자본주의에 무릎 꿇은 교회, 맘몬과 하나님을 겸하여 섬겼던 교회라고 평가할 것이라고 생각합니다. 안타까운 것은 그 시대를 살고 있는 사람들은 그 시대를 온전히 분별하지 못하고 주류적 흐름에 동참하게 되는 경우들이 많다는 것입니다. 문제가 무엇인지도 깨닫지 못하고, 문제를 지적해 주는 돕는 배필의 음성에도 귀를 기울이지 않는 것입니다.

사사기 1장 16절을 보겠습니다.

"모세의 장인은 겐 사람이라 그의 자손이 유다 자손과 함께 종려나무 성읍
에서 올라가서"

이 구절의 의미는 모세의 장인은 겐 사람인데 그의 자손들은 유다
지파 사람이 되었다는 것입니다. 유대 지파로 편입을 한 것입니다. 이
처럼 이스라엘 12지파라고 하는 것은 열린 공동체였습니다. 그 지파
의 구성원이 되기 원하는 사람들에게 늘 열려있는 개방형 구조였습니
다. 히브리인들이 출애굽을 할 때 야곱의 후손들만 출애굽을 한 것이
아닙니다. 바로와 애굽이 싫었던 중다한 잡족들도 함께 출애굽을 했습
니다. 출애굽한 사람들이 시내산에서 하나님과 언약을 체결하면서 12
지파 연맹 공동체를 결성을 하였고, 이때 중다한 잡족들은 12지파 안
으로 편입이 되었습니다. 모세의 장인은 겐 족속이었는데 그의 후손은
유다 지파로 편입이 된 것입니다.

사사기에는 계속해서 반복되어 나오는 표현이 있습니다. '자기 소
견에 옳은 대로 행하였다'라는 표현입니다. 사사기 21장 25절을 보
겠습니다.

"그 때에 이스라엘에 왕이 없으므로 사람이 각기 자기의 소견에 옳은 대로
행하였더라"

이 구절에서 '사람이'라고 되어 있는 말은 정확히 말하면 '남자들이'입니다. 사람이라고 하면 남녀를 다 포함하여 생각하기 쉬운데 히브리어로 보면 '남자들'입니다. '그때에 이스라엘에 왕이 없었으므로 남자들이 각기 자기의 소견에 옳은 대로 행하였다'는 말입니다. 이 표현을 통해 우리는 사사기가 기술된 시점을 짐작할 수 있습니다. '그때는 이스라엘에 왕이 없었다'고 말하고 있으니 사사기를 기술하고 있는 때는 왕이 있다는 것을 알 수 있습니다. 사사기는 최소한 왕정 이후에 기술된 본문입니다. 그렇다면 사사기는 반복되는 표현을 통해 무엇을 강조하고 있는 것일까요? 왕이 없었던 사사 시대보다 왕이 있는 왕정 시대가 훨씬 더 안정적인 체제임을 강조합니다.

또 한 가지 중요한 점은 여기서 '왕'이 '하나님'이라는 점입니다. 신학적으로 이스라엘은 출애굽 이후에 시내산에서 하나님만을 왕으로 섬기겠다고 다짐하고 결단한 신앙 공동체입니다. 눈에 보이는 왕은 존재하지 않지만 이스라엘에게 누가 왕입니까? 하나님이 왕입니다. 그런데 '그때에 이스라엘에 왕이 없었다'는 말은 이스라엘이 하나님을 왕으로 인정하지 않았다는 말입니다. 사사 시대는 이스라엘이 하나님을 왕으로 인정하지 않은 시대입니다. 하나님을 왕으로 인정하지 않은 시대에 어떤 일이 벌어졌습니까? 남자들이 자기 소견에 옳은 대로 행한 것입니다. '자기 소견에 옳은 대로'라는 말은 자기가 자기 인생에 하나님이 되었다는 말입니다. 자신이 옳고 그름에 대한 판단자가 된 것입니다.

창세기 3장 22절을 보겠습니다.

"여호와 하나님이 이르시되 보라 이 사람이 선악을 아는 일에 우리 중 하나
같이 되었으니"

'선악을 아는 일에 우리 중 하나 같이 되었다'라는 말이 나옵니다. 이
말은 사람이 선과 악에 대해서 전지적인 능력을 가졌다는 말이 아닙니
다. 무엇이 옳고 무엇이 잘못되었는지를 스스로 하나님처럼 판단하는
존재가 되었다는 말입니다. 하나님은 사람이 옳고 그름에 대해 스스로
판단하지 않고 하나님의 뜻을 통해서 분별하기를 원하셨습니다. 그런
데 사람은 하나님께서 금하신 선악과를 따먹었습니다. 선악과를 따 먹
었다는 말은 이제는 하나님의 판단을 거부하고 스스로 옳고 그름에 대
해 판단하는 존재가 되었다는 말입니다. 자기가 자기 인생에 재판관이
되고 심판자가 된 것입니다. 이것이 선악을 아는 일에 우리 중 하나가
되었다는 말입니다. 이것을 사사기에서는 '자기 소견에 옳은 대로 행
했다'라고 말합니다.

사사기를 보면 총 12명의 사사가 등장합니다. 12명의 사사 중에 6명
은 대사사이고 6명은 소사사입니다. 여기서 '대'와 '소'라고 하는 것은
사사에 대한 기술 분량의 차이에 따른 구분입니다. 많은 분량의 기술이
있는 사사를 대사사라 하고 적은 분량의 기술이 있는 사사를 소사사라
고 합니다. 우리가 한번쯤 이름을 들어본 사람이 대사사이고 보고 들
어도 늘 헷갈리는 사람들이 소사사입니다. 대사사로는 옷니엘, 에훗,

드보라, 기드온, 입다, 삼손이 있습니다. 옷니엘은 최초의 사사입니다. 에훗은 왼손잡이 사사입니다. 드보라는 여성 사사입니다.

드보라 이야기에서 우리가 주목해야 하는 것은 이 당시에는 여성이 사람으로 인정받지 못했던 시대라는 것입니다. 이때는 여성이 남성의 소유물 1호입니다. 그런데 드보라가 이스라엘의 위기 상황에서 지도력을 발휘합니다. 이 말은 뒤집어 생각해보면 그 당시에 남성 지도력이 실종되었다는 것입니다. 그래서 드보라와 계속 비교되는 사람이 등장하는데 그의 이름이 바락입니다. 드보라가 바락에게 전쟁터에 나가서 용기 있게 싸울 것을 지시하자 바락이 이렇게 말합니다. 사사기 4장 8절입니다.

"바락이 그에게 이르되 만일 당신이 나와 함께 가면 내가 가려니와 만일 당신이 나와 함께 가지 아니하면 나도 가지 아니하겠노라 하니"

바락이라는 사람이 얼마나 유약한지 잘 나옵니다. 드보라라고 하는 여사사의 등장은 당시 사회의 남성들의 수준을 폭로하고 있는 것입니다. 당시는 여성들이 남성의 리더십을 따라가야 하는 시대인데 믿고 따를 만한 남성이 없는 것입니다. 그래서 하나님이 여성 드보라를 통해서 이스라엘을 구원해 주신 이야기가 나옵니다.

다음으로 기술된 대사사가 기드온입니다. 기드온은 시작은 좋았지만 나중은 좋지 않은 인물입니다. 이스라엘의 3대 왕이었던 솔로몬과 비슷합니다. 솔로몬도 시작은 참 좋았는데 나중이 좋지 못했습니다. 신명기 17장에 보면 이스라엘의 지도자가 해서는 안 될 것 가운데 하나가 많은 아내를 두는 것입니다. 그런데 기드온은 많은 여인을 아내를 취하여서 아들만 70명을 낳습니다. 그리고 이방과의 전쟁에서 획득한 보석을 가지고 에봇을 만듭니다. 그 에봇을 이스라엘 백성들이 섬기게 됩니다. 기드온이 가나안 우상 문화를 모방하였음을 알 수 있습니다. 초기에는 참 좋았는데 초지일관의 자세를 견지하지 못하고 후반부로 갈수록 추락한 사사가 기드온입니다. 입다는 하나님의 뜻이 무엇인지를 전혀 분별하지 못하고 하나님의 이름으로 하나님이 가장 가증하게 여기시는 일을 행한 사사입니다.

제일 마지막으로 등장하는 사사가 삼손입니다. 삼손에 대한 기술이 가장 많은 분량을 차지합니다. 그런데 삼손 시대에는 중요한 특징이 있습니다. 이스라엘이 이방의 압제 가운데 시달릴 때 이스라엘은 항상 하나님의 구원을 간구했습니다. 그런데 삼손 시대에는 이스라엘이 블레셋의 압제를 받았음에도 불구하고 블레셋의 압제로부터 구원해달라는 기도를 드리지 않습니다. 이방의 압제를 당연하게 받아들이고 하나님의 구원을 갈망하지 않습니다. 그리고 사사 삼손에게는 동역자가 없습니다. 삼손은 처음부터 끝까지 홀로 싸웁니다. 이방의 압제를 당연하게 받아들이던 사람들은 블레셋과 싸우는 삼손을 응원하기는커녕 도리어 훈계합니다. 이러한 모습을 통해 사사 시대가 시간이 지날수록 얼마나 더 악화되고 있는가를 볼 수 있습니다.

소사사도 6명이 있습니다. 삼갈, 돌라, 야일, 입산, 엘론, 압돈입니다. 주목해야 할 것은 소사사는 거의 왕과 똑같은 권력을 누렸다는 것입니다. 아들이 30명이 있는데 당시 왕족들이나 탔던 나귀를 다 타게 하고 아들 한 명당 성읍을 하나씩 다 줍니다. 아들들이 왕자 대우를 받았음을 알 수 있습니다. 사무엘 시대에 이스라엘에 왕정이 도입되긴 했지만 이미 사사 시대에도 왕과 같은 권력을 향유했던 지도자들이 있었음을 알 수 있습니다. 그래서 왕의 권력을 향유했던 소사사들 같은 경우에는 통치 기간이 언급되어 있고 자녀에 대한 언급이 나옵니다. 그리고 소사사들은 이스라엘을 구원했던 군사 행동에 대한 언급이 전혀 나오지 않습니다.

사사기 13장부터 16장에 나오는 삼손 이야기를 보면, '하나님의 영이 삼손에게 임했다'는 표현들이 계속해서 등장합니다. 사람들은 삼손이 힘이 센 이유를 그의 머리카락 길이에서 찾는데 사실 그렇지 않습니다. 삼손이 힘이 빠진 것은 그의 머리카락을 잘라서가 아닙니다. 삼손이 힘을 상실한 이유는 '여호와의 영이 떠났기' 때문입니다. 머리카락이 길고 짧음이 중요하지 않습니다. 여호와의 영이 임하거나 떠난 것이 중요합니다. 삼손은 성령의 도우심 가운데 하나님의 일을 많이 했습니다. 그러나 그 존재가 성령의 사람으로 변화되지는 못했습니다.

하나님의 일을 하는 것과 하나님의 사람으로 변화되는 것이 다를 수 있음을 잘 보여주는 모델이 삼손입니다. 하나님의 일을 많이 행하는 것보다 하나님의 사람으로 변화되는 것이 더욱 중요합니다. 그러나 삼손은 그렇지 못했습니다. 그래서 그는 실패한 삶을 살게 됩니다. 역사에 이름을 남길 만한 위대한 사역은 많이 행했지만 존재 자체가 성령의 사람으로 변화되지는 못했습니다. 이것이 삼손의 실패입니다.

 하나님은 삼손이 나실인으로 살아가기를 원하셨는데 삼손은 계속해서 잔치를 즐깁니다. 잔치를 즐겼다는 말은 포도주와 독주를 계속해서 마셨다는 말입니다. 사자의 시체에 있는 꿀도 찍어 먹습니다. 나실인이 해서는 안 되는 것 가운데 하나가 시체와 가까이 하지 않는 것입니다. 그런데 삼손은 이것도 범합니다. 그리고 부정한 이방 여인들과 계속해서 향락을 즐깁니다. 삼손은 하나님의 영의 임재 안에서 놀라운 일들을 많이 행했지만 하나님의 일을 하면서도 하나님의 사람으로 변화되지는 못했습니다. 오늘 하나님의 일을 하고 있다고 스스로 자부하는 사람들이 반면교사로 삼아야 할 인물이 삼손입니다. 하나님의 일을 하는 사람들이 존재 자체가 하나님의 사람이 될 수 있기를 소망하게 됩니다.

말씀과 함께 역사서 2-2

    사사기 1장 1절부터 3장 6절에 보면 사사시대에 대한 신학적 진술이 나옵니다. 이스라엘이 우상 숭배를 하면 하나님의 심판이 임하고, 이스라엘이 회개하게 되면 사사를 통한 하나님의 구원이 임합니다. 이런 모습이 계속 반복됩니다. 이것이 반복된다는 말은 이스라엘이 과거의 역사로부터 어떤 배움도 갖지 못했다는 것입니다. 성장을 위한 변화 없이 이스라엘은 늘 제자리에 머물러 있었습니다. 계속적으로 후세대의 비극을 경험한 것입니다. 앞선 세대의 역사를 제대로 공부하여 시행착오를 겪지 말아야 하는데 사사시대에 이스라엘은 그러지 못했습니다. 매번 똑같았습니다. 더욱 안타까운 것은 세대를 거듭할수록 하향 평준화되고 더 악화되었다는 것입니다. 나선형 하강구조의 모습을 드러냅니다. 이스라엘의 모습은 똑같은 원을 계속 반복하는 듯 보입니다. 우상 숭배, 하나님의 심판, 회개 그리고 구원입니다.

    그런데 시간이 지날수록 나선형으로 점점 하향 조정됩니다. 수준이 떨어지는 것입니다. 계속 똑같은 원을 그리는 것이 아니라 시간이 지날수록 나선형 하강구조를 드러내며 하향 평준화되었습니다. 한국 교회의 신앙도 그렇지 않습니까? 부모님 세대의 신앙과 우리 세대의 신앙과 우리 자녀들의 신앙을 비교해 보십시오. 세대를 거듭할수록 하나님 앞에 온전히 서려는 사람이 많아지는 것이 아니라 하향 평준화되고 있음을 우리는 목격하고 있습니다. 지금의 속도로 한국 교회가 하향 평준화된다면 20년이 지난 후에 한국 교회 안에서 누군가가 '하나님의 말씀에 존재를 다해 순종하자'라고 말하면 대부분의 신앙인들이 '왜 그렇게 부담스러운 이야기를 하느냐'라고 하면서 싫어할 수도 있을 것 같습니다.

시간이 지날수록 하향 평준화되고 있는 한국 교회의 모습은 사사시대를 너무나 닮았습니다. 사사시대의 중요한 특징이 나선형 하강구조를 그리고 있다는 것입니다. 2장 18~19절을 보겠습니다.

"여호와께서 그들을 위하여 사사들을 세우실 때에는 그 사사와 함께 하셨고 그 사사가 사는 날 동안에는 여호와께서 그들을 대적의 손에서 구원하셨으니 이는 그들이 대적에게 압박과 괴롭게 함을 받아 슬피 부르짖으므로 여호와께서 뜻을 돌이키셨음이거늘 그 사사가 죽은 후에는 그들이 돌이켜 그들의 조상들보다 더욱 타락하여 다른 신들을 따라 섬기며 그들에게 절하고 그들의 행위와 패역한 길을 그치지 아니하였으므로"

여기에 '그들의 조상들보다 더 타락하여'라는 표현이 나옵니다. 나선형 하강구조로 추락하는 이스라엘의 모습을 표현하고 있는 것입니다.

이스라엘이 가나안 땅에 들어갔을 때 그들은 땅 신학에 근거하여 가나안 원주민들을 온전히 몰아내야 했습니다. 그러나 이스라엘은 두 가지 이유로 인해 원주민들을 온전히 몰아내지 않았습니다. 첫째는 원주민들이 너무 강했습니다. 그래서 이스라엘은 싸울 엄두도 내지 못했습니다. 또 하나의 이유는 사사기 1장 28절에 나옵니다.

"이스라엘이 강성한 후에야 가나안 족속에게 노역을 시켰고 다 쫓아내지 아니하였더라"

가나안 족속이 너무 강해서 싸울 엄두를 내지 못한 것도 있지만, 이스라엘이 힘이 강할 때에도 가나안 원주민들을 온전히 몰아내지 않았습니다. 그 이유가 무엇입니까? 그들을 부려 먹으려고 한 것입니다. 그들을 통해 이익을 누리고자 했습니다. 그래서 이스라엘은 가나안 원주민들과 동거하게 됩니다. 그 동거의 결과 가나안 종교 문화에 동화되어 버린 것이 이스라엘의 패착입니다. 사사기에는 총 12명의 사사가 나오는데 초기의 사사들에 비해서 뒤로 갈수록 사사들의 수준이 떨어집니다. 사사는 그 시대를 대표하여 하나님께 쓰임 받은 인물입니다. 사사의 수준이 그 정도라면 당시 일반적인 이스라엘 백성들의 수준은 어떠했을까를 우리가 충분히 상상할 수 있습니다.

사사기 17장부터 21장에는 사사 시대의 총체적인 패역을 보여주는 두 가지 사건이 나옵니다. 이 두 사건이 공교롭게도 다 레위인과 연관되어 있습니다. 17장과 18장에서는 레위인이 한 집안의 제사장이 됩니다. 그 집을 위해서 1년 동안 열심히 사역하면 연봉을 얼마 받기로 계약을 체결하고 그 집을 위해 사역을 하는 것입니다. 이런 경우에 하나님의 말씀이라 하더라도 그 집사람들을 불편하게 만드는 메시지를 선포할 수 있을까요? 쉽지 않았을 것입니다. 자기 생계를 책임져주는 사람들이 원하는 메시지를 선포할 가능성이 높을 수밖에 없습니다. 돌아가신 옥○○ 목사님이나 은퇴하신 이○○ 목사님이 은퇴하시고 나서 똑같이 회개한 내용이 있습니다. 하나님의 말씀을 제대로 선포하지 못했다는 것입니다. 안타까운 것은 두 분 목사님들이 은퇴하시고 나서 이것을 회개하셨다는 것입니다.

이○○ 목사님은 은퇴식 때 이런 고백을 하셨습니다. "내가 하나님께 큰 죄를 범했는데 하나님의 말씀을 교인들 눈치 보느라고 제대로 선포하지 못했다." 옥○○ 목사님이나 이○○ 목사님 정도 되면 그나마 상식적이고 합리적으로 설득력 있게 말씀을 선포하시는 분으로 인정을 받지 않습니까? 그런데 그분들조차도 실존적으로 어떤 고뇌가 있냐면 '내가 과연 하나님의 말씀을 제대로 선포하고 있는가?' 하는 것입니다. 그 목사님들이 그런 고민을 하실 정도라면 일반 목사들은 어떻겠습니까. 정말 하나님의 말씀을 가감 없이 제대로 선포할 수 있을까요? 저는 거의 불가능하다고 봅니다.

한국 교회의 목사들은 독일 교회처럼 국가에서 월급을 받는 것이 아닙니다. 한국 교회는 여러 면에서 미국 교회를 많이 따라하고 있습니다. 교회를 개척할 때에도 그렇습니다. 신학교를 졸업한 사람이 자신의 역량을 총동원하여 있는 돈 없는 돈을 끌어 모아서 교회를 개척합니다. 목회자의 생계를 위해서는 교인들이 와야 하고 그들이 헌금을 해야 합니다. 교인들의 헌금으로 생계를 유지하다 보니 목회자들은 교인들의 눈치를 볼 수밖에 없습니다. 교인들에게 감동을 줘야 하고 교인들을 불편하게 만들면 안 됩니다. 어느 순간부터 목회가 서비스업이 되어 버립니다. 목회자가 교인들에게 사랑받기 위해서는 결혼식 주례 잘 해주고 장례식 잘 치러주고 교인들이 원하는 것에 잘 응답해줘야 합니다. 여기까지는 괜찮다고 생각합니다. 문제는 하나님의 말씀인 성경에는 있지만 교인들이 부담스러워하는 것들은 선포하지 못한다는 점입니다.

오늘날 한국 교회 안에서 선포되고 있지 못한 하나님의 말씀이 너무 많습니다. 교인들도 자기 삶의 토대를 뒤흔드는 말씀을 듣는 것을 원하지 않습니다. 진짜 한국 교회가 새로워지려면 하나님의 말씀을 가감 없이 선포하는 목회자도 있어야 하지만, 부담스러워도 하나님의 말씀을 온전히 선포하는 목사의 메시지에 아멘으로 응답하는 성도들이 있어야 합니다. 그런 목사와 성도들이 만나지 못한다면 한국 교회가 새로워질 가능성은 거의 없다고 봅니다. 주일에만 한국 교회에서 거의 10만 번 가량의 설교가 선포되고 있는데 그 가운데 과연 하나님의 뜻이 제대로 선포되는 설교가 몇 개나 될까요? 저는 많지 않다고 봅니다. 이미 한국 교회 안에서 목회는 서비스업이 되어 버렸습니다. 생계형 목회자들에 의해서 목회자의 자질은 점점 하향 평준화될 것입니다. 사사시대의 모습을 한국 교회가 그대로 재현하고 있다고 생각이 됩니다.

사사기 17장부터 21장에는 레위인의 두 가지 문제가 나옵니다. 하나는 먹고 살기 위해서 하나님의 제사장이 아니라 한 집안의 제사장이 되어버린 것입니다. 그리고 18장에 보면 미가 집안의 제사장이 되었던 이 사람을 단 지파가 이렇게 유혹합니다. "당신은 한 집인의 제사장이 되기를 원합니까, 한 지파의 제사장이 되기를 원합니까?" 이러한 유혹은 마치 중소형 교회를 목회하고 있는 목사에게 대형교회에서 스카웃 제안을 하는 것과 유사합니다. 저는 교회 청빙과 관련한 목사들의 태도가 참 안타깝습니다. 200명 성도들을 목회하는 목사들은 끊임없이 7~800명 출석 성도들이 있는 교회에 이력서를 넣습니다. 7~800명 성도들을 목회하는 목사들은 2~3천명 출석 성도들이 있는 교회에 이력서를 넣습니다.

그래서 최종합격을 하게 되면 성도들에게는 '그 교회로부터 청빙 제안이 들어왔는데 기도해보겠다'고 이야기합니다. 제발 이런 거짓말 좀 안 했으면 좋겠습니다. 이미 마음을 정해놓고 무슨 기도해보겠다고 거짓말을 합니까? 이미 정답을 정해놓고 하는 것이 무슨 기도입니까? 이것은 발람의 기도와 똑같은 것입니다. 민수기 22장부터 24장에 나오는 발람은 모압 왕의 제안을 받고나서 가고 싶었습니다. 그런데 하나님은 가지 말라고 하십니다. 그런데 또 사신들이 와서 새로운 제안을 하니 발람은 다시 하나님께 기도한다고 합니다. 이미 발람의 마음은 가고 싶은 것으로 결정되어 있습니다. 자기 정답이 있습니다. 그때의 기도는 자기 결정을 정당화시켜주는 요식행위에 불과한 것입니다. 결과적으로 단 지파의 스카웃 제안을 받은 레위인은 단 지파를 따라갑니다. 한 집안의 제사장이 되는 것보다는 한 지파의 제사장이 되는 것을 선택한 것입니다.

레위인의 두 번째 문제는 19장부터 나옵니다. 매우 안타깝고 또한 엽기적인 이야기입니다. 한 레위인이 있었는데 그에게는 첩이 있었습니다. 첩을 데리고 집으로 돌아오던 길에 그들은 기브아에서 하룻밤을 머물게 됩니다. 그날 밤 기브아 사람들에 의해서 레위인의 첩은 밤새 성폭력을 당하고 죽게 됩니다. 이때 레위인은 죽은 자신의 첩의 시체를 12토막으로 나누어서 이스라엘 각 지파에게 택배로 보냅니다. 그것을 이스라엘 백성들이 보고 나서 '어떻게 이스라엘 공동체 안에 이런 죄가 있을 수 있는가?' 탄식하고 분노하며 11지파가 이 죄악을 응징하기 위해 힘을 모읍니다. 결국 11지파와 베냐민 지파가 전쟁을 하는 동족상잔의 비극으로 이어집니다. 이것이 19장부터 나오는 이야기입니다.

사사시대의 타락과 부패를 가장 극명하게 보여주는 두 가지 사건이 17장 이하에 나오는데 공교롭게도 이 두 가지 사건 모두가 레위인과 연관되어 있다는 것이 중요합니다. 오늘날에도 마찬가지입니다. 사실 한국 교회는 저 같은 목사들만 정신 똑바로 차리면 새로워질 수 있습니다. 목사들만 하나님을 제대로 믿어도 한국 교회가 이렇게 망가지지는 않을 것입니다. 사사시대를 혼탁하게 만든 주요 인물로 레위인이 나온다는 것을 잘 주목해야 합니다. 사사기 18장 29절 보겠습니다.

"이스라엘에서 태어난 그들의 조상 단의 이름을 따라 그 성읍을 단이라

하니라 그 성읍의 본 이름은 라이스였더라"

단 지파는 정착할 땅을 찾기 위해 북상하다가 마침내 라이스라는 곳에 도착합니다. 그리고 그곳의 이름을 단이라고 부르며 그곳에 정착합니다. 여기 18장 29절과 연관해서 보아야 하는 본문이 창세기 14장 14절입니다.

"아브람이 그의 조카가 사로잡혔음을 듣고 집에서 길리고 훈련된 자 삼백십팔 명을 거느리고 단까지 쫓아가서"

아브라함이 조카 롯을 구하기 위해 단까지 쫓아갔다고 말합니다. 그런데 단이라고 하는 지명의 본 이름은 라이스입니다. 그곳을 단이라고 부른 것은 사사시대입니다. 이것을 통해서 우리는 창세기 14장 14절 말씀이 아무리 빨라도 사사시대 이후에 기록되었음을 알 수 있습니다. 창세기 14장 14절의 말씀이 아브라함 때나 모세 때에 기록되었다면 어디까지 쫓아갔다고 말해야 합니까? 라이스까지라고 해야 합니다. 이 성읍의 본래 이름이 라이스였으니까요. 그런데 사사시대 때 성읍의 이름이 라이스에서 단으로 바뀐 것입니다. 그런데 창세기 14장 14절에서는 "단까지 쫓아갔다"고 되어 있습니다. 따라서 이 표현을 통해 창세기 14장의 기록이 사사 시대 이후에 기록되어졌음을 알 수 있습니다. 사사기 19장 2절을 보겠습니다.

"그 첩이 행음하고 남편을 떠나 유다 베들레헴 그의 아버지의 집에 돌아가서 거기서 넉 달 동안을 지내매"

여러분, 혹시 사사기 19장을 읽으시면서 뭔가 이상하다는 느낌이 안 드셨습니까? 1절을 보면 레위 사람이 첩을 취합니다. 그리고 2절을 보면 이 첩이 행음을 합니다. 그런데 행음을 하고 나서 이 첩이 어디로 갑니까? 자기 친정으로 갑니다. 그리고 레위 사람은 행음을 한 그 첩을 데리러 처가로 갑니다. 이것이 19장 앞부분의 이야기입니다. 뭔가 이상하지 않습니까? 율법에 의하면 행음을 한 여인은 돌에 맞아 죽게 되어 있습니다. 그런데 레위인의 첩은 행음을 저지르고 나서 친정으로 갑니다. 그리고 레위인은 행음한 첩을 데리러 처가로 갑니다. 첩이 행음을 했다면 심판을 집행해야 하는 것 아닙니까?

결론부터 말씀드리면 19장 2절의 번역이 잘못된 것입니다. 히브리어로 '간음하다'뜻의 동사가 '자나'입니다. 자나라는 동사 다음에 '알'이라는 전치사가 나오고 다음에 사람이 나오면 '그 사람과 간음을 했다'는 뜻입니다. 그런데 19장 2절의 히브리어 본문을 보게 되면 '자나' 동사 다음에 '알'이라는 전치사가 나오고 레위인이 나옵니다. 문자 그대로 풀이를 하면 '레위인과 간음을 했다'는 뜻입니다. 그런데 이 여인에게 레위인은 남편이 아닙니까. 그런데 어떻게 남편과 간음을 할 수 있습니까? 이때는 '간음했다'라고 번역해서는 안 되고 '화가 났다'라고 번역해야 합니다. 첩이 자기 남편인 레위인에 대해서 화가 난 것입니다. 19장 2절의 한글번역과 정반대의 상황인 것입니다. 첩이 행음을 한 것이 아니라 레위인이 무엇인가를 잘못해서 첩이 레위인에게 화가 난 것입니다.

우리가 이 여인의 명예를 회복시켜줘야 합니다. 이 여인이 피해자인네 한글성경은 이 여인을 범죄자로 만들었습니다. 이 여인은 레위인에 대해서 화가 나서 친정에 갔고 그곳에서 네 달을 머물렀습니다. 뒤늦게 레위인이 용서를 구하려 이 여인에게 간 것입니다. 이 여인이 행음을 한 것이 아닙니다. 진짜로 이 여인이 행음을 했다면 남편이 이 여인을 데려오고자 갔다는 것은 말이 안 됩니다. 행음죄에 대해 심판을 집행해야 하는데 그것을 하지 않았다는 것도 이상합니다. 행음한 여인이 자기 친정으로 돌아갔는데 친정에서 그 여인을 받아들였다는 것도 말이 안 됩니다.

두 군데의 오역에 대해 우리가 살펴보았습니다. 여호수아 19장 47절에서 단 지파의 땅이 확장된 것처럼 기술되어 있는데 실제는 확장이 아닙니다. 단 지파는 지도상으로 분배받은 땅을 획득하는 일에 어려움을 겪고 나서 북쪽으로 이동을 한 것입니다. 영어성경을 보면 '땅을 차지하는데 어려움을 겪었다'라고 잘 표현되어 있습니다. 그리고 사사기 19장 2절에서는 레위인의 첩이 행음을 한 것처럼 번역이 되어 이 여인을 매우 부도덕한 사람으로 규정하고 있는데 사실은 그렇지 않습니다. 이 여인은 지금 레위인에게 화가 난 것이고 레위인은 이 여인에게 용서를 구하고자 하는 것입니다. 최소한 우리가 이 여인의 명예를 회복시켜 주는 것이 중요하다는 생각이 듭니다.

룻기

　룻기는 에스더와 함께 여성이 주인공인 본문입니다. 룻기에서 제일 중요한 것은 룻기를 기록한 시점입니다. 룻기가 언제 기록되어졌을까요? 제가 이것을 설명하기 전에 여러분이 꼭 기억하셨으면 하는 내용이 하나 있습니다. 그것은 어떤 주장에 대해서도 신학자 모두가 합의하는 의견은 없다는 것입니다. 만약 성경에 대한 해석에 있어 모든 사람들이 합의하는 하나의 내용만 있었다면 이렇게 많은 교단이 탄생하지 않았을 것입니다. 기독교라는 종교의 범주 안에는 크게 세 개의 그룹이 있습니다. 로마 가톨릭과 동방 정교회, 그리고 가톨릭 개혁운동으로 탄생한 개신교입니다. 개신교 안에도 장로교, 감리교, 구세군, 성공회, 성결교, 침례교, 루터교 등 다양한 교파가 있습니다. 재미있는 것은 제가 지금 언급한 다양한 교파들 중에 이단으로 규정된 곳은 한군데도 없습니다.

　성경적으로 다 올바른 교리를 가지고 있다고 상호 존중하는 곳입니다. 그런데 장로교나 감리교만 하더라도 동일한 말씀에 대한 성경 해석이 다릅니다. 제가 질문을 하나 하겠습니다. '예수님의 십자가의 죽음이 이 땅에 있는 모든 죄인들을 위한 대속의 죽음이다'라고 생각하시면 오른손을 들어주십시오. 지금 손 드신 분들은 감리교적 이해를 갖고 계신 것입니다. 장로교는 '그리스도의 십자가의 죽음은 구원받기로 예정된 자들을 위한 제한 속죄'라고 가르칩니다. 지금 보니까 장로교회를 다니시는데도 십자가의 죽음과 관련하여서는 감리교적 이해를 가지신 분들이 많이 계십니다. 사실 한국 교회는 교단과 교파의 정체성이 뚜렷하게 강조되지는 않습니다. 서로의 주장들이 많이 결부되어 있음을 볼 수 있습니다.

일반적으로 교파는 두 가지 이유로 탄생하게 됩니다. 첫째는 정치 체제의 차이입니다. 예를 들어, 감리교는 감독정치를 채택합니다. 장로교는 장로를 중심으로 한 대의정치를 채택합니다. 침례교는 직접 민주주의의 성격이 강한 회중정치를 채택합니다. 이렇게 어떤 정치 체제를 선택하는가에 따라 교파가 나누어집니다. 둘째는 성경해석의 차이입니다. 각 교파는 본문에 대한 해석에 있어 약간의 차이를 드러냅니다. 그 결과 조금씩 다른 교리를 가지고 있습니다. 감리교의 교리와 장로교의 교리는 조금 다릅니다. 그러나 장로교나 감리교가 서로를 이단으로 정죄하지는 않습니다. 그 이유는 각 교파가 주장하는 내용이 성경적 지지를 받는다고 상호 인정하기 때문입니다. 우리가 조심해야 할 것은 내가 어떤 교파에 소속되었다고 해서 자신의 교파를 기독교와 동일시해서는 안 된다는 것입니다.

하나의 교파가 기독교 전체를 대표할 수 없습니다. 어떻게 보면 각 교파의 주장 전부를 합쳐 놓은 것이 기독교라고 할 수 있습니다. 하나의 교파가 하나님을 독점할 수 없습니다. 각 교파에 속한 신앙인들은 이것을 겸손하게 인정해야 합니다. 하나님과 기독교 신앙이라는 범주 안에서 내가 속해 있는 교파는 하나의 부분을 차지하고 있음을 인정해야 합니다. 서로 다른 성경해석은 하나의 교파가 주목하지 못했던 것을 다른 교파가 주목하도록 만들어주는 것입니다. 이것을 성경해석의 풍요로움으로 받아들여야 합니다. 자기 교파의 해석만이 정답이고 나머지 모든 해석은 틀린 것이고 심지어 이단적 주장이라고 공격하는 것은 정말 위험한 태도입니다. 하나의 교파가 기독교를 대표하거나 대변할 수 없습니다.

교파들마다 성경 해석이 조금씩 다른 것처럼, 어떤 이슈와 관련하여 학자들 사이에서도 다양한 의견이 존재합니다. 하나의 의견만 존재하지 않습니다. 예를 들어, 이 본문의 저자가 누구인가에 대해서도 다양한 주장이 있습니다. 본문의 저자, 저술시기, 수신자, 저술 목적 등과 관련하여 다양한 의견이 있다는 것을 아셔야 합니다. 신학도 하나의 학문이다 보니 신학박사가 되려면 논문을 써야 합니다. 이 강의에도 몇 분의 교수님이 참여하고 계시지만 내가 어떤 논문을 썼을 때 이 논문이 학문적 가치를 인정받으려면 기존의 그 누구도 주장하지 않은 새로운 의견을 피력하고 그 주장을 뒷받침 할 수 있는 논거를 대야 합니다.

예를 들어, '예수님은 여자였다'라는 식의 주장을 하고 이 주장을 뒷받침할 수 있는 논거를 몇 개 제시하면 이것은 학계에서 엄청난 논문이 되는 것입니다. '예수님은 로마에 의해 죽임당하지 않았다'라는 식의 주장도 기존의 주장을 뒤집는 논문 주제가 될 수 있습니다. 사실 이런 식의 신학적 주장들은 우리의 신앙을 유익하게 하는 것과는 거리가 있습니다. 신학이라는 학문과 우리의 신앙은 일반적으로 연동되지 않습니다. 정리하자면, 어떤 학자의 주장은 여러 주장 가운데 하나라는 것을 기억하셔야 합니다. 모든 학자들이 합의를 한 그런 의견은 존재하지 않습니다. 강의 시간에 제가 드리는 설명도 여러 학자들의 주장 중에서 가장 타당하다고 생각하는 것을 말씀드리는 것입니다. 제 설명이 결코 유일한 정답이 될 수 없습니다.

룻기가 언제 기술되었을까요? 많은 학자들은 에스라 느헤미야가 주도한 회개 운동의 일환으로 이방 여인들을 본국으로 소환할 때 룻기가 기록되었다고 봅니다. 에스라 느헤미야 때 대부흥 운동으로 회개 운동이 일어납니다. 회개 운동의 핵심은 이방 여인들과 통혼을 한 이스라엘 남성들에게 이방 여인과의 관계를 단절하라는 것입니다. 당시 예루살렘 종교 권력자들은 사마리아 정치 권력자들의 딸과 결혼을 했습니다. 무엇을 기대한 것입니까? 사마리아 정치 권력자들의 딸과 결혼하여 사회 정치적 신분 상승을 기대했습니다. 이스라엘 종교 권력자들은 대부분 제사장 집안입니다. 그러니까 이스라엘 제사장 집안사람들과 사마리아 정치 권력자들 사이에 통혼이 이루어진 것입니다. 이 통혼으로 인해 크게 다섯 가지 문제가 일어나게 됩니다.

첫째, 이스라엘 남성들이 이방 여인과 결혼함으로 신앙을 배교하는 일이 일어납니다. 여인들의 이방 우상 숭배 문화에 동화되어 버린 것입니다. 둘째, 이스라엘 공동체의 경제적 손실이 일어납니다. 일반적으로 결혼할 때 남성들이 여성들에 비해서 나이도 많고 일찍 죽습니다. 이스라엘 남성이 죽은 다음에 그 남성이 남긴 유산 가운데 일부를 이방 여인들이 가져갑니다. 결국 이스라엘의 재산이 이방으로 넘어가는 경제적 손실이 발생했습니다.

셋째, 신앙의 계승이 단절되는 문제가 발생했습니다. 두 사람의 결혼으로 인해 자녀가 태어나는데 자녀를 보통 누가 양육을 합니까? 엄마들이 양육하고 교육합니다. 그 결과 혼혈 자녀들은 아버지가 사용하는 히브리어는 전혀 모르고 어머니가 사용하는 언어를 모국어로 사용하게 됩니다. 그리고 어머니의 신앙을 자신의 신앙으로 계승하게 됩니다. 하나님께서 자녀를 허락하시는 가장 중요한 이유 가운데 하나가 신앙의 계승인데 자녀를 통한 신앙 계승이 전혀 이루어지지 못한 것입니다. 신앙 계승이 단절되어 버린 것입니다.

넷째, 예루살렘 종교 권력자들 중 일부가 사마리아 정치 권력자들의 딸과 결혼하기 위해 자기의 본부인을 버리는 일이 발생했습니다. 이혼을 하고 가정이 파괴된 것입니다. 다섯째, 이 일을 예루살렘 종교 권력자들이 앞장서 행하다 보니 이스라엘 백성 전체에게 매우 부정적인 영향을 미쳤습니다. 대다수 이스라엘 백성들도 종교 권력자들의 행태를 비판하면서 한편으로는 부러워하는 일이 벌어졌습니다. '어떻게 제사장이 이방 여인과 결혼할 수 있는가?'라고 비판은 하면서도 자신들도 사마리아 정치 권력자들의 딸과 결혼하여 신분 상승이 이루어지기를 갈망하게 되었습니다. 공동체 전체에게 매우 부정적인 영향을 미친 것입니다.

이처럼 이방 여인과의 통혼을 통해 다섯 가지의 중요한 문제가 발생하게 되었습니다. 이때 에스라와 느헤미야가 대대적인 회개 운동을 펼칩니다. 이 회개 운동은 의미 있는 사건이었다고 볼 수 있습니다. 문제는 회개 운동이 지속되면서 극단적 '이즘'으로 발전하게 되었다는 것입니다. 모든 운동에 있어 가장 조심해야 하는 것이 극단적 태도입니다. 에스라 느헤미야의 회개 운동은 너무 적절한 사건이었지만 이 운동이 지속되는 과정에서 하나의 이데올로기가 만들어지게 됩니다. 그것이 무엇입니까? 이스라엘의 타락과 부패의 원인을 이방 여인들과의 통혼에서 찾으면서 '이스라엘이 순수 신앙을 갖기 위해서는 순수 혈통을 보존해야 한다'라는 식의 이데올로기가 탄생하게 된 것입니다.

마치 순수 혈통이 순수 신앙을 가능하게 만드는 조건처럼 주장되기 시작한 것입니다. 이러한 주장은 결과적으로 이방인 혐오주의로 이어지게 됩니다. 논리가 이렇습니다. 이스라엘의 순수 신앙을 누가 망가뜨렸는가? 이방 여인입니다. 그렇다면 이스라엘이 다시 하나님 앞에 순수한 신앙을 회복하기 위해서는 무엇을 해야 합니까? 이방 여인들과 통혼하지 아니하고 이스라엘 사람들끼리 결혼을 하면 된다는 논리가 탄생합니다. 순수 혈통이 순수 신앙을 낳는다는 이데올로기가 탄생하게 된 것입니다. 이런 이데올로기 속에서 이방인 혐오적이고 이방인 배척적인 태도가 등장합니다.

그런데 한번 생각해 보십시오. 이스라엘 백성들끼리 결혼을 한다고 해서 순수 신앙이 자연스럽게 탄생하는 것입니까? 결코 그렇지 않습니다. 광야시대와 사사시대에 이스라엘 백성들끼리 생활했을 때에도 그들은 하나님을 제대로 섬기지 않고 우상 숭배에 몰두했습니다. 순수 혈통이 순수 신앙을 결코 보장하지 않습니다. 그런데도 이런 식의 이데올로기가 강조된 것입니다. 이때 등장했던 책이 룻기입니다.

룻기의 핵심은 4장 마지막 부분입니다. 4장 21절의 '살몬은 보아스를 낳았고'에서 '살몬'은 마태복음 1장 5절에서 라합의 남편으로 등장합니다. 학자들은 여호수아가 여리고성에 파견한 두 명의 정탐꾼 중한 명을 살몬으로 봅니다. 이 살몬이 라합과 결혼하여 보아스를 낳았다는 것입니다. 그리고 보아스는 오벳을 낳았고 오벳은 이새를 낳았고이새는 다윗을 낳았습니다.

에스라 느헤미야의 종교개혁 운동이 한창일 때 사람들은 순수 혈통이 순수 신앙을 만들어낸다는 식의 이데올로기를 만들어냅니다. 그런데 저자는 이스라엘 백성들에게 이런 질문을 던지고 있습니다. '당신들이 가장 존경하는 위대한 신앙인이 누굽니까?' 이 질문에 대해 대다수 이스라엘 백성들은 '다윗'이라고 대답을 합니다. 그때 저자는 또 질문을 던집니다. '그러면 다윗의 위대한 신앙은 순수 혈통이었기 때문에 가능했겠네요?' 이 질문에 대해 사람들은 '당연하죠.'라고 답변을합니다. 이 답변에 대해 저자는 진짜 그러한지를 설명합니다. '다윗이순수 혈통이었기 때문에 하나님에 대한 순전한 신앙을 드러낼 수 있었는가?'라고 했을 때 그렇지 않음을 보여줍니다. 다윗이라는 존재 안에여리고의 기생이었던 라합의 피도 흐르고 모압 여인이었던 룻의 피도흐르고 있음을 강조합니다.

족보상으로 모압 여인 룻은 다윗의 증조할머니입니다. 이방 여인의 피가 다윗에게 흐르고 있음을 보여줌으로 순수 혈통이 순수 신앙을 가능하게 만드는 것이 아님을 저자는 폭로합니다. 이것이 룻기의 기록 목적이라고 봅니다. 학자들이 룻기와 관련해서 제일 주목하는 것이 룻기가 기록되어진 시점입니다.

이처럼 룻기는 순수 혈통이 순수 신앙을 가능하게 만든다는 주장에 대해 대항하고 있는 본문입니다. 진정한 믿음은 혈통에 의해 결정되는 것이 아닙니다. 이것을 바울도 로마서 2장 28~29절에서 주장합니다. '표면적인 유대인이 유대인이 아니고 이면적인 유대인이 유대인이다' 라고 주장하죠. 할례를 받고 음식 정결법을 지키고 회당 예배에 참여한다고 해서 그 사람이 진짜 하나님의 백성은 아니라는 것입니다. 오늘날로 말하면 주일예배 참여하고 기도 많이 하고 교회봉사 열심히 한다고 해서 그 사람을 진짜 하나님의 백성으로 볼 수는 없다는 것입니다.

눈에 보이는 표면적인 행동이 중요한 것이 아니라 이면적인 것, 즉 '눈에 보이지는 않지만 일상의 삶 속에서 하나님과 얼마나 신실하게 동행하고 있는가?', '하나님을 경외하는 마음으로 인생의 한 걸음씩을 내딛고 있는가?'가 진짜 중요하다는 것입니다. 하나님의 백성 됨을 종교 제의를 중심으로 판단하지 아니하고 일상의 삶을 중심으로 판단하고 있는 것이 정말 중요합니다. 이러한 바울의 주장은 순수 혈통이 순수 신앙을 탄생시키는 것은 아니라는 룻기의 주장을 많이 닮아 있습니다.

룻기는 구약 중에 가장 이방인 친화적인 본문입니다. 지금 우리나라에도 외국인들이 거의 180만 명에서 많을 때는 200만 명가량 생활하고 있습니다. 모두가 알고 있다시피 현재 대한민국의 인구는 급격하게 감소되고 있습니다. 인구 감소를 해결할 수 있는 방법 중 하나가 외국인들을 유입하는 것입니다. 앞으로 더 많은 외국인들이 이 땅에 들어오게 될 것입니다. 모압 여인이었던 룻이 이스라엘 땅에 들어온 것처럼 외국인들이 이 땅에 들어오는 것 자체가 룻기적 상황의 재현이라고 할 수 있습니다. 이 땅에 들어와 있는 이방인들을 우리가 어떤 마음과 자세로 만나야 할 것인가와 관련하여 우리가 가장 주목해야 할 본문이 룻기라고 할 수 있습니다.

룻기는 신앙 안에서 구현된 보아스와 룻의 사랑 이야기입니다. 바울이 갈라디아서 3장 28절에서 '유대인이나 이방인이나 남자나 여자나 주인이나 종이나 그리스도 안에서 하나이다'라고 했는데 이 말씀은 정확하게 보아스와 룻의 이야기입니다. 보아스는 유대인이고 룻은 이방인입니다. 보아스는 주인이고 룻은 종입니다. 보아스는 남성이고 룻은 여성입니다. 세상적으로 도저히 하나 될 수 없었던 사람들이 하나님을 믿는 신앙 안에서 하나 됨을 누리게 됩니다.

1장 2절을 보면 엘리멜렉 집안 사람들이 소개되고 있습니다. 엘리멜렉의 아내 이름은 나오미이고 두 아들의 이름은 말론과 기룐입니다. 여기 말론이 룻의 남편입니다. 말론이란 이름의 뜻은 '아프다'입니다. '기룐'이라는 이름의 뜻은 '깨지기 쉽다'입니다. 그런데 정말 부모들이 자녀들의 이름을 이렇게 지었을까요? 아이가 태어났을 때 아이의 이름을 '아프다', '깨지기 쉽다'라고 짓는 것은 이해하기 어려운 모습입니다. 우리가 잘 아는 야곱도 마찬가지입니다. 진짜 이삭과 리브가가 야곱이 태어났을 때 야곱이라고 이름을 지었을까요? 야곱이라는 이름의 뜻은 '속이는 자', '걸려 넘어지게 하는 자'입니다. 그래서 학자들은 고대 사회에서의 이름이 언제 만들어진 것일까에 대해 다양한 주장을 펼칩니다. 우리나라 역사에서도 일반 평민이 자기 이름을 가지게 된 것은 고려시대 중기로 봅니다.

오늘날에는 보통 출생 때 이름을 지어주지만 고대사회에서는 출생 때가 아니라 한 존재가 죽었을 때 그 사람의 인생 전체를 조망하면서 그의 인생을 가장 잘 설명해 줄 수 있는 이름을 사후에 지은 것이 아닐까라고 주장하기도 합니다. 이름을 언제 작명한 것인지에 대해 정확한 것은 알 수가 없습니다. 그런데 이런 질문은 가능한 것입니다. "자녀가 태어났을 때 그의 이름을 '아프다', '깨지기 쉽다'라고 지어주었을까? 도리어 한 사람이 죽었을 때 그의 인생을 가장 잘 설명해 줄 수 있는 이름을 그의 사후에 지어준 것이 아닐까?"라고 추측할 수 있는 것입니다.

룻기는 어버이 주일 때 주로 설교되는 단골 본문입니다. 특히 목사님들이 많이 설교하는 본문이 룻기 1장 16절입니다.

"어머니의 백성이 나의 백성이 되고 어머니의 하나님이 나의 하나님이 되시리니"

일반적으로 목사님들이 교회에서 목회할 때 가장 신경을 많이 쓰는 그룹이 권사님들입니다. 제가 볼 때는 당회를 할 때에도 장로님과 부인 권사님이 함께 참여하는 것이 좋다고 봅니다. 왜냐하면 당회에서 합의를 다 하고 나서 집에 가신 후에 장로님들이 밤에 담임목사에게 전화를 많이 하십니다. '집에 가서 생각해 보니까 이것이 더 나은 것 같아요.' 하면서 의견을 많이 바꾸시는데 대부분은 권사님들의 의견을 전달하는 것입니다. 권사님 파워가 강력하다는 것을 알 수 있는 대목입니다. 그래서 목사님들은 어버이 주일 때 며느리들로 하여금 시어머니를 잘 모시라는 맥락에서 룻기 1장 16절 말씀을 많이 하십니다. 그러나 우리는 이런 생각을 해야 합니다. 평소 나오미의 삶이 어떠했길래 룻이 이런 고백을 하게 되었을까를 생각해야 합니다. 어머니와 온전히 하나되겠다는 이런 고백이 나오기까지 룻은 나오미에게 감동을 받은 것입니다. 아랫사람에게 감동을 끼칠 수 있는 삶의 맥락에서 이 본문을 살펴보는 것이 중요하다는 생각이 듭니다.

1장 22절은 나오미와 룻이 이스라엘 땅으로 돌아왔을 때의 시간을 알려줍니다. 나오미가 룻과 함께 이스라엘 땅에 왔을 때는 보리 추수를 시작할 때입니다. 이때에 어떤 절기를 지킵니까? 바로 오순절입니다. 오순절을 다른 말로 맥추절, 칠칠절이라고 합니다. 그래서 이스라엘에서는 오순절 때 룻기를 읽습니다. 이스라엘 백성이 지키는 주요 절기 때 읽는 다섯 개의 본문을 메길롯이라고 하는데 룻기는 랍비가 오순절에 낭독하는 본문입니다. 왜 룻기를 이때 읽습니까? 나오미와 룻이 이스라엘에 다시 돌아왔을 때가 오순절 때이기 때문입니다.

2장 4절을 보면 보아스라는 사람이 얼마나 대단한 사람인가를 알 수 있습니다. 그는 자기 밭에서 일하고 있는 노동자들에게 존경을 받는 사용자입니다. 노동자들은 "여호와께서 당신에게 복 주시기를 원하나이다."라고 소리 높여 외칩니다. 노동자들에게 이렇게 존경 받는 CEO가 되는 것은 참 쉽지가 않습니다. 보아스의 일상의 삶이 가난한 자, 연약한 자에게 얼마나 선대하는 삶이었는가를 알 수 있습니다. 보아스를 보면서 한국 교회가 구약을 좀 더 많이 강조해야 될 중요한 이유를 발견할 수 있습니다. 신약에 나오는 위대한 인물들은 대부분 목회자거나 선교사입니다. 그런데 구약에 나오는 위대한 인물들은 대부분 정치인, CEO와 같은 사람들입니다. 일상에서 자기 직업을 가지고 하나님의 백성답게 산 사람들의 이야기가 구약에 많이 나옵니다.

구약에 나오는 신앙의 인물들 가운데 순수 종교인은 거의 없습니다. 다윗이나 요셉, 다니엘, 느헤미아 모두 정치인입니다. 보아스는 CEO입니다. 에스라는 법학자입니다. 신약은 교회 중심의 책입니다. 이제 막 탄생한 교회를 세우고, 운영하고, 지키는 것에 관심이 많습니다. 저 같은 목사나 선교사들이 신약을 강조하면서 성경에 나와 있는 믿음의 인물들과 자기를 동일시 할 가능성이 매우 높습니다. 그런데 구약에 나오는 신앙의 인물들은 일상의 삶 속에서 하나님의 백성답게 분투하며 살아갔던 사람들입니다. 이들의 이야기를 한국 교회 안에서 좀 더 많이 강조했으면 좋겠다는 생각이 듭니다.

2장 20절의 후반부를 보면 "우리 기업을 무를 자 중의 하나이니라"

라는 표현이 나옵니다. 여기 '기업을 무른다'는 말이 중요합니다. 기업을 무르는 사람을 '고엘'이라고 합니다. 고엘이라는 단어를 꼭 기억해주십시오. 고엘은 친족이라는 뜻입니다. 사사시대만 하더라도 국가의 공권력이 확립되거나 사법 시스템이 구축된 때가 아닙니다. 사사시대는 12지파 연맹 공동체의 시대입니다. 공동체 전체적으로 중요한 일이 있을 때에는 함께 힘을 모으지만 일상의 삶에서는 지파별 자치를 합니다. 그리고 대부분의 사법적 심판은 친족들이 대신 행하던 시대입니다.

예를 들어, 내 친족 가운데 누가 억울하게 죽임을 당했습니다. 그러면 나머지 친족들이 힘을 모아서 내 친족을 죽인 가해자를 찾아가서 복수하는 겁니다. 이것이 고엘의 의무입니다. 우리 친족 가운데 누가 땅을 빼앗겼다고 하면 나머지 친족들이 돈을 모아서 빼앗긴 땅을 되사오는 겁니다. 우리 친족 가운데 누가 노예로 팔려가게 되면 돈을 모아서 노예로 팔려간 친족을 되사오는 겁니다. 이것을 뭐라고 하냐면 고엘의 의무라고 합니다. 고엘의 의무는 크게 세 가지가 있습니다. 친족 가운데 누군가가 땅을 빼앗겼을 때 그 땅을 되찾아 오는 것, 노예로 팔려가게 되었을 때 그 사람을 되사오는 것, 이것을 '구속한다'라고 합니다. 그리고 친족 가운데 누군가가 살인을 당했을 때 피의 복수를 하는 것이 고엘의 의무입니다.

그런데 룻기 3~4장에 보시면 고엘에게 새로운 의무가 하나 추가됩니다. 바로 형사취수제의 의무입니다. 형사취수제가 무엇입니까? 형이 죽었을 때 동생이 형수를 아내로 맞이해서 아이를 낳는 것입니다. 그때 태어난 아이는 죽은 형의 아들이 됩니다. 그래서 죽은 형이 남긴 재산도 상속 받고 그 재산을 가지고 홀로 남게 된 자기 어머니를 봉양하는 것입니다. 이것이 형사취수제입니다. 창세기 38장에서 엘, 오난, 셀라의 이야기를 기억하실 것입니다. 이것이 형사취수제입니다. 그런데 원래의 형사취수제가 적용될 수 없는 새로운 상황이 등장하게 됩니다. 예를 들어, 한 집에 형제가 3명이 있는데 3명 모두 결혼을 했습니다. 그런데 전쟁이 발발하여 3명 모두가 전쟁터에 끌려가서 3명 모두 전사했다고 생각해 보십시오. 남편 없이 홀로 남게 된 여인들은 3명이나 되는데 형사취수제의 의무를 감당할 형제가 없는 상황이 펼쳐진 것입니다. 이런 상황에서 형사취수제의 의무가 고엘까지 확대가 된 것입니다.

룻기를 읽어 보면 이해하기 참 난해한 장면이 있습니다. 보아스는 엘리멜렉의 기업을 무르는 자입니다. 지금 엘리멜렉은 죽었고 그의 두 아들도 죽었습니다. 그래서 엘리멜렉의 집안이 단절될 위기에 처하게 되었습니다. 그래서 보아스가 홀로 남게 된 엘리멜렉의 부인과 결혼해서 아이를 낳고 그 아이를 통해서 엘리멜렉 가문을 지속시켜야 합니다. 그런데 문제가 엘리멜렉의 부인인 나오미가 나이가 너무 많아서 아이를 낳을 수가 없습니다. 그래서 보아스가 누구와 결혼합니까? 나오미의 며느리이고, 말론의 아내였던 룻과 결혼합니다. 그래서 룻과 보아스가 결혼하고 나서 아이가 태어납니다. 그 아이의 이름이 오벳입니다. 오벳이란 이름의 뜻은 봉양자입니다. 그래서 4장에 보시면 아이는 룻이 낳았는데 동네 사람들은 누구의 아이라고 축하해 줍니까? 나오미의 아이라고 축하해줍니다. 그 아이의 이름이 오벳인데 나이 많은 나오미를 봉양하는 봉양자란 뜻입니다.

원래 고엘의 의무 안에는 형사취수제는 없었습니다. 노예로 팔려간 친족을 되사오거나 땅을 빼앗긴 친족의 땅을 되찾아주거나 억울하게 죽임 당한 친족의 복수를 하는 것이 고엘의 의무입니다. 그런데 새로운 상황 속에서 형사취수제까지 고엘의 의무로 확장됩니다. 그런데 룻기가 난해한 이유는 보아스가 고엘로서 엘리멜렉 집안의 기업을 물려야 하는데 엘리멜렉의 부인인 나오미는 아이를 출생할 수 없습니다. 그래서 보아스와 룻이 결혼을 해서 오벳이란 아이를 낳습니다. 이 아이는 나오미의 아들이 되어 나오미를 봉양하게 됩니다. 이처럼 룻기는 그 전에 선례를 찾아 볼 수 없는 매우 독특한 이야기입니다. 오늘은 여기까지 하고 질문을 받겠습니다.

[질문]
여호수아 21장에서 예배 장소가 48개여서 12지파 모두가 하나님께 균등하게 예배를 드릴 수 있다고 하셨는데, 신약을 보면 예수님께서 성전을 뒤집어엎으신 사건이 나옵니다. 그때 제물로 판매되던 동물들을 내쫓는 장면이 나옵니다. 당시 성전에서 동물을 판 이유가 멀리서 오는 유대인들이 제물로 사용할 동물을 직접 데리고 오는 것이 쉽지 않았기 때문이라고 추측해 볼 수 있는데 그렇다면 신약시대에는 예배 장소가 예루살렘 한 곳이었다고 생각해도 되는 건가요? 아니면 예배 장소가 시대별로 어떤 때는 48개, 어떤 때는

한 군데로 유동적으로 변화된 것인지 궁금합니다.

[답]

맞습니다. 요시아 왕 때 그런 변화가 생겼습니다. 요시아가 주전 621년에 지방 산당을 폐쇄시키는 종교개혁을 단행합니다. 지방 산당이 우상 숭배의 소굴이 되었기 때문입니다. 지방 산당을 폐쇄하고 예루살렘 성전에서만 예배를 드리게 만듭니다. 그때부터 정통 유대인들은 예루살렘 성전에서만 예배를 드리게 되었습니다. 그러다 주전 400년경에 사마리아에 성전이 하나 세워지고, 주전 2세기에는 이집트로 내려간 유대인들이 이집트 땅에 또 하나의 성전을 세웁니다. 이스라엘 사람들이 성전이라고 말할 수 있는 곳이 세 군데가 된 것입니다.

[질문]

보아스가 형사취수제의 의무로 인해서 룻에게서 아이를 낳았으면 그때 태어난 오벳은 보아스의 아들이 아니고 엘리멜렉의 아들이 아닌가요?

[답]

맞습니다. 나오미의 아들입니다.

[질문]

그렇다면 족보상으로 보아스 다음에 오벳이 아니라 엘리멜렉 다음에 오벳으로 기술되어야 하는 것이 아닌가요?

[답]

제가 볼 때는 이중적 의미가 다 있다고 봐야 합니다. 실제로는 보아스와 룻의 아들이고 또 한편 몰락한 엘리멜렉 집안을 세우고 나오미를 봉양할 사명을 가지고 태어난 아들입니다.

[질문]

에스라 느헤미야 시대에 예루살렘 종교 권력자들과 사마리아 정치 권력자들 간의 통혼이 문제가 된 다섯 가지 이유 중에 두 번째가 경제적 이유라고 하셨습니다. 그런데 당시에는 남성만 사람으로 인정을 받고 여자는 소유물로 인정되던 시대로 알고 있습니다. 율법에서도 처음에는 여자에게는 상속권을 인정하지 않다가 슬로보핫 딸들의 이야기 이후 변화되지 않았습니까. 형사취수제도 죽은 남자의 부인에게 상속권이 인정이 안 되었기에 나온 제도라는 생각이 듭니다. 그렇다면 경제적 이유라는 것이 조금 이해가 안 됩니다. 여성에게 상속권이 없는데 어떻게 경제적 이유가 가능할 수 있는지 궁금합니다.

[답]

모든 여성이 다 똑같은 대우를 받은 것은 아니었다고 봅니다. 예를 들어, 헬라 시대나 로마 시대에도 일반 여성들은 남편에게 이혼을 요구할 권리가 없었지만 귀족의 부인들은 남편에게 이혼을 요구할 수 있는 권리가 있었습니다. 아버지의 유산도 상속 받았고 엄청난 재산을 소유한 여인들도 있습니다. 권력자들의 딸이나 부인 같은 경우에는 남성과 완전 동등하다고는 할 수 없지만 남성들이 누렸던 권력들을 공유하거나 향유했음을 볼 수 있습니다.

[질문]

그러면 이스라엘 공동체 내에서도 일반적인 이스라엘 여인들보다 이방 여인들의 지위가 높을 수도 있었다는 거네요.

[답]

그렇습니다. 열왕기상 21장을 보면 나봇의 포도원 사건이 나옵니다. 거기에 등장하는 아합의 부인 이세벨이라는 여인은 시돈의 공주 출신입니다. 그녀가 살았던 두로와 시돈의 토지법은 이스라엘의 토지법과 다릅니다. 그 나라에서는 왕이 자신이 다스리는 모든 땅의 주인입니다. 그러니까 이세벨이라는 여인이 볼 때는 아합이 원하는 토지가 있다면 그것은 당연히 아합이 차지할 수 있는 것입니다. 그런데 이스라엘 백성이 준수했던 율법에는 '지계석을 옮기지 말라'는 말씀이 있습니다. 이것 때문에 왕이 토지를 바꾸자고 제안하는데도 나봇은 거절합니다. 이러한 예처럼 이스라엘과 다른 나라의 율법, 문화, 관습에는 많은 차이가 존재했다고 봐야 합니다.

[질문]

그런데 남성과 여성에 있어서는 남성이 조금 더 지위가 높을 것 같은데 일단 이방 여인과 결혼했을 때 적용되는 법이라든가 이런 것은 이스라엘의 법이 적용되었을 것 같거든요.

[답]

그런데 당시의 정치권력 자체를 사마리아 사람들이 쥐고 있었기 때문에 제가 볼 때는 종교적인 영역 외에서는 사마리아 사람들의 법들을 이스라엘 사람들도 따랐다고 봐야 합니다. 지금 질문이 나왔기 때문에 에스라 7장 25~26절을 보겠습니다.

"에스라여 너는 네 손에 있는 네 하나님의 지혜를 따라 네 하나님의 율법을 아는 자를 법관과 재판관을 삼아 강 건너편 모든 백성을 재판하게 하고 그 중 알지 못하는 자는 너희가 가르치라 무릇 네 하나님의 명령과 왕의 명령을 준행하지 아니하는 자는 속히 그 죄를 정하여 혹 죽이거나 귀양 보내거나 가산을 몰수하거나 옥에 가둘지니라 하였더라"

여기 본문을 읽다보면 뭔가 이상하지 않습니까? 지금 이 말은 페르시아의 아닥사스다 왕이 에스라에게 하는 이야기입니다. 그런데 이것이 말이 되는 이야기입니까? 지금 에스라를 파견하면서 하나님의 법을 가르치라고 합니다. 그리고 하나님의 법에 따르지 않은 사람을 처벌하라고 합니다. 마치 이 내용만 보게 되면 페르시아가 하나님을 믿는 야훼 신앙을 국교로 정한 것 같은 느낌이 듭니다. 지금 에스라를 파견하여 사람들에게 하나님의 법을 가르치라고 하고 그 법을 안 지키는 사람들은 사법적인 처벌을 하라고 합니다. 이것만 놓고 보면 페르시아 제국 전체의 백성들에게 야훼 신앙을 심어주려고 하는 것 아닙니까? 진짜 이런 일이 있었을까요? 이것은 번역이 잘못된 것입니다. 여기 '하나님의 법'으로 번역된 표현은 정확히 말하면 '신의 법'입니다. 여기 신은 누구를 가리키는 것입니까? 페르시아 사람들이 섬기는 주신을 가리키는 것입니다. 아닥사스다는 에스라를 파견하면서 어떤 사명을 맡긴 것입니까? 제국의 있는 식민지 백성들에게 페르시아 법을 가르치라고 파견한 것입니다.

그런데 한글 번역자들이 '신'으로 번역해야 하는 것을 '하나님'이라고 번역한 것입니다. 이 말씀에 나오는 것처럼 이스라엘 백성들도 일상의 삶에서는 이방 제국이 주장하는 법의 지배를 받았습니다. 이스라엘 공동체 안에서는 '지계석을 옮기지 말라'는 토지법이 있었지만 이스라엘이 이방의 지배를 받게 되면서 그 나라의 법의 지배를 거역하기는 어려웠을 것입니다. 기도하고 마무리 하겠습니다.

[기도]

하나님 감사합니다. 사사기와 룻기를 함께 살펴봤습니다. 사사기를 바라볼 때마다 오늘 한국 사회와 한국 교회의 모습이 연상됩니다. 하나님, 시간이 지날수록 나선형 하강 구조를 드러내고 있었던 사사시대처럼 오늘 우리의 신앙이 어떤 열매를 맺고 있는지를 돌아봅니다. 최소한 부모 세대의 신앙을 아름답게 계승할 수 있는 존재가 되기를 소망합니다. 추락하고 있는 한국 교회 안에서 함께 무너지는 자가 아니라 새로운 역사를 준비하는 남은 자가 되기를 바랍니다. 날마다 하나님을 기쁘시게 하는 아름다운 신앙의 걸음을 내딛기를 소망하오니 성령 하나님 우리 한 사람 한 사람을 붙잡아 주옵소서. 한 주간의 삶을 하나님께 의탁 드리며 예수 그리스도의 이름으로 기도합니다. 아멘.

말씀과 함께 역사서 3-1

사무엘상

사무엘상하는 세 명의 인물을 중심으로 내용을 3등분 할 수 있습니다. 사무엘상 1장부터 12장까지가 사무엘시대이고, 13장부터 31장까지는 사울시대이며 사무엘하는 전체가 다윗시대 이야기입니다. 이처럼 사무엘상하에는 대표적인 세 명의 인물이 나옵니다. 사무엘, 사울, 다윗입니다. 그렇다면 왜 책의 제목이 사무엘상하일까요? 이것은 사무엘이 썼다는 말이 아닙니다. 사무엘상하에는 세 명의 중요한 인물이 있는데 그 가운데 사무엘을 책의 주인공으로 삼은 이유는 사무엘이 킹메이커이기 때문입니다. 사울과 다윗은 왕이 된 사람입니다. 이들을 왕으로 세운 사람이 누구입니까? 사무엘입니다. 그래서 사무엘의 이름으로 사무엘상하라는 책의 제목이 붙여지게 된 것입니다.

사무엘상하에서 이스라엘과 연관된 중요한 나라가 있습니다. 바로 블레셋입니다. 구약 이스라엘 역사에서 다른 시기에는 잘 등장하지 않는데 사무엘, 사울, 다윗 시대에 등장했던 중요한 대적자가 블레셋입니다. 우리가 오늘날 팔레스타인이라고 하는 것이 블레셋에서 나온 표현입니다. 블레셋 민족은 원래 그리스 사람으로서 해양 민족입니다. 이들은 이집트에 정착하고자 하였으나 정착하지 못하고 지중해 해변을 중심으로 가나안 땅에 정착하게 됩니다. 이때가 주전 13세기 경입니다. 이스라엘이 출애굽하여 가나안 땅에 들어간 시점과 블레셋이 지중해 해변을 중심으로 가나안 땅에 정착했던 시점이 거의 유사합니다. 비슷한 시기에 이스라엘과 블레셋이 가나안 땅에 정착하게 되었다고 이해하시면 됩니다. 블레셋은 지중해 해변을 중심으로 정착을 하였고 이스라엘은 요단강을 건너 내륙 지방을 중심으로 정착을 합니다.

이때는 땅은 넓고 인구가 많지 않았기 때문에 블레셋과 이스라엘이 충돌할 일이 없었습니다. 그러다가 사무엘 시대가 되면 블레셋도 인구가 늘어나고 이스라엘도 인구가 늘어나게 됩니다. 이때 두 나라가 늘어난 인구를 수용하기 위해서 무엇을 했을까요? 블레셋은 지중해 해변을 중심으로 정착을 했기 때문에 늘어난 인구를 수용하기 위해서 동쪽으로 진출할 수밖에 없었습니다. 왜냐하면 서쪽은 지중해이기 때문입니다. 그리고 요단강을 건너 내륙 지방을 중심으로 정착한 이스라엘은 늘어난 인구를 수용하기 위해 서쪽 지방으로 진출하는 것 외에는 방법이 없었습니다. 그러니까 블레셋도 인구가 늘어나고 이스라엘도 인구가 늘어나는 상황 속에서 늘어난 인구를 수용하기 위해서 블레셋은 동쪽으로 나아가려고 하고 이스라엘은 서쪽으로 나아가려고 하는 상황 속에서 블레셋과 이스라엘이 충돌하게 된 것입니다.

그런데 이스라엘이 상대가 안 됩니다. 블레셋이 절대적으로 강력합니다. 사무엘상을 보면, 이스라엘 땅 안에 블레셋의 영문이 있습니다. 이 영문이라는 것은 블레셋 군대가 주둔한 곳이라는 뜻입니다. 사무엘과 사울시대에 이스라엘이 블레셋의 식민지배를 받고 있었다고 이해하시면 됩니다. 이스라엘 땅 안에 블레셋의 군 주둔지가 있었던 것입니다. 이 당시에 블레셋은 이미 철기 문명을 갖고 있었고 이스라엘은 청동기 문명에 머물러 있었습니다. 그러니까 철기 문명을 갖고 있던 블레셋과 청동기 문명의 이스라엘이 싸우게 될 때 이스라엘이 블레셋을 이길 수는 없었습니다.

사무엘상에 이스라엘과 블레셋이 전쟁을 하는데 이스라엘 사람 가운데 칼과 창을 가진 사람은 사울과 요나단 밖에 없다는 기록이 나옵니다. 블레셋이 무엇을 합니까? 이스라엘 백성들이 칼과 창 같은 무기를 만들지 못하도록 블레셋에만 철공이 있게 합니다. 그래서 이스라엘 백성들은 농기구 하나를 만들기 위해서도 블레셋 땅으로 가야 했습니다. 블레셋과 이스라엘 모두 늘어난 인구를 수용하기 위해 새로운 땅이 필요했고 그로 인해 두 나라가 충돌하게 되었는데 이스라엘에게 블레셋은 쉽게 넘볼 수 없는 절대 강자였다는 것을 기억하셔야 합니다.

이스라엘과 블레셋은 문화적으로 중요한 두 가지 차이를 드러냅니다. 이스라엘은 할례를 받았고 블레셋 사람들은 할례를 받지 않았습니다. 그래서 다윗이 골리앗과 싸움하러 나갈 때 '저 할례 받지 않은 자'라는 표현을 사용합니다. 그리고 이스라엘은 음식 정결법 때문에 돼지고기를 먹지 않습니다. 그런데 블레셋 사람들은 돼지고기를 먹습니다. 그래서 고고학자들이 이스라엘 땅을 발굴할 때 주전 10세기경으로 추정되는 돼지의 뼈가 나왔다고 하면 고고학자들은 이곳이 블레셋 사람들의 거주지라고 생각을 합니다. 제가 볼 때 이것은 너무 단순한 판단이 아닌가 생각됩니다. 이스라엘 백성들 가운데서도 몰래 돼지고기를 먹은 사람이 있지 않았을까요? 그러나 일반적으로 블레셋 사람들은 돼지고기를 먹고 이스라엘 백성들은 먹지 않고, 이스라엘 백성들은 할례를 받고 블레셋 사람들은 할례를 받지 않았기 때문에 어딘가에서 할례의 표피가 나오면 이곳은 이스라엘 백성들의 거주지, 돼지 뼈가 나오면 여기는 블레셋 사람들의 거주지로 규정을 많이 합니다.

사무엘상 1장 1절을 보겠습니다.

"에브라임 산지 라마다임소빔에 에브라임 사람 엘가나라 하는 사람이 있었으니 그는 여로함의 아들이요 엘리후의 손자요 도후의 증손이요 숩의 현손이더라"

성경에 조상의 이름이 3명 또는 4명까지 언급된다면 그 사람이 뼈대 있는 집안의 후손임을 나타내는 것입니다. 예언서를 보면 예언자를 소개하는 두 가지 방식이 나옵니다. 하나는 누구의 아들로 소개하는 것입니다. 요나 같은 경우에는 아밋대의 아들이라고 소개하고 있습니다. 요나의 아버지를 이스라엘 공동체가 어느 정도 알고 있다는 전제 가운데 이런 표현을 사용했다고 봅니다. 다른 경우에는 지역과 연관하여 예언자를 소개하는 것입니다. 미가 같은 경우에는 모레셋의 장로라고 표현을 합니다. 아버지의 이름이 나오지 않고 지역 이름이 나오는 경우에는 예언자의 집안이 이스라엘 공동체 안에서 그리 알려진 경우가 아니라고 봅니다. 그러나 이 주장이 꼭 정답이 아닐 수도 있음을 기억하셔야 합니다. 미가 같은 경우에는 모레셋이라고 하는 지방의 관점으로 예루살렘을 바라보고 있기에 예언자가 살고 있는 지역으로 예언자를 소개했다고 볼 수도 있습니다.

일반적으로 성경에서 3~4대까지 족보를 기술할 수 있는 사람은 뼈대 있는 집안의 후손임을 드러냅니다. 엘가나라는 사람이 에브라임 지파 안에서 얼마나 뼈대 있는 사람이었는가를 여기서 알 수 있습니다. 여기서 우리가 주목해야 할 것은 엘가나를 분명히 에브라임 땅에 거주하고 있는 에브라임 사람으로 표현하고 있다는 것입니다. 이 엘가나의 부인이 한나입니다. 그리고 엘가나와 한나 사이에서 사무엘이 태어납니다. 사무엘은 에브라임 집안에서 태어난 에브라임 사람인 것입니다. 그런데 어머니 한나가 어린 사무엘을 엘리 집안에 입양을 시킵니다. 그래서 어린 나이에 사무엘은 엘리 집안에서 양육이 됩니다.

이후에 사무엘은 이스라엘 공동체 안에서 최고 종교 지도자로서의 사역을 감당합니다. 에브라임 지파 사람으로 태어났지만 레위인의 사역을 행한 것입니다. 역대상 6장을 보십시오. 역대기는 히브리어 성경에서는 구약의 제일 마지막 본문입니다. 유대인들은 성경을 토라, 예언서, 성문서의 순서로 배치했습니다. 그리고 족보의 책인 창세기가 제일 먼저 나오기에 족보의 책인 역대기를 제일 마지막에 배치함으로서 수미상관 구조를 이루었습니다. 역대기를 보면 역대상 1~9장이 족보입니다. 아담부터 시작해서 이스라엘 12지파의 족보가 나옵니다. 그 가운데 6장이 레위 지파의 족보입니다. 6장 1절 위에 보시면 소제목이 '레위의 가계'라고 되어 있습니다. 그리고 16절 위에도 '레위의 자손'이라는 소제목이 붙어 있습니다. 27절과 28절을 보십시오.

> "그의 아들은 엘리압이요 그의 아들은 여로함이요 그의 아들은 엘가나라 사무엘의 아들들은 맏아들 요엘이요 다음은 아비야라"

여기 보면 27절에 엘가나가 나오고 28절에 사무엘과 그의 두 아들인 요엘과 아비야가 나옵니다. 재미있는 것은 엘가나가 레위 지파로 기술되어 있다는 사실입니다. 사무엘상 1장 1절에서는 분명히 엘가나를 에브라임 사람이라고 했습니다. 그리고 엘가나와 그의 부인이었던 한나 사이에서 사무엘이 태어납니다. 그리고 사무엘이 어렸을 때 엘리 집안에 입양이 되고 사무엘은 그 집안에서 쭉 자랍니다. 사무엘이 엘리 집안에 입양이 되고 장성하여 레위인의 사역을 시작한 이후부터 사무엘의 조상들도 레위 지파로 편입이 됩니다. 그래서 역대상 6장에 보면 사무엘의 조상들이 레위 지파의 족보에 이름을 올리고 있습니다.

그래서 학자들 중에는 원래 레위는 하나의 지파가 아니라 직업적 타이틀이었다고 보는 분들이 있습니다. 르우벤 지파, 시므온 지파, 에브라임 지파 등 각 지파에 있는 성소에서 일을 하던 사람을 불렀던 직업적인 타이틀이 레위였는데 이후에 이스라엘 12지파 가운데 공석이 생기게 되면서 레위가 그 비어 있는 공석의 자리를 메꾸는 하나의 지파로 격상되었다고 보는 것입니다. 여호수아 21장을 보면 레위인이 거주하는 48군데 지역이 나옵니다. 48이라는 숫자는 12 곱하기 4입니다. 12지파 모든 곳에 그리고 각 지파당 동서남북 어느 곳에서나 하나님을 예배할 수 있도록 하나님께서는 지방의 성소를 허락하셨습니다. 예배 드림에 있어 기회의 균등성을 보장하신 것입니다. 이때 각 지파에 있는 성소에서 사역을 하는 사람들을 불렀던 직업적 타이틀이 레위라고 보는 것입니다. 그러니까 에브라임 지파에서도 레위인이 있을수도 있고 시므온 지파에서도 레위인이 있는 것입니다. 레위인이라고 하는 것이 혈통에 의해 규정된 것이 아니라 직업적 타이틀로 시작했다는 것입니다.

오늘날의 목사와 비슷하다고 보면 됩니다. 김씨 가운데에서도 목사가 나올 수도 있고 이씨 가운데에서도 목사가 나올 수 있는 것 아닙니까? 원래 레위라고 하는 것은 이런 직업적 타이틀이었는데 이스라엘 역사에서 어느 순간 시므온 지파가 사라집니다. 원래 이스라엘은 12지파 연맹 공동체인데 시므온 지파가 사라지게 되면서 이스라엘은 11지파가 되어버립니다. 이러한 상황에서 레위라고 하는 직업적 무리들이 하나의 지파로 격상이 되었다고 보는 것입니다. 그래서 이스라엘 12지파를 다시 회복시켜준 것으로 이해하기도 합니다. 원래는 레위가 직업적 타이틀에서 출발하였는데 이후에는 지파 개념으로 격상되었다고 보는 것입니다. 물론 이것들은 학자들의 주장이고 정확한 진실이 무엇인지를 우리가 지금은 알 수가 없습니다.

중요한 것은 학자들이 왜 이런 주장을 하고 있는가 하는 것입니다. 성경을 자세히 읽어 보면 이중 지파가 나옵니다. 지파라고 하는 것이 혈통적 계승이라면 이중 지파는 있을 수가 없습니다. 혈통에 따라 김씨이기도 하고 이씨이기도 하는 것은 불가능합니다. 그런데 성경을 보면 A지파이기도 하고 B지파이기도 한 이중지파가 등장합니다. 그 대표적 인물이 엘가나입니다. 사무엘상 1장 1절에서는 분명히 에브라임 지파 사람이라고 기술되어 있는데 역대상 6장에서는 레위 지파로 나옵니다. 기브온 족속도 그렇습니다. 여호수아 9장에 나오는 기브온 족속은 원래 가나안 원주민들입니다. 그런데 이스라엘을 속여서 이스라엘과 화친 조약을 맺습니다. 그리고 여호수아는 기브온 족속을 나무 패고 물 긷는 자로 삼습니다. 이러한 일을 하는 사람을 느디님이라고 합니다. 느디님은 제사장, 레위인과 함께 레위지파에 포함된 그룹입니다. 그런데 기브온 사람들이 살았던 그 지역을 이후에 베냐민 지파가 차지하게 됩니다. 그러면서 기브온 사람들은 베냐민 지파와 함께 살게 됩니다.

살고 있는 지역에 근거할 때 기브온 족속은 베냐민 지파가 됩니다. 기브온 족속은 살고 있는 지역을 중심으로는 베냐민 지파가 되고, 하는 일을 중심으로는 레위 지파가 된 것입니다. 이것이 바로 이중 지파입니다. 그런데 이중 지파를 자세히 살펴보니까 공통점을 하나 발견하게 됩니다. 어떤 공통점이냐면 이중 지파가 나올 때는 항상 'A 플러스 레위', 'B 플러스 레위'라는 것입니다. 이것이 핵심입니다. 이중 지파

중 하나는 꼭 레위 지파인 것입니다.

여기까지의 설명을 정리해보면 다음과 같습니다. 지파라고 하는 것이 혈통의 계승에 의해 규정되는 것이라면 A 지파이기도 하고 B 지파이기도 하다는 것은 있을 수 없는 일입니다. 그런데 성경을 자세히 보니까 A 지파이기도 하고 B 지파이기도 한 이중 지파가 있음을 보게 됩니다. 대표적 인물이 엘가나입니다. 사무엘상 1장 1절에서는 에브라임 사람으로 나오는데 역대상 6장에서는 레위 지파로 등장합니다. 집단으로는 기브온 족속도 이중 지파입니다. 여호수아서에 보면 이스라엘이 요단강을 건너가서 지파별로 땅을 분배받습니다. 동일 지파는 동일 지역에 거주를 합니다. 제일 남쪽에는 유다 지파가 정착을 하고 바로 위가 베냐민 지파입니다. 기브온 족속들 같은 경우에는 살고 있는 지역으로는 베냐민 지파에게 할당된 땅에 거주하게 됩니다. 그래서 그들은 살고 있는 지역을 중심으로 보면 베냐민 지파가 됩니다.

그런데 기브온 사람들이 하는 사역을 중심으로 보면 그들은 레위 지파가 됩니다. 이와 같이 성경 안에 이중 지파 소속이 있음을 보게 된 것입니다. 그런데 이중 지파들 중에 에브라임 지파이면서 시므온 지파이거나 유다 지파이면서 잇사갈 지파와 같은 것은 나타나지 않습니다. 이중 지파 중 하나는 반드시 레위 지파입니다. 'A 지파 플러스 레위'이거나 'B 지파 플러스 레위'와 같은 형태입니다. 이런 것들을 종합하여서 학자들은 원래 '레위'라고 하는 것은 각 지파에 있었던 성소에서 사역을 행하던 사람을 부르던 직업적 타이틀이었는데, 이후에 이스

라엘 지파 가운데 어느 한 지파가 공석이 되었을 때 하나의 지파 개념
으로 격상되어서 그때부터 하나의 지파로 불렸던 것이 아닐까 라고 주
장을 하게 된 것입니다.

사무엘상 1~3장을 보면 그 당시에 종교 지도자들의 수준과 관련하
여 여러 문제들이 등장합니다. 특별히 2장 12절에 중요한 표현이 나
옵니다.

"엘리의 아들들은 행실이 나빠 여호와를 알지 못하더라"

여기서 '알지 못한다'는 것을 인식적 앎의 부재로 이해하시면 안 됩
니다. 여기의 앎은 헤브라이즘이 말하는 앎입니다. 엘리의 두 아들은
모두 제사장입니다. 그들이 하나님에 대해서 지적으로는 얼마나 많은
것들을 알고 있었겠습니까? 여기서 '알지 못한다'는 것은 '경외하지 않
았다'는 말입니다. 하나님이 어떤 분이시고 토라에 어떤 말씀이 있는
지에 대해 인지적으로 모른다는 것이 아닙니다. 지식적, 인지적으로는
명백하게 알고 있지만 하나님과 관계 맺지 않고 하나님을 경외하지 않
았다는 것입니다.

앎에는 두 가지 성격의 앎이 있습니다. 성경의 사상인 헤브라이즘이
말하는 앎과 그리스 철학을 중심으로 헬레니즘이 말하는 앎은 다릅니
다. 성경이 말하는 앎은 하나님과 동행하는 것이고 하나님과 관계 맺
는 것입니다. 이것을 성경은 '안다'라고 말합니다. 그런데 헬레니즘이

말하는 '안다'는 것은 인지적으로 어떤 내용을 알고 수용하는 것입니다. 어떤 정보를 받아들이는 것입니다. 이것을 헬레니즘에서는 안다고 합니다.

예를 들어, '하나님을 안다'라고 했을 때, 성경이 말하는 하나님을 안다는 것은 하나님과 긴밀하게 동행하고 하나님과 관계를 맺고 하나님을 경외하는 것입니다. 호세아서에 '여호와를 알지 못함으로 이스라엘이 망했다', '힘써 여호와를 알자'는 표현이 계속 나옵니다. '힘써 여호와를 알자'는 것은 열심히 성경 공부하자는 말이 아닙니다. 하나님과 신실하게 동행하자는 말입니다. 이것이 원래 헤브라이즘이 말하는 앎입니다. 그런데 헬레니즘은 어떤 정보를 내가 수용하거나 어떤 문장에 대해서 동의하는 것을 앎이라고 주장합니다. 성경이 말하는 앎은 전혀 그런 것이 아닙니다. 2장 12장에서 '알지 못한다'는 것은 '경외하지 않았다'는 말입니다.

홉니와 비느하스는 이스라엘의 제사장이었음에도 불구하고 지속적으로 악행을 저지릅니다. 이때 아버지 엘리가 그들을 책망합니다. 2장 24절입니다.

"내 아들들아 그리하지 말라 내게 들리는 소문이 좋지 아니하니라 너희가 여호와의 백성으로 범죄하게 하는도다"

엘리의 말은 홉니와 비느하스의 악행이 이스라엘로 하여금 하나님을 떠나도록 만들고 있다는 것입니다. 어떻게 보면 이것이 기독교 2천 년 역사의 진실이라고 할 수 있습니다. 타락한 교회와 타락한 종교 지도자들이 무신론자들을 양산해냅니다. 볼테르, 니체, 프로이트, 칼 맑스 등 대표적인 무신론자들 중에 태어날 때부터 나는 무신론자가 되어야겠다고 결심한 사람은 한 명도 없습니다. 모두 어린 시절에는 열심히 교회를 다닌 사람들입니다. 그런데 왜 이 사람들이 대표적 무신론자가 되었습니까? 타락한 교회와 타락한 목회자들로 인해서 상처를 입은 것입니다.

가장 거룩하고 진실해야 될 종교 지도자인 홉니와 비느하스가 하나님의 이름으로 자기들의 이권만을 챙기는 것은 해서는 안 될 행동입니다. 이들의 행동으로 인해 이스라엘 백성들의 믿음이 상처 입고 흔들리게 됩니다. 홉니와 비느하스의 악행으로 인해 너무나 많은 이스라엘 백성들이 하나님을 떠나게 된 것입니다. 얼마나 많은 사람들을 실족시켰는지 그 수를 셀 수가 없습니다. 그래서 교회가 교회다워지는 것이 너무나 중요합니다. 교회가 교회답지 못한 것은 정말 큰 죄악입니다. 교회가 교회답지 못하면 너무나 많은 사람들이 하나님을 알기도 전에 타락한 교회로 인해 하나님에 대해서 등을 돌리게 됩니다. 이 얼마나 안타까운 일입니까?

더욱 안타까운 것은 홉니와 비느하스의 악행을 아버지 엘리가 통제하지 못한다는 것입니다. 또한 엘리 스스로도 많은 한계를 드러내고 있습니다. 사무엘상 앞부분에 보면 엘리라고 하는 당대 최고의 종교 지도자가 얼마나 분별력이 없는가가 잘 드러납니다. 사무엘상 1장 14절을 보면 한나가 속으로 기도하는 것을 보고 엘리는 술 취했다고 판단합니다. 소리 내지 않고 기도하는 것과 술 취한 것도 분별을 못합니다. 너무 분별력이 없는 거죠. 그리고 하나님보다 자기 자녀들을 더 중요하게 여깁니다. 2장 29절을 봅시다.

"너희는 어찌하여 내가 내 처소에서 명령한 내 제물과 예물을 밟으며 네 아들들을 나보다 더 중히 여겨"

엘리의 중요한 죄가 하나님 보다 자기 아들들을 더 중히 여겼다는 것입니다. 3장 13절을 봅시다.

"내가 그의 집을 영원토록 심판하겠다고 그에게 말한 것은 그가 아는 죄악 때문이니 이는 그가 자기의 아들들이 저주를 자청하되 금하지 아니하였음이니라"

자녀에 대해서 돕는 배필로서의 역할을 하지 못한 것입니다. 엘리는 부모로서 매우 무기력한 모습을 드러냅니다. 아들들의 죄악을 막지도 못하고 책망하지도 못합니다. 이것이 엘리 집안이 하나님의 심판을 받게 된 중요한 이유입니다.

오늘날 목회 세습도 그렇다고 봐야 합니다. 아버지는 부모의 마음으로 자녀에게 목회 세습을 제안 할 수 있다고 봅니다. 이때 자녀가 분명하게 반대의 입장을 취해야 하는데 이것이 잘 되지 않습니다. 부모가 누리고 있는 권력을 자녀에게 물려준다고 할 때 두 당사자 가운데 누군가가 거부해야 되는데 이것이 잘 되지 않습니다. 돌아가신 ○○○교회 조○○ 목사님도 세 아들의 문제로 언론에서 많은 문세가 나왔지만 자녀의 문제를 막지는 못하셨습니다. 이런 것들이 엘리의 죄악과 같은 죄악이라고 볼 수 있습니다. 홉니와 비느하스의 죄로 말미암아 이스라엘이 점점 하나님을 떠나게 된 것이 사무엘 당시에 이스라엘의 종교 기상도입니다. 이것을 사무엘상 1~2장이 잘 보여주고 있습니다.

사무엘상 3장 1절을 보겠습니다.

"아이 사무엘이 엘리 앞에서 여호와를 섬길 때에는 여호와의 말씀이 희귀하여 이상이 흔히 보이지 않았더라"

타락한 시대의 가장 큰 심판은 하나님의 말씀이 들리지 않는다는 것입니다. 우리가 하나님의 말씀을 듣지 못하는 것은 크게 두 가지 이유 때문입니다. 첫 번째는 하나님이 말씀을 송신하지 않으면 우리는 하나님의 말씀을 들을 수 없습니다. 두 번째는 하나님이 말씀을 송신하는데도 우리가 수신하지 않으면 말씀이 들리지 않습니다. 말씀이 희귀해지는 시대가 도래합니다. 여기서 중요한 것은 '하나님은 누구에게 말씀하시는가?'입니다. 하나님은 순종하고자 하는 자들에게 말씀하십니다. 순종하고자 하는 자들에게 하나님의 뜻은 선명하고 명확하게 드러납니다. 그러나 우리가 하나님께 순종하고자 하는 마음이 없으면 하나님의 말씀은 들리지 않습니다.

오랜 세월 동안 하나님의 말씀을 듣지 못하면 말씀의 기근에 사로잡히게 됩니다. 말씀의 기근에 사로잡히게 되면 무엇이 하나님의 뜻이고 무엇이 사탄의 뜻인지, 무엇이 성령의 역사이고 무엇이 악령의 역사인지에 대한 분별력을 상실하게 됩니다. 분별력을 상실하면 자기 욕망에 부합되는 것을 하나님의 뜻이라고 규정합니다. 성경의 하나님과 무관한, 자기가 원하는 하나님 상을 만들어 내는 것입니다. 그리고 그것을 오랜 세월 동안 붙잡으면 진짜 하나님을 거부하게 됩니다.

예수님 당시에 진짜 하나님이 당신의 백성을 찾아 오셨지만 하나님의 백성임을 자처하는 자들은 하나님을 알아보지도 못하고 도리어 십자가에 못 박아 죽였습니다. 십자가라고 하는 것이 얼마나 두려운 것이냐면 하나님을 가장 사랑한다는 사람들이 하나님의 이름으로 하나님을 죽인 사건이 십자가입니다. 하나님이 불교 신자들에게 찾아오신 것입니까? 아닙니다. 당신의 백성을 찾아오신 것입니다. 그런데 당신의 백성들이 하나님을 알아보지도 못하고 영접하지도 않습니다. 도리어 하나님을 모독한다는 죄목으로 하나님을 십자가에 못 박아 죽였습니다. 이런 일이 어떻게 해서 가능할까요? 진짜 하나님과 아무 상관없는 자기들의 하나님을 만들어 놓았기 때문입니다. 가짜 하나님을 만들어놓고 그것을 오랜 세월 붙들고 있다 보니 진짜 하나님이 오셨을 때 도리어 자기들이 만든 가짜 하나님 때문에 진짜 하나님을 거부하게 되는 것입니다. 이 얼마나 비통한 일입니까?

다시 한번 정리하겠습니다. 우리가 하나님께 순종하고자 하지 않으면 하나님의 말씀은 들리지 않습니다. 오랜 세월 하나님의 말씀을 듣지 못하게 되면 말씀의 기근에 사로잡히게 됩니다. 말씀의 기근에 사로잡히게 되면 분별력을 상실합니다. 성령의 역사인지 악령의 역사인지 하나님의 뜻인지 내 욕망인지에 대해 분별력을 상실합니다. 분별력을 상실하게 되면 자기 욕망에 부합되는 하나님 상을 만들어 내게 됩니다. 그리고 그것을 열심히 섬깁니다. 그리고 이후에 진짜 하나님이 찾아오시게 될 때 자기가 만든 가짜 하나님 때문에 진짜 하나님을 거부하게 됩니다. 이것이 순종하고자 하지 않는 자에게 주어지는 최고의 심판이라고 할 수 있습니다. 엘리는 분별력이 없고 홉니와 비느하스는 하나님에 대한 경외가 없는 상황 속에서 하나님의 말씀이 들릴 리가 없는 것입니다. 하나님의 말씀은 순종하고자 하는 자들에게 명확하게 들리게 됩니다.

4장을 보면 이스라엘이 블레셋과의 전쟁에서 패배하게 됩니다. 4장 3절을 보겠습니다.

"백성이 진영으로 돌아오매 이스라엘 장로들이 이르되 여호와께서 어찌하여 우리에게 오늘 블레셋 사람들 앞에 패하게 하셨는고 여호와의 언약궤를 실로에서 우리에게로 가져다가 우리 중에 있게 하여 그것으로 우리를 우리 원수들의 손에서 구원하게 하자 하니"

그들은 전쟁에서 패한 원인을 분석한 결과 언약궤의 부재 때문이라고 결론 내립니다. 그래서 전장으로 언약궤를 가져오고자 합니다. 그러나 전쟁에서도 패하고 언약궤도 빼앗기게 되는 이야기가 4장에 나옵니다. 이스라엘은 언약궤만 갖다 놓으면 하나님이 무조건 자기들을 도와주시는 것처럼 착각을 합니다. 그러나 하나님은 무조건적으로 이스라엘을 편드는 이스라엘만을 위한 부족 신이 아니십니다. 그러나 이스라엘은 하나님이 항상 자기들을 돕는다고 착각을 했습니다.

예언서를 보면 '여호와의 날'이라는 표현이 자주 나옵니다. 아모스서, 스바냐서, 이사야서를 보면 이스라엘 백성들은 여호와의 날을 정말 간절히 사모합니다. 그들이 이해한 여호와의 날은 하나님께서 역사 가운데 전면적으로 등장하시는 날입니다. 이스라엘은 '왜 하나님의 백성인 이스라엘이 이방 백성들의 지배를 받고 있지?'라는 질문에 대해 하나님께서 전능의 오른팔을 움츠리고 계시기 때문이라고 생각했습니다. 하나님께서 전능의 오른팔을 숨기고 있기 때문에 이스라엘이 이방 백성들에게 고난과 핍박을 받고 있는데 하나님께서 전능의 오른팔을 쫙 펴시기만 한다면 이스라엘은 회복될 것이라고 생각했습니다. 하나님이 전능의 오른팔을 쫙 펼치시는 날, 하나님이 역사에 전면적으로 등장하시는 날을 이스라엘은 여호와의 날이라고 불렀습니다.

그날이 오면 그동안 이스라엘을 괴롭혔던 모든 이방 백성들은 하나님의 심판을 받고 이스라엘은 구원을 받을 것이라고 기대했습니다. 이스라엘은 여호와의 날을 어떤 날로 이해한 것입니까? 이스라엘에게는 구원의 날이요, 이방 백성들에게는 심판의 날이라고 생각한 것입니다.

어떻게 보면 오늘날 신앙인들이 가지고 있는 재림 신앙과 비슷합니다. 주님이 재림하시면 신앙인들은 모두 구원을 받고 예수 안 믿는 사람들은 지옥에 갈 것이라고 생각하는 것과 비슷합니다. 그런데 예언자들이 말하는 여호와의 날은 이스라엘 백성이 기대했던 여호와의 날을 뒤집어엎는 날입니다. 예언자들은 이스라엘 백성들의 기대와는 달리 여호와의 날이 이스라엘 백성들에게 재앙의 날이 될 것이라고 경고합니다.

왜 그런가요? 이스라엘이 하나님을 떠나 있기 때문입니다. 이것이 모든 예언자들의 일관된 메시지입니다. 여기서 무엇을 알 수 있습니까? 하나님은 항상 이스라엘만 편드는 분이 아니라는 것입니다. 이스라엘이 하나님과 신실하게 동행하고자 할 때에는 하나님은 이스라엘을 도우십니다. 그러나 이스라엘이 하나님께 등을 돌리고 하나님을 떠나 우상을 숭배할 때에는 하나님은 이스라엘을 책망하시고 심판하십니다. 하나님의 임재를 상징하는 언약궤만 가지고 오면 전쟁에서 승리한다는 것은 이스라엘의 착각입니다. 이것은 믿음이 아닙니다. 실제로 이스라엘은 블레셋과의 전쟁에서 패배하고 언약궤도 빼앗깁니다.

5장 2절을 보겠습니다.

"블레셋 사람들이 하나님의 궤를 가지고 다곤의 신전에 들어가서 다곤 곁에 두었더니"

고대 사회에서는 민족과 민족의 전쟁을 각 민족을 지켜주는 수호신들 간의 전쟁으로 이해했습니다. 예를 들어 이스라엘과 블레셋의 전쟁이라고 하면 이스라엘의 수호신인 야훼 하나님과 블레셋의 수호신인 다곤의 전쟁으로 이해한 것입니다. 그래서 전쟁에서 승리한 나라는 패배한 나라의 신상을 끌고 갑니다. 그 신을 포로로 끌고 가는 것입니다. 신상을 끌고 가서 자기들이 원래 섬기던 신상 아래에 둡니다. 승리한 우리의 신이 패배한 나라의 신보다 상위 신임을 보여주는 것입니다. 그런데 이스라엘은 야훼를 상징하는 신상이 없습니다. 그래서 블레셋 사람들은 하나님의 임재를 상징하는 언약궤를 가져가서 다곤 신상 아래에 둔 것입니다. 다곤이 야훼보다 상위신이라는 것을 증명하고자 했던 것입니다.

이처럼 언약궤가 블레셋 땅으로 가게 된 것은 야훼 하나님이 포로로 끌려 간 것과 같은 의미가 있습니다. 이스라엘의 패배로 말미암아 하나님이 치욕을 당하시게 된 것입니다. 그런데 5장은 우리에게 무엇을 보여주고 있습니까? 이스라엘은 패배했지만 하나님은 패배하지 않으셨음을 보여줍니다. 5장에서 어떤 일이 벌어집니까? 다곤 신전에 끌려갔던 여호와의 언약궤로 인해서 다곤 신상이 박살이 납니다. 그리고 블레셋 도시들이 계속해서 큰 재앙을 당하게 됩니다. 하나님을 떠난 이스라엘은 패배했지만 하나님이 패배하신 것이 아님을 5장이 보여줍니다. 그래서 블레셋은 언약궤를 다시 이스라엘 땅으로 돌려보냅니다. 그것이 6장의 이야기입니다.

사무엘은 참 위대한 신앙의 인물이기는 하지만 그에게도 연약한 부분이 있습니다. 사무엘상 8장 1절을 보겠습니다.

> "사무엘이 늙으매 그의 아들들을 이스라엘 사사로 삼으니"

이 내용은 좀 특이합니다. 원래 사사는 세습직이 아닙니다. 일반적으로는 여호와의 영이 임한 사람이 사사로서의 지도력을 행사하는 것입니다. 그런데 사무엘은 이방 나라들의 풍습을 따라 자기 아들들을 사사로 세웁니다. 문제는 이 아들들이 사무엘 같은 사람이 아니었다는 것입니다. 사무엘의 유일한 흠이라고 할 수 있는 것이 자녀 교육에 실패한 것입니다. 8장 3절을 보겠습니다.

> "그의 아들들이 자기 아버지의 행위를 따르지 아니하고 이익을 따라 뇌물을 받고 판결을 굽게 하니라"

이스라엘 백성들이 왕을 요구하게 된 중요한 이유 가운데 하나가 사무엘의 아들들의 수준 때문입니다. 사무엘의 아들들에 대해 실망한 이스라엘 백성들은 '우리가 사무엘 당신의 리더십은 인정하지만 당신의 아들들을 우리의 리더로 인정할 수는 없다. 우리에게 왕을 세워달라'고 요청합니다. 이스라엘 백성들이 왕을 요구하게 된 원인 제공을 사무엘이 했다고도 볼 수 있습니다. 사무엘상 7장 15~16절을 보겠습니다.

> "사무엘이 사는 날 동안에 이스라엘을 다스렸으되 해마다 벧엘과 길갈과 미스바로 순회하여 그 모든 곳에서 이스라엘을 다스렸고"

사무엘은 해마다 벧엘과 길갈과 미스바로 순회하여 그 모든 곳에서 이스라엘을 다스렸고 라마로 돌아옵니다. 이스라엘 전체를 순회하면서 사무엘은 정말 열심히 사역을 감당했습니다. 그러나 공적인 사역에 최선을 다하느라 가장 가까이에서 신앙으로 양육해야 할 자녀의 신앙교육은 실패하게 됩니다. 안타깝게도 선임자인 엘리의 전철을 그대로 답습하게 된 것입니다. 엘리도 두 아들에 대한 신앙교육에 실패했고 사무엘도 두 아들에 대한 신앙교육에 실패합니다. 이것이 사무엘의 유일한 흠입니다.

부모 세대의 신앙이 자녀에게 계승이 안 된 것입니다. 백성들이 사무엘의 리더십은 인정하지만 두 아들이 이스라엘을 다스리는 것에 대해서는 명백하게 반대를 합니다. 그리고 이방 나라들처럼 우리에게도 왕을 세워달라고 요청합니다. 사무엘은 이스라엘에 왕정이 세워지는 것을 끝까지 막으려고 한 사람인데 이스라엘에 왕정이 세워지게 된 주요 이유 가운데 하나가 사무엘의 자녀 교육의 실패였다는 것이 매우 뼈아프게 다가옵니다.

사무엘은 이스라엘이 전쟁에서 패배하는 이유를 이스라엘의 세속화, 가나안 문화에 대한 동화에서 찾았고 이스라엘의 정체성을 회복하는 회개운동을 벌입니다. 7장 3절입니다.

"사무엘이 이스라엘 온 족속에게 말하여 이르되 만일 너희가 전심으로 여호와께 돌아오려거든 이방 신들과 아스다롯을 너희 중에서 제거하고 너희

마음을 여호와께로 향하여 그만을 섬기라 그리하면 너희를 블레셋 사람의 손에서 건져내시리라"

사무엘의 말을 통해 우리는 이스라엘 공동체 안에 우상 숭배가 만연했다는 것을 알 수 있습니다. 사무엘은 이스라엘이 계속해서 블레셋의 압제를 받고 있는 이유를 어디에서 찾았습니까? 이스라엘이 가나안 문화에 동화되어 하나님만을 섬기지 못하고 이방의 우상을 겸하여 섬기고 있는 것이 문제라고 보았습니다. 그 문제에 대한 해결책은 무엇입니까? 이스라엘이 속히 회개하고 돌이키는 것입니다. 이것이 사무엘의 진단입니다.

그런데 백성들은 전쟁을 전문적으로 주도할 왕의 부재를 이스라엘이 패배한 원인으로 봅니다. 사무엘과 이스라엘 백성들 사이에 현상에 대한 진단이 달랐습니다. 일어난 현상은 이스라엘이 블레셋의 압제 가운데 있다는 것입니다. '왜 이스라엘이 블레셋의 압제 가운데 있는가?'라는 질문에 대해 사무엘은 하나님만을 섬겨야 될 이스라엘이 하나님만을 섬기지 못하고 온갖 우상들을 겸하여 섬긴 것 때문에 하나님의 심판을 받고 있다고 본 것입니다. 이 현실을 타파하기 위해서는 하나님께 돌아가는 회개운동이 필요하다고 보고 사무엘상 7장에 나오는 미스바 회개운동을 벌입니다. 그런데 백성들은 전쟁을 전문적으로 지휘할 왕이 없어서 블레셋의 지배 가운데 놓이게 된 것으로 보고 전쟁을 지휘할 수 있는 왕을 세우는 것을 문제의 해결책으로 제시합니다. 현실에 대한 진단이 달랐기 때문에 문제에 대한 해결책도 다르게 나올 수밖에 없었던 것입니다.

백성들의 고집스러운 요청에 대해 하나님은 이렇게 말씀하십니다. 8장 22절을 보겠습니다.

> "여호와께서 사무엘에게 이르시되 그들의 말을 들어 왕을 세우라 하시니 사무엘이 이스라엘 사람들에게 이르되 너희는 각기 성읍으로 돌아가라 하니라"

하나님은 사무엘에게 왕을 세우라고 말씀하십니다. 하나님이 이스라엘 백성들의 요청을 허용하신 것입니다. 그러나 이스라엘의 요청이 옳기 때문에 승인하신 것은 아닙니다. 호세아 13장 11절에서 하나님은 왕을 세우도록 허용하신 이유를 이렇게 말씀하십니다.

> "내가 분노함으로 너희에게 왕을 주었고 진노함으로 그 왕을 폐하였노라"

왕정에 대한 이스라엘의 요청이 옳기 때문에 승인하신 것이 아니라 이스라엘의 고집스러운 요청에 대해서 분노 가운데 하나님이 양보하신 것임을 알려줍니다. 이스라엘이 어떤 잘못을 범하고 있는가를 깨우치기 위해서 하나님이 인정하신 것이지 올바른 요구이기 때문에 허락해 주신 것이 아닙니다. 그래서 왕을 세우는 과정에서 사무엘은 계속해서 왕을 '빼앗는 자'로 규정합니다.

왜 왕은 빼앗는 자가 될 수밖에 없습니까? 왕정이라는 것이 유지되기 위해서는 왕만 존재해서는 안 됩니다. 왕이 머무는 왕궁도 지어야 하고, 그 왕궁을 유지하기 위해서는 많은 재화가 필요합니다. 그리고 왕을 보필할 수 있는 관료가 필요하고 왕을 보호할 수 있는 공권력도 필요합니다. 이처럼 왕궁과 관료와 공권력을 유지하기 위해서는 백성들에게 많은 것들을 갈취할 수밖에 없습니다. 세금도 납부해야 하고 국가의 명령에 따라 노역에도 참여해야 합니다. 사무엘은 이런 이야기를 하면서 왕정이 세워지면 백성들이 많은 것들을 빼앗기게 될 것을 경고합니다. 그러나 왕정을 세우기를 원하고, 왕정의 긍정적인 측면만을 바라보는 백성들에게는 이런 경고가 전혀 들리지 않습니다. 육신의 귀가 있었지만 들을 귀는 없었던 것입니다.

지금까지의 내용을 정리해 보겠습니다. 사무엘상 1장과 2장 앞부분에는 당시 이스라엘 종교 지도자들의 수준과 그들의 일탈을 보여주고 있습니다. 타락한 종교인들로 말미암아 이스라엘 공동체는 점점 하나님께 등을 돌리게 됩니다. 3장에서는 타락한 시대에 하나님의 말씀이 들리지 않았음을 보여줍니다. 하나님의 말씀은 순종하고자 하는 자에게만 들리는 법입니다. 4장에서는 블레셋과의 전쟁에서 하나님의 도우심을 의지하면서 언약궤를 갖고 오는 이스라엘의 모습을 보게 됩니다. 그러나 이스라엘은 기대했던 승리가 아닌 패배를 맛보게 되고 언약궤도 빼앗기게 됩니다. 이 사건을 통해 하나님은 항상 이스라엘을 편드는 이스라엘의 부족신이 아님을 증거하십니다.

5장은 이스라엘은 패배했지만 하나님은 결코 패배하지 않으셨음을 블레셋 성읍들에 대한 심판 사건을 통해 잘 보여주고 있습니다. 6장은 결국 블레셋이 언약궤를 이스라엘로 다시 돌려보내는 이야기가 나옵니다. 7장부터 중요한 맥락은 이스라엘이 블레셋의 압제 가운데 놓여 있다는 것입니다. 이스라엘이 블레셋의 압제 가운데 놓여 있는 현실에 대해 사무엘과 이스라엘 백성들은 상이한 진단을 내리고 그 결과 전혀 다른 해결책을 제시합니다. 사무엘은 이스라엘이 하나님을 떠나 우상들을 겸하여 섬기고 있기 때문에 하나님의 심판을 받고 있다고 진단을 내리고 하나님께로 돌아가는 회개운동을 해결책으로 제시합니다. 그러나 백성들은 전쟁을 전문적으로 진두지휘하는 왕의 부재를 문제의 원인으로 보고 왕을 세우는 것을 문제의 해결책으로 제시합니다.

이때가 시기적으로 사사시대 말기입니다. 사사기에서 공부했듯이 사사시대의 가장 중요한 특징은 지도력의 축소입니다. 모세나 여호수아는 이스라엘 전체를 다스리는 리더십을 발휘했지만 사사는 특정한 지파에서만 리더로서 인정을 받았습니다. 그래서 한 지파에서는 리더로서 인정을 받았지만 다른 지파에서는 리더십을 전혀 인정받지 못하는 경우들이 많았습니다.

이스라엘 백성들은 사사로서의 리더십을 뛰어 넘는 강력한 지도력을 요청하고 있는 것입니다. 이스라엘 백성들이 요구하는 왕은 이스라엘 전체를 다스릴 수 있는 지도자입니다. 왕의 말에 불순종하게 되면 공권력을 동원해서라도 말을 듣게 만드는 강력한 지도력을 말합니다. 주변 모든 나라들은 이런 왕이 있는데 이스라엘에게는 이런 왕이 없었습니다. 이스라엘 백성들은 블레셋의 압제 가운데 놓여 있는 현실의 원인을 왕의 부재에서 찾았고 해결책으로 왕정을 세울 것을 강력하게 요청한 것입니다.

말씀과 함께 역사서 3-2

    사무엘상 9장부터는 이스라엘 초대 왕으로 사울이 세워지는 이야기가 나옵니다. 여기서 우리가 주목해야 할 하나의 내용이 있습니다. 바로 이스라엘 공동체에서 왕이 세워지게 되는 3단계입니다. 핵심은 하나님의 지명을 받을 뿐만 아니라 자신의 능력을 입증해서 백성들의 공인을 받아야 한다는 것입니다. 하나님의 지명도 받고 백성들의 공인도 받는 절차를 거쳐야 합니다.

    왕으로 세워지려면 크게 세 가지 단계를 거쳐야 합니다. 첫 번째는 하나님의 지명입니다. 두 번째는 하나님의 지명을 받은 자가 자신의 능력을 증명하는 것입니다. 세 번째는 이스라엘의 왕으로 확증되는 것입니다. 간단하게 구분하자면 지명, 증명, 확증의 순서입니다. 이것이 이스라엘 공동체에서 왕이 세워지는 과정입니다. 하나님의 기름 부음만 있다고 해서 이스라엘의 지도자가 될 수 없습니다. 하나님의 기름 부음을 받은 이후에 자신이 이스라엘 전체를 다스릴 수 있는 능력이 있음을 증명해 보여야 합니다. 그러면 이스라엘 백성 모두에 의해서 하나님에 의해서 세워진 왕으로 확증이 되는 것입니다. 지명, 증명, 확증이라는 3단계를 기억하시면서 사울의 이야기를 보시기를 바랍니다.

사무엘상 9장 16절을 보겠습니다.

"내일 이맘 때에 내가 베냐민 땅에서 한 사람을 네게로 보내리니 너는 그에게 기름을 부어 내 백성 이스라엘의 지도자로 삼으라 그가 내 백성을 블레셋 사람들의 손에서 구원하리라 내 백성의 부르짖음이 내게 상달되었으므로 내가 그들을 돌보았노라 하셨더니"

이 구절에서 우리는 하나님이 사울이라는 사람을 이스라엘 초대 왕으로 세우시는 가장 중요한 목적을 발견할 수 있습니다. 그 목적은 '내 백성을 블레셋 사람들의 손에서 구원하는 것'입니다. 이 목적을 달성하기 위해서 사울은 누구와 싸워야 합니까? 블레셋과 싸워야 합니다. 블레셋과 싸워 이길 때 이스라엘은 블레셋의 압제로부터 해방될 수 있습니다. 이번에는 9장 19절을 보겠습니다.

"사무엘이 사울에게 대답하여 이르되 내가 선견자이니라 너는 내 앞서 산당으로 올라가라 너희가 오늘 나와 함께 먹을 것이요 아침에는 내가 너를 보내되 네 마음에 있는 것을 다 네게 말하리라"

그리고 10장 1절입니다.

"이에 사무엘이 기름병을 가져다가 사울의 머리에 붓고 입 맞추며 이르되 여호와께서 네게 기름을 부으사 그의 기업의 지도자로 삼지 아니하셨느냐"

여기서 사울은 하나님의 지명을 받은 증표로 기름 부음을 받습니다. 다음에는 10장 7절입니다.

"이 징조가 네게 임하거든 너는 기회를 따라 행하라 하나님이 너와 함께 하시느니라"

이 말이 중요합니다. 사무엘이 사울에게 기름을 부었을 때 사울 입장에서는 이것이 얼마나 당황스러운 일이었겠습니까? 자신이 이스라엘의 왕으로 하나님에 의해 지명을 받았다고 하는 것이 도무지 현실로 다가오지 않았을 것입니다. 이때 사무엘은 사울이 자기를 떠나서 길을 갈 때 이러한 일들을 경험하게 될 것이라고 미리 알려주는 것입니다. 그리고 '이런 징조가 네게 임하게 되면 너는 기회를 따라 행하라'라고 말합니다. '기회를 따라 행하라'는 말은 무엇을 행하라는 것일까요? 9장 16절에서 말한 블레셋으로부터 이스라엘을 구원해내라는 것입니다. 이 일을 위해 블레셋과 싸우라는 것입니다. 그때 하나님께서 너와 함께 하실 것이라고 사무엘은 말합니다.

그 싸움 후에 '너는 나보다 앞서 길갈로 내려가라'라고 지시합니다. 10장 7절의 말씀이 매우 중요합니다. 사무엘은 자신이 하나님에 의해서 왕으로 지명 받았다는 것을 의심하고 있는 사울에게 '네가 오늘 이런 이런 일들을 경험할 것인데 그런 일들을 경험하면 블레셋과 싸워

라. 그러면 하나님이 너와 함께 하실 것이다. 그리고 싸움이 끝난 다음에 백성들의 확증을 받는 의식을 위해 길갈로 내려가라'라고 말하고 있는 것입니다. 이스라엘의 왕으로 옹립되는 순서가 어떻게 된다고 했습니까? 하나님의 지명, 지명 받은 사람이 자기의 능력을 증명함, 그리고 이스라엘 공동체 전체로부터의 확증입니다. 10장 7~8절은 하나님의 기름 부음을 받고 나서 사울이 블레셋과의 전쟁을 통해 자신의 능력을 증명하고 그리고 길갈에서 왕으로 확증되는 이야기를 하고 있는 것입니다.

이번에는 사무엘상 10장 9절을 보겠습니다.

"그가 사무엘에게서 떠나려고 몸을 돌이킬 때에 하나님이 새 마음을 주셨고 그 날 그 징조도 다 응하니라"

사울은 사무엘이 말한 것처럼 그날 사람들을 만나게 되었고 그 만남 속에서 사무엘이 말한 모든 사건을 경험하게 됩니다. 그런데 사울은 사무엘이 말한 '기회를 따라 행하라'는 말에 순종하지 않습니다. 하나님의 지명은 받았지만 자신의 능력을 증명하지 못한 것입니다. 이렇게 사울이 이스라엘의 왕으로 세움 받는 과정에서 1차 실패를 경험하게 됩니다.

그리고 10장 17절부터 다시 2차 지명 과정이 전개됩니다. 10장 20~21절에 보면 제비뽑기를 통해서 사울이 이스라엘의 왕으로 뽑힙니다. 하나님의 지명을 받은 것입니다. 그리고 암몬과의 전쟁을 11장에서 치릅니다. 그 전쟁에서 사울은 자신의 능력을 증명합니다. 그리고 전쟁에서 승리한 후에 길갈에서 백성들 모두로부터 이스라엘 공동체의 왕으로 확증을 받습니다. 2차 과정에서 사울은 결국 왕으로 옹립하게 되는 것입니다.

사무엘상 9장부터 11장을 자세히 보면 뭔가 이상함을 느끼게 됩니다. 사울이 사무엘에게 한 번 기름 부음을 받았는데 갑자기 10장 후반부에 제비뽑기를 통해서 또 한 번 왕으로 뽑히는 장면이 나옵니다. 기름 부음 받는 것도 하나님으로부터 지명 받는 것이고 제비뽑기도 하나님께 지명을 받는 것인데 왜 하나님께 지명 받는 이야기가 두 번 나오는가라는 질문이 생깁니다. 이 질문에 대한 설명을 지금까지 드린 것입니다. 정리하자면 이스라엘에서 왕이 세워지는 과정은 3단계로 진행이 됩니다. 첫 번째는 하나님의 지명을 받는 것이고, 두 번째는 자신의 능력을 증명해야 하는 것이고, 세 번째가 이스라엘 백성 전체로부터 왕으로 확증이 되는 것입니다. 이 3단계를 거쳐서 이스라엘 왕으로 세움을 받게 됩니다.

그런데 사울 같은 경우에는 1차에서 실패했습니다. 사무엘상 9장 16절이 말하는 것처럼 사울을 왕으로 세웠던 가장 중요한 이유는 블레셋의 압제로부터 이스라엘을 구원해 내라는 것입니다. 10장 1절에서 사무엘은 비밀스럽게 사울에게 기름을 붓습니다. 그리고 '오늘 네가 이런 일들을 경험하게 되면 기회를 따라 행하라. 그러면 반드시 하나님이 너와 함께 하실 것이다.'라는 말로 사울을 담대하게 합니다. 그러나 그날 모든 징조가 임했음에도 불구하고 사울은 블레셋과 싸우지 않습니다. 이스라엘의 지도자로서 자신의 능력을 증명하지 못한 것입니다. 그래서 왕으로 세움 받는 과정에서 1차 실패를 하게 됩니다. 1차 과정이 실패로 끝나고 10장 17절 이하에서 다시 한 번 제비뽑기를 통해서 사울은 하나님의 지명을 받습니다. 그리고 암몬과의 전쟁을 통해서 자신의 능력을 증명하고 길갈에서 이스라엘 백성 모두로부터 확증을 받으면서 이스라엘 초대 왕으로 세워지게 됩니다. 이것이 사울이 왕이 되는 과정입니다.

흥미로운 사실은 사울이 왕으로 세움 받은 본래의 목적은 블레셋의 압제로부터 이스라엘을 구원해 내라는 것인데 사울은 계속하여 블레셋과 싸우는 것을 회피합니다. 그러다 31장에서 블레셋과의 전쟁에서 전사하게 됩니다. 아버지 사울이 블레셋과 싸우는 것을 계속 회피하니까 아들 요나단은 블레셋을 기습 공격하여 아버지로 하여금 블레셋과 전쟁을 하게 만듭니다. 사울을 이스라엘 초대 왕으로 세우신 가장 중요한 목적이 블레셋의 압제로부터 이스라엘을 구원해 내는 것이었는데, 사울은 계속해서 블레셋과의 전쟁을 회피했다는 사실이 중요합니다.

왕으로 세움 받는 2차 과정에서도 사울은 블레셋과 싸워 이긴 것이 아니라, 암몬과 전쟁을 치릅니다. 재미있는 사실이 여기에 또 있습니다. 암몬과 전쟁을 치를 때 누가 와서 도와달라고 했습니까? 길르앗 야베스 사람들입니다. 길르앗 야베스 사람들은 사울 입장에서는 외가 사람들입니다.

사사기를 보면 베냐민 지파는 이스라엘 11지파와의 전쟁에서 남자만 6백 명 남고 모두 전멸합니다. 이때 베냐민 지파와 전쟁을 치루면서 이스라엘 11지파는 자신들의 딸을 베냐민 지파에게 주지 않겠다고 맹세를 합니다. 그래서 전쟁에서 남은 6백 명의 베냐민 지파 사람들은 신붓감을 어디에서 구합니까? 요단 동편에 사는 길르앗 야베스의 처녀 4백 명과 실로 여인 2백 명과 결혼합니다. 이때부터 길르앗 야베스는 베냐민 지파 3분의 2의 외가가 되는 것입니다.

사울은 블레셋과의 전쟁은 계속 회피하면서 자기의 외가인 길르앗 야베스 사람들의 호소에는 적극적으로 응답을 한 것입니다. 소의 각을 떠서 이스라엘 각 지파에게 택배를 보내면서 '이 전쟁에 참여하지 않으면 다 죽여버리겠다'고 협박을 합니다. 그래서 결국 길르앗 야베스를 구하는 암몬과의 전쟁에서 이스라엘은 승리하고 사울도 자신의 지도자로서의 능력을 입증합니다. 그 결과 전쟁에서 승리한 후에 길갈에서 이스라엘 백성 모두로부터 왕으로 확증을 받게 됩니다. 이스라엘의 왕이 되는 3단계를 꼭 기억해 주시기 바랍니다.

이 3단계를 다윗에게도 적용할 수 있습니다. 다윗은 사무엘상 16장에서 사무엘로부터 기름 부음을 받습니다. 그리고 17장에서 골리앗과의 전쟁을 통해서 자신의 능력을 증명합니다. 이렇게 되면 18장에서는 다윗이 이스라엘 공동체 모두로부터 왕으로 확증이 되어야 합니다.

이것을 요나단은 받아들입니다. 그는 다윗이 이스라엘 왕이 되는 것을 인정합니다. 그리고 다윗과 언약을 체결합니다. 그런데 사울 왕은 이것을 받아들이지 못하고 도리어 다윗을 죽이고자 합니다. 그래서 사울이 전사하기까지 다윗이 왕으로 등극하는 일이 연기되는 것입니다.

사무엘상 12장에는 사무엘의 은퇴식 모습이 나옵니다. 사무엘은 은퇴식을 청문회 형태로 진행합니다. 12장 3절을 보겠습니다.

> "내가 여기 있나니 여호와 앞과 그의 기름 부음을 받은 자 앞에서 내게 대하여 증언하라 내가 누구의 소를 빼앗았느냐 누구의 나귀를 빼앗았느냐 누구를 속였느냐 누구를 압제하였느냐 내 눈을 흐리게 하는 뇌물을 누구의 손에서 받았느냐"

이것이 은퇴식에서 사무엘이 이스라엘 백성들에게 선포한 내용입니다. 자신이 사역을 하면서 개인적 이권을 취한 것이 있다면 고발하라는 것입니다. 영적 지도자의 마지막이 어떠해야 하는가를 잘 보여주고 있는 장면입니다. 모든 지도자들이 이렇게 멋지게 은퇴하고 싶겠지만 이것이 참 쉽지가 않습니다. "내가 누구의 것을 빼앗은 일이 있느냐?"라고 했을 때 누군가가 손을 들고 "당신이 나에게서 이것을 빼앗았다"라고 한다면 어떻게 되겠습니까? 그래서 차마 이것을 따라 하기가 쉽지 않습니다.

사무엘이 은퇴식을 청문회 형태로 할 수 있었던 것은 그가 얼마나 자기의 삶과 사역에 있어서 철저했는가를 보여주고 있습니다. 특별히 3절의 말씀이 중요한 이유가 있습니다. 이스라엘 백성들이 왕을 요구할 때 사무엘이 왕정이 세워지는 것을 반대한 가장 중요한 이유가 왕은 '빼앗는 자'라는 것입니다. 그런데 사무엘은 지도자로 있으면서도 백성들의 것을 빼앗지 않았다는 것입니다. 왕과 대비되는 자신의 모습을 강조하고 있음을 볼 수 있습니다. 12장 13절을 보겠습니다.

"이제 너희가 구한 왕, 너희가 택한 왕을 보라 여호와께서 너희 위에 왕을 세우셨느니라 너희가 만일 여호와를 경외하여 그를 섬기며 그의 목소리를 듣고 여호와의 명령을 거역하지 아니하며 또 너희와 너희를 다스리는 왕이 너희의 하나님 여호와를 따르면 좋겠지마는 너희가 만일 여호와의 목소리를 듣지 아니하고 여호와의 명령을 거역하면 여호와의 손이 너희의 조상들을 치신 것 같이 너희를 치실 것이라"

하나님의 백성 이스라엘이 되는 것은 은혜이지만 이스라엘의 삶을 지켜내는 것에는 각자의 노력과 결단과 책임이 필요합니다. 하나님의 백성으로서 감당해야 될 책임의 몫이 있는 것입니다. 하나님의 백성이 되었다고 해서 모든 행동이 다 용납되고 모든 죄가 다 용서되는 것이 아닙니다. 하나님의 백성이기 때문에 하나님의 백성답게 살아가야 할 책임이 요청됩니다. 일상의 삶에서 더욱 긴장하고 깨어 있어야 하는 것입니다. 하나님의 백성다운 삶을 살지 못하게 되면 하나님으로부터 징계를 받기도 함을 사무엘상 12장은 잘 보여주고 있습니다.

13장에서는 사울이 하나님으로부터 폐위 선언을 받게 되는 중요한 사건이 나옵니다. 사울의 가장 큰 잘못은 하나님보다 사람들을 더 의지한 것입니다. 사울은 병사들이 흩어지는 것을 보면서 마음이 불안해집니다. 이 중요한 순간에 그는 여호와의 전쟁을 기억하지 못합니다. 이스라엘 공동체에게 있어 전쟁의 승패 여부는 하나님의 도우심 여부에 달려 있습니다. 이것을 여호와의 전쟁이라고 합니다. 이스라엘이 이방 민족과 전쟁을 할 때 병사가 많거나 무기가 탁월하다고 해서 이기는 것이 아닙니다. 이스라엘은 하나님이 도와주시면 이기고 하나님이 도와주지 않으시면 패배합니다.

그런데 하나님이 이스라엘을 도와주시려면 이스라엘이 먼저 거룩하신 하나님을 닮아 거룩한 백성이 되어야 합니다. 진실하신 하나님을 닮아 진실한 백성이 되어야 합니다. 이스라엘이 거룩하고 진실한 백성이 될 때 하나님은 이스라엘을 승리하도록 도우십니다. 바로 그때, 이스라엘의 승리는 진실의 승리가 되고 거룩의 승리가 됩니다. 이것이 여호와의 전쟁의 핵심입니다. 그런데 사울은 블레셋과의 전쟁을 앞두고 백성들이 흩어지면서 병사들의 수가 줄어들자 마음이 불안해지기 시작합니다. 그래서 영적 지도자인 사무엘의 승인 이전에 자기가 임의로 제사를 지내고 전쟁을 개시합니다. 이것이 하나님으로부터 사울이 폐위 선언을 듣게 되는 중요한 이유가 됩니다.

사울은 이스라엘의 초대 왕으로 세움은 받았지만 제한적인 권력을 가진 왕이었습니다. 제한적인 권력을 가졌다는 것은 왕이 전쟁 개시권을 행사할 수 없다는 말입니다. 왕이 행사할 수 있는 가장 큰 권력은 백성들의 것을 빼앗는 것입니다. 백성들의 노동력을 징발하고, 백성들의 가산을 징발하고, 백성들의 인신을 병력으로 징발하는 것입니다. 이렇게 백성들의 모든 것을 강제로 징발할 수 있는 상황은 일반적으로 전쟁의 때입니다. 전쟁이 시작되면 왕은 모든 남자들을 병사로 징발하고 사람들이 가진 모든 가산들을 전쟁의 승리를 위해 징발합니다. 이와 같이 왕의 권력이 가장 강력하게 드러나는 때가 전쟁과 같은 비상 상황입니다. 하나님은 이스라엘에게 왕정은 허락하셨지만 왕으로 하여금 제한적인 권력을 갖도록 하십니다. 백성들의 모든 것을 징발할 수 있는 전쟁 개시권을 왕이 아닌 종교 지도자로 하여금 선포하도록 하십니다.

종교 지도자의 선포 이후에만 왕은 전쟁을 할 수 있습니다. 오늘날의 삼권분립의 맥락에서 해석하자면 왕의 엄청난 권력을 종교지도자로 하여금 견제하도록 하신 것입니다. 그런데 종교 지도자인 사무엘이 전쟁의 개시를 선언하지 않았음에도 불구하고 사울이 임의로 제사를 드린 후에 전쟁을 시작합니다. 사울이 자기에게 허락되지 않은 중요한 영역을 침범한 것입니다. 이방 왕의 모습을 모방한 것으로 이해할 수 있습니다. 이로 인해 사울은 하나님께 버림을 받게 됩니다.

사무엘상 13장 19절에 '그때에 이스라엘 온 땅에는 철공이 없었다'는 말씀이 나옵니다. 철기문명을 독점하고자 블레셋이 이스라엘 땅에 철공을 허용하지 않은 것입니다. 이를 통해 우리는 당시 이스라엘이 실질적인 블레셋 통치하에 있었음을 알 수 있습니다.

사무엘상 14장 35절을 보겠습니다.

"사울이 여호와를 위하여 제단을 쌓았으니 이는 그가 여호와를 위하여 처음 쌓은 제단이었더라"

이때는 사울이 왕이 된지 한참 시간이 지난 이후입니다. 그런데 성경은 무엇을 폭로하고 있습니까? 사울이 하나님을 위해서 제단을 쌓았는데 이것이 그가 여호와를 위하여 쌓은 첫 제단이라는 것입니다. 사울이 하나님을 경외하는 영적인 일에 얼마나 무감각한 사람인지를 폭로하고 있습니다. 사울이 어떤 사람인가에 대해 좀 더 자세하게 보도록 하겠습니다. 사무엘상 9장 1절을 보면 사울이 어떤 사람인지를 소개해 주고 있습니다.

"베냐민 지파에 기스라 이름하는 유력한 사람이 있으니"

사울의 아버지 기스를 유력한 사람이라고 소개하고 있습니다.

"그는 아비엘의 아들이요 스롤의 손자요 베고랏의 증손이요 아비아의 현손이며 베냐민 사람이더라"

한 집안을 몇 대씩 소개하는 것을 통해 우리는 사울의 집안이 매우 뼈대 있는 집안임을 알 수 있습니다.

"기스에게 아들이 있으니 그의 이름은 사울이요 준수한 소년이라 이스라엘 자손 중에 그보다 더 준수한 자가 없고 키는 모든 백성보다 어깨 위만큼 더 컸더라"

사울은 키가 모든 백성들보다 어깨 위만큼 더 큰 건장한 체격을 갖추고 있는 인물입니다. 옛 어른들의 표현대로 하자면 장군감인 것입니다. 사울은 일단 집안도 좋고 신체적으로도 장군감의 체격을 가진 청년입니다. 이 사울과 대비되는 인물이 다윗입니다. 사무엘상 16장을 보면 사무엘이 이새의 아들들 가운데 한 명에게 기름을 부으려고 아들들을 살피는데 마음에 드는 아들이 없었습니다. 이때 사무엘이 이새에게 묻습니다. 사무엘상 16장 11절입니다.

"또 사무엘이 이새에게 이르되 네 아들들이 다 여기 있느냐 이새가 이르되 아직 막내가 남았는데 그는 양을 지키나이다"

여기서 '막내'라는 단어는 이중적 의미가 있습니다. 나이가 가장 어리다는 의미도 있지만 가장 키가 작다는 의미가 있습니다. 사울과 다윗의 신체적 대비를 여기서 볼 수 있습니다. 사울은 당시 이스라엘 사람들의 체격과 비교했을 때 키가 매우 큰 거인이었고, 다윗은 키가 매우 작은 사람이었습니다. 외형적으로 보면 다윗은 장군감은 아니었던 것입니다.

사무엘상 9장 3절을 보면 사울의 아버지인 기스가 암나귀들을 잃어

버립니다. 여기 암나귀라는 것은 오늘날로 하자면 아우디나 벤츠 같은 고급승용차입니다. 사울의 집안이 매우 부유했음을 알 수 있습니다. 사울은 아버지의 잃어버린 외제차를 찾기 위해 종과 함께 길을 나섭니다. 그런데 사울이 얼마나 영적으로 둔감한 사람인지를 잘 보여주는 것이 9장 6절의 말씀입니다. 종은 사울에게 이렇게 말합니다.

> "그가 대답하되 보소서 이 성읍에 하나님의 사람이 있는데 존경을 받는 사람이라 그가 말한 것은 반드시 다 응하나니 그리로 가사이다 그가 혹 우리가 갈 길을 가르쳐 줄까 하나이다 하는지라"

이것은 주인인 사울이 종에게 하는 말이 아니라 종이 주인인 사울에게 하는 말입니다. 종은 당대 최고의 종교지도자인 사무엘이 이 지역에 살고 있음을 알고 있습니다. 그런데 사울에게는 그러한 정보가 전혀 저장되어 있지 않습니다. 종의 말을 듣고 사울은 종과 함께 사무엘이 사는 마을로 들어옵니다. 마을에 있는 여인들에게 사무엘이 어디에 사는지를 묻고 사무엘을 만나고자 길을 가다가 한 사람을 만나는데 공교롭게도 그가 사무엘입니다. 그런데 사울은 사무엘을 알아보지 못합니다. 9장 18절입니다.

> "사울이 성문 안 사무엘에게 나아가 이르되 선견자의 집이 어디인지 청하건대 내게 가르치소서 하니 사무엘이 사울에게 대답하여 이르되 내가 선견자이니라"

사울은 자기가 만난 사람이 사무엘인 것을 전혀 알지 못합니다. 당대 최고의 종교지도자인 사무엘에 대해서 그 어떠한 관심도 정보도 없고 무엇보다 그가 미스바 집회에 참여하지 않았음을 여기서 알 수 있습니다. 그래서 사무엘을 만나 놓고서도 사무엘을 만나기 위해서는 어디로 가야 하는지를 알려달라고 하고 있습니다. 이 얼마나 황당한 일입니까? 다음으로 10장 12절을 보겠습니다.

"그곳의 어떤 사람은 말하여 이르되 그들의 아버지가 누구냐 한지라 그러므로 속담이 되어 이르되 사울도 선지자들 중에 있느냐 하더라"

사무엘은 사울이 선지자 무리를 만나게 되면 사울에게도 영이 임해서 예언을 할 것이라고 미리 알려줍니다. 그리고 사무엘이 말한 것처럼 모든 일들이 그대로 사울에게 이루어집니다. 그때 사람들이 속닥거린 말이 12절의 내용입니다. 사람들은 놀라면서 '사울도 선지자들 중에 있느냐'라고 말합니다. 이는 사울의 평소의 삶이 예언자의 삶과는 거리가 있었음을 잘 보여주는 말입니다. 오늘날로 말하자면 '그 사람도 목사가 됐어?'라는 말과 비슷한 것입니다.

지금까지 살펴본 사무엘상 9장 6절, 9장 18절, 10장 12절 등의 말씀을 통해 우리는 사울이 회개운동과 각성운동과 선지자에 대한 관심과는 거리가 먼 사람인 것을 알 수 있습니다. 그리고 결정적인 것이 사무엘상 14장 35절의 말씀입니다.

"사울이 여호와를 위하여 제단을 쌓았으니 이는 그가 여호와를 위하여 처음 쌓은 제단이었다"

이것은 너무나 충격적인 기술입니다. 이때는 왕이 된 지 한참 시간이 지난 후입니다. 그런데 지금까지 사울은 하나님을 위해 단을 쌓은 적이 없었다는 것입니다. 사울이 영적으로 얼마나 둔감한 사람이었는지를 잘 보여주고 있습니다. 그렇다면 이런 사울이 어떻게 이스라엘의 왕이 된 것입니까? 그의 탁월한 신체적 조건에 이스라엘 백성이 마음을 빼앗겨 버린 것입니다.

사무엘상 15장에는 사울이 하나님으로부터 또 하나의 폐위 선언을 듣게 되는 사건이 나옵니다. 하나님은 사울로 하여금 아말렉을 진멸하라고 명하십니다. 아말렉은 에서의 후손입니다. 출애굽기에 보면 출애굽 한 이스라엘을 제일 먼저 공격한 이방 민족이 아말렉입니다. 그 사건에 대한 심판으로 하나님은 사울에게 아말렉을 전멸시킬 것을 명하십니다. 그런데 사울과 이스라엘 백성들은 아말렉의 좋은 것들은 남겨두고 좋지 않은 것들만 전멸시킵니다.

왜 하나님의 말씀대로 하지 않았냐고 사무엘이 사울을 추궁할 때 사울은 '좋은 것으로 하나님께 제사드리고자 하였다'고 변명합니다. 이때 사무엘은 '순종이 제사보다 낫다'라는 말을 선포합니다. 그리고 중요한 것이 사무엘상 15장 32~33절입니다. 사울은 전쟁 중에 아말렉의 왕이었던 아각을 포로로 잡았지만 죽이지 않습니다. 왜 죽이지 않앉을까요? 당시에는 전쟁을 통해 적국의 왕을 포로로 잡은 후에 엄청난 비용을 받고 풀어주는 일들이 있었습니다. 그때 사무엘은 이렇게 말합니다.

"사무엘이 이르되 너희는 아말렉 사람의 왕 아각을 내게로 끌어 오라 하였더니 아각이 즐거이 오며 이르되 진실로 사망의 괴로움이 지났도다 하니라 사무엘이 이르되 네 칼이 여인들에게 자식이 없게 한 것 같이 여인 중 네 어미에게 자식이 없으리라 하고 그가 길갈에서 여호와 앞에서 아각을 찍어 쪼개니라"

사무엘이 아말렉의 왕 아각을 죽입니다. 이 아각의 후손이 누구인가요? 에스더서에 나오는 하만입니다. 사무엘에 의해 죽임당했던 아각의 후손인 하만이 이스라엘에게 복수하고자 하는 이야기가 에스더서의 배경입니다. 하만은 페르시아 왕에게 엄청난 뇌물을 바치면서 유대인들을 죽일 수 있는 조서를 작성하게 만듭니다. 하만이 엄청난 경제적 비용을 지불하면서까지 유대인들을 전멸시키고자 한 이유가 무엇이었을까요? 그는 아각의 후손으로서 유대인들에 대한 가정적, 민족적인 원한을 가지고 있었습니다. 사무엘상 15장의 사건과 에스더서가 긴밀하게 연관되어 있음을 볼 수 있습니다.

사무엘상 16장부터는 다윗의 이야기가 펼쳐집니다. 초대 이스라엘의 왕이었던 사울은 신체적으로 매우 탁월한 조건을 갖고 있던 사람입니다. 그러나 사무엘상 13장에서는 종교 지도자의 승인 다음에 전쟁을 벌여야 했음에도 자신이 전쟁 개시권을 선포한 것 때문에 폐위선 언을 받게 되고, 15장에서는 아말렉을 전멸하라고 하나님께서 명하셨 는데 좋은 것들은 남겨둔 불순종으로 인해 또 한 번의 폐위 선언을 받 게 됩니다. 이때부터 사울은 사무엘의 동선에 대해 매우 민감했을 것 입니다. 자기에게 하나님의 폐위 선언을 전달한 사무엘이 자기 대신 누군가에게 기름 부을 것에 대해서 얼마나 걱정을 많이 했겠습니까?

그런 상황에서 하나님은 사무엘에게 '베들레헴 이새의 집으로 가서 그 아들 가운데 한 명에게 기름을 부으라'라고 명하십니다. 하나님의 말씀을 듣고 사무엘은 '사울이 나를 가만 두지 않을 것입니다'라고 말 합니다. 사울과 사무엘 사이에 긴장감이 형성되어 있음을 볼 수 있습 니다. 마침내 사무엘은 하나님의 명하심에 따라 베들레헴으로 내려가 이새의 아들 중에서 한 명에게 기름을 부으려고 합니다. 그런데 적격 자가 없었습니다. 중요한 것은 이때 이새가 소집시켜야 할 아들 명단 에서 다윗을 제외시켰다는 것입니다.

그때 다윗은 양을 치고 있었습니다. 이것을 가지고 학자들은 다윗이 정부인의 아들이 아닌 서자였을 것이라고 봅니다. 왜냐하면 당대 최고 의 종교 지도자인 사무엘이 아들들을 소집시켜 놓으라고 명하였는데 이새가 생각할 때 다윗은 소집시켜야 될 아들 안에 포함되지 않았기 때 문입니다. 그리고 당시 양을 친다는 것이 그리 자랑스러운 직업이 아 니었음도 기억해야 합니다. 이스라엘 민족의 조상인 아브라함이나 이 삭이나 야곱은 원래 떠돌아다니며 유목을 하던 사람들입니다. 그러나 가나안에 정착하고 나서는 농경으로 전환을 합니다. 목자라는 직업은 농경 사회에서는 매우 열등한 사람들이 행하는 낮은 일로 간주되었고 다음의 다섯 개의 표현과 동의어로 이해되었습니다.

첫 번째로 목자는 노숙인입니다. 목자들이 유목할 때 아침에 양과 염소를 끌고 나가서 저녁에 집에 들어오는 것이 아닙니다. 마치 꽃을 따라서 계속 이동하는 양봉업처럼 풀을 따라 계속 이동하는 것입니다. 이스라엘은 지중해성 기후로서 10월 중순 이후에 비가 내립니다. 이것을 이른 비라고 합니다. 비가 3월 중순까지 오는데 이때 내리는 비를 늦은 비라고 합니다. 이처럼 10월 중순부터 3월 중순까지 비가 내리는 때를 우기라고 하고 3월 중순부터 10월 중순까지 비가 내리지 않는 때를 건기라고 합니다. 비가 내리는 우기는 풀이 자라는 시기이고 건기는 목자들이 양과 염소를 끌고 다니면서 풀을 먹이는 때입니다. 이 건기가 유목을 하는 시기입니다.

거의 6~7개월 동안 집을 떠나 풀을 따라 이동하는 생활을 합니다. 하루 종일 땡볕에서 짐승들을 돌보아야 하고, 저녁에는 야생 짐승으로부터 양과 염소를 지키기 위해 풍찬노숙을 해야 하기 때문에 이분들은 자신의 나이보다 매우 늙어 보입니다. 저도 중동에 가서 유목을 하는 베두인족을 만난 일이 있는데 저보다 한 20살은 많아 보이는 분이 나이가 40살이라고 해서 깜짝 놀란 적이 있습니다. 그럴 수밖에 없는 것이 하루 종일 빛에 노출되어 있고 천막생활을 하기 때문에 목자는 노숙인과 동의어로 인식이 되었습니다.

두 번째로 목자는 동성애자로 간주되었습니다. 6~7개월 이상을 야외에서 유목을 하면서 목자들이 성욕을 해소하는 방식은 크게 두 가지가 있습니다. 동료 목자와 해소하게 되면 동성애자가 되는 것이고 양이나 염소에게 해결하게 되면 수간자가 되는 것입니다. 그래서 세 번째로 목자는 짐승과 관계를 맺는 수간자로 간주되었습니다. 네 번째로 목자는 도둑놈으로 간주되었습니다. 목자들이 양과 염소에게 먹이는 풀은 자기들의 풀이 아닙니다. 남의 풀을 자기 짐승에게 먹이는 것이니 도둑으로 인식이 되었습니다.

다섯 번째로 목자는 스파이로 간주되었습니다. 목자들은 풀을 따라 계속 이동을 합니다. 그래서 국경을 자연스럽게 넘어갑니다. 지난달에는 에돔에서 풀을 먹이다가 이번 달에는 모압으로 올라오고 다음 달에는 암몬으로 이동합니다. 그러니까 나라마다 목자들을 스파이로 활용합니다. 목자들이 에돔 땅에 있다가 모압 땅으로 넘어오게 되면 모압 사람들은 에돔의 정세에 대해서 목자들을 불러서 듣는 것입니다. 그런데 이 목자들이 다음 달에는 암몬으로 올라가게 되는데 그곳에 가서는 암몬 사람들에게 모압의 상황이 어떤지를 다 말할 것 아닙니까? 그래서 사람들은 목자들을 신뢰하지 않았습니다.

예수님 당시에도 목자들은 재판의 증인이 될 수 없었습니다. 그런데 누가복음에 보면 예수님의 탄생 이야기를 제일 먼저 듣고 목격한 사람들이 목자들입니다. 과연 사람들이 목자들의 말을 경청했을까요? 이후에 예수님이 부활하신 후에 최초의 증인은 여인들입니다. 당시에 사람들은 여인들의 말을 신뢰하지 않았습니다. 예수님의 시작부터 마지막 순간까지 하나님은 가장 신뢰할 만한 사람들을 부르셔서 예수 사건을 알리신 것이 아니라 아무도 신뢰하지 않는 자들을 통해서 하나님의 구원의 사건을 전하게 하십니다. 세속의 일반적인 가치 판단을 뛰어 넘는 사람들이 하나님의 구원 사건과 만나게 하신 것입니다.

이처럼 이스라엘 공동체 안에서 목자라는 직업은 낮은 자들이 행하는 일로 인식이 되었습니다. 그래서 역대기에서는 다윗이 왕이 되기 전에 양을 쳤다는 내용을 언급하지 않습니다. 창세기에 나와 있는 족장들이 행하던 유목과, 가나안 땅에 정착한 이후에 목자들이 행하는 유목은 사회적 인식이 전혀 달랐다는 것을 기억하셔야 합니다. 정리하면 사무엘이 이새에게 아들들을 다 소집시키라고 명했을 때 이새는 다윗을 소집시켜야 할 아들 안에 포함시키지 않았고 그 시간에 다윗으로 하여금 양을 치게 했다는 것입니다. 그래서 학자들은 다윗이 이새의 정부인의 아들이 아니었을 가능성이 높다고 봅니다. 또 하나 주목해야 할 것이 성경에는 다윗의 어머니의 이름이 한 번도 등장하지 않는다는 것입니다. 그래서 학자들은 다윗을 이새의 첩이 낳은 아들이었을 가능성을 제기하기도 합니다.

그렇다면 다윗은 밑바닥에서부터 삶을 출발하여 이스라엘의 왕이라는 최고의 지위까지 올라간 것입니다. 여러 면에서 다윗은 사울과 비교가 됩니다. 사울은 신체적 조건이 월등하였고 다윗은 키가 작았고, 사울은 유력자 집안의 아들이고 다윗은 밑바닥에서 삶을 시작했습니다. 다윗이 서자라고 할 때 사무엘상 17장에서 형들이 다윗에게 대하는 태도와 말투가 조금 이해가 됩니다. 형들의 안전을 확인하기 위해 다윗이 전쟁터에 갔을 때 형들이 다윗에게 보이는 태도와 말들을 보면 너무나 냉랭하다는 느낌이 듭니다. 마치 요셉의 형들이 요셉에게 대하는 것과 비슷합니다. 만약 학자들의 주장처럼 엄마가 다른 이복형제였다고 한다면 금방 이해가 됩니다. 만약 다윗과 형제들이 같은 어머니의 뱃속에서 태어난 한 형제라고 한다면 형 엘리압이 다윗에게 쏘아 붙이는 너무나 날카로운 말들은 이해하기가 어렵습니다. 그런데 어머니가 다른 이복형제라고 한다면 형들의 반응을 이해하는 것이 가능합니다.

다윗은 사무엘상 16장에서 사무엘로부터 기름 부음을 받습니다. 17 장에서는 골리앗과의 전쟁에서 승리함으로 자신의 능력을 증명합니다. 그렇다면 18장에서는 이스라엘 공동체 모두로부터 왕으로 확증을 받아야 하는데 사울은 이것을 거부하고 사울의 아들 요나단은 이것을 받아들입니다. 사무엘상 18장 3~4절을 보겠습니다.

"요나단은 다윗을 자기 생명 같이 사랑하여 더불어 언약을 맺었으며 요나단이 자기가 입었던 겉옷을 벗어 다윗에게 주었고 자기의 군복과 칼과 활과 띠도 그리하였더라"

여기에 나오는 요나단의 행동은 요나단이 이스라엘 최고 지도자의 자리를 다윗에게 넘겨주었다는 말입니다. 요나단은 하나님께서 다윗을 사울을 이어서 이스라엘 왕으로 세우셨음을 받아들입니다. 그래서 다윗과 언약을 체결합니다. 다윗이 왕이 되는 것을 요나단은 인정하면서 대신 다윗이 왕이 되었을 때 요나단의 집안을 선대해 줄 것을 부탁합니다.

보통 고대 사회에서 왕권이 다른 가문으로 넘어가게 되면 왕권을 쥐게 된 집안은 이전의 왕권을 쥐고 있던 집안들을 거의 쑥대밭을 만들어 버립니다. 요나단은 자기가 갖고 있던 겉옷, 군복, 칼, 활, 띠까지 모든 것을 다윗에게 넘깁니다. 이것은 권력을 이양하는 행동입니다. 하나님이 다윗이란 사람을 이스라엘 지도자로 세우셨다는 것을 요나단은 받아들이고 다윗의 왕 됨을 인정한 것입니다. 그리고 다윗에게 자기 집안을 선대해 줄 것을 요청합니다. 이러한 내용으로 다윗과 요나단이 언약을 체결한 것입니다. 사무엘하에 보면 다윗은 요나단과의 언약을 기억하면서 요나단의 아들인 므비보셋을 선대합니다.

사울도 처음에는 다윗을 사랑했습니다. 사울은 다윗을 군대 장관으로 임명합니다. 그러다가 사건이 하나 벌어집니다. 그 사건이 무엇이냐면 사무엘상 18장 7절에 나오는 여인들의 노래입니다.

"여인들이 뛰놀며 노래하여 이르되 사울이 죽인 자는 천천이요 다윗은 만만이로다 한지라"

이 노래가 화근이 되어서 이때부터 사울의 다윗에 대한 적대감이 고조됩니다. 18장 5절에 보면 사울이 다윗을 군대장관으로 임명했는데 이 노래를 듣고 나서 13절에서는 천부장으로 강등시킵니다. 그리고 이 때부터 자신의 정치적 라이벌이 된 다윗을 죽이려고 합니다. 이때부터 사울은 다윗을 죽이려고 하고 사울의 아들 요나단은 다윗을 사랑하는 이야기가 계속 전개됩니다.

참고로 우리는 다윗과 요나단을 친구로 생각을 많이 하는데 사실 다 윗과 요나단은 비슷한 연배가 아닙니다. 요나단이 다윗보다 스무 살 정도 많습니다. 그것을 어떻게 알 수 있냐면 길보아 산에서 요나단이 죽임을 당하고 다윗이 헤브론에서 유다지파의 지도자가 될 때의 나이 가 서른 살입니다. 그런데 길보아 산에서 요나단이 죽임 당했을 때의 나이는 50살 이상입니다. 사울은 80살 정도 됩니다. 그러니까 엄밀한 의미에서 요나단과 다윗이 친구 관계는 아닙니다. 요나단이 훨씬 나 이가 많습니다.

사울이 계속 다윗을 죽이려고 하는 것 때문에 이제 다윗은 사울을 떠 나게 됩니다. 그리고 도피하는 과정 속에서 사무엘상 22장에 보면 아 둘람 공동체가 탄생하게 됩니다. 다윗이 아둘람 굴에 숨어있을 때 빚 진 자, 마음이 원통한 자들이 다윗에게 모여들기 시작합니다. 그전까 지는 다윗 홀로 혈혈단신으로 도피하였는데 이때부터는 자기를 찾아 온 사람들을 책임지는 지도자가 됩니다. 아둘람 공동체의 지도자가 된 것입니다. 그리고 다윗은 계속해서 지도력을 확장해 갑니다. 다윗이 통일 이스라엘의 왕이 되기 전까지의 과정을 보면 처음에는 다윗이 혼 자 도피를 하다가 나중에는 아둘람 공동체의 지도자가 되었다가 이후에는 헤브론에서 유다 지파의 지방 자치 단체장이 되었다가 마지막으로 이스라엘의 왕이 됩니다. 다윗의 리더십이 점점 확장되어 가는 것을 볼 수 있습니다.

전 세계 많은 사람들이 이스라엘로 성지 순례를 가는데 우리나라 사람들이 이스라엘 성지 순례를 세계에서 여섯 번째로 많이 갑니다. 성지 순례를 가보면 가장 감동 받은 얼굴로 다니는 사람들이 한국 교인들입니다. 그런데 성지 순례지라고 말하는 그곳이 실제 사건이 일어난 그곳인지는 알 길이 없습니다. 예를 들어, 이 길이 예수님께서 십자가를 지고 올라가신 비아 돌로로사 라고 하는데 실제 예수님께서 십자가를 지고 그 길로 올라가셨는지에 대해서는 아무도 알지 못합니다. 이곳이 마리아가 가브리엘 천사로부터 아기 예수 탄생에 대한 수태고지를 받은 곳이라고 하여 수태고지 교회가 세워져 있는데 그곳에서 실제 수태고지를 받았는지는 알 수가 없습니다. '여기가 거기다'라는 규정은 예수 사건이 발생한지 300년이 지난 이후에 주장되어진 것입니다. 로마가 기독교를 공인한 313년 이후에 콘스탄틴 황제의 어머니였던 헬레나에 의해 대부분의 성지가 규정되었습니다. 그래서 우리가 성지 순례를 하면서 그 사건의 의미를 기억해야지, 그 장소 자체에 지나친 의미 부여를 하는 것은 위험합니다.

아둘람 굴과 관련하여 재미있는 이야기가 하나 있습니다. 제가 10년 전에 이스라엘에 갔을 때 가이드를 해 주셨던 선교사님께서 아둘람 굴로 우리를 인도했습니다. 아둘람 굴 자체가 마음이 원통한 자, 빚진 자들이 모였던 곳이니까 우리 한국 교인들은 그곳에 가기만 해도 큰 위로를 받습니다. 대부분의 한국 교인들이 마음에 원통함이 있지 않습니까? 아둘람 굴에 가면 많은 경우에 성찬식을 합니다. 성찬식을 하면서 사람들이 많이 눈물을 보입니다.

저는 그곳에 있으면서 장정 400명이 공동생활을 하기에는 조금 작은 느낌이 들어서 가이드를 해주셨던 선교사님께 물었습니다. "여기가 아둘람 굴이라고 하는 것이 언제부터 주장된 것이죠?" 그때 가이드를 해 주신 선교사님은 이스라엘 생활을 하신지 10년 이상 되신 분이셨는데 그분 말씀이 자신이 아둘람 굴을 발견했다고 합니다. 제가 어떻게 발견하게 되었는지를 물으니 그분 말씀이 이랬습니다. 1990년대 말에 ○○교회 김○○ 목사님이 전화를 하셔서 이번에 교인들하고 이스라엘에 성지 순례를 가는데 아둘람 굴을 꼭 가보고 싶다고 하시면서 아둘람 굴을 찾아봐 달라고 부탁을 했다고 합니다. 그래서 선교사님이 유대 광야 지리에 대한 해박한 이해를 가진 베두인 족들한테 사람이 많이 들어갈 수 있는 큰 굴을 찾아봐 달라고 부탁을 했고 베두인족들이 알아봐 준 곳이 지금의 아둘람 굴이라고 합니다. 이런식으로 성지가 규정되는 경우들이 많이 있습니다. 성지 순례를 가시면 각 장소의 의미를 주목하셔야지 성경에 나오는 곳과 지금의 그곳을 동일시하는 일에 마음을 빼앗기지는 않으셨으면 좋겠습니다.

사무엘상 24장과 26장에서는 사울이 다윗을 죽이려고 쫓아다니는 과정 속에서 도리어 다윗이 사울을 죽일 수 있는 두 번의 기회가 발생합니다. 그런데 다윗은 사울을 죽이지 않습니다. 재미있는 것은 한국 교회 안에서 어떤 목사님이 문제를 일으켰을 때 문제를 제기하고 비판하는 교인들에게 목사님을 변호하면서 주로 인용하는 성경 본문이 사무엘상 24장과 26장이라는 것입니다. 문제를 일으킨 목사를 변호하면서 '다윗도 사울을 죽이지 않았는데 왜 당신들은 목사를 잡아먹지 못해서 안달이냐'라고 목회자의 잘못을 비판하는 교인들을 도리어 책망을 합니다.

그런데 목사님의 잘못을 지적하는 교인들이 지금 목사를 죽이겠다는 것이 아니지 않습니까? 본문을 자세히 보면 다윗은 자기가 사울을 죽일 수 있었다는 증거를 꼭 확보합니다. 옷자락을 자른다거나 창과 물병을 가져온다든가 함으로 자신이 사울을 죽일 수 있었으나 죽이지 않았음에 대한 증거를 확보합니다. 그리고 안전거리를 확보한 후에 다윗은 사울을 부르고 사울에게 왜 자기를 죽이려고 하는지에 대한 사울의 잘못을 지적합니다.

우리가 사무엘상 24장과 26장에서 배워야 하는 것은 다윗이 사울의 잘못을 지적할 때마다 사울은 항상 뉘우치고 다윗에게 미안해한다는 것입니다. 물론 이것이 사울과 다윗의 온전한 화해로 발전하지는 못합니다. 사울은 자신이 무엇인가 잘못하고 있다는 것은 인정하지만 근원적으로 다윗을 미워하고 죽이려는 행동을 멈추지는 않습니다. 참회는 하였지만 진정한 회개로 나아가지 못하는 모습을 볼 수 있습니다. 사무엘상 24장과 26장에서 우리가 주목해야 할 것은 다윗은 사울의 잘못을 책망하였고, 그 책망에 대해 사울은 진지하게 다윗의 책망을 수용하며 용서를 구하고 잘못을 고백하고 있다는 것입니다. 그러나 이것이 진정한 삶의 돌이킴인 회개로 나아가지는 못하였음을 볼 수 있습니다. 이것이 사무엘상 24장과 26장의 내용입니다.

그 중간인 사무엘상 25장에 나오는 사건이 있습니다. 바로 나발 사건입니다. 나발 사건에서 우리가 주목해야 할 것은 당시 이스라엘 공동체가 사울파와 다윗파로 완전히 양분되었다는 것입니다. 오늘날 한국 사회가 보수와 진보로 양분된 것처럼 이스라엘 공동체도 국민 여론이 사울 지지파와 다윗 지지파로 분열되어 있었습니다. 먼저 나발이라고 하는 유력자는 친사울 파입니다. 사무엘상 25장 10절을 보겠습니다.

"나발이 다윗의 사환들에게 대답하여 이르되 다윗은 누구며 이새의 아들은 누구냐 요즈음에 각기 주인에게서 억지로 떠나는 종이 많도다"

여기서 '주인에게서 억지로 떠난다'고 할 때의 주인은 사울을 가리킵니다. 나발은 다윗에 대해서 잘 알고 있습니다. 다윗이 이새의 아들이란 것도 알고 있습니다. 이 사람은 친 사울파로서 다윗을 기본적으로 주인에게서 억지로 떠난 종으로 이해합니다. 그래서 다윗의 종들이 와서 당신들을 오랜 세월 동안 보호해 준 것에 대해서 대가를 좀 달라고 했을 때 콧방귀 끼면서 '다윗이 누구야', '이새의 아들이 누군데', '요즘 주인에게서 떠나는 종이 많다고 하는데 다윗도 그런 종이 아닌가'라고 비아냥거리고 조롱했던 것입니다. 나발은 이런 사람이었습니다.

그런데 나발의 아내였던 아비가일은 친다윗파입니다. 다윗이 나발을 죽이려고 할 때 아비가일은 음식을 준비하고 다윗의 길을 막으면서 이렇게 이야기합니다. 사무엘상 25장 30~31절입니다.

> "여호와께서 내 주에 대하여 하신 말씀대로 모든 선을 내 주에게 행하사 내 주를 이스라엘의 지도자로 세우실 때에"

아비가일은 다윗이 이스라엘의 지도자가 될 것이라는 것을 알고 있습니다.

> "내 주를 이스라엘의 지도자로 세우실 때에 내 주께서 무죄한 피를 흘리셨다든지 내 주께서 친히 보복하셨다든지 함으로 말미암아 슬퍼하실 것도 없고"

이 말이 무슨 말이냐면, 당신은 이스라엘의 왕이 될 분인데 괜히 부끄러운 삶의 얼룩을 만들지 말라는 것입니다. 이미 아비가일은 다윗이 이스라엘 왕이 될 것이라는 것을 인정하고 있습니다. 이처럼 나발과 아비가일이라는 부부 관계 안에서도 남편은 친사울파로 아내는 친다윗파로 의견이 양분되어 있었습니다. 이스라엘 공동체 안에서 어떤 사람들은 사울의 편에 서고 어떤 사람들은 다윗의 편에 서게 되면서 하나 되어야 될 이스라엘이 사울파와 다윗파로 국력이 분열되면서 블레셋과의 싸움에서 힘을 하나로 모으지 못했음을 알 수 있습니다.

사무엘상 26장 19절은 당시 이스라엘 백성들의 신학적 인식을 잘 보여줍니다. 사무엘상 26장 19절 말씀입니다.

"원하건대 내 주 왕은 이제 종의 말을 들으소서 만일 왕을 충동시켜 나를 해하려 하는 이가 여호와시면 여호와께서는 제물을 받으시기를 원하나이다 마는 만일 사람들이면 그들이 여호와 앞에 저주를 받으리니 이는 그들이 이르기를 너는 가서 다른 신들을 섬기라 하고 오늘 나를 쫓아내어 여호와의 기업에 참여하지 못하게 함이니이다"

그들은 하나님을 가나안 땅을 다스리는 신으로 인식했습니다. 그래서 가나안 땅을 벗어나게 되면 하나님을 만날 수 없고 하나님의 보호를 받을 수 없다고 생각했습니다. 하나님을 천지의 창조자요 세계 역사의 주관자로 고백은 했지만 실제 그들은 하나님의 통치 영역을 가나안 땅으로 좁혀 인식하였음을 알 수 있습니다. 이러한 신학적 인식이 전환된 것이 바벨론 포로기입니다.

[질문]
이스라엘 지파 사람들끼리 결혼을 할 때 아무래도 같은 지파끼리 결혼을 많이 했을 것 같습니다. 그렇다면 이것은 근친이 아닌가요?

[답]
사무엘상 10장 20절을 보면 그 문제에 대한 해답의 실마리를 찾을 수 있습니다.

"사무엘이 이에 이스라엘 모든 지파를 가까이 오게 하였더니 베냐민 지파가 뽑혔고 베냐민 지파를 그들의 가족별로 가까이 오게 하였더니 마드리의 가족이 뽑혔고 그 중에서 기스의 아들 사울이 뽑혔으나"

본문을 통해 우리는 한 지파 안에서도 다양한 가족들이 있음을 알 수 있습니다. 그러니까 동일 지파 안에서도 가족이 다르기 때문에 얼마든지 결혼할 수 있는 것입니다. 하나의 지파가 하나의 가족은 아닌 것입니다.

[질문]
그런데 동성동본과 비슷한 것 아니에요?

[답]
창세기에 보면 이삭이 야곱을 밧단아람으로 보냈던 이유가 친족들과 결혼하게 하기 위함입니다. 이것을 족내혼이라고 합니다. 이때는 동성동본이니 근친이니 하는 개념보다는 신앙의 순수성을 보존하기 위해서 같은 친족들 안에서 결혼을 많이 할 때입니다. 이 당시에 다른 지파 사람들과도 결혼을 많이 했을 것이라고 봅니다. 그러나 같은 지파 안에서도 가문이 다른 경우에는 얼마든지 결혼할 수 있었다고 봐야 합니다.

[질문]
베냐민 지파는 이방 여인들을 데리고 와서 결혼을 했잖아요. 이스라엘 남성이 이방 여인과 결혼하여 자식을 낳게 되면 그 자식들도 이스라엘 지파 안에 들어올 수 있는 것인가요?

그렇습니다. 대표적인 사람이 모세입니다. 모세는 미디안 여인인 십보라와 결혼을 하였는데 그의 아들들은 이스라엘 백성이 됩니다. 요셉도 마찬가지입니다. 요셉은 온 제사장의 딸이었던 애굽 여인과 결혼하였는데 그의 두 아들인 므낫세와 에브라임은 이스라엘의 두 지파의 조상이 됩니다.

[질문]

저는 이스라엘은 모계 중심의 사회라고 알고 있습니다.

[답]

AD 135년에 이스라엘 백성들은 로마로부터 예루살렘에서 완전히 추방됩니다. 그때부터 우리가 잘 아는 유대인들의 유랑의 역사가 시작됩니다. 이때 유대인들은 동유럽이나 아프리카까지 이동하게 되는데 이때부터 유대인들은 모계를 중시하게 됩니다. 그래서 모계 쪽에 유대인이 있으면 후손들을 유대인으로 받아들입니다. 왜 모계를 중시하게 되었냐면, 가정에서 자녀들을 교육하는 주체가 어머니였기 때문입니다. 어머니가 유대인이면 아이들에게 히브리어도 가르치고 어머니가 유대인이면 야훼 신앙도 가르친다고 생각하여 유대인들은 전통적으로 모계를 중시하게 되었습니다. 그런데 구약 시대에 아버지가 유대인이고 어머니가 이방인인 경우에 아버지와 어머니가 이스라엘 땅에 거주하게 되면 태어난 자녀들도 당연히 이스라엘 백성이 되었습니다.

[질문]

이스라엘에서 왕을 세우는 과정이 하나님의 지명과 자신의 능력을 증명하는 것, 그리고 이스라엘 공동체로부터의 확증이라고 하셨는데 이것이 초기에만 적용이 되는 것인가요?

[답]

맞습니다. 이스라엘 왕정 초기에만 적용이 되는 것이고 이후에는 다른 나라들처럼 왕권이 아버지로부터 아들에게로 세습이 됩니다. 그런데 초기에는 왕위 세습과 관련하여서도 원칙이 없었습니다. 그래서 열왕기상 1장을 보면 다윗이 나이가 들었을 때 왕위를 어떻게 계승해야 하는지에 대한 원칙이 없어서 헤브론파와 예루살렘파가 갈등하는 장면이 나옵니다. 다윗은 나이가 많고 왕위를 물려받아야 할 왕자는 너무 많은 상황에서 살아있는 왕자 가운데 제일 연장자가 왕이 되어야 하는 것인지, 아니면 아버지가 지명한 왕자가 왕이 되어야 하는 것인지에 대한 원칙이 없었던 것입니다.

이때 헤브론파가 지지했던 아도니아라는 왕자가 먼저 선제공격을 합니다. 이때 예루살렘파가 지지했던 솔로몬이 즉각적인 반격을 하면서 결국 왕위에 오르는 모습을 볼 수 있습니다. 이때만 하더라도 이스라엘 공동체 안에서 왕위를 어떻게 계승해야 될 것인가에 대한 원칙이 없었음을 알 수 있습니다. 질문하신 것처럼 왕정 초기에는 하나님의 지명, 자신의 능력 증명, 왕으로서의 확증이라는 단계를 거쳤지만 시간이 지남에 따라서 왕이라고 하는 것이 다른 나라처럼 세습이 되었다고 이해하시면 되겠습니다.

[질문]

사무엘상을 보면 다윗과 사울이 처음 만나는 장면이 사울의 병 치료를 위한 음악치료사로 만난 것으로 나오는데, 다윗이 골리앗과의 전쟁 이후에 사울 앞에 섰을 때 사울이 다윗을 처음 보는 것처럼 말하는 장면이 나옵니다. 시간적 순서가 잘못된 것인지 사울이 정신이 없어서 그런 것인지가 궁금합니다.

[답]

학자들은 그것에 대해 크게 세 가지 주장을 펼칩니다. 첫 번째는 다윗이란 사람이 이스라엘 공동체에 등장하게 된 두 가지 이야기가 전해 내려왔다고 보는 것입니다. 하나가 16장에 나오는 것처럼 음악 치료사인 것이고 또 하나가 17장에 나오는 것처럼 골리앗과의 전쟁에서 승리한 이야기라고 주장합니다. 다윗이 이스라엘 공동체 안에 어떻게 등장하게 되었는가에 대한 두 가지 이야기가 16~17장에 함께 배치되었다고 보는 것입니다.

두 번째는 16장에서는 다윗에 대한 기본적인 내용들을 사울이 알았다고 보고 17장에서 '물었다'는 말은 보다 자세한 내용들을 알아낸 것으로 이해하는 것입니다. 사울은 골리앗을 이기는 장수에게 자신의 딸을 주겠다고 제안을 했습니다. 그 약속을 지키고자 한다면 이제 골리앗을 이긴 다윗을 자신의 사위로 맞이해야 합니다. 그래서 이때 '물었다'는 것은 '매우 상세하게 다윗과 다윗 집안에 대해서 알아보았다.'라고 해석하는 것입니다.

세 번째는 16장에 음악 치료사로 발탁이 될 때에는 사울이 물은 것처럼 되어 있기는 하지만 사실은 실무를 담당했던 사람이 행한 것을 사울이 한 것처럼 말한 것으로 보는 것입니다. 궁중에 음악 치료사를 뽑음에 있어 왕이 관여했다고 보기는 어렵습니다. 그래서 사울이 다윗에게 물은 것처럼 되어 있기는 하지만 실무자가 물은 것이고 사울이란 사람은 실제 다윗에 대해서 17장에서 처음으로 상세하게 물은 것이 아닐까 이렇게 보기도 합니다.

[기도]

하나님 이제 완연한 봄날입니다. 대한민국의 중요한 선거를 앞두고 있고 또한 여전히 코로나로 인해서 많은 이들이 고생하고 있습니다. 겨울에서 봄으로 기후만 바뀌는 것이 아니라 우리의 마음과 삶에도 따스한 햇살이 비추어 우리의 삶에 기쁜 전환이 있기를 소망합니다. 하나님께서 이 민족을 불쌍히 여겨 주시고 2022년 3월 이후부터 이 민족이 기쁨 가운데 숨 쉴 수 있도록 하나님께서 새로운 전환을 우리 가운데 허락하여 주시길 원합니다. 한 주간 새롭게 허락된 시간 하나님의 백성임을 망각하지 아니하고 신실한 걸음 살아가기를 소망하오며 예수 그리스도의 이름으로 기도합니다. 아멘.

말씀과 함께 역사서 4-1

  길보아 산 전투에서 사울이 전사한 다음에 이스라엘 공동체는 1차 분열을 겪게 됩니다. 남쪽의 유다 지파는 다윗을 지도자로 세웠고, 그 외의 지파는 이스보셋이라고 하는 사울의 아들을 지도자로 세워서 남북 분열 시대를 맞이하게 됩니다. 이것이 7년 6개월간의 1차 분열입니다. 그러다가 이스보셋이 신하들에게 암살을 당하고 나서 다윗이 통일 이스라엘의 왕이 됩니다. 그리고 다윗이 죽은 다음에 그의 아들이었던 솔로몬이 왕위를 승계하고, 솔로몬이 죽은 다음에는 그의 아들이었던 르호보암이 왕이 됩니다. 이때 북이스라엘 11지파가 르호보암의 통치를 거부하고 또 분열이 됩니다. 이것이 2차 분열입니다.

  우리가 보통 남북 분열시기라고 하면 솔로몬이 죽은 다음에 르호보암과 여로보암의 분열만을 생각하기 쉬운데 그렇지 않습니다. 1차 분열이 먼저 있었습니다. 사울이 죽은 다음에 남유다 지파는 다윗, 그 외의 지파는 이스보셋을 중심으로 7년 6개월간의 1차 분열 시기가 있었습니다. 이 당시에 북이스라엘 왕은 이스보셋이었지만 실제적인 권력은 군대 장관이었던 아브넬이 장악합니다. 사울의 아들이었던 이스보셋은 얼굴 마담에 불과합니다. 아브넬은 다윗과의 비밀 협상을 위해 헤브론에 내려왔다가 요압에게 암살을 당합니다. 이때 다윗은 아브넬의 장례식을 주관하면서 사무엘하 3장 37절과 39절에서 군부의 힘이 너무 막강하여서 자기가 제어하기 어렵다고 토로합니다. 남쪽과 북쪽이 갈등이 지속되는 남북 분열의 상황 속에서 전쟁을 주도하는 군부의 힘이 시간이 지날수록 막강해져 가고 있음을 알 수 있습니다. 북이스라엘도 명목상으로는 이스보셋이 왕이었지만 실제 권력은 군대 장관이었던 아브넬이 쥐고 있었습니다.

이스보셋은 북이스라엘 왕국을 마하나임에 세웁니다. 마하나임은 요단 동쪽에 있는 땅입니다. 왜 요단 동쪽에 있는 마하나임을 수도로 북이스라엘을 세웠을까요? 길보아 산 전투에서 이스라엘이 블레셋에 패배한 이후에 요단 서쪽의 가나안 땅 전체가 블레셋의 통치 지역이 됩니다. 그래서 이스보셋은 가나안 땅 안에 왕국을 세울 수 없었습니다. 그런데 다윗은 가나안 땅 안에 있는 헤브론에 왕국을 세웁니다. 여기서 중요한 질문을 제기할 수 있습니다. '어떻게 다윗은 블레셋이 통치하는 가나안 땅 안에 있는 헤브론에 왕국을 세울 수 있었을까?' 그리고 '어떻게 블레셋은 다윗이 헤브론에 왕국을 세우는 것을 허용해 주었을까?' 하는 것입니다. 공교롭게도 이것은 다윗의 과거 전력 때문에 가능했습니다.

다윗은 오랜 세월 블레셋의 왕인 가드 왕 아기스의 봉신으로 있었습니다. 블레셋이라는 나라는 5개의 도시가 연방을 이루고 있는 국가입니다. 가드, 가사, 에글론, 아스글론, 에스돗의 5개 도시가 하나의 연방 국가를 이룬 것이 블레셋입니다. 그 5개의 도시 가운데 하나가 가드입니다. 가드 출신의 유명한 장군이 누구입니까? 골리앗입니다. 골리앗을 무찌른 다윗은 가드 왕 아기스의 봉신으로 오랜 시간 봉직합니다. 그래서 블레셋은 다윗이 헤브론에 왕국을 세울 때 이것을 막지 않습니다. 다윗이 가드 왕 아기스의 봉신이기 때문에 다윗이 세운 헤브론 왕국을 블레셋은 자신들의 통치를 원활하게 만들어주는 총독 국가로 이해한 것입니다. 그들은 여전히 다윗을 블레셋의 봉신으로 이해했습니다. 그래서 블레셋의 봉신인 다윗이 세운 왕국을 전혀 견제하거나 경계하지 않았습니다. 그런데 블레셋과의 전쟁에서 전사한 사울의 아들인 이스보셋은 블레셋이 다스리는 가나안 땅 안에 왕국을 세울 수 없었습니다. 그래서 요단강을 건너서 마하나임에 북왕국을 세운 것입니다.

다윗의 이야기는 우리 현대사에 있었던 황태성 사건과 비슷합니다. 혹시 5.16 군사 쿠데타 이후에 있었던 황태성 사건이라고 들어보셨는지요? 박정희 대통령은 원래 남로당 출신입니다. 남로당의 군대내 책임자였습니다. 박정희 대통령의 형이 박상희인데 대구 경북 지역의 좌익 운동의 핵심적인 인물 중 하나입니다. 박정희는 어렸을 때부터 형인 박상희를 존경하고 많이 따랐다고 합니다. 그 박상희의 친구가 황태성입니다. 박정희는 자기 형의 친구인 황태성을 형님이라 부르며 잘 따랐고 이후에 박정희가 남로당에 가입할 때 황태성이 신원 보증을 서주기도 했다고 합니다. 그런데 황태성은 이후에 월북을 하고 박정희는 남로당에서 나와서 좌익과 거리를 두게 됩니다. 그런 상황에서 박정희가 1961년 5월 16일에 군사 쿠데타를 일으킨 것입니다.

이때 박정희가 일으킨 군사 쿠데타에 대해서 미국이나 북한 모두 헷갈렸다고 합니다. 그 이유는 남로당에 가입하여 활동한 박정희의 과거 전력 때문입니다. 남로당의 군대내 책임자였던 박정희가 일으킨 군사 쿠데타에 대해서 이 사건을 어떻게 바라봐야 할 것인가에 대해 미국이나 북한이 얼마나 혼란스러웠겠습니까? 북한 입장에서는 적화통일의 기회라고 생각했을 수도 있습니다. 이때 북한에서 황태성을 남한으로 내려 보냅니다. 황태성이 자기가 직접 남한에 내려가서 박정희를 만나 담판을 짓겠다고 했다고 합니다. 그래서 황태성이 임진강을 통해서 내려옵니다. 박정희의 형인 박상희의 사위가 누구냐면 김종필입니다. 전해지는 말로는 황태성이 남한에 내려와서 김종필도 만나고 박정희도 만났다고 합니다.

그런데 미국 정보부에서 황태성이 내려와서 박정희도 만나고 김종필도 만났다는 것을 알게 되었다고 합니다. 그래서 미국의 시선을 부담스럽게 여긴 박정희가 황태성을 간첩으로 잡아들여서 1963년도에 사형을 시켰다고 합니다. 박정희가 과거에 남로당 당원으로서 군대내 책임자가 아니었다면 1961년의 군사 쿠데타에 대해 북한이 황태성을 내려보낼 이유가 있었을까요? 박정희의 과거 전력으로 인해 북한 입장에서는 박정희의 군사 쿠데타에 대해 통일의 적기라고 오판할 수 있었을 것입니다. 다윗이 가나안 땅 안에 왕국을 세우고 그것에 대해 블레셋이 견제하지 않은 이유도 이와 비슷합니다. 다윗은 블레셋의 봉신으로 있었던 자신의 과거 전력을 적절하게 잘 이용했다고 볼 수 있습니다.

다시 한 번 이스라엘 역사에 있었던 리더십 변천사를 복습하도록 하겠습니다. 출애굽 후에 이스라엘 공동체가 탄생할 때 최초의 지도자는 모세입니다. 모세는 이스라엘 공동체 전체를 다스렸습니다. 그리고 모세는 자신의 비서실장이었던 여호수아에게 리더십을 승계합니다. 여호수아도 모세처럼 이스라엘 공동체 전체에 대한 리더십을 행사했습니다. 그러나 여호수아가 죽은 다음부터는 이스라엘 전체를 다스리는 리더는 존재하지 않습니다. 이것을 우리는 사사시대라고 합니다. 사사의 가장 중요한 특징은 리더십의 축소입니다. 그러다가 이스라엘 전체를 다스리는 왕이 등장하게 되었고 초대 왕으로 뽑힌 사람이 사울입니다. 사울은 블레셋과의 길보아 산 전투에서 전사하게 됩니다. 그러면서 북쪽은 사울의 아들이었던 이스보셋이, 남쪽은 사울의 사위였던 다윗이 왕국을 건설하게 됩니다. 이것이 1차 남북 분열 사건으로서 7년 6개월 동안 지속됩니다.

그러다가 북이스라엘의 실제 권력을 쥐고 있던 아브넬이라는 군대 장관도 암살을 당하고 이스보셋 왕도 암살을 당하게 됩니다. 지도력의 공백 상태에서 북이스라엘 장로들은 헤브론으로 내려와서 다윗과 언약을 체결합니다. 사무엘하 5장 3절에 언약을 체결했다는 말은 나오는데 언약의 내용이 자세하게 나오지는 않습니다. 우리가 추측해 볼 수 있는 것은 북이스라엘 장로들이 다윗과 언약을 체결하면서 다윗이 통일 이스라엘 왕으로서 남유다만 편드는 정치가 아니라 12지파 모두에게 공평과 정의를 시행하는 정치를 해달라고 요청했을 것이고 다윗은 그것을 수락했다고 볼 수 있습니다. 다윗은 죽을 때까지 이 언약을 지키고자 애를 씁니다.

그러나 솔로몬은 처음부터 끝까지 유다 지파만을 편드는 정치를 합니다. 다윗과 북이스라엘 장로들이 체결했던 언약을 파기한 것입니다. 그래서 솔로몬이 죽은 다음에 그의 아들인 르호보암이 왕이 되려고 할 때 북이스라엘 장로들이 르호보암에게 물은 것입니다. 할아버지 다윗처럼 언약 준수적인 왕이 될 것인지, 아버지 솔로몬처럼 언약 파기적인 왕이 될 것인지를 물은 것이고 이에 대해 르호보암은 언약 파기적인 솔로몬의 통치를 더 강화시키겠다고 천명한 것입니다.

언약 준수적이라는 것은 12지파 모두에게 공평과 정의로운 정치를 시행하는 것이고 언약 파기적이라는 것은 유다 지파만을 편드는 정치를 시행하는 것입니다. 르호보암이 언약 파기를 먼저 선언한 것입니다. 그래서 남북 2차 분열시대가 도래합니다. 남북 분열의 책임이 누구에게 있는 것입니까? 언약을 파기한 솔로몬과 르호보암에게 있는 것입니다. 솔로몬과 르호보암이 무엇을 잘못한 것입니까? 다윗과 북이스라엘 장로들이 체결했던 언약을 파기하고 유다 지파만을 편드는 정치를 시행한 것입니다.

솔로몬과 르호보암의 죄악에 대해 하나님께서는 실로 사람 아히야를 통해서 여로보암으로 하여금 북이스라엘 왕국을 세우도록 하십니다. 북이스라엘 왕국이 세워지게 된 것은 하나님의 뜻 안에서 이뤄진 일입니다. 보통 한국 교인들은 다윗의 후손들이 통치하였던 남유다를 편 드는 경향이 있습니다. 그래서 대다수의 한국 교인들은 북이스라엘을 부정적으로 이해하는 경향이 있습니다. 다윗의 통치를 거부하고 뛰쳐나간 쿠데타 세력이나 반역 세력으로 보는 것입니다.

그러나 열왕기상 11장을 보시면 아시겠지만 성경은 그렇게 말하지 않습니다. 여로보암을 통해서 북이스라엘을 세운 것은 하나님의 뜻 안에서 일어난 일입니다. 누가 먼저 잘못한 것입니까? 언약을 파기한 솔로몬과 르호보암이 먼저 잘못한 것입니다. 이들의 잘못으로 인해 2차 남북분열 사태가 벌어지게 됩니다. 사울이 죽은 다음에 1차 남북 분열이 있었고 르호보암과 여로보암때 2차 남북 분열이 발생한 것입니다.

다윗의 위대함이 무엇일까요? 그것은 회개의 기회를 붙잡았다는 것에 있습니다. 이것은 후대의 이스라엘 왕들이 예언자를 대하는 모습과 비교하면 금방 이해가 됩니다. 다윗은 흠이 없었던 완전무결한 존재가 아닙니다. 도리어 삶의 얼룩이 매우 많은 사람입니다. 그는 우리와 똑같은 성정을 가진 존재입니다. 다윗의 위대함은 그가 죄를 범하지 않은 것에 있지 않습니다. 그는 우리와 같이 많은 죄를 범한 존재입니다. 그러나 그는 하나님께서 회개를 요청하실 때 기꺼이 하나님 앞에서 무릎을 꿇은 존재입니다.

다윗 이후의 모든 이스라엘 왕들을 보십시오. 예언자들이 자신의 잘못을 질타할 때 용기 있게 무릎을 꿇은 왕이 거의 없습니다. 예언자들이 자기 죄를 질타하게 되면 대부분의 왕들은 예언자들을 감옥에 집어넣습니다. 그래도 예언자가 계속해서 자신의 죄를 들추어 낼 때 예언자를 죽여 버리기도 했습니다. 그러나 다윗은 그렇게 하지 않았습니다. 그는 회개의 기회를 붙잡았습니다. 거기에 다윗의 위대함이 있습니다. 오늘 우리가 다윗의 이 모습을 본받아야 하겠습니다.

이스라엘의 초대 왕이었던 사울은 베냐민 지파입니다. 베냐민 지파는 이스라엘 11지파와의 전쟁을 통해 멸절의 위기에 처했던 가장 연약한 지파입니다. 왜 초대 이스라엘 왕을 베냐민 지파에서 뽑았을까요? 왕은 엄청난 권력을 소유한 사람입니다. 그런데 베냐민 지파는 사사기 마지막 장에 보면 장정 600명만 남은 가장 연약한 지파입니다. 그 지파에서 왕이 탄생한다고 해도 충분히 다른 지파가 견제할 수 있는 상황이었습니다.

그런데 2대 왕인 다윗은 유다 지파 출신입니다. 베냐민 지파에서 왕이 나온다는 것과 이스라엘 12지파 가운데 가장 강력한 유다 지파에서 왕이 나온다는 것은 전혀 다른 의미를 갖습니다. 유다 지파는 인구도 가장 많고 가장 강력한 지파입니다. 그 강력한 지파에서 왕의 권력까지 쥐게 된다면 나머지 지파들이 견제하는 것이 쉽지가 않습니다. 베냐민 지파에서 왕이 나오는 것과 유다 지파에서 왕이 나오는 것은 다른 지파들의 입장에서 볼 때 느낌이 완전히 다르다는 것을 아셔야 합니다.

사울은 영적으로 매우 둔감한 사람입니다. 키는 다른 사람보다 2~30cm 이상 컸지만 당대 최고의 종교 지도자인 사무엘을 전혀 알지 못합니다. 그가 미스바 대각성 집회에 참여하지 않았음을 여기에서 알 수 있습니다. 그리고 사울은 왕이 된 한참 이후에나 하나님께 첫 단을 쌓았을 만큼 종교성이 매우 약한 사람이었습니다. 그는 왕이었지만 자기 궁이 없었습니다. 이스라엘의 왕 중에서 최초로 자기 궁을 지은 사람이 누구일까요? 다윗입니다. 초대 왕인 사울은 궁이 없어서 전쟁이 끝나고 나면 자기 집으로 갑니다. 자기 집이 집무실이었던 것입니다.

또한 사울은 왕이었지만 왕의 가장 강력한 권한이라 할 수 있는 전쟁 개시권이 없었습니다. 종교 지도자가 전쟁 개시를 승인해 준 후에야 전쟁을 할 수 있었습니다. 사울은 두 가지 사건을 통해 폐위 선언을 듣게 됩니다. 첫 번째는 기드온이 행했던 여호와의 전쟁을 기억하지 못하고 군사력과 병력을 의존하여 종교 지도자의 승인 이전에 전쟁을 개시한 것 때문에 폐위선언을 듣게 됩니다. 두 번째는 아말렉과의 전쟁 때 진멸해야 될 죄의 열매에 마음을 빼앗겨서 폐위 선언을 듣게 됩니다. 사울은 하나님이 진멸하라고 명하신 온갖 귀한 것들과 아말렉의 왕을 살려둡니다.

사무엘상을 보면 사울이 왜 몰락하게 되었는가를 보여주는 세 가지 중요한 사건이 나옵니다. 첫 번째가 사무엘로 대표되는 보수적인 야훼주의자들과의 대립입니다. 그 대립의 절정이 놉 땅에 있는 제사장 85명을 학살한 것입니다. 이 제사장 학살 사건을 통해 사울은 보수적인 야훼주의자들과 전면적인 전쟁을 선언하게 됩니다.

두 번째는 함께 힘을 모아야 될 다윗과 갈등함으로 말미암아 국력의 분열을 초래한 것입니다. 이스라엘 공동체 안에 모든 역량을 총집합시켜도 블레셋과 맞서 싸우는 것이 쉽지 않은 일인데 사울은 자기의 왕권을 지켜내기 위해서 가장 중요한 동역자인 다윗을 끊임없이 박해합니다. 이로 인해 사울과 다윗은 쫓고 쫓기는 추격전을 벌이고 나발과 아비가일에게서 볼 수 있는 것처럼 이스라엘 백성들도 사울파와 다윗파로 나뉘어 분열하게 되었습니다. 국력이 이렇게 분열된 상황에서 블레셋과의 전쟁에서 승리를 기대한다는 것은 있을 수 없는 일이 되어버립니다.

세 번째는 사울 스스로가 영적 파탄에 이르게 되었다는 것입니다. 사무엘상 28장 6절을 보겠습니다.

"사울이 여호와께 묻자오되 여호와께서 꿈으로도, 우림으로도, 선지자로도 그에게 대답하지 아니하시므로"

사울이 하나님의 뜻을 끊임없이 물었음에도 불구하고 하나님은 대답하지 않으십니다. 왜 대답하지 않으십니까? 사울이 순종할 마음이 없었기 때문입니다. 하나님은 당신에게 온전히 순종하고자 하는 자들에게 당신의 뜻을 밝히 보여주십니다. 열왕기상 22장에 보면 거짓말이어도 좋으니 거짓말을 믿고 싶어 하는 사람들에게 하나님께서는 거짓말하는 영을 보내십니다. 너무나 충격적인 사건입니다.

하나님은 하나님께 순종하고자 하는 자들에게는 당신의 본마음을 온전히 알려주시지만, 하나님께 순종하고자 하는 마음도 없고 자신이 원하는 것에 대한 과도한 집착을 가진 사람에게는 그들이 원하는 것을 믿도록 거짓말하는 영을 보내십니다. 자기들이 믿고 싶은 대로 믿게 만들어 그들로 심판의 길로 질주하게 하시는 것입니다. 너무나 두려운 일이 아닙니까? 우리가 하나님께 온 존재를 다해 순종하고자 할 때만이 우리는 하나님의 뜻을 온전히 들을 수 있는 것입니다.

정리하자면 사울이 몰락하게 된 중요한 세 가지 이유가 있습니다. 첫 번째는 보수적인 야훼주의자들과 건널 수 없는 강을 건너게 되었다는 것입니다. 다윗을 지지하고 지원해주었다는 이유로 사울은 놉땅의 제사장 85명을 학살합니다. 자기 정치를 지지해주지 않으면 제사장도 제거할 수 있음을 보여준 사건입니다. 두 번째는 다윗과의 갈등으로 말미암아 이스라엘 공동체 안에 국력의 분열을 초래한 것입니다. 세 번째는 하나님께 순종하고자 하는 마음이 없었기 때문에 하나님의 말씀을 듣지 못하게 되었고, 그 결과 사울은 점점 영적인 파탄에 이르게 됩니다. 이것이 사울이 몰락하게 된 중요한 이유입니다.

이제는 다윗에 대해 살펴보도록 하겠습니다. 사무엘하는 전체가 다윗 이야기입니다. 다윗은 삶의 의지가 매우 강한 사람입니다. 구약에서 삶의 의지가 강한 두 사람을 만날 수 있는데 바로 요셉과 다윗입니다. 요셉과 다윗은 어떤 상황에서도 절망하지 아니하고 자기에게 허락된 인생의 길을 묵묵히 걸어가면서 하나님께서 베푸실 역전의 사건을 소망합니다. 다윗이 얼마나 생의 의지가 강한 사람인지를 잘 보여주는 것이 사무엘상 21장에 나옵니다. 10절부터 보겠습니다.

"그날에 다윗이 사울을 두려워하여 일어나 도망하여 가드 왕 아기스에게로 가니 아기스의 신하들이 아기스에게 말하되 이는 그 땅의 왕 다윗이 아니니이까 무리가 춤추며 이 사람의 일을 노래하여 이르되 사울이 죽인 자는 천천이요 다윗은 만만이로다 하지 아니하였나이까 한지라 다윗이 이 말을 그의 마음에 두고 가드 왕 아기스를 심히 두려워하여 그들 앞에서 그의 행동을 변하여 미친 체하고 대문짝에 그적거리며 침을 수염에 흘리매 아기스가 그의 신하에게 이르되 너희도 보거니와 이 사람이 미치광이로다 어찌하여 그를 내게로 데려왔느냐 내게 미치광이가 부족하여서 너희가 이 자를 데려다가 내 앞에서 미친 짓을 하게 하느냐 이자가 어찌 내 집에 들어오겠느냐 하니라"

다윗이 사울의 박해를 피해서 블레셋으로 도망을 갔는데 블레셋에 있는 사람들이 다윗을 두려워하고 있습니다. 그들의 두려움이 공포로 발전하게 되면 그들은 다윗을 잡아서 죽일 수도 있는 상황입니다. 이때 다윗은 연기를 시작합니다. 침을 질질 흘리면서 미친 척을 하면서 자기가 얼마나 무력한 사람인가를 보여줍니다. 다윗이 자존심이 무척 강하거나 삶의 의지가 없는 사람이라면 이런 돌발적인 행동은 나올 수가 없습니다. '내가 이렇게까지 해서 살아야 되냐'라고 마음을 먹었을 지도 모릅니다. 그런데 다윗은 위기의 순간에 미친 척 연기를 하면서까지 위기를 돌파해내려고 합니다. 정말 생의 의지가 보통 강한 사람이 아닙니다.

다윗은 서자일 가능성이 높습니다. 몇 가지 근거를 다시 말씀드리겠습니다. 첫 번째 어머니의 이름이 나오지 않습니다. 두 번째 사무엘이 이새에게 아들을 소집시키라고 했을 때 이새는 다윗을 소집시켜야 될 아들에 포함시키지 않았습니다. 세 번째 다윗은 천한 사람들이 하던 양을 치는 자였습니다. 이런 것들을 종합해보면 다윗은 정부인의 아들이 아닌 서자일 가능성이 높다고 보아야 합니다. 다윗은 출생 때부터 밑바닥 인생을 살았습니다. 그러다가 이후에 왕의 사위도 되고 군대장관도 됩니다. 그렇게 높은 자리까지 올라갔다가 다시 사울 왕의 박해를 피해서 끊임없이 도망을 다니는 존재로 추락합니다.

다윗의 인생은 롤러코스터를 탄 것과 비슷합니다. 밑바닥에서 정상까지 올라갔다가 다시 밑바닥으로 추락했다가 마지막에는 통일 이스라엘의 왕이 됩니다. 무엇보다 중요한 것은 다윗이 고난과 연단의 세월을 통해서 약자를 품는 공동체를 건설했다는 것입니다. 자신이 밑바닥 인생을 살아왔기 때문에 누구보다 연약한 사람들과 원통한 사람들의 마음을 잘 공감했습니다. 다윗이 아둘람 동굴에 있다는 소식을 들었을 때 이스라엘 사회 안에서 빚진 자들과 마음이 원통한 자들 400명이 다윗을 찾아옵니다. 이때부터 다윗은 아둘람 공동체의 지도자가 됩니다.

다윗과 함께했던 사람들과 관련된 중요한 내용이 있습니다. 다윗의 가신 그룹은 크게 두 개의 계파로 나뉩니다. 하나가 헤브론파이고 다른 하나는 예루살렘파입니다. 헤브론파는 아둘람 동굴에서부터 다윗과 함께했던 사람들입니다. 대표적인 사람이 군대장관 요압과 제사장 아비아달입니다. 이들은 다윗 초장기부터 모든 시간을 다윗과 함께 한 사람들입니다. 그러다 다윗이 통일 이스라엘의 왕이 되면서 수도를 예루살렘으로 천도합니다. 이때부터 다윗의 신하로 등장하는 사람들이 있는데 이들을 예루살렘파라고 합니다. 넓게 보면 모두가 다 다윗의 신하이지만 헤브론파와 예루살렘파는 서로 대립하는 관계였음을 기억하셔야 합니다.

그렇다면 이들이 대립하게 된 가장 중요한 이유는 무엇이었을까요? 바로 후계자 때문입니다. 다윗은 헤브론에 있을 때에도 여러 여인들을 통해서 많은 왕자를 낳았습니다. 그리고 이후에 수도를 예루살렘으로 옮기고 나서도 여러 여인을 통해서 많은 왕자를 낳게 됩니다. 신하들도 헤브론파가 있고 예루살렘파가 있고 왕자들도 헤브론에서 태어난 왕자들이 있고 예루살렘에서 태어난 왕자들이 있었던 것입니다.

다윗은 이스라엘 역사에서 등장한 두 번째 왕입니다. 초대 왕인 사울은 블레셋과의 싸움에서 전사했습니다. 사울 사후에 이스라엘 공동체는 1차 남북 분열을 경험하게 되는데 이때 북쪽은 사울의 아들인 이스보셋이 남쪽은 사울의 사위인 다윗이 다스리게 됩니다. 그러다 이스보셋이 암살당한 후에 다윗이 통일 이스라엘의 왕이 됩니다. 이때가 이스라엘 왕정의 초기시대이다 보니 아버지의 왕위를 누가 계승할 것인지에 대한 원칙이 확립되지 않았습니다.

왕위를 누가 계승하는가에 따라 헤브론파와 예루살렘파의 운명은 달라집니다. 그래서 두 계파는 서로 자기들이 지지하는 왕자가 왕위를 계승받게 하려고 서로 상반된 주장을 펼쳤습니다. 헤브론파는 살아있는 왕자들 가운데 최연장자가 왕위를 계승해야 한다고 주장을 했습니다. 헤브론파는 왜 이런 주장을 했을까요? 헤브론파의 주장에 근거하면 살아있는 왕자들 가운데 제일 연장자는 아도니아입니다. 아도니아는 헤브론에서 태어난 왕자입니다. 헤브론에서 태어난 아도니아가 왕권을 계승하게 될 때 헤브론파는 모든 권력을 장악할 수 있게 됩니다.

반대로 예루살렘파는 숙청이 되거나 밀려나게 될 것입니다. 이것을 예루살렘파가 가만히 지켜볼 수는 없지 않겠습니까? 예루살렘파는 살아있는 왕자들 가운데 최연장자가 아니라 아버지 다윗이 자신의 후임으로 지명하는 왕자가 왕위를 계승해야 된다고 주장합니다. 그리고 예루살렘파는 솔로몬을 적극적으로 추천합니다.

넓게 보면 모두가 다 다윗의 신하이지만 다윗의 신하는 헤브론파와 예루살렘파로 나뉘어져 있었고, 왕자들도 헤브론 땅에서 태어난 왕자들과 예루살렘에서 태어난 왕자들로 나뉘어져 있었습니다. 여기서 어떤 왕자가 왕권을 쥐게 되느냐에 따라 한쪽은 살고 한쪽은 완전히 숙청을 당하게 됩니다. 이후에 솔로몬이 왕이 된 다음에 어떤 일을 행하게 됩니까? 헤브론파의 신하였던 요압은 처형하고 아비아달은 유배를 보냅니다. 어디에서 왕권을 쥐느냐에 따라 한쪽은 살고 한쪽은 완전히 죽는 일이 벌어진 것입니다.

다윗 노년에 헤브론파와 예루살렘파는 서로 자기들이 지지하는 왕자가 왕위를 계승받게 하려고 엄청난 암투를 벌입니다. 헤브론파는 초기부터 다윗과 함께 한 사람들로서 대표적인 인물이 요압과 아비아달입니다. 예루살렘파는 다윗이 수도를 예루살렘으로 옮기고 나서부터 등장하는 사람들로서 대표적인 사람이 나단과 사독입니다. 신학자들은 나단과 사독을 여부스 사람일지도 모른다고 추측합니다. 이 두 계파의 싸움에서 예루살렘파가 승리하게 되고 솔로몬이 등극한 이후에 헤브론파는 숙청을 당하게 됩니다. 그 이야기가 열왕기상 1장과 2장에 자세하게 기록되어 있습니다.

이스라엘 공동체에서 지도자로 인정을 받으려면 3단계를 거쳐야 합니다. 첫째는 하나님의 지명이고 둘째는 자신의 능력을 증명하는 것이고 세 번째는 이스라엘 공동체 안에서 지도자로 확증이 되는 것입니다. 사무엘상 16장에서 다윗은 기름 부음을 받습니다. 하나님의 지명을 받은 것입니다. 그리고 17장에서 골리앗과의 전쟁에서 승리함으로 자신의 능력을 증명합니다. 한편 사울은 사무엘상 13장과 15장에서 두 번에 걸쳐 하나님으로부터 폐위선언을 들었습니다. 그렇다면 다윗이 16장에서 기름 부음을 받았고 17장에서 능력을 증명했기 때문에 18장에서는 왕으로 확증이 되어야 합니다. 그런데 사울은 이것을 받아들이지 않습니다. 반면에 사울의 아들이었던 요나단은 다윗과 언약을 체결하면서 다윗이 이스라엘 공동체에 지도자가 될 것임을 받아들입니다. 사무엘상 18장 3절을 보겠습니다.

"요나단은 다윗을 자기 생명 같이 사랑하여 더불어 언약을 맺었으며"

요나단은 다윗보다 스무 살 정도 많았다고 봅니다. 그렇게 볼 수 있는 근거가 사무엘하 5장 4절입니다.

"다윗이 나이가 삼십 세에 왕위에 올라 사십 년 동안 다스렸으되"

다윗은 70세에 죽습니다. 30세에 왕이 되어 7년 6개월 동안은 헤브론에서 유다 지파만을 다스렸고 33년 동안은 통일 이스라엘의 왕으로 통치했습니다. 다윗이 헤브론에서 왕이 될 때는 요나단은 이미 죽은 이후입니다. 사무엘상 31장을 보면 사울과 세 아들이 길보아 산 전투에서 죽습니다. 요나단이 죽은 다음에 다윗이 왕이 되는데 그때 다윗의 나이가 30세입니다. 그런데 다윗이 헤브론에서 유다 지파의 왕이 될 때 북이스라엘은 누가 왕이 되었습니까? 사울의 아들이었던 이스보셋입니다. 사무엘하 2장 10절을 보겠습니다. "사울의 아들 이스보셋이 이스라엘 왕이 될 때에 나이가 사십 세이며" 다윗이 30세일 때 이스보셋은 40세입니다. 그런데 이스보셋은 요나단의 동생입니다. 이를 통해 우리는 요나단이 전사했을 때 그의 나이가 최소 40세 이상이라는 것을 알 수 있습니다. 우리가 보통 요나단과 다윗을 친구라고 생각하기 쉬운데 그렇지 않습니다. 요나단이 훨씬 연장자입니다.

사무엘상 16장에서 다윗이 기름 부음을 받고 17장에서는 자기의 능력을 증명합니다. 그리고 사무엘상 18장 3절에서 요나단과 다윗은 언약을 체결합니다. 이 언약의 내용은 다윗이 하나님에 의해서 기름 부음 받은 자임을 요나단이 받아들이는 것입니다. 요나단은 원래 차기 왕 0순위 인물입니다. 차기 왕 0순위인 요나단은 하나님의 촛대가 다윗에게로 넘어갔음을 인정합니다. 대신 요나단은 다윗에게 다윗이 왕이 된 이후에 자기의 집안을 선대해 줄 것을 요청합니다. 다윗이 왕이 되었다고 해서 사울 집안에 대한 복수 대신에 선대해 줄 것을 요청한 것입니다. 다윗은 요나단 집안을 선대하겠다고 약속하였고 요나단은 자기 왕위가 다윗에게로 넘어갔음을 인정한 언약을 체결한 것입니다. 그래서 사무엘하를 보면 다윗이 요나단의 아들이었던 므비보셋을 선대하는 이야기가 나옵니다.

사무엘하 9장 10절을 보면 다윗이 시바에게 이렇게 이야기합니다.

"너와 네 아들들과 네 종들은 그를 위하여 땅을 갈고 거두어 네 주인의 아들에게 양식을 대주어 먹게 하라 그러나 네 주인의 아들 므비보셋은 항상 내 상에서 떡을 먹으리라"

그래서 13절에는 '므비보셋이 항상 왕의 상에서 먹으므로 예루살렘에 사니라'라고 되어 있습니다. 여기까지만 읽으면 다윗이 요나단과의 언약 때문에 요나단의 아들이었던 므비보셋을 선대해 주는 것으로 이해하기 쉽습니다. 두 구절을 종합해보면 다윗은 므비보셋을 왕자처럼 대우해 주고 있습니다. 그런데 압살롬의 반역 사건 이후에 시바가 다윗을 속이는 일이 벌어집니다. 사무엘하 16장 3절입니다.

> "왕이 이르되 네 주인의 아들이 어디 있느냐 하니 시바가 왕께 아뢰되 예루살렘에 있는데 그가 말하기를 이스라엘 족속이 오늘 내 아버지의 나라를 내게 돌리리라 하나이다 하는지라 왕이 시바에게 이르되 므비보셋에게 있는 것이 다 네 것이니라"

므비보셋은 두 다리에 장애가 있습니다. 그래서 이동이 불편합니다. 이것을 이용해서 므비보셋의 종이었던 시바는 다윗에게 거짓말을 합니다. 므비보셋이 압살롬의 반역을 환영하며 다윗을 대적하는 것처럼 말합니다. 이 말을 듣고 다윗은 화가 나서 므비보셋에게 있는 모든 것의 소유권을 시바에게 넘겨줍니다. 시바에게 온전히 속임을 당한 것입니다.

이후에 압살롬의 죽음으로 인해 반역 사건은 종결이 되고 다윗은 환궁을 합니다. 환궁을 하는 여정에서 다윗은 므비보셋을 만나면서 이런 대화를 주고받습니다. 사무엘하 19장 25~26절입니다.

> "므비보셋이여 네가 어찌하여 나와 함께 가지 아니하였더냐 하니 대답하되 내 주 왕이여 왕의 종인 나는 다리를 절므로 내 나귀에 안장을 지워 그 위

에 타고 왕과 함께 가려 하였더니 내 종이 나를 속이고 종인 나를 내 주 왕께 모함하였나이다"

므비보셋은 시바라고 하는 종이 자기를 속이고 다윗을 속였음을 폭로하고 있습니다. 그런데 놀라운 것은 다윗의 반응입니다. 사무엘하 19장 29절입니다.

"왕이 그에게 이르되 네가 어찌하여 또 네 일을 말하느냐 내가 이르노니 너는 시바와 밭을 나누라 하니"

다윗의 이 말이 이해가 되십니까? 다윗은 시바에게 속임을 당한 것입니다. 므비보셋을 통해 진실을 알게 되었으면 시바에게 속아 성급한 판단을 내린 자신의 행동에 대해 다윗은 므비보셋에게 미안하다고 용서를 구해야 하는 것 아닙니까? 그리고 시바에게 준 모든 것들을 다시 므비보셋에게 돌려줄 것을 선포하면서 시바를 책망해야 하는 것 아닙니까? 그런데 29절에서 보이고 있는 다윗의 반응이 너무나 이상합니다. 다윗은 짜증을 내면서 더 이상 므비보셋의 이야기를 듣고 싶어 하지 않습니다. 므비보셋과 시바의 문제에 대해서 더 이상 신경 쓰고 싶지 않으니 재산을 반으로 나누라고 명하고 있습니다.

이런 다윗의 모습에서 우리는 지금까지 므비보셋에게 보였던 다윗의 선대가 참된 선대였는가에 대해 질문을 던질 수밖에 없습니다. 요나단과의 언약 때문에 므비보셋에게 환대한 것이 아니라 어떤 정치적인 이유 때문에 므비보셋에게 잘해준 것은 아닐까라는 느낌을 갖게 됩니다. 원래 므비보셋이 살았던 곳은 로드발이라는 곳입니다. 이 로드발은 이스보셋이 왕국을 세웠던 마하나임 근처에 있는 지역입니다. 이스보셋이 암살당한 이후에 사울의 후손 가운데 유일하게 생존했던 인물이 므비보셋입니다. 만약 로드발에 므비보셋이 계속 거주하게 된다면 다윗의 통치를 반대하고 사울의 왕권이 회복되길 바라는 사람들은 므비보셋을 중심으로 세력을 형성했을 가능성이 높습니다. 이것을 근원적으로 차단하는 것이 다윗에게는 필요했습니다. 그래서 다윗은 므비보셋을 로드발에서 왕궁으로 이주하게 하여 자기 감시하에 둡니다. 그때부터 므비보셋의 일거수일투족은 다윗의 시선을 벗어날 수가 없었습니다.

다윗이 진짜 요나단을 선대하는 것이라면 므비보셋이 원하는 대로 도와주어야 하는 것 아닙니까? 그런데 므비보셋은 자기가 살고 있던 로드발에서 강제 이주를 해야 했고, 늘 왕과 함께 식사하며 예루살렘에 거주해야 했습니다. 다윗의 시선에서 벗어날 수 없는 삶을 산 것입니다. 그것이 므비보셋에게 정말 기쁨이었을까라는 의심이 생길 수밖에 없습니다. 이런 의심을 보다 강하게 확증시켜 주는 것이 사무엘하 19장에서의 다윗의 반응입니다. 다윗은 자신이 시바에게 속았다는 사실을 알았음에도 불구하고 므비보셋에게 너무나 냉담한 반응을 보입니다. 이 냉담한 반응에서 그동안 므비보셋에게 한 선대에 어떤 정치적인 이유가 있었던 것은 아닐까라는 의심이 드는 것입니다.

사무엘상 20장 이후에 나오는 이야기들은 다윗에게 있는 얼룩들에 대해 해명하는 이야기입니다. 다윗이 통일 이스라엘의 왕이 된다고 했을 때 그에게는 해명해야 할 얼룩이 너무나 많았습니다. 우리나라에도 고위 공직자가 되고자 하는 사람들은 인사청문회를 거치게 되어 있습니다. 인사청문회를 통해서 그 사람이 투기를 하지는 않았는지, 논문을 표절하지는 않았는지, 학력을 속이지는 않았는지 등을 검증합니다. 다윗에게도 그가 걸어온 삶의 여정에 대한 검증이 있었다고 보시면 됩니다. 다윗이 통일 이스라엘의 왕이 된다고 했을 때 이것을 반대하는 사람들이 많았습니다. 그들의 공격에 대한 다윗의 해명이 사무엘상 20장 이후에 기록되어 있습니다.

　다윗의 인생에서 문제가 된 것은 크게 세 가지입니다. 다윗의 반대자들은 다음의 이유들로 다윗을 공격했습니다. 첫 번째는 다윗이 민족 배반자이며 매국노라는 것입니다. 왜 다윗이 매국노입니까? 그 당시 이스라엘에게 블레셋이라는 나라는 원수의 국가였습니다. 그런데 다윗은 블레셋의 한 도시인 가드 왕 아기스의 봉신이었습니다. 정통 이스라엘 사람들 입장에서는 다윗의 이러한 행적을 도저히 용납할 수가 없는 것입니다. 우리의 역사로 이야기하자면 다윗은 이완용과 같은 대표적인 친일파라 할 수 있습니다. 일본 천황의 충성스러운 신하로서 많은 이권을 누린 사람입니다. 그런 사람이 대한민국의 대통령이 되겠다고 하면 우리가 환영할 수 있겠습니까? 다윗이 통일 이스라엘에 왕이 됨에 있어서 가장 큰 걸림돌이 가드 왕 아기스의 충신이었다는 것입니다. 이스라엘 입장에서는 매국노이자 민족 배반자로서 이것이 다윗의 발목을 잡았던 가장 중요한 이유입니다.

여기에 대해서 다윗은 뭐라고 해명합니까? 자기가 가드 왕 아기스에게 갔던 것은 사울의 박해로 인해서 어쩔 수 없이 망명하게 된 것임을 강조합니다. 그러나 사람들은 계속해서 다윗에게 '블레셋 사람들의 이야기를 들어보니까 네가 유다 사람들의 것을 약탈해서 블레셋에게 바쳤다고 하던데 이것은 어떻게 설명할 것인가?'라고 공격합니다. 이에 대해 다윗은 자신이 진짜 블레셋으로 전향한 것처럼 보이기 위해서 거짓말을 한 것이라고 해명을 합니다. 블레셋 사람들을 속이기 위해 아말렉 사람들의 것을 약탈하였고 블레셋 사람들에게는 유다 사람들의 것을 약탈했다고 했다는 것입니다. 어떻게 그러한 속임이 가능했냐고 사람들이 물었을 때 다윗은 자신이 실제 가드 왕 아기스와 함께 살지 아니하고 시글랏이라는 독립된 곳에서 거주했음을 말하면서 자신에게 제기된 공격들에 해명을 하고 있습니다.

다윗에 대한 두 번째 공격은 다윗이 가드 왕 아기스의 봉신으로서 길보아 산 전투에 참여하여 사울과 그의 아들들을 죽이는 일에 앞장섰다는 것입니다. 이에 대해 다윗은 자신이 길보아 산 전투에 참여하지 않았다고 주장합니다. 그리고 심지어 자기가 사울을 죽일 수 있는 기회가 두 번이나 있었음에도 불구하고 여호와로부터 기름 부음 받은 사울을 공격하지 않았음을 24장과 26장에서 자세하게 설명하고 있습니다.

다윗에 대한 세 번째 공격은 사울 집안이 몰락한 것에 대해서 다윗은 원수가 몰락한 것처럼 기뻐하고 있을 것이라는 것입니다. 여기에 대해 다윗은 사울과 요나단의 죽음에 대해 누구보다 마음 아파하고 괴로워하고 있다고 말합니다. 그것을 무엇을 통해 알 수 있습니까? 사울과 요나단의 죽음에 대한 애가를 지어서 유다 지파 모든 사람들에게 그 애가를 부르게 한 것입니다.

다시 정리해보겠습니다. 다윗이 통일 이스라엘에 왕이 되기 위해서는 넘어야 할 장벽이 너무 많았습니다. 왕이 되는 과정에서 인사 청문회를 통과하는 것이 결코 쉽지 않았습니다. 다윗에게 가해진 공격 가운데 대표적인 것이 민족 반역자, 매국노, 가드 왕 아기스의 충신이었습니다.

이 공격에 대해 다윗은 사울이 끊임없이 자기를 죽이려고 하는 것 때문에 이스라엘을 떠날 수밖에 없었다고 말합니다. 다윗이 남유다 사람들을 공격해서 전리품을 가드 왕 아기스에게 바쳤다고 하는 공격에 대해서는 자신이 진짜 전향했다고 위장하기 위해서 블레셋 사람들을 속인 것이지 한 번도 남유다 사람들을 공격한 적이 없다고 해명합니다. 길보아 산 전투에 참여해서 사울과 요나단을 죽인 것이 아니냐는 공격에 대해서는 자신이 길보아 산 전투에 참여조차 하지 않았음을 자세히 설명하면서 자신은 사울을 죽일 수 있는 기회가 두 번이나 있었음에도 불구하고 사울을 공격하지 않았다고 말합니다. 사울과 요나단의 죽음에 대해 솔직히 기쁘지 않느냐는 공격에 대해서는 자신은 누구보다 사울과 요나단의 죽음에 대해 비통해하고 있다고 말하면서 그 증거로 애가를 지어서 남유다 모든 사람들에게 그 노래를 부르게 했다고 말합니다. 사무엘상 20장 이하의 모든 내용들은 다윗에게 가해진 공격에 대한 자세한 해명서임을 기억하시면 좋겠습니다.

다윗은 현실 정치를 시행함에 있어 노래를 가장 잘 활용한 사람입니다. 사무엘하 23장 1절에서 다윗은 자신을 이스라엘의 노래 잘하는 자라고 말합니다. 다윗은 이스라엘의 국민 가수입니다. 다윗에게는 보통 사람에게 없는 탁월한 능력이 몇 가지 있었습니다. 첫째, 그는 악기 연주의 대가입니다. 사울이 악령의 지배 가운데 있을 때 음악치료사로 발탁될 정도로 그는 탁월한 악기 연주가였습니다. 둘째, 그는 시편을 통해서 알 수 있지만 노래를 잘 만든 작곡가입니다. 셋째, 사무엘하 23장 1절에 보면 그는 이스라엘의 국민 가수로서 노래도 정말 잘했습니다.

다윗은 자기에게 주어진 이런 은사를 현실 정치에 시의 적절하게 잘 활용한 사람입니다. 사무엘하를 읽어보면 다윗은 위기의 순간마다 노래를 만들어서 위기를 돌파해 나갑니다. '성경에 나오는 왕들 가운데 노래를 가장 잘 활용한 사람이 누구인가?'라고 묻는다면 단연 다윗이라고 말할 수 있습니다. 다윗은 자신의 정적이라고 할 수 있는 사울 왕과 그의 아들들이 죽었을 때에도 애가를 만들어서 자기가 얼마나 사울과 요나단의 죽음에 대해서 비통해하고 있는지를 사람들에게 알립니다. 이 애가를 홀로 부른 것이 아니라 유다 지파 모든 사람들에게 부르게 함으로 자신의 마음을 공적으로 드러냅니다. 그래서 통일 이스라엘의 왕이 됨에 있어서 가장 큰 걸림돌이라고 할 수 있는 세 가지 모두를 다윗은 해명하고 있습니다. 그것이 바로 사무엘상 20장 이하의 이야기입니다. 이러한 자세한 해명을 통해서 통일 이스라엘의 왕이 됨에 있어 중요한 걸림돌을 제거했다고 볼 수 있습니다.

말씀과 함께 역사서 4-2

사무엘하

사무엘하 1~4장을 보면 세 번에 걸쳐서 다윗의 정치적 위기가 나옵니다. 우리의 인생도 그러하듯 순간의 선택이 큰 영향을 미칠 때가 많습니다. 다윗이 헤브론에서 왕이 되었을 때 세 번에 걸쳐서 중요한 정치적 위기를 맞이하게 되는데 다윗은 이 위기를 잘 돌파해 냅니다. 첫째 위기는 자기가 사울을 죽였다고 하면서 사울의 면류관을 아말렉 청년이 가져왔을 때입니다. 그때 만약에 다윗이 그 아말렉 청년을 환대하고 훈장을 수여했다면 여론이 어떻게 되었을까요? '진짜 다윗은 사울을 싫어했었구나'라는 식의 평가를 평생 받아야 했을 것입니다. 다윗은 단호하게 사울을 죽였다고 말하는 아말렉 청년을 심판합니다.

둘째 위기는 아브넬이라는 북이스라엘 군대 장관과 다윗이 비밀 회담을 했을 때입니다. 남유다의 군대 장관 요압은 자신의 아우를 죽인 아브넬을 암살합니다. 아브넬의 죽음에 대해 북이스라엘 사람들은 뭐라고 생각을 했을까요? 다윗이 비밀협상을 하자고 아브넬을 부르더니 결국 아브넬을 죽였다라고 생각했을 것입니다. 다윗은 아브넬을 위해 장례식을 성대하게 치르면서 그 자리에 참여한 사람들 모두에게 요압의 힘이 너무 막강하여서 자기가 아무것도 할 수 없다고 공개적으로 폭로를 합니다. 사무엘하 3장 37절입니다.

"이날에야 온 백성과 온 이스라엘이 넬의 아들 아브넬을 죽인 것이 왕이 한 것이 아닌 줄을 아니라"

그리고 39절에서는 다윗이 이렇게 말합니다.

"내가 기름 부음을 받은 왕이 되었으나 오늘 약하여서 스루야의 아들들을 제어하는 것이 너무 어려우니 여호와는 악행한 자에게 그 악한 대로 갚으실지로다"

스루야의 아들들이 누굽니까? 요압과 아사헬로서 군대 권력을 장악하고 있는 자들입니다. 군부의 힘이 너무 막강하여서 자신이 스루야의 아들들을 제어하는 것이 너무나 어렵다고 공개적으로 폭로를 합니다.

이는 남북한의 분열 상황과 비슷하다고 볼 수 있습니다. 남한과 북한이 분열되고 나서 한국 전쟁이 발발합니다. 3년간의 한국 전쟁이 끝난 다음에 남한은 공산당을 때려잡자는 반공을 강조하였고 북한도 남한 정부를 미제의 앞잡이라고 공격하면서 서로에 대한 적대적인 정책을 펼쳤습니다. 이런 식으로 남한과 북한이 대립하게 되면 어디가 가장 힘이 강력해질까요? 군대입니다. 지금도 북한의 가장 강력한 통치의 원칙이 선군 정치입니다. 군대가 모든 것에 앞선다는 것입니다. 예를 들어, 먹을 것이 있다고 해도 누가 먼저 먹어야 합니까? 군인들이 먼저 먹어야 합니다. 북한은 끊임없이 미국이 언제 자신들을 공격할지 모른다고 주장하면서 끊임없이 군대의 힘을 강화시키려고 합니다. 남한도 마찬가지입니다. 북한이 언제 쳐들어올지 모른다고 위협을 부각시키면서 군대의 힘이 얼마나 막강한지 모릅니다.

이스라엘의 남북 분열 상황도 그러했습니다. 사울이 죽고 난 후 1차 남북 분열 시기에 남쪽과 북쪽의 군대의 힘이 너무 막강해졌습니다. 그러한 와중에 남유다의 군대장관인 요압이 북이스라엘의 군대 장관인 아브넬을 죽이게 되는 사건이 벌어졌습니다. 사람들은 다윗이 북이스라엘의 실권자인 아브넬과 비밀협상을 하겠다고 불러내어서 아브넬을 죽인 것이라고 의심을 하였는데 다윗은 자기가 죽인 것이 아니라는 것을 성대한 장례식을 치르고 공개적인 자리에서 자기가 왕이긴 하지만 군대의 힘을 제어할 수 없을 만큼 군대의 힘이 막강하다 폭로하여 또 한 번의 위기를 벗어나게 됩니다.

세 번째 위기의 상황은 북이스라엘의 왕이었던 이스보셋이 암살을 당한 때입니다. 이스보셋은 사울의 아들이라는 명분으로 왕이 되었지만 실제는 얼굴 마담에 불과했습니다. 그러다 아브넬이 죽은 다음에 이스보셋이 실제 통치 권력을 행사했습니다. 그러다가 이스보셋을 레갑과 바아나라는 신하가 암살합니다. 그리고 이 사람들은 이스보셋의 머리를 들고 다윗에게 내려옵니다. 이때도 마찬가지입니다. 다윗이 레갑과 바아나에게 훈장을 수여했다면 사람들의 여론이 어떻게 되었겠습니까? 다윗은 이때도 이스보셋을 암살했던 레갑과 바아나를 처형합니다. 그래서 다윗이 이들과 한편이 아님을 명백하게 드러냅니다.

이처럼 다윗은 세 번의 정치적 위기가 있었는데 그 정치적 위기들을 잘 극복하며 전화위복의 기회를 만들어냅니다. 다윗에 대해 부정적인 인식을 했던 사람들조차 이러한 사건들을 통하여 다윗이 사울 집안의 몰락에 대해 마음 아파하고 있다고 생각을 하게 되었습니다. 아브넬도 죽고 이스보셋도 죽은 다음에 북이스라엘 장로들이 다윗을 만나러 헤브론으로 내려옵니다. 사무엘하 5장 3절을 보겠습니다.

"이에 이스라엘 모든 장로가 헤브론에 이르러 왕에게 나아오매 다윗 왕이 헤브론에서 여호와 앞에 그들과 언약을 맺으매 그들이 다윗에게 기름을 부어 이스라엘 왕으로 삼으니라"

본문에 언약의 내용은 나와 있지 않지만 우리는 얼마든지 추측할 수 있습니다. 북이스라엘 장로들과 다윗은 어떤 언약을 체결했을까요? 아마 북이스라엘 장로들은 다윗에게 통일 이스라엘의 왕이 되어달라고 요청하면서 유다 지파만을 위하는 정치가 아니라 12지파 모두에게 공평과 정의를 시행하는 그런 정치를 펼쳐 달라고 요청했을 것이고 이에 대해 다윗은 그렇게 하겠노라고 화답했을 것입니다. 이러한 언약 속에서 다윗은 통일 이스라엘의 왕이 됩니다. 그리고 다윗은 죽을 때까지

이 언약을 지키기 위해 최선을 다합니다. 그 가운데 하나가 다윗이 통치 기간 내내 자신들의 정적을 죽이지 않았다는 것입니다.

그런데 열왕기상 2장에 보면 다윗은 죽기 전에 유언으로 솔로몬에게 살생부를 줍니다. 북이스라엘 장로들과 체결한 언약을 끝까지 지키기 위해 다윗이 얼마나 스트레스를 받았으면 솔로몬에게 마지막으로 한 유언이 살생부였을까요? 아버지 다윗과 달리 솔로몬은 처음부터 끝까지 유다 지파를 편드는 정책을 노골적으로 시행합니다. 그래서 북이스라엘 지파들이 솔로몬의 통치에 대해 끊임없이 반역을 하게 됩니다.

솔로몬이 죽은 다음에 그의 아들 르호보암에게 북이스라엘 장로들이 다시 묻습니다. 할아버지 다윗과 같이 언약을 준수하는 정치를 할 것인지 아니면 아버지 솔로몬처럼 유다 지파만을 편드는 정치를 할 것인지를 물었고 이에 대해 르호보암은 아버지 솔로몬보다 더 한 정치를 하겠다고 하니, 북이스라엘 지파들은 르호보암의 통치를 거부하고 독자적인 왕국을 건설한 것입니다. 중요한 것은 남북이 분열됨에 있어서 언약을 파기한 솔로몬과 르호보암이 분열에 대한 일차적인 원인 제공을 하였음을 기억하셔야 합니다.

사울이 죽은 다음에 다윗이 헤브론에서 남유다 지파만의 왕이 될 때에는 블레셋이 그대로 내버려 둡니다. 가드 왕 아기스의 봉신이었던 다윗의 과거 전력으로 인해 다윗의 통치를 블레셋 통치의 연장선상에서 이해했을 것입니다. 그런데 아브넬이 죽고 이스보셋이 죽은 다음에 다윗이 북이스라엘 장로들과 언약을 체결하면서 통일 이스라엘의 왕이 됩니다. 그리고 통일 이스라엘 왕이 되면서 다윗이 제일 먼저 한 것이 여부스 사람들이 장악하고 있던 예루살렘을 정복하고 수도를 예루살렘으로 옮긴 것입니다.

이때부터 블레셋이 개입하기 시작합니다. 왜 개입하게 되었을까요? 다윗의 과거 전력 때문에 다윗이 헤브론에서 남유다 지파의 왕이 되었을 때는 블레셋은 다윗을 통해 자신들이 남유다를 다스리고 있다고 생각했습니다. 그런데 자기들과 상의도 하지 않고 다윗이 뜬금없이 통일 이스라엘의 왕이 되었을 때 블레셋은 다윗에게 뒤통수를 맞았다는 것을 깨닫게 됩니다. 다윗이 블레셋의 봉신인 줄 알았는데 결과적으로 이스라엘을 블레셋의 압제로부터 독립을 시킨 것입니다. 사무엘하 5장 17절을 보겠습니다.

"이스라엘이 다윗에게 기름을 부어 이스라엘 왕으로 삼았다 함을 블레셋 사람들이 듣고 블레셋 사람들이 다윗을 찾으러 다 올라오매"

'찾으러'라는 동사가 나옵니다. 이 말은 병영을 이탈한 병사를 찾을 때나 자기들의 잃어버린 재산을 찾을 때 쓰는 동사입니다. 블레셋 사람들의 입장에서는 그동안 다윗이 블레셋의 봉신인 줄 알았는데 뜬금없이 다윗이 통일 이스라엘에 왕이 된 것입니다. 어떻게 보면 사울 이전에 블레셋과 이스라엘이 대립하는 시대로 돌아가는 것 아닙니까? 사울이 죽은 다음부터는 블레셋이 이스라엘 땅을 다스리고 있었는데 다윗이 몰래 이스라엘을 블레셋의 통치로부터 해방시키고자 음모를 꾸민 것임을 뒤늦게 깨닫게 된 것입니다. 그래서 다윗이 통일 이스라엘에 왕이 되었을 때 블레셋은 다윗과 전쟁하려고 올라옵니다. 원래는 자기편인 줄 알았는데 도망간 병사 다윗을 찾으러 온 것입니다.

사무엘하 7장 12절부터는 유명한 다윗 언약이 나옵니다.

"네 수한이 차서 네 조상들과 함께 누울 때에 내가 네 몸에서 날 네 씨를 네 뒤에 세워 그의 나라를 견고하게 하리라 그는 내 이름을 위하여 집을 건축할 것이요 나는 그의 나라 왕위를 영원히 견고하게 하리라 나는 그에게 아버지가 되고 그는 나에게 아들이 되리니 그가 만일 죄를 범하면 내가 사람의 매와 인생의 채찍으로 징계하려니와 내가 네 앞에서 물러나게 한 사울에게서 내 은총을 빼앗은 것처럼 그에게서 빼앗지는 아니하리라 네 집과 네나라가 내 앞에서 영원히 보전되고 네 왕위가 영원히 견고하리라"

이것을 다윗 언약이라고 합니다. 다윗 언약의 핵심은 다윗의 후손들이 잘못된 행위를 해도 왕위를 빼앗지는 않겠다는 것입니다. 이것이 이후에 남유다 사람들이 붙잡은 가장 강력한 중심 신학이 됩니다. 북이스라엘이 주전 722년에 멸망했을 때도 남유다 사람들은 그것을 충격적인 사건으로 받아들이지 않았습니다. 무엇 때문입니까? 다윗 언약 때문입니다. 남유다의 시각에서 북이스라엘의 멸망은 너무나 당연한 것입니다. 왜 그렇습니까? 그들의 시각에서 바라볼 때 북이스라엘은 다윗 왕조의 통치를 거부하고 나간 사람들이기 때문입니다.

그들은 하나님께서 다윗의 후손들이 다스리는 나라의 왕위를 영원히 견고케 할 것이라고 믿었습니다. 하나님은 다윗 후손들의 통치를 견고하게 해 주신다고 하지 않았습니까? 따라서 북이스라엘은 멸망하는 것이 당연한 일이고 다윗의 후손들이 다스리는 남유다는 절대 망하지 않을 것이라고 그들은 자신만만해 했습니다. 그 근거가 무엇입니까? 바로 다윗 언약 때문입니다. 그런데 여기 함정이 하나 있습니다. 다윗 언약이라는 것은 이스라엘 백성 모두가 들을 수 있도록 하나님이 말씀하신 것이 아니라는 것입니다. 나단이라는 선지자가 하나님이 이렇게 말씀하셨다고 다윗에게 알려준 것이었습니다.

성경에 등장하는 언약에도 등급이 있습니다. 그렇다면 어떤 언약이 최고의 권위를 인정받는 것일까요? 많은 증인들이 참여한 언약이 가장 등급이 높은 것입니다. 왜냐하면 그러한 언약은 몇몇 사람들이 위조하거나 변개할 수 없기 때문입니다. 그러나 다윗 언약은 하나님이 남유다 백성 모두에게 말씀하신 것이 아닙니다. 선지자 나단이 '하나님께서 이렇게 말씀하셨다'라고 다윗에게 전해준 것입니다. 이 언약의 내용들이 진짜 나단이 하나님으로부터 받은 말씀인지 아니면 나단이 이런 말씀을 받기를 기대하는 마음으로 다윗에게 이런 이야기를 한 것인지에 대해서 진실을 알 길은 없습니다. 성경에도 '하나님이 나단에게 말씀하시되' 또는 '하나님이 다윗에게 말씀하시되'라는 표현이 등장하지 않습니다.

열왕기상 3장에도 이와 비슷한 사건이 나옵니다. 바로 솔로몬이 하나님으로부터 지혜를 받는 장면입니다. 열왕기상 3장 5절과 15절 사이에 하나님과 솔로몬 사이에 대화가 나옵니다. 하나님께서 솔로몬에게 '내가 너에게 무엇을 주기를 원하느냐'라고 물었을 때 솔로몬은 '지혜를 주십시오'라고 요청합니다. 그런데 이 대화를 둘러싸고 있는 5절과 15절에 동일하게 등장하는 단어가 있습니다. 바로 '꿈에'라는 말입니다. 열왕기상 3장 5절을 보겠습니다.

"기브온에서 밤에 여호와께서 솔로몬의 꿈에 나타나시니라"

하나님께서 솔로몬의 꿈에 나타나셔서 하나님과 솔로몬 사이에 대화가 진행됩니다. 그리고 15절입니다.

"솔로몬이 깨어 보니 꿈이더라"

하나님과 솔로몬의 대화 속에서 하나님이 솔로몬에게 지혜를 주었다는 이야기는 어디에서 일어난 일입니까? 하나님이 이스라엘 백성 모두에게 '내가 솔로몬에게 지혜를 줬으니 너희는 모두 솔로몬이 하는 말을 따르라'라고 말씀하신 것이 아닙니다. 하나님과 솔로몬 사이의 모든 대화는 어디에서 일어난 것입니까? 꿈입니다. 그렇다면 한번 생각을 해 보십시오. 열왕기상 3장의 꿈에서 일어난 하나님과 솔로몬 사이의 대화를 누가 퍼뜨렸을까요? 꿈을 꾼 당사자인 솔로몬이 퍼뜨린 것입니다. '하나님께서 나에게 무엇을 원하는지를 물으셨고 나는 지혜를 구했어, 그리고 하나님께서 나에게 지혜를 주신다고 했어.'라는 이야기는 솔로몬의 꿈에서 일어났던 이야기인데 이것이 성경에 기록될 정도로 널리 퍼졌다면 결국 이 이야기는 누구에 의해서 널리 퍼지게 된 것입니까? 솔로몬입니다.

더욱 중요한 것은 솔로몬 입장에서 이러한 이야기가 널리 퍼지게 되었을 때 이것이 자기에게 유리하게 작용합니까? 불리하게 작용합니까? 당연히 유리하게 작용합니다. 이런 것들을 자기 복무적이라고 합니다. 영어로 하자면 self-serving입니다. 자기를 돕는 것입니다. 이런 것은 이 말을 누가 하느냐에 따라 신뢰할 수도 있고 신뢰하지 못할 수도 있는 것입니다.

예를 들어, 제가 다음 주에 여러분에게 이런 이야기를 한다고 상상해 보십시오. "제가 일주일 동안 꿈을 꿨는데 하나님이 매일 꿈에 나타나셔서 '말씀과함께'를 듣는 사람들에게 2022년이 지나가기 전에 1인당 천만 원씩 내게 하여라. 그 돈을 받아서 너는 강화도에 땅을 사라고 저에게 계속 말씀하셨습니다. 여러분, 올해가 가기 전에 저에게 천만 원씩을 내시기 바랍니다. 하나님의 말씀에 순종하시기 바랍니다." 이런 이야기는 99% 거짓말일 가능성이 높습니다. 왜냐하면 이것이 현실이 되었을 때, 그 말을 한 사람이 큰 유익을 누리는 것이기 때문입니다. 그런데 만약 제가 여러분에게 이렇게 말한다고 생각해 보십시오. "여러분 제가 일주일 동안 꿈을 꿨는데 하나님이 저에게 현재 내가 누리고 있는 모든 것을 다 내려놓으라고 말씀 하셨습니다." 이 이야기는 진실이 가능성이 높습니다. 이것이 성취되었을 때 말하는 사람 스스로 많은 것들을 결단해야 하고 손해 볼 것을 각오해야 하기 때문입니다.

　남유다 백성들은 다윗 언약이라는 것을 붙잡고 '다윗 왕조의 통치는 끝나지 않는다', '다윗 왕조는 무너지지 않는다'고 자신만만해 했습니다. 그러나 다윗 언약이라고 하는 것은 하나님이 다윗에게 직접 말씀하신 것도 아니고 하나님이 남유다 백성들 모두에게 말씀하신 것도 아닙니다. 나단이라는 선지자가 하나님께 들었다고 다윗에게 전해준 것입니다. 하나님의 계시에도 레벨이 있습니다. 이것은 계시 중에서도 가장 권위가 낮은 계시입니다. 그 이유는 증인이 없기 때문입니다. 솔로몬의 꿈도 마찬가지입니다. 꿈을 통한 계시는 말하는 사람을 제외하고는 증인이 없습니다. 진짜 그러한 꿈을 통하여 하나님의 말씀을 들은 것인지, 아니면 스스로 꿈의 내용을 조작한 것인지를 알 수가 없습니다.

　하나님은 솔로몬에게 '너는 평생 지혜롭지 못한 통치를 할 거야'라고 말씀하셨을 수도 있는데 솔로몬은 자기가 하나님으로부터 지혜를 받은 것처럼 말할 수 있는 것입니다. 그것을 우리가 어떻게 알 수 있습니까? 계시에도 등급이 있습니다. 왜 이스라엘 백성들이 십계명을 가장 중요한 하나님의 말씀으로 받아들입니까? 이스라엘 공동체 모두가 음성으로 들은 말씀이 십계명입니다. 십계명은 이스라엘 백성 모두가 하나님으로부터 받은 말씀이라고 증거합니다. 누구도 부인할 수 없는 하나님의 말씀인 것입니다. 그러나 말하는 자를 제외하고는 그 누구의 증인도 존재하지 않는 것들은 계시 중에서도 가장 낮은 수위의 계시가 됩니다. 다윗 언약이라고 하는 것도 증인이 없는 계시라는 것을 기억하셔야 합니다. 이후에 남유다 백성들은 다윗 언약 하나를 붙잡고 예언자들의 경고에도 불구하고 죄 된 삶을 지속하는 어리석은 모습을 드러냅니다.

사무엘하 8장 2절을 보면 다윗의 엽기적인 모습이 등장합니다. 우리가 알다시피 다윗은 손수 성전을 건축하길 원했습니다. 그러나 하나님께서는 다윗으로 하여금 성전을 건축하지 못하게 하십니다. 그 이유가 무엇입니까? 다윗이 피를 너무 많이 흘렸기 때문입니다. 우리는 보통 다윗이 피를 너무 많이 흘렸다는 말을 다윗이 무수한 전쟁을 했기 때문에 성전을 건축할 수 있는 여력이 없었다는 말로 이해하거나 전쟁을 통해 사람을 많이 죽였기 때문에 거룩하고 정결한 성전을 건축하기에는 부적합했다는 식으로 많이 이해합니다.

이러한 해석으로 받아들이는 것은 충분히 설득력이 있습니다. 거기에 덧붙여 하나 더 볼 수 있는 것은 다윗이 불필요한 학살을 많이 했다는 것입니다. 그 내용이 사무엘하에 두 번 나옵니다. 첫 번째가 사무엘하 8장 2절입니다.

"다윗이 또 모압을 쳐서 그들로 땅에 엎드리게 하고 줄로 재어 그 두 줄 길이의 사람은 죽이고 한 줄 길이의 사람은 살리니"

상상만 해도 너무나 엽기적이고 잔혹합니다. 다윗이 전쟁에서 패배한 모압의 병사들을 쭉 엎드리게 한 다음에 줄로 재었다는 것입니다. 줄로 재서 한 줄 길이의 사람은 살리고 두 줄 길이의 사람은 다 죽였습니다. 이것은 너무 과도한 학살을 행한 것입니다. 사무엘하 12장 31절에서는 랍바를 정복한 다음에 다윗이 행한 엽기적인 모습이 기록되어 있습니다.

"그 안에 있는 백성들을 끌어내어 톱질과 써레질과 철도끼질과 벽돌구이를 그들에게 하게 하니라"

거기 '톱질'에 각주가 달려 있는데 뭐라고 되어 있습니까? '백성들을 끌어내어 톱으로 켜고 써레로 썰고 도끼로 찍고 벽돌 가마로 지나게 하고'라고 되어 있습니다. 원어에는 이렇게 되어 있습니다. 그런데 그 내용이 너무나 엽기적이고 잔인하여서 각주로 뺀 것입니다. 다윗은 통일 이스라엘의 왕이 된 이후에 전쟁의 상황 속에서 필요 이상의 피를 많이 흘렸습니다. 심지어 엽기적인 정복 군주의 모습을 드러내기도 합니다.

사무엘하 11장을 보겠습니다. 사무엘하 11장은 사무엘하 전체에서 매우 중요한 본문입니다. 다윗은 매순간마다 하나님께 기도하고 하나님과 동행한 사람입니다. 그런데 그러한 다윗도 몰락의 순간을 맞이하게 됩니다. 먼저 우리는 '왜 성경에서 믿음의 사람 다윗의 몰락 이야기를 기술했을까?'를 질문해야 합니다. 다윗에게서 발견할 수 있는 긍정적인 이야기들만 기록해도 될 것 같은데 왜 성경은 다윗의 추락 이야기를 기술하고 있을까요? 그 이유는 다윗 같은 사람도 무너진다는 것입니다.

다윗 같은 사람도 무너지는데 우리 같은 사람이 몰락하고 추락하는 것은 너무나 당연한 것 아닐까요. 누구든 예외 없이 매순간마다 깨어 있지 못하면 한 순간에 무너질 수 있는 것입니다. 우리가 주목해야 할 것은 믿음의 사람들이 언제 무너지게 되는가 하는 것입니다. 그 교훈을 주기 위해서 사무엘하 11장이 기록되었다고 봐야 합니다. 먼저 사무엘하 11장 1절을 보겠습니다.

"그 해가 돌아와 왕들이 출전할 때가 되매 다윗이 요압과 그에게 있는 그의 부하들과 온 이스라엘 군대를 보내니 그들이 암몬 자손을 멸하고 랍바를 에워쌌고 다윗은 예루살렘에 그대로 있더라"

다윗이 언제 무너졌는가를 잘 보십시오. 1절에 '왕들이 출전할 때'라는 말이 나옵니다. 고대 사회에서의 전쟁은 나름대로 인간미가 있었습니다. 어떤 인간미가 있었냐면 낮에 열심히 싸우다가도 해가 지면 전쟁을 강제로 멈춥니다. 왜 해가 지면 전쟁을 멈춥니까? 밤에는 아군과 적군이 식별이 안 됩니다. 그래서 한밤중에는 전쟁을 하지 않습니다. 그리고 전쟁을 한참 하다가도 우기가 시작이 되면 전쟁을 멈춥니다. 왜 우기가 시작되면 전쟁을 멈춥니까? 우기가 되면 마차나 전차가 무용지물입니다. 바퀴가 제 역할을 하지 못합니다. 그리고 불화살을 쏘면 뭐합니까? 날아가다가 다 꺼집니다. 그래서 우기가 시작되면 모든 전쟁을 멈추었다가 건기가 시작이 되면 다시 전쟁을 재개합니다.

적들과 열심히 싸우던 병사들 입장에서는 전쟁을 갑자기 멈추게 되면 얼마나 사기가 저하되겠습니까? 그래서 건기가 시작될 때 왕은 모든 군대를 이끌고 제일 선두에 서서 군대를 이끌고 다시 전쟁터로 나갑니다. 이것을 '왕들이 출전할 때'라고 합니다. 이때 왕이 전쟁터로 나가는 것은 왕의 의무입니다. 그런데 11장 1절 말씀을 보면 다윗은 모든 군대를 내보냈지만 자기는 나가지 않습니다. 왕의 의무사항임에도 불구하고 왜 다윗은 나가지 않았을까요? 여러 해석을 할 수 있겠지만 '나는 이제 할 만큼 했어, 나는 쉬어도 돼'라는 마음이 들었을 수도 있습니다. 2절을 보면 전쟁터에 나가지 아니하고 다윗이 왕궁에서 어떻게 생활했는지가 잘 나옵니다.

"저녁때에 다윗이 그의 침상에서 일어나"

보통은 침상에서 일어나는 시간이 언제가 되어야 합니까? 아침이잖아요. 그런데 다윗은 저녁때에 침상에서 일어났습니다. 다윗이 오후 내내 낮잠을 잔 것입니다. 다윗이 얼마나 영적 긴장감이 풀어졌는가를 잘 볼 수 있는 대목입니다. 왕궁에서 할 것이 없으니까 낮잠을 자다가 저녁에 일어난 것입니다. 낮잠을 자보신 분들은 아시겠지만 오후 내내 낮잠을 자고 저녁에 일어나게 되면 육체적 에너지가 얼마나 충만합니까? 그리고 거기에다가 다윗의 치명적인 장점이 있습니다. 바로 시력이 엄청나게 좋다는 것입니다. 다윗은 그 좋은 시력으로 목욕하는 여인을 발견합니다. 그리고 더 치명적인 것은 다윗에게는 목욕하던 그 여인을 왕궁으로 불러낼 수 있는 권력이 있었다는 것입니다.

목욕하는 여인을 보고 일반적인 남자라면 음욕이 생길 수 있습니다. 만약 남자들 중에 목욕하는 여인을 보고도 자기는 음욕이 전혀 안 생긴다고 하시는 분이 계시다면 그분은 거룩한 것이 아니라 몸이 병든 것입니다. 이것을 잘 구별하셔야 합니다. 건강한 남자라면 목욕하는 여인을 보면 음욕이 생길 수 있습니다. 그런데 보통의 남자들은 음욕이 생겼다가도 금방 사그라듭니다. 그런데 권력이나 돈이라고 하는 것이 얼마나 무섭냐면 다른 사람들이 욕망만 하는 것을 돈과 권력은 현실로 만들어낼 수 있는 힘이 있습니다.

어떤 이들은 이렇게 말합니다. 자기는 '지금까지 살아오면서 큰 죄를 범하지 않았다'라고 하면서 자신이 얼마나 윤리 도덕적으로 깨끗한 사람인가를 자랑하는 분들이 있습니다. 그런데 그분이 큰 죄를 범하지 않은 이유 가운데 하나가 권력이 없었거나 돈이 없었기 때문일 수도 있습니다. 욕망은 하면서도 그 욕망을 현실로 만들어내지 못한 것이지 그분이 다른 사람보다 월등하게 탁월한 윤리 도덕적 기준을 갖고 있었기 때문은 아닐 수도 있습니다. 그래서 자신에게 아무것도 없을 때부터 그러한 욕망을 이겨낼 수 있는 훈련을 해야 합니다. 그렇지 못하면 어느 날 갑자기 엄청난 권력이 주어지거나 엄청난 돈이 주어지게 되면 그동안 욕망만 했던 것들을 현실화시켜 내면서 한순간에 몰락할 수도 있는 것입니다.

다윗은 영적 긴장감을 상실하였지만 시력은 너무 좋았고 무엇보다 자기 욕망을 현실로 만들어 낼 수 있는 권력이 있었습니다. 그래서 목욕하던 여인을 자기 침실로 불러들여서 7계명을 범하게 됩니다. 그리고 여인은 임신을 하게 되고 그 사실을 여인은 다윗에게 알려줍니다. 여기서 다윗이 멈췄어야 합니다. 그러나 다윗은 보통의 사람들처럼 자기의 죄를 은폐하기 위해 세상적인 지혜를 짜냅니다. 세상 지혜의 특징은 자기 이익 추구적입니다. 이때 다윗의 머리에서 나온 세상적 지혜는 밧세바가 임신한 아이를 우리아의 아이처럼 만들려는 것이었습니다.

그래서 다윗은 우리아에게 특별 휴가를 줍니다. 그냥 우리아에게 특별 휴가를 줬으면 우리아가 집에 가서 밧세바와 잠자리를 갖고 밧세바가 임신한 아이가 우리아의 아이인 것처럼 되었을 수도 있었을 것입니다. 그러나 다윗은 자신의 계획을 성공시키기 위해 과도한 의욕을 드러냅니다. 우리아에게 특별 휴가를 줄 뿐만 아니라 우리아를 왕궁으로 초대하여 자기와 만찬을 하도록 합니다. 저는 이때부터 우리아가 뭔가 이상한 낌새를 눈치 챘을 것이라고 봅니다.

왜냐하면 지금 남유다의 모든 군대가 암몬과 전쟁 중인데 왜 다윗 왕이 많고 많은 장수 가운데 자기에게만 이렇게 특별 휴가를 주었을까요? 그리고 왜 자기를 왕궁으로 초대하여 왕과 일대일로 독대하는 만찬을 베풀어 주었을까요? 무엇보다 다윗은 마음이 너무 급하다 보니까 해서는 안 될 말을 하게 됩니다. 사무엘하 11장 8절입니다.

"그가 또 우리아에게 이르되 네 집으로 내려가서 발을 씻으라"

여기 발을 씻는다는 말은 부인과 잠자리를 가지라는 말입니다. 발은 남성의 성기를 가리키는 표현입니다. 이런 것들을 보통 완곡어법이라고 합니다. 구약을 보시면 '발의 물'이라는 표현이 있는데 이는 소변을 말하는 것입니다. 룻기에 보시면 룻이 보아스의 발치에 누웠다는 말이 있는데 여기에서의 발도 남성의 성기를 가리키는 표현입니다. 이런 모든 것들을 완곡어법이라고 합니다. 사람의 성기를 가리키는 표현인데 있는 그대로 쓰게 되면 너무 천박해 보여서 다른 표현으로 돌려 말하는 것입니다.

'발을 씻으라'는 왕의 말에서 저는 우리아가 무엇인가 이상함을 확신했을 것이라고 봅니다. 자기만 특별 휴가를 받고, 왕궁에서 왕과 독대를 하고, 무엇보다 왕이 부인과의 잠자리까지 조언하는 것이 뭔가 이상하지 않았을까요? 결국 우리아는 집에 가지 않고 왕궁에서 노숙을 합니다. 더 놀라운 것은 우리아가 왕궁에서 노숙을 한 것으로 인해 다윗이 다음날 우리아를 불러서 왜 집에 가지 않았냐고 책망을 한 것입니다. 이때 우리아는 자기 확신을 더욱 굳혔을 것입니다. 그러면서 우리아는 사무엘하 11장 11절에서 다윗에게 카운터 펀치를 날립니다.

"우리아가 다윗에게 아뢰되 언약궤와 이스라엘과 유다가 야영 중에 있고 내 주 요압과 내 왕의 부하들이 바깥 들에 진 치고 있거늘 내가 어찌 내 집으로 가서 먹고 마시고 내 처와 같이 자리이까"

이 말을 잘 보셔야 합니다. 여기 언약궤라는 것은 하나님의 임재를 상징하는 것입니다. 우리아는 지금 언약궤도 전쟁터에 있고 유다도 전쟁터에 있고 이스라엘도 전쟁터에 있고 요압과 모든 군인들도 전쟁터에 있다고 말합니다. 이 말이 무슨 말일까요? 모든 사람들이 전쟁터에 있는데, 있어야 할 한 사람이 그곳에 보이지 않는다는 것입니다. 그 한 사람이 누구입니까? 다윗입니다.

우리아의 이 말을 듣고 나서 다윗은 요압에게 비밀 편지를 씁니다. 그 내용은 우리아를 적진 깊숙이 집어넣어서 죽게 만들라는 것입니다. 요압은 이 편지를 받고 나서 다윗에 대한 모든 신뢰가 무너졌을 것입니다. 다윗도 이때부터 요압이 얼마나 부담스러웠겠습니까? 악한 공모자들이 서로를 존경하기는 쉽지 않습니다. 이때부터 요압과 다윗은 서로에게 발목 잡히게 되었다고 볼 수 있습니다. 요압은 다윗의 편지대로 우리아를 적진 깊숙이 집어넣어 전사하게 만듭니다. 이때 우리아만 죽은 것이 아닙니다. 사무엘하 11장 24절을 보겠습니다.

"활 쏘는 자들이 성 위에서 왕의 부하들을 향하여 쏘매 왕의 부하 중 몇 사람이 죽고 왕의 종 헷 사람 우리아도 죽었나이다"

여기 보시면 왕의 부하 중 몇 사람이 죽었다는 말이 나옵니다. 여기에서 밧세바의 아버지도 죽었을 가능성이 높습니다. 그래야 아히도벨의 행보가 이해가 됩니다. 원래 아히도벨은 다윗의 참모였습니다. 다윗에게 지혜로운 조언을 제공하던 사람입니다. 그런데 아히도벨이 압살롬의 반역 사건 때 다윗을 떠나서 압살롬의 진영에 합류합니다. 중요한 것은 아히도벨이 다윗에 대한 적개심으로 가득하다는 것입니다. 아히도벨은 다윗을 기습 공격해야 한다고 하면서 이렇게 말합니다. 사무엘하 17장 2절입니다.

"그가 곤하고 힘이 빠졌을 때에 기습하여 그를 무섭게 하면 그와 함께 있는 모든 백성이 도망하리니 내가 다윗 왕만 쳐죽이고 모든 백성이 당신께 돌아오게 하리니"

여기 보시면 다윗 왕만 쳐죽인다는 말이 나옵니다. 아히도벨은 원래 다윗의 참모로서 다윗에게 지혜를 조언해주던 사람인데 왜 이렇게 다윗에 대해서 적개심을 품게 되었을까요? 아히도벨은 엘리암의 아버지입니다. 사무엘하 23장은 다윗의 용사들을 설명하는 본문인데 그중 34절을 보겠습니다.

"마아가 사람의 손자 아하스배의 아들 엘리벨렛과 길로 사람 아히도벨의 아들 엘리암"

엘리암은 다윗의 용사 가운데 한 명입니다. 그런데 엘리암을 소개할 때 누구의 아들이라고 소개합니까? 아히도벨의 아들이라고 말합니다. 중요한 것은 이 엘리암이 밧세바의 아버지라는 것입니다. 사무엘하 11장 3절입니다.

"다윗이 사람을 보내 그 여인을 알아보게 하였더니 그가 아뢰되 그는 엘리암의 딸이요 헷 사람 우리아의 아내 밧세바가 아니니이까"

밧세바의 남편은 우리아입니다. 밧세바의 아버지는 엘리암입니다. 이 엘리암의 아버지가 아히도벨입니다. 그렇다면 밧세바에게 아히도벨은 할아버지가 되는 것입니다. 원래 아히도벨은 다윗의 참모입니다. 그런데 압살롬의 반역 사건 때 아히도벨은 다윗에 대한 적개심으로 가득차서 압살롬 진영에 합류합니다. 그 이유가 무엇 때문일까요? 저는 너무나 똑똑했던 아히도벨이 우리아가 죽은 다음에 밧세바가 다윗의 아내가 되는 것을 이상하게 생각했을 것이고 무엇보다 밧세바가 임신을 하고 아이를 출산하는 모든 과정에서 시간 계산을 했을 것이라고 봅니다. 시간 계산을 했는데 밧세바가 다윗의 아내가 된 시간에 비해서 출산을 하는 시간이 너무 빨랐다는 것을 아히도벨은 충분히 알았을 것입니다. 뭔가 이상하다는 것을 눈치 챘을 것입니다.

그런데 만약 우리아의 죽음과 이후에 자기의 손녀인 밧세바가 왕비가 된 사건으로 인해서 아히도벨이 다윗에 대해서 이렇게 적개심이 가득 할 수 있었을까요? 그럴 가능성은 높지 않습니다. 우리아만 죽은 것이 아니라 아히도벨에게 너무나 중요한 아들 엘리암도 이 사건에서 전사하지 않았을까요? 장인이자 상관이었던 엘리암은 사위이자 부하인 우리아를 구하기 위해 같이 적진 깊숙이 들어갔다가 죽었을 가능성이 높다고 봐야 합니다. 손녀사위인 우리아만 죽었다고 해서 아히도벨이 다윗에 대해 이러한 적개심을 품는 것은 이해하기 어렵습니다. 적진 깊숙이 들어가는 작전으로 인해 손녀사위인 우리아와 자기의 아들 엘리암이 죽었기 때문에 아히도벨이 다윗에 대해서 적개심을 품게 된 것이 아닌가 생각할 수 있습니다.

사무엘하 11장 27절을 보겠습니다.

"그 장례를 마치매 다윗이 사람을 보내 그를 왕궁으로 데려오니 그가 그의 아내가 되어 그에게 아들을 낳으니라"

우리아가 죽은 다음에 밧세바는 장례를 치루고 장례를 치른 다음에 다윗이 밧세바를 자기 아내로 삼습니다. 저는 이 사건으로 인해 이스라엘 공동체 안에서 다윗에 대한 인기가 엄청나게 상승했을 것이라고 봅니다. 다윗은 이 사건을 통해서 백성들에게 어떤 확신을 심어주고 있습니까? 다윗을 위해 충성을 바치다가 죽게 되었을 때 다윗이 남은 가족의 삶을 책임져 준다는 확신을 심어 주었을 것입니다. 이것이 다윗을 따르는 많은 사람들에게 다윗에 대한 미담으로 널리 퍼졌을 가능성이 높습니다. 이방과의 전쟁에서 죽고 나면 남은 가족들이 몰락하는 것이 아니라 왕이 책임져 준다고 했을 때 용사들이 얼마나 용기 백배할 수 있었을까요? 그래서 밧세바가 장례를 치루고 다윗의 아내가 되었을 때 다윗의 인기는 하늘을 찔렀을 것입니다.

그런데 이때 이 모든 과정을 유심히 살펴보는 사람이 있었으니 그가 바로 아히도벨입니다. 아히도벨은 너무나 똑똑한 사람입니다. 그는 밧세바가 다윗의 아내 된 시점과 밧세바가 아이를 낳은 시점이 맞지 않는다는 것을 충분히 간파했을 것입니다. 아들과 손녀사위의 죽음도 석연치가 않고, 손녀사위가 죽자마자 손녀가 왕비가 되는 것도 이상했을 것입니다. 이 모든 것들이 누적된 결과로서 다윗의 참모이자 모사였던 아히도벨은 다윗에 대한 적개심을 품고 압살롬에게 붙게 된 것입니다. 사무엘하 23장 34절에서 엘리암을 소개할 때 아히도벨의 아들이라고 한 것을 보면 이 모든 것들이 긴밀하게 연관되어 있음을 알려주고 있습니다.

사무엘하 12장 6절에 보면 나단이 다윗을 찾아와서 책망을 합니다.

"그가 불쌍히 여기지 아니하고 이런 일을 행하였으니 그 양 새끼를 네 배나 갚아 주어야 하리라"

우리아의 죽음에 대한 심판으로 이후에 다윗은 4명의 아들을 잃게 됩니다. 그 4명의 아들이 누구입니까? 처음에는 다윗과 밧세바 사이에 태어난 아들을 잃습니다. 그리고 암논이라고 하는 장자가 죽고 압살롬도 반역 사건으로 죽임을 당합니다. 마지막으로 다윗 노년에 아도니야가 죽습니다. 계속해서 다윗이 아들들을 잃게 되는 이야기가 등장합니다.

사무엘하 12장 13절이 중요합니다.

"다윗이 나단에게 이르되 내가 여호와께 죄를 범하였노라 하매 나단이 다윗에게 말하되 여호와께서도 당신의 죄를 사하셨나니 당신이 죽지 아니하려니와"

다윗의 위대함은 그가 회개의 기회를 붙잡았다는 것에 있습니다. 다윗은 일반적인 사람보다 훨씬 큰 죄를 범했습니다. 7계명도 범했고 6계명도 범했습니다. 그러한 다윗이 위대한 신앙인으로 인정받는 이유는 선지자 나단이 '당신이 바로 그 사람이다'라고 했을 때 핑계대지 않고 무릎을 꿇고 자신의 죄에 대한 하나님의 심판을 묵묵히 받아들였다는 것에 있습니다. 이것이 바로 다윗의 위대함입니다. 오늘 우리도 죄를 범할 수 있습니다. 누구든 넘어지게 됩니다. 중요한 것은 회개의 때를 붙잡는 것입니다.

사무엘하 13장에는 암논과 다말의 사건이 나옵니다. 13장의 이 사건을 이해하려면 왕자들 사이에 누가 왕위를 물려받을 것인가에 대한 암투가 있었다는 전제하에 13장을 보셔야 합니다. 특별히 장자였던 암논과 백성들에게 가장 사랑받았던 압살롬 사이에 왕위 다툼이 있었다는 맥락 속에서 보셔야 합니다. 암논이 다말을 범한 것은 단순히 다말을 범한 것으로 끝난 것이 아니라 압살롬에게 수치를 안겨 주려고 하는 것에 의도가 있습니다. 암논과 압살롬 사이에 갈등이 존재했다는 배경 하에서 13장을 보시면 좋겠습니다.

사무엘하 14장에서는 왕이 억울한 상황에 처해 있는 드고아 여인의 이야기를 들어주는 장면이 나옵니다. 비슷한 이야기를 열왕기상 3장에서도 발견할 수 있습니다. 솔로몬이 창기들의 재판을 직접 주관합니다. 왕이 백성들의 원통함을 직접 재판해주는 것을 보면 그 당시 이스라엘 인구가 많아도 10만 명을 넘지 않았을 가능성이 높습니다. 인구가 많다면 왕에게 이러한 재판을 받고자 하는 사람들이 얼마나 많이 있었겠습니까. 왕이 이런 재판을 직접 주관하는 것을 보면 그 당시의 인구가 그리 많지는 않았을 것이라고 짐작할 수 있습니다. 많은 학자들은 당시의 인구가 10만 명 미만일 것이라고 추측합니다.

사무엘하 15장은 압살롬의 반역 사건을 다룹니다. 압살롬은 헤브론에서 반역을 일으키는데 왜 많고 많은 지역 가운데 헤브론이었을까요? 다윗이 30세에 유다 지파의 왕이 되었을 때 어디서 왕이 되었습니까. 헤브론입니다. 그런데 다윗이 통일 이스라엘의 왕이 되면서 제일 먼저 한 것이 무엇입니까? 수도를 예루살렘으로 옮긴 것입니다. 왜냐하면 이스라엘 전체의 지도를 보시면 아시겠지만 헤브론은 남쪽에 치우쳐 있고 예루살렘은 요단 동서 지역의 중간에 위치합니다. 그래서 다윗이 통일 이스라엘에 왕이 되면서 헤브론을 떠나서 수도를 예루살렘으로 천도합니다.

이것 때문에 헤브론 사람들은 다윗에 대한 불만이 고조되었을 것입니다. 왜냐하면 수도를 옮김으로 헤브론 사람들은 수도에 살고 있는 백성에서 한순간에 지방민으로 추락하게 된 것입니다. 헤브론 사람들의 다윗에 대한 이 불만을 압살롬이 이용한 것입니다. 그래서 압살롬은 헤브론으로 내려가서 반역을 합니다.

압살롬 반역 사건 이후에 다윗과 압살롬 사이에 전쟁이 있었고 결국에는 요압이 압살롬을 죽이게 됩니다. 압살롬이 죽었다는 이야기를 듣고 다윗은 너무나 비통해합니다. 사무엘하 18장 33절을 보겠습니다.

"왕의 마음이 심히 아파 문 위층으로 올라가서 우니라 그가 올라갈 때에 말하기를 내 아들 압살롬아 내 아들 내 아들 압살롬아 차라리 내가 너를 대신하여 죽었다면, 압살롬 내 아들아 내 아들아 하였더라"

이것도 잘 보셔야 합니다. 다윗의 이러한 비통함의 표현은 아들의 죽음에 대한 아버지의 애끓는 마음임과 동시에 현실 정치적인 메시지가 있는 것입니다. 예를 들어, 압살롬이 죽었다는 이야기를 듣고 다윗이 너무 기뻐했다면 이것은 어떤 현실 정치적인 메시지가 있는 것입니까? 압살롬의 반역에 동참했던 사람들을 가만두지 않겠다는 메시지가 되는 것입니다. 그런데 압살롬의 죽음에 대해서 이렇게 다윗이 애통해하고 비통해 했다는 것은 압살롬의 반역에 참여했던 사람들에게 어떤 현실 정치적인 메시지를 던지는 것입니까? 그건 '나는 이러한 전쟁에 대해 슬퍼하고 있으며 너희들에게 보복하지 않겠다'는 메시지입니다. 그런 의미에서 현실 정치가로서의 다윗은 매우 탁월한 역량을 가진 인물입니다. 심지어 다윗은 압살롬의 군대 장관이었던 아마사에게 '내가 너를 이스라엘의 군대 장관으로 삼아주겠다'고 약속합니다.

왕으로서 다윗이 행하는 행동 하나하나가 현실 정치적인 메시지가 있음을 기억하셔야 합니다. 사울과 요나단이 전사했다는 소식을 듣고 나서 애통해하며 애가를 만들어서 남유다 백성 모두에게 그 노래를 부르게 만드는 행동은 사울을 지지했던 많은 사람들에게 어떤 현실 정치적인 메시지를 던지는 것입니까? 사울을 지지했던 사람들은 다윗에 대한 반감이 많았을 것입니다. 무엇보다 다윗이 사울의 죽음에 대해 기뻐할 것이라고 생각했을 것입니다. 그러나 다윗은 자신이 누구보다 사울의 죽음에 대해 슬퍼한다는 것을 애가를 짓고 유다 지파 백성 모두에게 그 노래를 부르게 함으로 드러냅니다. 그러한 행위를 통해 사울을 지지했던 사람들의 마음을 위로해주고 그들과 하나 될 수 있는 평화의 손 내미는 행동을 선제적으로 한 것입니다. 가장 중요한 메시지는 사울을 지지했던 사람들에게 어떠한 현실 정치적인 보복도 하지 않을 것이라는 메시지를 던지고 있는 것입니다. 이런 모습을 통해 다윗이 현실 정치인으로서 매우 탁월한 역량을 가진 사람임을 알 수 있습니다.

[질문]

압살롬의 반역에 대해 성경에서 많이 할애하고 있는 것 같습니다. 압살롬이 반역한 것이 다윗이 밧세바를 범하고 살인을 저지른 것에 대한 하나님의 심판일 수도 있겠지만 압살롬이 왜 반역을 꾀했는지 그것이 잘 이해가 되지 않습니다.

[답]

압살롬이 반역을 하게 된 가장 중요한 이유는 정상적인 과정으로는 왕이 될 수 없었기 때문입니다. 압살롬은 다윗의 세 번째 아들입니다. 첫 번째가 암논이고 두 번째가 길르압입니다. 그런데 길르압은 이름만 나오고 행적이 나오지 않습니다. 아마도 어린 나이에 죽은 것 같습니다. 압살롬은 셋째였는데 첫째인 암논을 죽이게 됩니다. 당시의 일반적인 기준에 근거해보면 왕이 될 수 있는 0순위가 암논 아닙니까? 그런데 압살롬이 암몬을 죽였기 때문에 그는 왕위 찬탈자가 되어서 정상적인 과정으로는 왕이 될 수 없는 것입니다. 압살롬이 반역을 하게 된 가장 중요한 이유는 정상적인 과정으로는 왕이 될 수 없었기 때문입니다.

그 다음 이유로 제시할 수 있는 것은 다말이 암논에게 성폭행을 당할 때 암논에게 다말을 보낸 사람이 다윗입니다. 사무엘하 13장 7절입니다.

"다윗이 사람을 그의 집으로 보내 다말에게 이르되 이제 네 오라버니 암논의 집으로 가서 그를 위하여 음식을 차리라 한지라"

이처럼 다말을 암논의 집에 보낸 사람이 다윗입니다. 결국 다윗으로 인해 다말이 성폭행 당하는 일이 벌어졌다고 생각했을 수 있습니다. 이 사건에 대한 원한이 깊었다고 보아야 합니다. 왜냐하면 압살롬은 자기의 누이 다말을 너무나 사랑했습니다. 그래서 자기가 딸을 낳은 후에도 딸의 이름을 다말이라고 합니다. 그렇게 사랑한 다말이 암논에게 성폭행을 당했으니 압살롬이 가만히 있을 수 있겠습니까? 암논에게 복수를 했고, 그 복수로 인해 정상적인 과정으로는 왕이 될 수 없었습니다. 그리고 다말이 암논에게 성폭행을 당하게 된 이유를 다윗이 원인 제공했다고 생각을 하여 아버지와의 갈등이 있었고, 자기가 이스라엘로 돌아온 후에도 아버지 다윗이 몇 년 동안 만나주지 않는 일이 벌어집니다. 그 모든 것들이 누적된 결과 압살롬이 반역을 일으켰다고 보아야 합니다. 아버지 다윗도 압살롬이 매우 탁월한 능력을 가진 왕자임을 알았지만 형을 죽인 왕자이기 때문에 압살롬을 왕으로 세울 수는 없었을 것입니다.

[질문]

성경을 보면 시바에 대해 설명을 할 때 시바가 재산이 많고 종도 많다는 설명이 있습니다. 과거에는 재산 많음을 하나님께 복을 받은 증거로 인식하지 않았습니까. 그래서 저는 시바가 하나님을 경외하는 신실한 사람이라는 생각을 하였습니다. 이후에 시바와 므비보셋은 서로 다른 이야기를 합니다. 시바는 므비보셋이 다윗을 배신했다고 말하고 므비보셋은 시바가 자신을 속였다고 말합니다. 저는 그 말씀을 보면서 므비보셋의 말이 맞는 것인지 시바의 말이 맞는 것인지 헷갈렸습니다. 무엇보다 다윗이 어려운 시절에 시바가 다윗을 돕는 것을 보면서 시바는 하나님께 복을 받은 사람이고, 다윗에 대한 신실한 충성심을 드러내는 것을 볼 때 시바의 말이 맞는 것이 아닐까 라는 생각이 듭니다.

[답]

먼저 질문에서 하나 수정했으면 하는 것이 있습니다. 시바가 재산도 많고 종도 많은 것이 하나님께 복을 받은 증거라고 말하기는 어렵습니다. 시바는 사울 집안의 모든 것들을 관리하는 집사 같은 사람입니다. 권력자와 밀착되어 있었기 때문에 그가 많은 것을 소유하고 있었던 것이지 성경은 어떤 경우에도 시바가 하나님께 복을 받았다고 말하지 않습니다. 로마 시대에도 신분은 종인데 엄청난 재산을 가진 사람들이 있었습니다. 그 종들은 대부분 로마 황제 시저의 종이거나 유명한 장군의 종입니다. 신분은 종이지만 누구의 종이냐에 따라서 일반 자유민보다 훨씬 더 권세를 부렸던 것입니다. 제가 볼 때는 시바가 종도 많고 재산도 많았다는 것이 그가 하나님께 복을 받았다고 보기 보다는 사울 집안의 집사였기 때문에 왕과 가장 가까운 사람으로서 많은 것들을 소유하고 있었다고 생각을 합니다.

그다음, '시바의 말과 므비보셋의 말 가운데 누구의 말이 맞을까?'라고 했을 때 사무엘하가 전개되는 맥락을 보면 므비보셋의 말이 맞다고 봐야 할 것 같습니다. 문제는 므비보셋을 통하여 시바와 전혀 다른 이야기를 들었음에도 불구하고 다윗이 내린 판단을 보면 다윗이 그동안 므비보셋에 대해서 베푼 선대가 100% 환대는 아니었을 수도 있겠다는 것입니다. 므비보셋을 중심으로 사울 집안 사람들이 결속되는 것을 미연에 방지하기 위해서 므비보셋으로 하여금 로드발에서 예루살렘으로 오게 만들고 자기 감시 하에 므비보셋을 두게 한 것이 아닌가라고 충분히 의심할 수 있습니다. 므비보셋을 선대한 현실 정치적인 이유가 있었다고 생각할 수 있는 것입니다.

[질문]
목사님께서 다윗 시대에 이스라엘 전체의 인구가 10만 명 정도라고 말씀하셨는데요. 제가 예전에 성지 순례를 갔는데 저는 예루살렘이 매우 큰 곳인 줄 알았는데 실제는 손바닥만 한 것을 보고 깜짝 놀랐습니다. 그리고 히브리 대학에서 성서 고고학 하는 분에게 다윗이라는 이름이 이스라엘 주변 나라의 역사 기록에는 전혀 나오지도 않고 30년 전에 어디선가 최초로 나온 것이 있다는 이야기를 듣고 충격을 받은 적이 있습니다. 저는 그동안 다윗과 솔로

몬 시대를 거대한 어떤 것으로 생각을 했었거든요.

[답]

중국의 역사에서도 주나라가 그렇게 위대한 나라라고 하는데 역사 문헌은 거의 존재하지 않습니다. 말씀하신 것처럼 다윗에 대한 기록은 성경 외에는 거의 나타나지 않습니다. 그러다가 1993년에 시리아에서 다윗의 집이라고 쓰인 토판이 나왔습니다. 이 토판이 발견되기 전까지는 많은 사람들이 다윗이라는 인물은 이스라엘 사람들이 만든 가공의 인물이라고 주장했습니다. 그러다가 이 토판이 발견되고 나서 다윗이라는 사람이 실제 인물이라는 식으로 분위기가 바뀌었습니다. 우리는 성경을 통해 다윗을 자주 접하다보니 친밀감이 있지만 실제 다윗은 주전 11~10세기 인물입니다. 다른 나라 역사에서도 마찬가지이지만 그 시기를 설명해주는 역사적 문헌이 없는 경우가 많습니다. 문헌이 없다고 해서 그 시기를 부정하는 것은 옳지 않다는 생각이 듭니다.

문제가 되는 것은 성경에는 다윗 통치기에 인구 조사를 했을 때 이스라엘 전체를 합쳐서 병사들만 130만 명이 나온다는 것입니다. 실제 그 정도의 인구가 그 당시에 이스라엘에 존재했는가에 대해서는 많은 질문이 나옵니다. 구약 성경에 나오는 숫자를 정확하게 어떻게 해석해야 하는지가 구약성서 학자들에게 가장 큰 딜레마입니다. 그런데 주전 11~10세기에 다른 나라의 인구와 비교를 하고 그 당시 사람들의 농경 기술의 발전 정도를 고려했을 때 병사들만 130만 명이 있었다는 것은 조금 많다고 봐야 합니다. 무엇보다 왕이 드고아의 여인이나 창기들의 재판을 직접 주관하는 것을 봤을 때 이스라엘이 100만 명 이상의 거대한 나라였다면 왕이 과연 이렇게 할 수 있었을까라는 질문이 나옵니다.

그래서 당시의 여러 가지 상황을 고려했을 때 다윗 통치기에 이스라엘 인구가 10만 명 정도가 아니었을까하는 것이 일반적인 학자들의 주장입니다. 그리고 예루살렘 성이 손바닥만 하다고 하셨는데 그렇지 않습니다. 손바닥보다는 훨씬 더 큽니다. 기억하셔야 할 것은 고대사회의 성은 내성이 있고 외성이 있습니다. 대부분의 성이 그렇습니다. 내성에는 왕궁과 귀족들의 거주지가 있습니다. 외성에 일반 평민들이 거주를 합니다. 왕이 사는 곳이 내성이라면 그 외의 사람들이 사는 곳 까지가 외성입니다. 내성은 작고 외성은 큽니다. 예루살렘 성은 지금 우리의 스케일로 보자면 그렇게 크지가 않습니다.

[질문]
솔로몬은 왕이 되어서 많은 정략결혼을 한 것으로 알고 있습니다. 아버지 다윗도 처첩이 많은 것으로 나오는데 그렇게 많은 부인을 둔 이유가 있었을까요? 토라에 아내를 많이 두지 말라는 말씀이 있는데 다윗이 율법 준수를 게을리 했다고 볼 수 있을까요?

[답]
솔로몬이 신명기 17장에 나오는 왕의 규례를 가장 크게 위반한 사람이 맞습니다. 솔로몬은 후궁이 700명이고 첩이 300명이었습니다. 우리가 백제의 의자왕에게 3천 궁녀가 있었다고 이야기하는데 의자왕과 맞짱을 뜰 만큼 많은 여인을 거느린 사람이 솔로몬입니다. 다윗은 솔로몬과 비교할 바는 아

니지만 많은 부인을 둔 것은 사실입니다. 12지파 전체를 아우르는 통일 이스라엘에 왕이 되면서 지방 호족의 딸들과 통혼을 많이 했습니다. 정치적 안정을 위한 하나의 정책이라고 볼 수 있을 텐데요, 율법의 말씀을 위반한 것은 사실입니다. 하나님의 말씀보다 현실 정치적인 선택을 했다고 볼 수 있습니다. 다윗은 많은 여인들과 결혼하여 아들을 많이 낳습니다. 그 결과 왕위를 차지하기 위한 왕자들의 난이 끊임없이 발생합니다. 크게는 헤브론파 왕자들과 예루살렘파 왕자들 간의 갈등과 전쟁으로 드러나게 되고 헤브론파 안에서도 암논과 압살롬의 갈등이 벌어지게 됩니다.

[질문]

많은 분들이 다윗을 주인공으로 하여 책을 많이 쓰시는데 다윗이 신앙적으로 볼 때 그렇게 위대한 인물인가에 대한 의심이 듭니다. 너무 과대평가된 것이 아닌가요?

[답]

사람들 가운데 얼룩 없는 사람이 있겠습니까? 다윗에게도 많은 얼룩이 있습니다. 본인이 회개하듯이 그는 보통의 사람들보다 더 큰 죄도 범했습니다. 그런데 사무엘하 8장 15절은 다윗에 대해 이렇게 기술합니다.

"다윗이 온 이스라엘을 다스려 다윗이 모든 백성에게 정의와 공의를 행할새"

여기에 나오는 정의와 공의가 미쉬파트와 체데크입니다. 다윗은 공적인 정치 행위 속에서는 미쉬파트와 체데크를 가장 잘 구현한 왕입니다. 다윗의 개인적인 인생사에는 얼룩이 매우 많습니다. 전쟁의 과정에서 엽기적인 정복 군주의 모습도 드러냅니다. 그러나 이스라엘 백성들이 다윗을 최고의 왕으로 치는 이유는 그가 왕이라고 하는 타이틀을 가지고 권력을 행사함에 있어서 다른 왕들에 비해서 미쉬파트와 체데크를 그나마 잘 구현한 왕이기 때문입니다. 제일 중요한 것은 다윗이 전쟁에 승리하여 이스라엘 백성에게 땅을 나누어 주었다는 것입니다. 그는 블레셋의 압제로부터 이스라엘을 해방시켜 준 인물입니다. 이방과의 전쟁을 통해서 많은 전리품을 획득하여 이스라엘 백성의 경제적 삶을 부유하게 만들어주었습니다. 미쉬파트와 체데크라는 맥락 속에서 다윗은 다른 왕들과 비교할 수 없을 정도로 탁월한 업적을 남겼습니다.

그럼에도 불구하고 다윗은 완벽한 사람이 아닙니다. 다윗에게는 많은 얼룩이 있고 많은 죄도 범했습니다. 그러나 다윗은 회개를 해야 할 때 기꺼이 무릎을 꿇을 수 있었던 인물입니다. 다윗의 위대함은 죄를 범하지 않았다는 것에 있지 아니하고 회개의 기회를 붙잡았다는 것에 있습니다. 다윗 이후의 왕들과 비교해볼 때 이는 너무나 두드러진 다윗의 장점입니다. 정리해보면 다윗의 위대함은 두 가지로 요약할 수 있습니다. 공적인 정치 행위 속에서는 미쉬파트와 체데크를 구현한 것과 하나님께서 회개를 요청하실 때 기꺼이 하나님 앞에 자신의 무릎을 꿇었다는 것입니다.

[기도]
하나님 오늘 사무엘하를 함께 보았습니다. 위대한 신앙의 인물 다윗도 넘어질 때가 있었음을 기억합니다. 하나님 우리가 매순간 하나님 앞에 깨어있

지 않는다면 우리도 한 순간에 넘어질 수밖에 없는 연약한 존재임을 고백합니다. 매순간 신실하게 하나님과 동행하고 하나님의 백성이라는 정체성을 망각하지 않고 우리가 마땅히 내딛어야 할 믿음의 걸음을 힘 있게 내딛는 주의 백성이 되길 소망하오니 우리가 내딛는 모든 삶의 걸음들을 주님 친히 인도하여 주옵소서. 환절기에 영육간의 강건함을 허락하여 주시길 원하오며 예수 그리스도의 이름으로 기도합니다. 아멘.

말씀과 함께 역사서 5-1

사무엘하 20장에는 베냐민 사람 세바의 반역 이야기가 나옵니다. 세바의 반역 사건을 통해 여전히 이스라엘 공동체 안에 다윗의 통치를 기뻐하지 않고 사울 집안의 재건을 바라는 사람들이 있었다는 것을 알 수 있습니다. 세바의 반역 사건은 이스라엘 공동체가 남북으로 분열될 가능성이 있음을 보여주는 복선으로 이해하시면 되겠습니다.

21장에서는 다윗이 역사 청산의 맥락에서 기브온 사람들의 원한을 해결해주는 이야기가 나옵니다. 사무엘하 21장 19절을 보겠습니다.

"또 다시 블레셋 사람과 곱에서 전쟁할 때에 베들레헴 사람 야레오르김의 아들 엘하난은 가드 골리앗의 아우 라흐미를 죽였는데 그 자의 창 자루는 베틀 채 같았더라"

우리가 보통 골리앗을 죽인 사람은 다윗이라고 생각하는데 19절을 보시면 엘하난이란 사람이 골리앗의 아우 라흐미를 죽였다고 되어 있습니다. 한글 번역은 이렇게 되어 있는데 히브리어 본문을 보면 엘하난이 죽인 사람은 라흐미가 아니라 골리앗이라고 되어 있습니다. 사무엘상에서는 골리앗을 죽인 사람을 다윗이라고 말하고 사무엘하에서는 골리앗을 죽인 사람을 엘하난이라고 말하는 것입니다. 사무엘상과 사무엘하가 서로 다른 주장을 하고 있는데 한글 개역개정은 역대상 20장 5절에 근거하여 수정을 가한 것입니다. 역대상 20장 5절을 보겠습니다.

"다시 블레셋 사람들과 전쟁할 때에 야일의 아들 엘하난이 가드 사람 골리앗의 아우 라흐미를 죽였는데 이 사람의 창자루는 베틀채 같았더라"

역대상은 히브리어 본문에도 엘하난이 죽인 사람을 라흐미라고 적고 있습니다. 그런데 사무엘하 히브리어 본문에서는 엘하난이 죽인 사람을 골리앗이라 기록하고 있습니다. 사무엘하에서는 엘하난이 죽인 사람이 골리앗, 역대상에서는 엘하난이 죽인 사람이 라흐미로 되어 있는데 한글 개역개정에서는 이것을 인위적으로 일치시킨 것입니다. 그래서 히브리어 본문은 그렇지 않은데 사무엘하 21장 19절에서 엘하난이 죽인 사람을 골리앗이 아닌 라흐미로 번역을 하였습니다. 사무엘상 17장에서는 다윗이 골리앗을 죽인 것으로 기술하고 사무엘하 21장에서는 엘하난이 골리앗을 죽인 것으로 기술하고 있습니다. 그렇다면 왜 히브리어 본문에서는 골리앗을 죽인 사람을 사무엘상과 사무엘하가 다르게 기술하고 있을까요? 이 불일치를 해결하는 세 가지의 가설이 있습니다.

첫 번째 가설은 엘하난과 다윗을 동일 인물로 보는 것입니다. 엘하난은 본명이고 다윗을 왕명으로 이해합니다. 다윗이라는 이름의 뜻이 지도자, 두목입니다. 태어났을 때부터의 이름은 엘하난인데 이후에 지도자나 두목이 되면서 다윗이라는 이름을 갖게 된 것으로 봅니다. 조선의 왕들과 비슷하다고 보시면 됩니다. 우리가 잘 아는 세종대왕도 본명은 이도인데 이후에 세종대왕이라는 시호가 붙은 것 아닙니까? 다윗도 원래 이름은 엘하난인데 아둘람 공동체에서부터 사람들의 지도자가 되면서 두목과 지도자라는 뜻의 다윗이라고 불리게 된 것으로 보는 것입니다.

그런데 이 주장에 대한 반박이 있습니다. 핵심은 아버지의 이름이 다르다는 것입니다. 다윗의 아버지는 이새인데 엘하난의 아버지는 야레오르김입니다. '엘하난과 다윗이 동일 인물이라면 어떻게 아버지의 이름이 다를 수 있는가?'라는 질문이 나오게 되는데 첫 번째 주장은 이 질문에 대한 대답을 제대로 하지 못하는 단점이 있습니다.

두 번째 가설은 부하의 업적이 왕의 업적인 것처럼 치환된 것으로 보는 것입니다. 실제 골리앗을 죽인 사람은 엘하난이고 다윗은 그의 상관인 왕이었기에 부하의 업적이 왕의 업적인 것처럼 치환되었다고 보는 것이 두 번째 가설의 주장입니다. 실제 전쟁에서 어떤 장수의 업적이 왕의 업적인 것처럼 치환되는 경우들이 많이 있지 않습니까? 실제로는 엘하난이 골리앗을 죽였지만 그것을 다윗 왕의 업적으로 기술한 것이 아닐까라는 것이 두 번째 가설입니다.

마지막으로 세 번째 가설은 골리앗이라고 하는 이름을 어떤 사람의 고유 명사가 아닌 블레셋의 거인을 가리키는 명칭으로 보는 것입니다. 다윗도 블레셋의 거인을 죽였고 엘하난도 블레셋 거인을 죽인 것으로 이해합니다. 그러면 다윗과 엘하난 모두가 골리앗을 죽인 것이 문제가 되지 않습니다.

이스라엘 역사에서 최고의 전성기를 구가했던 다윗 왕국은 다윗이라는 영웅적 인물에 의해 만들어진 것이 아닌 공동체 분투의 산물임을 성경은 강조합니다. 사무엘하 23장 8절 위에 보면 소제목이 있습니다. '다윗의 용사들'입니다. 그리고 8절부터 39절까지 37명의 다윗의 용사들을 기록하고 있습니다. 성경에서 한 구절만 기록되어 있어도 엄청나게 중요한 것인데 사무엘하 23장에서는 총 32절에 걸쳐서 이름도 생소한 다윗의 용사들 37명을 기술하고 있습니다. 이렇게 많은 분량을 할애하면서 다윗의 용사들을 기술한 이유가 무엇일까요?

이스라엘 역사에서 최고의 전성기로 그 시대가 다시 재현되기를 간절히 소망한 때가 언제입니까? 다윗 시대입니다. 이스라엘은 항상 주변에 있는 강대국들에게 조공을 바쳤는데 유일하게 주변 국가로부터 조공을 받았던 시기가 다윗, 솔로몬 때입니다. 다윗 시대는 이스라엘이 꿈꾸는 가장 이상적인 시대라고 할 수 있습니다. 그런데 사무엘하 23장 8~39절은 무엇을 이야기하고 있냐면, 그 위대한 다윗 왕국이 다윗이라고 하는 탁월한 카리스마를 가진 한 인물에 의해서 만들어진 왕국이 아니라는 것입니다. 다윗을 도와 이름 없이 빛도 없이 수고하고 헌신했던 무수한 사람들이 있었기 때문에 그 위대한 다윗 왕국이 세워지게 된 것임을 보여줍니다.

그래서 총 32절에 걸쳐서 다윗을 도와서 다윗 왕국을 세웠던 무수한 사람들의 이름을 기록하고 있습니다. 그런데 주목해야 할 것은 제일 마지막 39절에 누구의 이름이 나옵니까? '헷사람 우리아'의 이름이 나옵니다. 사무엘하 23장에 나오는 다윗의 용사들의 명단이 역대상 11장에도 나옵니다. 그런데 역대상 11장에서는 우리아의 이름이 중간에 나옵니다. 그 위대한 다윗 왕국을 세웠던 다윗의 용사들의 명단에서 사무엘하는 우리아의 이름을 제일 마지막에 배치하였고 역대기에서는 우리아의 이름을 중간에 배치했습니다. 그 이유가 무엇일까요?

사무엘상하는 신명기 역사서입니다. 신명기 역사서에는 여호수아, 사사기, 사무엘, 열왕기 4권이 있습니다. 신명기 역사서를 기술한 목적은 과거 반성에 있습니다. 바벨론 포로기 때 하나님의 언약 백성 이스라엘이 왜 하나님으로부터 심판의 매를 맞을 수밖에 없었는가에 대해 해명하는 것이 바로 신명기 역사서입니다. 그래서 신명기 역사서에는 이스라엘의 죄악과 얼룩이 고스란히 기록되어 있습니다. 심지어 이스라엘 최고의 왕인 다윗이 밧세바를 범하고 그 죄를 은폐하기 위해 우리아를 죽인 것도 그대로 기록합니다. 다윗의 용사들을 기술하는 맥락에서도 우리아라는 이름을 보면 누가 연상됩니까? 밧세바 사건이 연상됩니다. 위대한 다윗의 용사들을 기술하는 맥락에서도 신명기 역사서인 사무엘하는 의도적으로 우리아를 제일 마지막에 기술하고 있습니다. 신명기 역사서는 과거 반성에 목적이 있기 때문입니다.

그런데 역대상에서는 다윗의 용사들 가운데 우리아를 중간에 배치에 놓습니다. 이유가 무엇일까요? 역대기 역사서는 과거 반성이 목적이 아니라 미래 건설이 목적이기 때문입니다. 역대기에서는 밧세바라는 이름도 나오지 않습니다. 우리아의 아내 이름을 밧수아로 기술합니다. 사무엘과 역대기가 이렇게 다른 기술을 하는 이유는 역사를 기술하는 목적이 다르기 때문입니다. 이스라엘 백성들의 기억 속에 가장 이상적인 시대이고 전성기라 할 수 있는 다윗 왕국조차도 다윗이라고 하는 한 사람의 탁월한 리더십의 열매가 아니라 공동체의 분투의 산물임을 사무엘하 23장은 강조하고 있습니다. 이로 인해 한 사람에 대한 지나친 영웅적 찬사를 예방하고 있는 것입니다.

저는 이것이 너무 중요하다고 봅니다. 교회사 2천 년의 역사를 보면 항상 힘 있는 쪽에서 힘이 약한 그룹을 향해 이단으로 정죄하는 경우가 많았습니다. 무엇을 잘못한다 하더라도 힘이 있거나 수가 많으면 이단으로 정죄되지 않습니다. 한국 교회에서도 그런 일이 있었습니다. 나이 드신 분들은 기억하실 텐데 1970년대 말 80년대 초까지만 하더라도 여의도 순복음 교회를 이단이라고 하는 주장이 많았습니다. 그런데 1980년대를 넘어가면서 여의도 순복음 교회의 교인이 40~60만 명이 되니 그때부터 이단 소리가 쏙 들어갔습니다.

지금 한국 교회를 어지럽히는 대표적인 이단인 신천지가 교인들의 수가 2~30만 명이라고 하는데 만약에 신천지의 교세가 50만이 넘어가게 되면 이단으로 규정하는 것이 쉽지 않을 것입니다. 잘못된 신앙을 가지고 왜곡된 주장을 해도 힘이 있으면 이단이 되지 않는 경우들이 많았습니다. 안타깝지만 교회의 역사를 보면 항상 힘이 있는 쪽에서 자기와 입장이 조금 다른 힘이 약한 쪽을 이단으로 너무 쉽게 규정하고 정죄하였습니다. 그러다 힘이 약한 쪽이 힘을 가지게 되면 복수가 시행되고 이런 악순환이 계속해서 반복되는 경우들이 많았습니다. 그래서 너무 쉽게 상대방을 이단으로 정죄하지 못하도록 정통과 이단을 구분할 수 있는 네 가지의 기준을 만들었습니다. 이것은 성문화된 기준은 아니고 보편적으로 수용되고 있는 기준입니다.

첫 번째는 성경 66권의 말씀을 영감 받은 하나님의 말씀으로 인정하면 정통이고 그렇지 않으면 이단으로 보는 것입니다. 예를 들어, 66권의 말씀 가운데 '나는 10권만 사랑할거야'라고 한다면 그는 이단입니다. 66권 전체를 하나님의 영감 받은 말씀으로 가감 없이 섭취해야 정통입니다. 66권 가운데 일부만 받아들이거나 반대로 성경 66권만으로 만족하지 못하고 새로운 책을 정경으로 인정하면 이는 이단입니다.

두 번째는 삼위일체 하나님에 대한 균형 잡힌 신앙이 있으면 정통이고 삼위일체 하나님에 대한 균형 잡힌 신앙이 없으면 이단으로 봅니다. 예를 들어, '나는 성부 하나님만 믿겠다'거나 '나는 성령 하나님만 믿을거야'라고 한다면 이단입니다. 성부, 성자, 성령에 대한 균형 잡힌 신앙의 고백이 필요합니다.

세 번째는 인간 목회자에 대한 지나친 우상화가 있으면 이단으로 보는 것입니다. 우리가 어떤 목회자를 존경할 수는 있지만 그분을 하나님의 자리에 올려놓으면 안 됩니다. 하나님의 자리에 올려놓는다는 것은 그를 절대화하는 것입니다. 어떤 한 개인을 하나님의 자리에 올려놓거나 우상화하면 이단입니다. 신천지 같은 경우에는 이만희의 말이 거의 하나님의 말씀 아닙니까? 이런 것은 이단입니다. 만민중앙교회의 이재록의 악행들이 드러나고 있음에도 불구하고 그 교회 교인들은 무조건 이재록을 지지하지 않습니까? 지나치게 인간 목회자를 하나님처럼 절대화시킨다거나 신성불가침의 대상으로 여기는 것은 이단들의 행태입니다. 하나님 앞에서 모든 존재는 상대화되어야만 합니다.

네 번째는 기독교 윤리에 맞지 않는 행위를 통해 사회를 충격에 빠뜨리는 행동을 하게 되면 이단으로 봅니다. 예를 들어, 하나님의 뜻이라고 하면서 집단 자살을 한다든가 남녀가 모여서 집단 혼음을 하는 것은 기독교 신앙 공동체의 모습이라고 할 수 없습니다. 신옥주 목사가 있는 은혜로교회에서는 엄마와 딸을 불러내어서 사람들 보는 앞에서 서로의 뺨을 때리게 하는데 이것은 말도 안 되는 것입니다. 이러한 행위가 기독교 신앙과 무슨 상관이 있습니까?

그런 맥락에서 목사가 교인 몰래 비자금을 800억 만드는 것도 이단입니다. 이것은 기독교 신앙에 근거했을 때 있을 수 없는 행동입니다. 한국 교회는 너무나 관대하지만 목사들의 성문제라든가 논문 표절이라든가 재정 횡령 등은 이단적 모습이라고 할 수 있습니다. 무엇보다 자기들의 죄가 만천하에 드러났음에도 불구하고 회개하지 아니하고 끝까지 변명으로 일관하는 것을 보면 이들이 정말 하나님에 대한 경외와 두려움이 있는가하는 의심을 하게 만듭니다. 저는 기독교 지도자들의 비윤리 탈법 행위에 대해서는 원 스트라이크 아웃을 시행해야 한다고 생각합니다.

정통과 이단을 구분하는 네 가지의 기준을 말씀드렸습니다. '삼위일체 하나님에 대한 균형 잡힌 고백이 있는가 없는가, 66권 말씀에 대한 균형 잡힌 섭취를 하는가 하지 않는가, 특정한 인간 지도자에 대한 지나친 우상화가 있는가 없는가, 기독교 신앙과 맞지 않는 비윤리적, 비도덕적인 행위가 있는가 없는가'입니다. 한국 교회는 이 네 가지와 관련하여 모두 조심하여야 합니다. 그 가운데서도 목회자를 지나치게 높이는 문제를 경계해야 합니다. 얼마 전에 부산에 있는 수영로교회의 정○○ 목사님이 소천하셨습니다. 그런데 한국 교회가 잘못된 것이 어떤 교회를 명명하게 되면 바로 그 교회와 그 교회의 담임목사를 동일시하는 경우가 많습니다. 소망교회 그러면 곽○○ 목사님, 사랑의교회 그러면 옥○○ 목사님 같은 식으로 특정한 교회와 특정한 목사님을 매칭하는 경우가 많습니다. 저는 이것도 매우 위험하다고 봅니다.

한 교회가 세워질 때 담임목사님의 탁월한 리더십도 중요하겠지만 이름 없이 빛도 없이 수고하고 헌신한 무수한 성도들이 있어야만 합니다. 담임목회자를 도와서 목회를 함께 했던 수많은 부교역자들과 성도들의 헌신은 무시하고 마치 담임목사 한 사람이 그 모든 것들을 다 만들어 낸 주인공인 것처럼 지나치게 높이거나 주목하는 것은 위험한 것입니다. 저는 그런 의미에서 이 땅의 모든 목회자나 지도자들이 가져야 될 자세가 세례 요한의 자세라고 봅니다. 요한복음 3장 30절에서 세례 요한은 '예수는 흥하여야 하겠고 자신은 쇠하여야 하리라'고 말합니다. 자기를 주목하고 있는 사람들의 시선을 예수에게로 돌리도록 만들었습니다. 이 땅의 모든 목회자들은 예수를 가리키는 손가락이 되어야만 합니다. 자기에게 집중된 시선을 즐겨서는 안 됩니다. 그것을 향유하면 안 됩니다. 이런 긴장감을 상실하게 되면 누구든 한순간에 넘어질 수밖에 없습니다.

사무엘하 24장에는 다윗이 시행한 인구조사로 인해 하나님의 심판을 받는 이야기가 나옵니다. 왜 인구조사를 실시한 것 때문에 하나님의 심판을 받게 되었을까요? 이스라엘이 가지고 있는 전쟁에 대한 핵심적 이해는 여호와의 전쟁입니다. 사사기에 나오는 기드온의 전쟁을 기억해 보십시오. 기드온이 미디안과 전쟁을 하고자 할 때 처음에는 3만 2천명의 병사들이 함께했습니다. 그때 하나님은 병사들이 너무 많다고 하시면서 만 명으로 수를 줄이십니다. 이후에는 만 명도 너무 많다고 하시면서 300명으로 줄입니다. 그 300명으로 기드온은 미디안과의 전쟁에서 대승을 거둡니다. 이것이 가능했던 이유는 이스라엘이 수행하는 전쟁이 여호와의 전쟁이기 때문입니다. 전쟁에서 승리하기 위해서는 이스라엘의 군사력, 병사의 수, 무기, 전략과 전술이 중요한 것이 아닙니다. 하나님이 도우셔야 합니다. 그런데 하나님이 이스라엘을 도우시려면 이스라엘이 거룩해야 합니다. 하나님께 온전히 순종해야 합니다. 그래야만 이스라엘은 승리할 수 있습니다.

　그런데 사무엘하 24장에서 다윗은 인구조사를 시행합니다. 전쟁에서 승리하기 위해서는 전쟁에 나가 싸울 병사들의 수가 중요하다고 생각한 것입니다. 다윗을 이어 이스라엘을 다스린 솔로몬은 40년을 통치하면서 이스라엘 전 국토를 군사 요새화시킵니다. 지역 곳곳에 국고성, 병거성, 마병성을 세웁니다. 일반 제국의 모습을 따라한 것입니다. 여호와의 전쟁을 망각하고 전쟁에 승리하기 위해서는 자국의 군사력을 키워야 한다고 생각한 것입니다.

　다윗이 시행한 인구조사로 인해 하나님의 심판이 시행이 되고 다윗은 하나님의 심판을 중단시키고자 제사를 드립니다. 그 제사를 드린 곳이 아라우나의 타작마당입니다. 하나님께서 다윗의 간절한 기도를 들으신 것입니다. 이 아라우나의 타작마당은 이후에 성전의 터가 됩니다. 왜 솔로몬이 성전을 예루살렘에 건설하게 되었는지를 설명해주는 것이 사무엘하 24장의 기술 목적 중 하나임을 여기서 알 수 있습니다. 참고로, 예루살렘은 모리아산과 같은 장소입니다. 창세기 22장에서 아브라함이 이삭을 바치고자 한 곳이 바로 모리아 산입니다. 이때도 여호와이레의 은혜를 경험하였습니다.

열왕기상

열왕기상하는 다윗 통치 말기인 주전 970년부터 유다가 바벨론에 유배를 가서 여호야긴이 석방되는 주전 560년까지의 내용을 기록하고 있습니다. 주전 970년부터 주전 560년까지 약 400년간의 역사를 예언자적인 관점으로 기술한 것이 열왕기상하입니다. 예언자적인 관점으로 기술했다는 것이 중요합니다. 열왕기상하는 조선왕조실록 같은 왕들의 이야기입니다. 왕들 중에는 좋은 왕도 있고 나쁜 왕도 있습니다. 그런데 무엇을 기준으로 좋은 왕과 나쁜 왕을 구분할까요?

그 기준을 정할 때 일반 사관의 관점과 예언자의 관점이 다릅니다. 일반 역사가가 왕들을 평가함에 있어 좋은 왕 나쁜 왕을 판단하는 기준은 정치, 경제, 군사적 업적입니다. 그 기준은 크게 세 가지로 세분화될 수 있습니다. 그 왕이 통치할 때 얼마나 정치적 안정을 이루었는가, 그 왕이 통치할 때 얼마나 경제적 부강함을 이루었는가, 그 왕이 통치할 때 이방 나라들과의 전쟁에서 얼마나 많이 승리하고 영토를 확장했는가 하는 것입니다.

예를 들어, 우리가 광개토대왕을 한 번도 만나본 적이 없지만 왠지 좋은 이미지를 갖고 있지 않습니까? 광개토왕을 광개토대왕이라고 부르는 이유가 무엇입니까? 영토 확장 때문에 그런 것입니다. 그런데 광개토대왕이 백성들을 얼마나 수탈하고 억압하고 괴롭혔는지에 대해서는 우리는 별로 관심이 없습니다. 일반 역사가에게는 왕을 평가할 때 정치, 경제, 군사적 업적이 중요한 것입니다.

그런데 예언자적인 관점에서는 이러한 기준을 중요하게 보지 않습니다. 예언자들이 왕을 평가할 때 제일 중요하게 보는 것은 '이 왕이 얼마나 하나님만을 믿었는가'라는 것입니다. 하나님만을 믿었다는 것은 이방의 우상들을 척결했는가와 연관이 있습니다. 이방의 우상을 타파하고 일편단심으로 야훼 하나님만을 믿었다면 그는 최고의 왕이 됩니다. 그래서 예언자들이 볼 때 남북 분열왕국 이후에 최고의 왕은 히스기야와 요시야입니다. 히스기야와 요시야는 예루살렘에 있던 이방 신상들을 부수고 야훼만을 믿고 섬겨야 된다는 종교개혁 운동을 일으킵니다. 예언자의 관점에서는 히스기야와 요시야가 A+입니다. 그 왕이 통치할 때 얼마나 하나님과의 언약에 신실했는가, 미쉬파트와 체데크를 시행했는가 하는 것이 예언자들에게 왕을 평가하는 중요한 기준입니다.

성경에 기록된 이스라엘 역사에 등장한 왕은 총 42명입니다. 초대 왕은 사울입니다. 사울 다음에는 다윗이고 다윗 다음에는 솔로몬입니다. 사울, 다윗, 솔로몬은 통일 이스라엘의 왕입니다. 이때는 이스라엘이 분열되지 않았습니다. 솔로몬이 죽은 다음에 통일 이스라엘은 남유다와 북이스라엘로 분열되어서 남유다는 르호보암, 북이스라엘은 여로보암이 통치를 합니다. 이때부터 남북 분열 왕국이 지속됩니다. 북이스라엘은 200년 정도 존속되면서 19명의 왕을 배출합니다. 남유다는 335년 정도 존속이 되면서 20명의 왕을 배출합니다. 북이스라엘은 200년의 기간 동안 19명의 왕이 있었으니까 1명당 평균 통치 기간이 10년 정도 됩니다.

죽을 때까지 통치를 할 수 있었던 왕정 시대에 한 명의 왕이 다스린 평균 통치 기간이 10년이라고 하는 것은 북이스라엘이 정치적으로 매우 불안정한 사회였음을 알 수 있습니다. 북이스라엘은 왕조가 총 9번 바뀝니다. 왕조가 9번이나 바뀌었다는 말은 끊임없이 암살과 쿠데타가 일어났다는 말입니다. 그렇다면 북이스라엘은 왜 이렇게 정치적으로 불안정했을까요? 그 이유는 북이스라엘은 10지파로 구성되어 있었기 때문입니다. 10지파로 구성되어 있었으니 각 지파는 서로 자기 지파에서 왕이 나오기를 기대했습니다.

예를 들어, 나는 므낫세 지파인데 왕은 에브라임 지파라고 생각해 보십시오. 에브라임 지파의 왕이 아무리 통치를 잘한다고 하더라도 그 왕이 통치를 잘한다고 박수치기는 어렵습니다. 왜냐하면 에브라임 지파의 왕이 통치를 잘 한다고 인정을 받게 되면 계속해서 에브라임 지파에서 왕이 탄생하지 않겠습니까? 모든 지파에게는 자기 지파에서 왕이 나오기를 바라는 소망이 있었습니다. 문제는 자기 지파에서 왕이 탄생하려면 지금의 왕을 끌어 내려야만 한다는 것입니다. 왕이 통치를 못한다고 계속해서 흔들어대야 합니다. 그래서 북이스라엘은 정치적으로 불안정할 수밖에 없었습니다.

그러나 남유다는 다윗의 후손들이 계속해서 통치를 이어갑니다. 중간에 아달랴라고 하는 북이스라엘의 공주가 왕이 된 것을 제외하고는 20명의 왕 가운데 19명이 다윗의 후손입니다. 그리고 그들 모두가 유다 지파입니다. 그래서 남쪽은 정치적으로 특별한 격변이 없었습니다. 정리를 하면 통일 이스라엘의 왕이 3명, 북왕국의 왕이 19명, 남유다의 왕이 20명하여 이스라엘 역사에 등장했던 왕은 총 42명입니다.

42명의 왕 가운데 일반 역사가의 관점으로 A+를 받을 수 있는 왕은 6명이 있습니다. 다윗, 솔로몬, 오므리, 아합, 웃시야, 여로보암 2세입니다. 다윗과 솔로몬은 주전 10세기 인물이고 오므리와 아합은 주전 9세기 인물이며 여로보암 2세와 웃시야는 주전 8세기 인물입니다. 여로보암 2세는 북이스라엘의 왕이었고 웃시야는 남유다의 왕입니다. 시기를 보시면 아시겠지만 이스라엘은 100년 주기로 강력한 전성기를 누렸습니다. 주전 10세기에 다윗과 솔로몬, 주전 9세기에 오므리와 아합, 주전 8세기에 여로보암 2세와 웃시야 등 6명의 왕 때 이스라엘은 정치, 경제, 군사적으로 가장 막강했습니다. 일반 역사가의 관점으로는 이 6명이 A+를 받을 수 있습니다.

그런데 열왕기상하는 누구의 관점으로 기술되어진 역사서입니까? 예언자의 관점입니다. 예언자의 관점으로 기술되어진 열왕기상하에서는 일반 역사가의 관점으로 A+ 받을 수 있는 왕들 가운데 다윗과 웃시아를 제외하고는 대부분 F입니다. 한국 교회가 좋아하는 솔로몬도 예언자의 관점으로는 F입니다. 그 이유가 무엇일까요? 이스라엘이 부강할 때마다 공통점이 하나 있습니다. 두로와의 긴밀한 동맹 관계를 맺었다는 것입니다. 두로가 어떤 나라입니까? 두로와 시돈은 한 짝으로 우리가 보통 페니키아라고 부릅니다. 이 두로와 시돈은 바알 숭배의 본산입니다. 이스라엘이 부강할 때는 항상 두로와 동맹 관계를 맺었는데 이때 두로의 바알 신앙이 이스라엘에 전면적으로 유입이 됩니다.

예언자는 무엇을 중시합니까? 하나님만을 믿고 섬기는 것을 중시합니다. 그런데 이 6명의 왕이 통치할 때에 이스라엘이 경제, 군사적으로 매우 막강해졌는데 이 시기는 바알숭배의 유입으로 인해 사실 하나님을 저버린 시기입니다. 하나님을 저버리고 바알 숭배에 몰두했던 시기입니다. 이스라엘이 경제적으로 부강했을 때는 하나님을 저버리고 바알 숭배에 몰두할 때입니다.

하나님만을 믿고 섬길 때 이스라엘은 경제적으로 조금 어려웠습니다. 강의 시간에 고대 사회에서의 신전의 기능에 대한 설명을 드렸었는데 기억하시는지요? 신전의 기능 중 하나가 대사관의 기능입니다. 예루살렘에 있는 이방 신전을 폐쇄하거나 박살내게 되면 이방과의 외교 관계가 단절됩니다. 외교 관계가 단절되게 되면 이방과의 경제 교류 협력 관계가 중단됩니다. 그러면 이스라엘의 경제는 위축됩니다. 경제가 위축되면 이스라엘 백성들은 먹고 살기 힘들다고 아우성을 칩니다. 그러면 왕권이 흔들리고 새로운 왕이 등장할 수 있는 환경이 조성되는 것입니다. 그래서 이스라엘 역사에서 우상 숭배에 대한 단호한 척결이 어려웠다는 것을 기억하시면 좋겠습니다.

정리하자면 일반 역사가의 관점으로는 42명의 왕 가운데 6명의 왕 정도가 A+를 받을 수 있는데 열왕기상하는 예언자의 관점으로 기술되어졌기 때문에 야훼 하나님만을 믿고 섬기는 종교개혁 운동을 일으킨 히스기야나 요시야에게 높은 점수를 주고 있습니다. 일반 역사가의 관점과 예언자의 관점이 다르다는 것을 기억하시면 좋겠습니다.

북왕국은 끊임없이 새로운 왕조가 등장합니다. 초기에 두 명이 연속 통치를 하다가 암살을 당해서 왕조가 끝나고 이후에도 두 명이 연속 통치하다가 왕조가 끝납니다. 심지어 시므리는 7일 만에 자살을 하면서 왕조가 끝납니다. 시므리 다음에 등장한 사람이 오므리입니다. 오므리 왕조는 오므리, 아합, 아하시야, 여호람 4대까지 지속이 되는데 기간으로 따지면 40년 정도 밖에 안 됩니다. 오므리 왕조 때 북이스라엘은 야훼 신앙을 몰아내고 바알 신앙을 국가 종교로 만들고자 합니다. 이것을 막으려고 했던 예언자가 엘리야와 엘리사입니다.

열왕기상하를 보면 엘리야 엘리사 이야기가 열왕기상하 전체 이야기에 3분의 1정도의 분량을 차지합니다. 열왕기상하 전체가 400년 정도의 이스라엘의 왕조사를 다루고 있는데 400년의 기간 가운데 오므리 왕조 40년 정도의 기간에 전체 분량의 3분의 1 정도를 할애하고 있습니다. 열왕기상 16장 22절부터 열왕기하 12장까지가 오므리 왕조의 이야기입니다. 왜 이렇게 오므리 왕조에 대해서는 많은 분량을 할애하고 있을까요? 열왕기상하를 기술한 목적과 연관이 있습니다. 열왕기상하는 과거 반성이 목적입니다.

하나님의 언약 백성 이스라엘이 하나님의 심판을 받을 수밖에 없었던 이유를 기술하고 있는데 하나님께 가장 등을 돌린 시기가 언제입니까? 바로 오므리 왕조 때입니다. 바알 신앙을 국가 종교로 만들고자 하면서 야훼 하나님에 대한 신앙을 가장 배척했던 시기입니다. 그래서 과거 반성이 목적인 열왕기상하에서는 전체 분량의 3분의 1 정도의 분량을 오므리 왕조와 맞서 싸웠던 엘리야, 엘리사 이야기로 기술하고 있는 것입니다.

오므리 왕조에 대한 이야기는 성경 외에서도 발견할 수 있습니다. 오므리 왕조가 무너지고 100년이 지난 후에 앗수르 문헌에 북이스라엘을 오므리의 집이라고 기술하고 있습니다. 오므리의 집은 오므리 왕조를 가리킵니다. 40년간 지속된 단명한 왕조이지만 그 왕조가 남긴 임팩트가 얼마나 강력했으면 왕조가 무너지고 100년이 지났는데도 북이스라엘을 오므리의 집이라고 부르고 있겠습니까? 이방 나라들은 북이스라엘을 생각하면 바로 오므리 왕조를 떠올렸을 만큼 오므리 왕조가 강력한 인상을 남겼던 것입니다.

열왕기가 다루는 총 400년의 기간 중에 오므리 왕조가 존재했던 시기는 10분의 1밖에 되지 않는 40년의 시기입니다. 그러나 열왕기 전체 분량의 3분의 1이 오므리 왕조 시기에 사역했던 엘리야, 엘리사 이야기입니다. 이때는 야훼가 참 신인지 바알이 참 신인지를 경쟁했던 시기입니다. 그것을 잘 보여주는 이야기가 갈멜산 전투입니다.

열왕기상 1장을 보면 다윗 노년에 있었던 왕위 계승과 관련된 갈등 이야기가 나옵니다. 다윗의 신하들은 크게 두 개의 계파가 있었습니다. 하나가 헤브론파이고 또 하나가 예루살렘파입니다. 헤브론파는 아둘람 동굴에서부터 다윗과 함께 했던 사람들입니다. 사울의 박해를 피해서 다윗이 유대 광야로 도피할 때와 블레셋에 망명할 때 그리고 헤브론에서 남유다의 왕이 되었을 때 늘 다윗과 함께 했던 사람들이 헤브론파입니다. 대표적인 인물이 요압과 아비아달입니다.

사울 사후에 남유다는 다윗이, 북이스라엘은 사울의 아들이었던 이스보셋이 다스립니다. 그러다가 이스보셋이 암살된 다음에 북이스라엘의 장로들은 헤브론으로 내려와서 다윗과 언약을 체결합니다. 그리고 다윗은 이스라엘 전체의 왕이 됩니다. 통일 이스라엘에 왕이 되면서 다윗이 제일 먼저 한 것이 수도를 옮긴 일입니다. 다윗은 수도를 헤브론에서 예루살렘으로 옮깁니다. 예루살렘으로 수도를 옮기고 나서 등장한 다윗의 신하들이 있습니다. 이들을 우리는 예루살렘파라고 하는데 대표적인 인물이 나단과 사독입니다. 학자들은 나단과 사독을 여부스 사람으로 보기도 합니다. 나단과 사독은 원래 여부스 사람인데 다윗이 예루살렘을 공격할 때 예루살렘으로 들어올 수 있는 수로를 알려줌으로써 다윗에게 투항했다고 봅니다.

예루살렘은 해발 800미터 정도로 북한산 정상과 고도가 비슷합니다. 여리고가 마이너스 200인데 여리고에서 걸어서 예루살렘으로 올라갈 때 고도의 차이가 얼마나 많이 나는지를 상상할 수 있을 것입니다. 예루살렘을 공격하고자 올라갈 때 올라가는 그 길에서 진이 다 빠집니다. 다윗이 왜 예루살렘을 수도로 정했냐면 예루살렘은 난공불락의 성입니다. 예루살렘 성 동쪽에는 기드론 골짜기가 있고 남쪽에는 힌놈의 골짜기가 있습니다. 예루살렘 성을 공격하고자 한다면 이 골짜기를 건너야 합니다. 예루살렘까지 올라가는 길도 쉽지가 않은데 성문을 닫아 버리면 성을 공격하는 일은 결코 쉽지 않았습니다.

그런데 다윗은 예루살렘을 손쉽게 정복합니다. 그 이유가 무엇이었을까요? 학자들은 나단과 사독이 다윗에게 예루살렘으로 들어올 수 있는 물길인 수로를 알려줬다고 봅니다. 그 수로를 따라 이스라엘 병사들이 예루살렘에 들어가 손쉽게 정복을 한 것으로 이해합니다. 학자들의 주장이 맞는다면 나단과 사독은 여호수아 2장에 나오는 라합 같은 일을 한 것입니다. 자기 민족의 이익보다는 하나님 나라의 실현에 마음을 두고 하나님께 투항을 한 것입니다. 예루살렘 정복 이후에 다윗은 예루살렘 정복에 큰 공을 세운 나단과 사독을 자기의 신하로 세웠는데 이들이 바로 예루살렘파입니다. 다윗의 신하들은 이처럼 크게 헤브론파와 예루살렘파로 양분되었다라고 이해하시면 됩니다.

다윗은 신명기 17장에 나오는 왕의 규례를 위반합니다. 신명기 17장의 왕의 규례를 보면 왕은 많은 아내를 두지 말아야 합니다. 그런데 다윗은 많은 아내를 통해 많은 자녀들을 얻게 됩니다. 문제는 헤브론에서도 여러 여인들을 통해 왕자를 많이 낳았고 예루살렘에서도 여러 여인들을 통해서 왕자를 많이 낳았다는 것입니다. 여러 여인들을 통해서 왕자를 많이 낳았기에 당연히 왕자들 사이에 왕이 되기 위한 여러 가지 암투, 경쟁들이 존재할 수밖에 없었습니다. 더욱 비극적인 것은 치열한 왕위 경쟁 속에서 한 사람이 왕이 되게 되면 자기 권력을 위협할 수 있는 무수한 경쟁자들을 다 제거하였다는 사실입니다.

이러한 상황 속에서 다윗 노년에 헤브론파와 예루살렘파는 서로 자기 그룹에서 왕을 배출하기 위한 치열한 싸움을 하게 됩니다. 어디에서 차기 왕이 나오느냐에 따라서 한 계파는 살고 한 계파는 완전히 소멸되는 상황 속에서 서로 얼마나 치열하게 싸웠겠습니까? 헤브론파는 헤브론파 왕자들 중에서 왕을 세우기를 원했고 예루살렘파는 예루살렘 왕자들 가운데 왕을 세우기를 원했습니다.

여기서 우리는 이런 추측을 해볼 수 있습니다. 헤브론파 왕자들은 예루살렘 왕자들보다 나이가 훨씬 많았습니다. 다윗이 헤브론에 있다가 예루살렘으로 간 것이니까 당연히 헤브론에서 태어난 왕자들이 나이가 많을 수밖에 없습니다. 따라서 헤브론파는 살아있는 왕자들 가운데 최연장자가 다윗의 왕위를 물려받아야 한다고 주장했을 것입니다. 그러면서 학깃의 아들 아도니야를 밀었고 아도니야가 왕이 되면 자연스레 헤브론파는 모든 권력을 독점하게 되는 것입니다. 그렇게 되면 예루살렘파는 끝나게 됩니다.

이에 대해 예루살렘파는 뭐라고 주장하겠습니까? 나이가 중요한 것이 아님을 강조하면서 다윗이 차기 왕으로 임명하는 왕자가 다음 왕이 되어야 한다고 주장했을 것입니다. 그러면서 예루살렘파는 밧세바의 아들이었던 솔로몬을 적극적으로 추천을 했습니다. 이런 상황에서 일어난 사건이 열왕기상 1장의 사건입니다.

차기 왕권을 둘러싼 두 계파의 갈등 상황 속에서 헤브론파가 먼저 선제공격을 합니다. 다윗이 죽지도 않았는데 아도니아 왕 만세를 부른 것입니다. 이것은 쿠데타라고 볼 수 있습니다. 당시 다윗은 병약한 상태에 있기는 했어도 이 사건으로 인해 심기가 매우 불편했을 것입니다. 다윗 입장에서는 압살롬 사건의 재현으로 다가왔을 수도 있습니다. 아버지가 아직 살아있는데 아버지의 허락도 없이 아들이 왕이 되었다는 것은 쿠데타이고 반역입니다. 그래서 결국 다윗은 예루살렘파가 밀었던 솔로몬을 차기 왕으로 세웁니다. 그런데 1장에서 우리가 주목해야 하는 것은 헤브론파의 선제공격에 대한 이야기를 듣고 나서 예루살렘파가 긴급회의를 하는 것입니다. 긴급회의 중에 열왕기상 1장 11절에 이런 말씀이 나옵니다.

"나단이 솔로몬의 어머니 밧세바에게 말하여 이르되 학깃의 아들 아도니야가 왕이 되었음을 듣지 못하였나이까 우리 주 다윗은 알지 못하시나이다"

열왕기상 1장 앞부분은 다윗 노년에 몸이 너무나 쇠약해져서 정상적인 통치를 하지 못하고 있음을 알려줍니다. 다윗의 몸이 정상이 아니어서 민간요법도 사용합니다. 왕의 몸이 너무 차가우면 안되기에 몸이 따뜻한 젊은 여인과 잠자리를 같이 하도록 해서 왕의 몸을 따뜻하게 만들려고 합니다. 이렇게 다윗이 정상이 아닌 상황 속에서 헤브론파가 아도니야를 내세워서 선제공격을 한 것입니다. 여기에 대해서 예루살렘파가 대응을 하면서 1장 12절에 이런 표현이 나옵니다.

"이제 내게 당신의 생명과 당신의 아들 솔로몬의 생명을 구할 계책을 말하도록 허락하소서"

여기 '계책'이라는 단어가 매우 신비로운 표현입니다. 그 계책의 내용이 1장 13절에 나옵니다.

"당신은 다윗 왕 앞에 들어가서 아뢰기를 내 주 왕이여 전에 왕이 여종에게 맹세하여 이르시기를 네 아들 솔로몬이 반드시 나를 이어 왕이 되어 내 왕위에 앉으리라 하지 아니하셨나이까 그런데 아도니야가 무슨 이유로 왕이 되었나이까"

이런 이야기를 밧세바로 하여금 다윗 왕에게 하라는 것입니다. 밧세바가 그런 이야기를 하고 있을 때 나단이 들어가서 그 이야기를 확증시키겠다고 말합니다. 이것이 나단이 제시하는 계책입니다. 이 계책이라는 표현으로 인해서 13절에서 밧세바가 다윗에게 하는 이 말이 진짜 다윗이 한 말인지 아니면 지금의 위기 상황을 타개하기 위해 나단이 창작해 낸 말인지를 판단하기 어렵습니다. 나단은 분명히 자신이 계책을 하나 만들겠다고 하면서 밧세바가 해야 할 말을 지시해 주었고, 밧세바가 그런 이야기를 하고 있을 때 자신도 따라 들어가서 그 이야기를 확증하는 말을 하겠다고 합니다. 무엇보다 지금 다윗은 정상적인 상태가 아닙니다. 진실은 과연 무엇일까요?

열왕기상 1장은 계책이라는 단어를 사용함으로 진짜 다윗이 밧세바에게 이전에 이런 이야기를 한 것 같기도 하고 아니면 나단의 머리에서 만들어 낸 아이디어 같기도 해서 독자들을 혼란스럽게 만들고 있습니다. 이런 것을 철학에서는 해체주의적 방식의 기술이라고 합니다. 해체주의적 방식이라는 것은 이런 것입니다. 저자가 앞에서는 A를 말합니다. 그런데 뒤에서는 A를 부정하는 듯한 주장을 합니다. 그래서 읽는 독자들로 하여금 '저자가 지금 말하는 것이 A라는 거야, 아니면 A가 아니라는 거야?'라는 미묘한 고민을 하게 만드는 것입니다. 이것이 해체주의적 방식입니다.

이런 해체주의적 방식은 열왕기상 3장에도 나옵니다. 솔로몬이 일천 번제를 드리고 나서 하나님이 솔로몬에게 지혜를 주었다고 우리는 생각합니다. 그런데 솔로몬이 하나님으로부터 지혜를 받았다고 말하는 모든 대화는 어디에서 이루어진 것입니까? 꿈에서 나눈 대화입니다. 열왕기상 3장 5절입니다.

"기브온에서 밤에 여호와께서 솔로몬의 꿈에 나타나시니라"

그리고 나서 하나님과 솔로몬 사이의 대화가 일어납니다. 하나님께서는 솔로몬에게 '무엇을 줄까?'라고 물으시고 솔로몬은 지혜를 달라고 요청합니다. 대화가 끝나고 3장 15절은 이렇게 말합니다.

"솔로몬이 깨어보니 꿈이더라"

이런 것도 해체주의적 방식의 기술입니다. 만약 하나님께서 이스라엘 백성들 모두가 모여 있는 공공장소에서 '내가 솔로몬에게 지혜를 주었다'라고 말씀하시는 것과, 그리고 어떤 예언자에게 '내가 솔로몬에게 지혜를 주었다'고 말씀하시는 것, 그리고 솔로몬의 꿈에서 하나님이 이런 말씀을 하셨다는 것은 완전히 차원이 다른 이야기입니다. 꿈은 하나님의 뜻이 드러나는 계시 가운데 가장 권위가 낮은 계시입니다. 그 이유가 무엇입니까? 일단 증인이 없습니다. 진짜 꿈을 꾼 것인지, 꿈에서 이런 말씀을 진짜 들은 것인지를 알 길이 없습니다. 꿈을 꾸었다고 말하는 사람이 이 모든 이야기들을 자의적으로 만들어내었을 수도 있지 않겠습니까? 무엇보다 꿈의 내용 자체가 꿈을 꾸었다고 말하는 사람에게 유리한 것이라면 더 의심스러울 수밖에 없는 것입니다.

신대원에 재학 중인 전도사님들은 보통 주중에는 학교에서 기숙사 생활을 하고 주일에는 교회에서 주일학교 교육전도사로 사역을 합니다. 대부분 미혼으로서 유초등부나 중고등부나 청년부 사역을 하는데 본인이 사역하는 교회에서 자기 마음을 사로잡는 자매를 만나는 경우들이 많습니다. 총신대학교 신대원 같은 경우에는 학교 뒷산에 기도 굴이 몇 개 있습니다. 전도사님들 중에는 기도 굴에 가서서 자기가 좋아하는 자매와 잘 되게 해달라고 간절히 기도하는 분들이 있습니다. 그런데 너무 놀라운 것이 그렇게 열심히 기도를 하다 보면 어느 날 꿈을 꾸게 된다는 것입니다. 그리고 꿈에서 하나님의 계시를 받습니다. 하나님의 계시가 뭐냐고 물어보면 전도사님한테 대부분 이렇게 말씀하신다는 것입니다. 예를 들어, 그 자매 이름이 A라고 하면 꿈에 하나님이 나타나셔서 'A와 결혼해라.'고 말씀하셨다는 것입니다. 꿈에는 이중적인 성격이 있습니다. 계시적인 성격도 있고 자기 집착적인 것이 꿈을 통해서 투사되는 경우도 있습니다.

어떤 드라마에 너무 빠진 사람은 꿈에서도 드라마가 이어진다고 말하고 하루 종일 바둑만 두는 사람은 꿈에서도 바둑을 계속 둔다고 말합니다. 자나 깨나 계속 그 자매만 생각하면서 그 자매와 결혼하기를 간절히 원한 전도사님은 꿈에서 하나님의 음성을 그렇게 들을 수도 있다고 봅니다. 자기 집착적 꿈이 생각보다 많습니다. 그런데 문제는 이 전도사님이 주일에 교회에 가서 그 자매를 카페로 불러낸 다음에 이렇게 얘기를 합니다. '자매님, 저도 이렇게 말씀드리기가 많이 힘들고 너무나 당황스럽지만 꿈에 하나님께서 저에게 자매님과 결혼을 하라고 명하셨습니다. 저는 당황스럽기는 해도 순종할 마음이 있는데 우리 자매님은 어떠십니까?' 우리 한국 교회 자매님들은 너무 착합니다. 평소에는 그 전도사님을 배우자로 1도 생각을 안했다 하더라도 갑자기 그런 이야기를 듣고 나면 왠지 그 전도사님과 결혼을 안 하게 되면 하나님의 계시를 어기는 것 같은 부담감이 밀려옵니다. 제 주위에도 거의 반강제로 그렇게 결혼하신 사모님들이 몇 명은 되는 것 같습니다. 꿈 꾼 사람 자신에게 유리한 꿈 이야기는 함부로 믿으시면 안 됩니다.

열왕기상 앞부분의 중요한 특징은 해체주의적 방식으로 이야기를 기술하고 있다는 것입니다. 진짜 다윗이 밧세바에게 솔로몬을 왕위에 앉게 하겠다는 이야기를 한 것 같기도 하고 안 한 것 같기도 합니다. '계책'이라는 표현 때문에 헷갈립니다. 열왕기상 3장에서도 솔로몬이 지혜를 받았다는 그 이야기가 실제 하나님과의 대화에서 이루어진 것 같기도 하고 솔로몬이 지어낸 것 같기도 합니다. 실제로 솔로몬이 하나님으로부터 지혜를 받은 것 같기도 하다가도 갑자기 꿈에서 그 이야기가 다 일어난 것인데 열왕기를 쓴 사람이 이 내용을 알고 있을 정도라면 이스라엘 백성들이 이 이야기를 다 알고 있다고 봐야 하는 것 아닙니까?

만약 이스라엘 백성들이 이 이야기를 다 알고 있다고 한다면 결국 이 이야기를 퍼뜨린 사람은 누구일까요? 솔로몬이 퍼뜨린 것입니다. 솔로몬은 자기가 하나님으로부터 지혜를 받았다는 꿈 이야기가 퍼지면 퍼질수록 자기에게 불리할 것이 하나도 없습니다. 이런 것을 뭐라고 하냐면 자기 복무적인 주장이라고 합니다. self-serving인 것입니다. 말하는 사람 자기에게 이로운 이런 이야기는 우리가 조심할 필요가 있습니다. 열왕기의 저자가 열왕기상 앞부분에서는 해체주의적 방식으로 이야기를 기술하고 있음을 우리가 볼 수 있습니다.

말씀과 함께 역사서 5-2

솔로몬에 대한 이야기를 보겠습니다. 히브리어는 자음이 비슷하면 의미도 거의 비슷하다고 생각하시면 됩니다. 솔로몬이라는 이름은 우리가 잘 아는 히브리어 단어 중에 어떤 단어와 자음이 비슷한가요? '샬롬'이죠. 그래서 솔로몬이라는 이름의 뜻은 '평화'입니다. 솔로몬의 아버지인 다윗이 평생 전쟁을 했던 사람이라면 솔로몬은 거의 전쟁과는 거리가 먼 삶을 살았던 인물입니다.

솔로몬은 태어났을 때부터 금수저를 한 50개 정도 물고 나온 재벌 2세 같은 사람입니다. 아버지로부터 엄청나게 많은 것들을 물려받았습니다. 솔로몬이 소유한 것 중에 자기 힘으로 획득한 것은 거의 없습니다. 그리고 아버지가 죽기도 전에 학깃의 아들 아도니아의 선제공격 때문에 의도치 않게 굉장히 빨리 왕이 되었습니다. 아버지에게 물려받은 것은 매우 많고 그것을 지켜낼 만한 힘은 약했기 때문에 솔로몬이 선택한 것이 결혼 동맹 정책입니다. 그래서 솔로몬은 이스라엘의 대적이 될 수 있는 모든 나라의 공주들과 결혼합니다. 이스라엘 주변의 모든 나라들과 사돈 관계를 맺습니다. 이 결혼 동맹 정책이 솔로몬이 야훼 신앙을 저버리게 된 가장 큰 패착이라고 할 수 있습니다.

　결혼 동맹 정책을 통해 이스라엘 주변에 있는 모든 나라들과 사돈 관계를 맺고 이방의 공주를 왕비로 맞이하면 이방의 사람들과 문화와 종교가 함께 들어오게 됩니다. 이스라엘의 왕비가 되는 공주를 보필하기 위해 신하들과 궁녀들도 오고 이스라엘과의 무역을 위해서 그 나라 상인들도 들어오게 됩니다. 무엇보다 솔로몬은 자신의 부인이 된 이방 공주의 종교 생활을 보장하기 위해서 이방 신전을 지어줍니다. 이방의 우상들을 합법적으로 이스라엘 땅에 유입한 사람이 바로 솔로몬입니다. 솔로몬을 야훼 하나님을 위해 성전을 건축한 왕으로만 생각을 하는데 그렇지 않습니다. 열왕기상 11장을 보면 솔로몬은 수십 개의 신전을 건축합니다. 그 수십 개의 신전 가운데 하나가 야훼 하나님을 위한 성전입니다. 솔로몬은 바알 신전도 건축하고, 그모스 신전도 건축하고 밀곰 신전도 건축합니다.

　그리고 그 신전에 나아가 경배도 합니다. 자신의 아내가 된 이방 공주들의 종교 생활을 보장하기 위해서 이방의 우상들을 합법적으로 도입했을 뿐만 아니라 신전을 건축했고, 야훼와 함께 그것들을 겸하여 섬깁니다. 성경이 말하는 우상 숭배의 대명사가 바로 솔로몬입니다. 솔로몬이 건축했던 이방의 신전들은 계속해서 이스라엘 역사를 발목 잡는 덫이 됩니다. 예루살렘에 있는 이방 신전을 폐쇄하거나 이방 신전을 박살내게 되면 그 이방 나라와 외교 관계가 단절되고 그로 인해 경제 교류 협력 관계도 중단됩니다. 그러면 자연스레 이스라엘 경제는 위축

됩니다. 결국 먹고 살기 위해서라도 이방의 신전들을 내버려 둘 수밖에 없는 문제의 단초를 만들어 낸 사람이 바로 솔로몬입니다.

솔로몬은 초기에 통치 기반이 너무 허약했습니다. 헤브론파와 예루살렘파의 권력 다툼의 상황 속에서 갑작스럽게 왕이 되었고 왕이 되자마자 제일 먼저 한 것이 예루살렘파의 정적인 헤브론파의 주요 인물들을 숙청한 것입니다. 솔로몬은 아도니아와 요압과 시므이를 죽이고 아비아달은 유배를 보냅니다. 예루살렘파의 지지만을 받을 수밖에 없었던 솔로몬은 하나님께 일천번제를 드리고 지혜를 구합니다.

솔로몬의 일천번제로 인해 20여 년 전부터 한국 교회에서도 일천번제 헌금을 거두는 교회들이 많아졌습니다. 저는 일천번제 헌금을 거두는 교회는 이단스러운 교회라고 생각합니다. 그런데 제가 강사로 가는 교회들 중에도 일천번제 헌금을 걷는 교회들이 많음을 보고 깜짝 놀랐습니다. 그래서 제가 담임 목사님과 티타임을 가지면서 어떻게 일천번제 헌금을 거두게 되었는지를 물으면 대부분의 목사님들이 자기도 죽겠다고 하시면서 자기도 이 헌금을 없애고 싶은데 그렇게 되면 교인들의 아우성이 너무 크다는 것입니다.

목사님은 일천번제 헌금을 걷는 것이 신학적으로 잘못되었다는 확신 가운데 이 헌금을 없애고자 하셨는데 권사님들이 너무나 세게 문제 제기를 하셔서 그냥 없던 일로 했다고 합니다. 교인들의 눈치를 보느라 없애지 못한다고 하시는데 참 안타깝습니다. 어떻게 보면 한국 교회는 하나님의 전적인 은혜로 구원을 받는다고 하면서도 은근히 공로주의를 강조하고 좋아합니다. 그리고 공로주의를 수치적으로 판단할 수 있는 잣대 가운데 하나가 일천번제 헌금이 아닌가 생각이 됩니다. 일천번제 헌금을 어디까지 했느냐를 가지고 각자의 신앙적 열심을 판단하는 것입니다. 성경 필사, 새벽 기도 참석 여부 등을 가지고 교인들 상호간에 서로 비교도 하고 경쟁도 하는 것이 우리의 현실입니다.

한국 교회가 하고 있는 일천번제 헌금은 똑같은 액수의 헌금을 일천 번 내는 것입니다. 그런데 솔로몬이 행한 일천번제는 그것과 다릅니다. 일천이라고 하는 것은 많은 수를 상징하는 것이고 번제는 레위기 1장에 나오는 가죽을 벗기고 통째로 태워드리는 제사를 뜻합니다. 솔로몬이 바친 일천번제는 많은 수의 짐승을 한 번에 번제로 하나님께 바친 것입니다. 원래 번제라고 할 때 번은 한자로 '태울 번' 자입니다.

레위기에 5대 제사가 나오지 않습니까? 번제, 소제, 화목제, 속죄제, 속건제가 있는데 번제는 짐승의 가죽을 벗기고 나머지를 통째로 태워 향기를 하나님께 바치는 제사입니다. 벗긴 짐승의 가죽은 짐승을 죽이는 일에 참여한 제사장에게 제공합니다. 짐승의 가죽을 벗기고 통째로 태우는 것이기에 번제는 태울 번 자를 사용합니다. 그런데 한국 교회가 거두는 일천번제 헌금은 한 번, 두 번, 세 번처럼 숫자를 셀 때의 '번' 자를 사용합니다. 그래서 똑같은 액수의 헌금을 일천 번 거두는 것으로서 솔로몬의 일천번제와는 아무런 상관이 없는 것입니다.

솔로몬은 많은 수의 짐승을 한꺼번에 번제로 바쳤습니다. 그리고 하나님께서 그날 밤 꿈에 나타나셔서 '내가 너에게 무엇을 주기를 원하느냐?'라고 물으셨고 솔로몬은 하나님께 '지혜를 달라'고 대답을 합니다. 여기 지혜라는 단어는 히브리어 원어로 보면 '듣는 마음'입니다. 열왕기상 3장 9절에서 솔로몬은 이렇게 말합니다.

"누가 주의 이 많은 백성을 재판할 수 있사오리이까 듣는 마음을 종에게 주사 주의 백성을 재판하여 선악을 분별하게 하옵소서"

여기의 '듣는 마음'이 '지혜'입니다. 솔로몬은 하나님의 음성을 들을 수 있는 마음, 백성들의 음성을 들을 수 있는 마음을 달라고 요청합니다. 바꿔 말하면 하나님의 음성을 들을 수 있는 귀, 백성들의 음성을 들을 수 있는 귀, 옳고 그름을 분별할 수 있는 능력을 달라고 한 것입니다.

여기서 제가 질문을 하나 드려보겠습니다. 솔로몬은 하나님으로부터 하나님의 음성과 백성의 음성을 들을 수 있는 마음 즉 '지혜'를 받았을까요? 받지 못했을까요? 열왕기상 3장의 재판만 놓고 보면 솔로몬은 이 지혜를 받은 것 같습니다. 그런데 4장 이하를 보면 솔로몬은 백성들의 아우성을 전혀 듣지 못합니다. 예루살렘에 이방 우상들을 위한 신전을 지어주는 것을 보면 야훼 하나님의 음성도 전혀 듣지 못하고 있음을 알 수 있습니다. 솔로몬은 진짜 꿈을 통해 하나님으로부터 지혜를 받은 것이 맞을까요?

솔로몬에 대해 부정적인 생각을 가진 분들은 솔로몬이 하나님으로부터 지혜를 받지 않았다고 생각할 수 있습니다. 솔로몬이 꿈을 잘못 꾸었거나 아니면 자기가 인위적으로 그런 꿈을 조작했다고 보기도 할 것입니다. 저는 성경에 나와 있는 그대로 볼 때 하나님께서 솔로몬에게 지혜를 주셨다고 생각합니다. 그러나 우리가 여기서 기억해야 할 것이 하나 있습니다. 우리가 하나님께 어떤 은사를 받았다고 해서 그 은사가 죽을 때까지 나의 소유가 되는 것은 아니라는 것입니다. 솔로몬이 하나님으로부터 지혜를 받았다고 할 때 한번 받았으니 그 지혜는 평생 솔로몬의 것이 되는 것입니까? 전혀 그렇지 않습니다.

저는 솔로몬이 처음에는 지혜를 받았다고 생각합니다. 겸손하게 하나님을 의지하고 하나님의 도우심을 구하는 자세를 보였을 때 하나님께서 솔로몬에게 지혜를 주셨다고 봅니다. 그런데 통치 기반이 안정되고 이방 여인들과의 결혼 동맹을 통해서 이스라엘 대적이 사라지는 상황 속에서 솔로몬은 더 이상 하나님의 음성이나 백성들의 음성을 들으려고 하지 않습니다. 열왕기상 4장부터 11장을 보게 되면 솔로몬의 모습은 지혜의 사람하고는 아무런 관련이 없는 모습을 계속해서 드러내고 있습니다.

우리가 하나님께 은사를 받았다고 해서 그 은사가 나의 소유가 되는 것이 아님을 기억해야 합니다. 첫 마음을 유지할 때에만이 그 은사를 하나님께서 계속해서 허락해 주시는 것입니다. 겸손한 마음으로 하나님께 그 은사를 구하는 것이 필요한데 시간이 지날수록 솔로몬의 마음이 높아집니다. 그래서 하나님의 음성과 백성들의 음성을 전혀 듣지 못하는 존재가 됩니다.

많은 분들이 솔로몬이 지혜를 받았다고 생각하는 이유가 열왕기상 3장에 나오는 재판 이야기 때문입니다. 그런데 재판 이야기에도 복선이 있습니다. 솔로몬이 문제를 해결하는 과정 속에서 칼을 동원합니다. 열왕기상 3장 24절에 그 내용이 나옵니다. 재판 당시에 아이가 정확히 몇 개월인지는 알 수가 없습니다. 신생아인지 6개월이나 돌 무렵인지를 알 수 없는데 만약 이 아이가 돌 무렵이었다고 보면 말귀를 어느 정도 알아듣지 않았을까요? 솔로몬이 문제를 해결하는 과정에서 '칼을 가져 와서 아이의 반을 잘라서 여인들에게 주라.'라고 했을 때 그 말을 이 아이가 들었다면 저는 평생 이 아이는 엄청난 트라우마에 시달렸을 것이라고 생각합니다.

재판 이야기에서 칼을 동원한 것이 복선인 이유는 열왕기상 4장부터 나오는 솔로몬의 통치 방식이 칼을 동원하는 것 같은 폭력적인 방식이기 때문입니다. 솔로몬은 백성들을 강제 노역에 동원하고 임의로 행정 구역을 나누고 과도한 세금을 부과합니다. 열왕기상 3장 28절은 솔로몬이 재판한 이야기를 듣고 '백성들이 두려워했다'는 표현이 나옵니다. 찬사를 보낸 것이 아니라 백성들은 두려워했습니다. 이것도 하나의 복선입니다.

제가 아이들을 키우면서 어린 시절에는 공동육아를 했습니다. 두 가정에서 다섯 명의 아이들을 공동육아를 했는데 엄마 아빠들이 돌아가면서 아이들 교육 관련하여 하나씩을 담당했습니다. 제가 그때 담당한 것은 이솝 우화나 성경에 나오는 재미있는 이야기를 들려주는 것이었습니다. 어느 날 제가 열왕기상 3장에 나오는 솔로몬의 재판 이야기를 아이들에게 들려주었습니다. 그때 아이들이 5명 정도 있었는데 제가 쭉 설명을 하면서 '어쩜 좋아, 엄마는 둘이고 아이는 하나인데 서로 자기 아이라고 우기고 있는데' 하면서 '너희가 솔로몬 왕이라면 뭐라고 판결을 내릴 거야?'라고 물었습니다. 너무 놀라운 것이 제 이야기를 들었던 다섯 명의 아이들이 이구동성으로 '함께 키우면 되죠.'라고 답을 했습니다. 제가 깜짝 놀라서 '왜 함께 키우라고 해?'라고 물었더니 함께 키우게 되면 진짜 엄마가 더 사랑으로 아이를 키우지 않겠냐는 것입니다.

여러분들이 생각하실 때는 함께 키우라고 한 어린 아이들의 해결 방안이 지혜롭나요? 아니면 칼을 가져와서 반을 자르라고 한 솔로몬의 해결 방안이 지혜롭나요? 그런데 제가 다른 교회 유치부 아이들을 만나서 솔로몬의 재판 이야기를 하고 '너희가 솔로몬이라면 어떻게 할 거야?'라고 물었을 때 '함께 키우면 된다'고 말하는 아이를 본 적이 없습니다. 아이들은 자기 경험 안에서 사고하고 말을 합니다. 자신이 현재 공동 육아를 하고 있으니까 함께 키우는 것을 생각할 수 있는 것입니다. 다양한 경험들을 아이들에게 제공하다 보면 아이들의 상상력이 더 넓어지게 됩니다. 사실 우리가 너무 좁은 범위 안에서 아이들을 양육하는 것이 아닌가라는 생각이 듭니다.

솔로몬은 처음의 마음을 지켜내지 못하고 시간이 지날수록 타락하게 됩니다. 자기의 부와 권력을 지키는 방식으로 이방 공주들과 결혼 동맹을 맺었고 이로 인해 자연스럽게 이방종교를 도입하고 이방신전을 건축합니다. 통치 40년 내내 무수한 신전과 왕궁, 국고성과 병거성과 마병성을 건축하면서 백성들을 강제 노역에 시달리게 합니다. 솔로몬은 백성들을 강제 노역시킴으로 출애굽의 구원 사건을 무효화 했습니다. 이것은 신학적 표현인데 출애굽 구원 사건을 무효화 했다는 말을 꼭 기억하셔야 합니다. 솔로몬은 가나안 땅에 등장한 바로라고 볼 수 있습니다.

출애굽기를 보면 이스라엘 백성들이 어떻게 출애굽 하게 되었습니까? 강제 노역에 시달리던 그들의 아우성을 하나님이 들으신 것입니다. 왜 그들이 아우성을 쳤습니까? 바로가 그들을 강제 노역으로 시달리게 만들었기 때문입니다. 하나님께서는 강제 노역에 시달리던 자들을 자유롭게 해주셨습니다. 그것이 바로 출애굽 구원 사건입니다. 출애굽 구원 사건과 시내산 언약의 핵심적 내용은 바로의 종살이 하던 자들을 하나님께서 자유인 되게 만드셨다는 것입니다. 종살이 하던 자들, 노예살이 하던 자들을 자유인 되게 만든 것이 출애굽 구원 사건의 핵심입니다. 그런데 하나님에 의해서 자유인이 된 이스라엘 백성을 다시 강제 노역에 시달리게 만든 사람이 누구입니까? 솔로몬입니다. 출애굽 사건 이전으로 회귀시켜 버린 것입니다. 이것을 신학적으로 표현할 때 출애굽 구원 사건의 무효화라고 합니다. 솔로몬은 가나안 땅에 등장한 또 한 명의 바로라는 것을 기억하셔야 합니다.

솔로몬은 통치 기반이 허약했을 때의 그 간절한 마음을 통치가 안정된 이후에 망각하게 됩니다. 처음의 마음을 지켜내지 못한 것입니다. 사사기에 나오는 기드온과 매우 유사합니다. 기드온도 처음에는 하나님에 대한 온전한 믿음을 드러내 보였는데 이후에는 에봇을 만들어 이스라엘 백성들로 하여금 그것을 우상처럼 섬기게 만들었습니다. 초지일관의 신앙을 지켜내지 못한 것입니다. 솔로몬도 마찬가지입니다. 처음의 순수하고 간절한 마음을 지켜내지 못했습니다. 신앙의 핵심은 '신실함'입니다. 우리가 보통 믿음으로 구원받는다는 말을 많이 하는데 이 믿음이라는 단어의 동의어가 신실함입니다. 이것을 갈라디아서 5장 22~23절의 성령의 9가지 열매에서는 '충성'이라고 합니다.

헬라어로는 '피스티스'인데 그 뜻이 '믿음'도 되고 '신실함'도 되고 '충성'도 됩니다. 무엇이 믿음입니까? 상황에 지배 받지 않는 신실함, 하나님에 대한 충성이 믿음입니다. 솔로몬 같은 경우에는 초반에 통치 기반이 취약했을 때에는 하나님을 의존하는 모습을 보입니다. 그러나 권력이 안정기에 접어들게 되면서 하나님과 이방의 우상들을 겸하여 섬기게 되고 시간이 지날수록 하나님으로부터 등을 돌리게 되는 모습을 볼 수 있습니다. 신명기 17장 14절부터 20절을 보면 왕이 지켜야 되는 세 가지의 내용이 나옵니다.

"네가 네 하나님 여호와께서 네게 주시는 땅에 이르러 그 땅을 차지하고 거주할 때에 만일 우리도 우리 주위의 모든 민족들 같이 우리 위에 왕을 세워야겠다는 생각이 나거든 반드시 네 하나님 여호와께서 택하신 자를 네 위에 왕으로 세울 것이며 네 위에 왕을 세우려면 네 형제 중에서 한 사람을 할 것이요 네 형제 아닌 타국인을 네 위에 세우지 말 것이며 그는 병마를 많이 두지 말 것이요 병마를 많이 얻으려고 그 백성을 애굽으로 돌아가게 하지 말 것이니 이는 여호와께서 너희에게 이르시기를 너희가 이 후에는 그 길로 다시 돌아가지 말 것이라 하셨음이며 그에게 아내를 많이 두어 그의 마음이 미혹되게 하지 말 것이며 자기를 위하여 은금을 많이 쌓지 말 것이니라 그가 왕위에 오르거든 이 율법서의 등사본을 레위 사람 제사장 앞에서 책에 기록하여 평생에 자기 옆에 두고 읽어 그의 하나님 여호와 경외하기를 배우며 이 율법의 모든 말과 이 규례를 지켜 행할 것이라 그리하면 그의 마음이 그의 형제 위에 교만하지 아니하고 이 명령에서 떠나 좌로나 우로나 치우치지 아니하리니 이스라엘 중에서 그와 그의 자손이 왕위에 있는 날이 장구하리라"

안타깝게도 그 세 가지 모두를 위반한 3관왕이 솔로몬입니다. 그 세 가지 내용이 무엇입니까? 첫째, 왕은 많은 아내를 두어서는 안 됩니다. 그러나 솔로몬은 후궁이 700명이고 첩이 300명이었습니다. 둘째, 왕은 자기의 권력을 이용해서 은, 금을 축적해서는 안 됩니다. 왕이라는 권력을 이용해서 자기의 부귀영화를 추구해서는 안 되는 것입니다. 그런데 솔로몬은 엄청난 부를 소유하였습니다. 제가 어렸을 때 20원짜리 풍선껌을 사면 거기에 조그마한 퀴즈 책자가 있었습니다. 거기에 보면 '지금까지 세계에서 가장 큰 부자는 누구일까요?'라는 문제가 나오고 정답이 솔로몬으로 되어 있었습니다. 셋째, 왕은 애굽에 내려가서 말을 구입하지 말아야 합니다. 여기에서 말은 군사 무기를 상징합니다. 군사 강국이 되기 위해 애굽과 교류하지 말라는 것입니다. 그런데 솔로몬은 애굽의 왕이었던 바로를 장인으로 모시고 애굽의 공주를 아내로 맞이합니다. 그리고 애굽에 내려가서 말을 대규모로 구매해서 헷 사람과 아람 사람들에게 그 말을 판매합니다. 무기 중개업을 한 것입니다. 이처럼 신명기 17장에서 말하고 있는 왕이 해서는 안 될 세 가지를 대놓고 위반한 3관왕이 바로 솔로몬입니다.

신명기 17장의 그 말씀이 최종 완성된 시점이 바벨론 포로기 때입니다. 신명기 17장의 그 내용은 이스라엘을 망가뜨린 주범으로 솔로몬을 염두에 두고 쓴 것이 아닐까 싶을 정도로 솔로몬의 모습과 정확히 일치합니다. 안타깝게도 솔로몬은 이스라엘 42명의 왕 가운데 최악의 왕입니다. 제가 이것을 강조하는 이유가 있습니다. 한국 교회는 솔로몬을 긍정적이고 우호적으로 바라보는 정서가 매우 강합니다. 교인들이 운영하는 학원도 보면 솔로몬 학원이라는 이름을 가진 곳이 많습니다. 이렇게 솔로몬을 긍정적으로 보는 이유는 솔로몬이 지혜의 왕이라고 생각하기 때문입니다. 이 땅의 모든 부모들은 자기 자녀가 솔로몬과 같이 지혜로운 아이가 되기를 원합니다. 그리고 솔로몬은 성전 건축을 한 인물입니다. 교회에서 성전 건축을 하고자 할 때마다 솔로몬을 인용합니다. 이런 이유들로 인해 솔로몬에 대해 우호적인 인식들이 편만한데 실제 열왕기상을 읽어 보면 솔로몬에 대한 부정적인 이야기들이 매우 많습니다.

특히 열왕기상 11장은 솔로몬이 얼마나 우상 숭배에 몰두했는가를 폭로하고 있습니다. 심지어 솔로몬의 강제 노역과 폭압적인 통치로 인해 통일 이스라엘은 남과 북으로 분열됩니다. 누가 이방의 우상을 이스라엘에 끌어들였습니까? 솔로몬입니다. 누가 예루살렘에다 이방신전을 건축했습니까? 솔로몬입니다. 누가 이스라엘 백성들을 강제 노역에 시달리게 하면서 출애굽 구원 사건을 무효화시켰습니까? 솔로몬입니다. 솔로몬이 이스라엘을 우상 숭배에 빠뜨린 원흉이자 이스라엘 역사에 등장한 또 한 명의 바로입니다.

제가 이렇게 솔로몬에 대해 부정적으로 말하면 여러분 가운데서는 '양 목사님이 무슨 솔로몬에 대한 원한이 있나'라고 생각하는 분들이 계실지 모르지만 저는 솔로몬에 대한 그 어떠한 원한도 없습니다. 너무나 한국 교회가 성경을 편식하는 것에 대해 문제 제기를 하는 것입니다. 교인들은 솔로몬에 대해 열왕기상 3장과 8장만 읽습니다. 그런데 4장부터 11장까지가 솔로몬의 몰락 이야기인데 그 부분은 전혀 주목하지를 않습니다. 성경을 자세히 읽어보면 솔로몬의 죄가 참 크다는 것을 알 수 있습니다.

열왕기상 4장을 보면 솔로몬은 유다 지파에게만 특혜를 주는 정책을 시행합니다. 사무엘하 5장 3절을 보면 다윗은 통일 이스라엘의 왕이 될 때 북이스라엘 장로들과 언약을 체결합니다.

"이에 이스라엘 모든 장로가 헤브론에 이르러 왕에게 나아오매 다윗 왕이 헤브론에서 여호와 앞에 그들과 언약을 맺으매 그들이 다윗에게 기름을 부어 이스라엘 왕으로 삼으니라"

그 언약의 내용이 성경에는 나오지 않지만 우리가 충분히 추론할 수 있습니다. 유다 지파만을 편드는 정치가 아니라 12지파 모두에게 미쉬파트와 체데크를 시행하는 정치를 해달라고 북이스라엘의 장로들은 요청했을 것이고, 다윗은 그렇게 하겠노라고 대답을 했을 것입니다. 그것이 다윗과 북이스라엘 장로들이 체결한 언약의 내용입니다. 다윗은 죽을 때까지 이 언약을 준수하기 위해 애를 씁니다. 그런데 솔로몬은 처음부터 끝까지 집토끼 우선 정책을 펼칩니다. 유다 지파만을 편드는 정치를 시행한 것입니다.

유다 지파만 편드는 정치의 구체적인 내용으로는 크게 세 가지가 있습니다. 첫째, 유다 지파는 지파별 자치를 유지하면서 엄청난 세금 혜택을 제공 받습니다. 이스라엘은 출애굽 이후 12지파 연맹 공동체로 출범을 했습니다. 평상시에는 지파별 자치를 하다가 중요한 순간에는 12지파가 한마음 한 뜻이 되어서 함께 행동하는 것입니다. 이것이 깨진 시대가 사사 시대입니다. 그래서 사무엘시대 때 백성들은 다른 나라들처럼 백성 전체를 통치할 수 있는 왕을 세워달라고 요청합니다. 그렇게 왕정이 시작이 됩니다. 왕정은 시행되었지만 지파간의 경계, 지파별 자치는 그대로 지속이 되었습니다.

그런데 솔로몬은 기존의 지파별 경계를 허물고 이스라엘 전체를 12개의 행정구역으로 재편합니다. 그리고 중앙에서 행정구역을 관리 감독하고 다스리는 장관을 한명씩 파견합니다. 지파별 자치가 아니라 그 지역을 중앙에서 파견된 장관으로 하여금 다스리게 한 것입니다. 그런데 여기에 유다 지파는 빠져 있습니다. 그것을 어떻게 알 수 있냐면 열왕기상 4장에 보면 열두 장관이 다스리는 지명이 나오는데 거기에 유다 지파의 땅은 나오지 않습니다. 유다 지파를 제외한 나머지 지파의 땅을 12개의 행정 구역으로 재편한 것입니다. 그리고 각각의 행정 구역을 다스리는 장관을 중앙에서 임명하여 지파별 자치를 끝장내게 한 것입니다.

이것이 왜 잘못된 것이냐면 하나님께서 지파별로 땅을 주시면서 지계표를 옮기지 말라고 하셨습니다. 그런데 솔로몬이 임의로 이 지파의 경계를 해체시키고 새로운 경계를 만들어버린 것입니다. 그리고 솔로몬은 12개의 행정 구역이 돌아가면서 일 년에 한 달씩 왕실이 소비하는 모든 것들을 제공하도록 하였습니다. 쉽게 얘기하면 엄청난 세금을 납부하도록 한 것입니다. 열왕기상 4장 후반부를 보면 솔로몬 왕실에서 하루에 먹는 음식량이 쭉 나오는데 엄청납니다. 그런데 이것을 각 행정구역이 한 달씩 담당하도록 한 것입니다. 이것을 바치기 위해서 얼마나 백성들이 고혈을 짜내어야 했겠습니까? 그런데 여기서 유일하게 빠진 지파가 있는데 바로 유다 지파입니다. 유다 지파는 여전히 지파별 자치가 시행이 되고 엄청난 세금 혜택도 받은 것입니다.

둘째, 강제 노역에 있어서도 유다 지파는 동원되지 않았습니다. 솔로몬은 오랜 세월 수십 개의 신전을 건축했습니다. 그리고 13년에 걸쳐 왕궁도 건설합니다. 또한 국고성, 병거성, 마병성 등을 건축하면서 전 국토를 군사 요새화합니다. 솔로몬이 총 40년을 통치했는데 솔로몬은 40년 통치 내내 토목공사를 한 것입니다. 그런데 문제가 있었습니다. 건축을 시행하면서 두로 사람들에게는 정당한 임금을 지급했는데 이스라엘 백성들에게는 임금을 주지 않았다는 것입니다. 40년 내내 토목공사를 하면서 백성들을 강제 노역에 동원을 시켰으니 백성들의 불만이 얼마나 고조되었겠습니까? 그래서 솔로몬 통치 후반부로 갈수록 수많은 반역 사건들이 일어납니다. 그런데 강제 노역에 대한 불만이 고조되어 백성들이 들고 일어났을 때 여기에 동참하지 않은 지파가 있습니다. 바로 유다 지파입니다. 유다 지파가 강제 노역에서 제외되었다는 것을 여기서 알 수 있습니다. 우리나라 역사에서 고려시대나 조선시대에 권문세족이나 양반들에게는 세금도 걷지 않고 군역도 면제시켜 준 것과 같은 혜택을 주었다고 보시면 되겠습니다.

셋째, 신전과 왕궁을 건축할 때 두로에서 금이나 목재와 같은 재료를 수입하기도 하고 인부들을 고용하기도 합니다. 이것에 대해서는 이스라엘 왕실에서 대금을 지불해야 하는데 이후에는 왕실 재정이 부족해지면서 대금을 지불하지 못하게 됩니다. 그래서 열왕기상 9장을 보면 갈릴리에 있는 성읍 스무 개를 두로에 국토 매각을 하게 됩니다. 이 국토 매각 사건이 북이스라엘 사람들에게 얼마나 큰 충격이었을까를 생각해 보십시오. 조상 대대로 살았던 그 땅을 어느 날 솔로몬이 매각을 해버려서 이제는 두로왕의 통치를 받게 된 것입니다. 이스라엘 백성에서 하루아침에 두로의 백성이 되어 버렸으니 이 사람들이 솔로몬에 대해 가진 배신감이 얼마나 컸겠습니까? 이때도 매각한 국토가 북쪽 지역입니다. 유다의 땅은 안전하게 보장해 준 것입니다.

이 세 가지 이유로 인해 북이스라엘 백성들은 솔로몬에 대한 반감이 고조됩니다. 그래서 솔로몬 통치 말기에 하닷, 르손, 여로보암 등이 계속해서 반역을 일으킵니다. 그리고 솔로몬이 죽은 다음에 그의 아들 르호보암이 왕이 되려고 할 때 북이스라엘 대표단이 와서 르호보암과 담판을 짓게 됩니다. 결국 담판이 결렬되어 남유다와 북이스라엘로 분열이 될 때 르호보암에게는 유다 지파만 붙습니다. 솔로몬시절에 지속적으로 우대정책을 받았던 유다 지파만이 솔로몬의 아들 르호보암을 따른 것입니다.

솔로몬은 통치 40년 내내 이스라엘 백성을 강제 노역에 시달리게 만들었는데 이 강제 노역이 어떤 문제를 일으켰는지를 주목하셔야 합니다. 강제 노역이 장기화되면서 이스라엘 백성들의 삶의 토대는 붕괴가 됩니다. 왜 삶의 토대가 붕괴가 되냐면 이 당시에는 전체 인구의 90% 이상이 농사를 지을 때입니다. 농사를 경험해 본 분들은 아시지만 농사는 타이밍 싸움입니다. 농사를 짓는다고 할 때 내가 씨 뿌리고 싶을 때 씨 뿌리고 수확하고 싶을 때 수확할 수 있는 것이 아닙니다. 농사에는 때가 있는 법입니다. 땅을 갈아야 할 때 땅을 갈아야 하고, 씨를 뿌려야 할 때 씨를 뿌려야 하고, 추수해야 될 때 추수해야 합니다. 그런데 열왕기상을 보면 솔로몬은 세 달씩 순환하며 백성들을 강제 노역에 동원합니다. 한 달은 두로나 레바논에 가서 일하게 하고 두 달은 이스라엘 땅에서 일하게 합니다. 세 달 로테이션으로 백성들을 강제 노역에 동원한 것입니다. 문제는 강제 노역에 동원되는 시점이 씨를 뿌려야 될 때라고 생각해 보십시오. 그러면 이 사람은 씨를 뿌리지 못하고 끌려가게 되는 것입니다. 그러면 그해 농사는 기대할 것이 없습니다.

씨를 뿌리지 않았으니 아무것도 수확할 것이 없는 것입니다. 그런데 가족은 입에 풀칠을 해야 될 것 아닙니까. 그러면 살기 위해서 돈 있는 부유한 사람에게 돈을 빌리게 됩니다. 그런데 돈을 빌릴 때는 담보가 필요합니다. 대부분은 조상들로부터 받은 땅을 담보로 내걸고 돈을 빌립니다. 그런데 솔로몬 통치 40년 내내 강제 노역에 시달렸다는 것입니다. 그러니까 돈을 빌릴 때는 다음 해에 농사를 잘 지어서 자신이 빌린 돈을 갚겠다고 마음을 먹는데 그 다음 해에도 강제 노역에 시달리면서 농사가 잘 안되면 담보로 내건 땅을 빼앗길 수밖에 없는 것입니다. 그러면 이번에는 자기 몸을 담보로 또 돈을 빌리게 됩니다. 그런데 그 다음 해에도 수확이 없어서 담보로 내놓은 몸이 팔려가게 되면 이제 누군가의 종과 노예가 되는 것입니다. 솔로몬의 강제 노역을 통해 출애굽 구원 사건이 무효화되었을 뿐 아니라 실제로 많은 이들이 땅을 상실하게 되었고 노예로 전락하게 되었다는 것이 중요합니다.

솔로몬의 강제 노역이 어떤 사회 경제적인 파장으로 이어지는지를 주목해야 합니다. 강제 노역이 장기화되면서 백성들은 농사를 제대로 짓기 어려워집니다. 농사의 수확이 부실해지면 물가가 높아집니다. 그러면 가난한 사람들은 더욱 살기가 어려워집니다. 살기 위해서 부유한 사람에게 땅이나 자기 몸을 담보로 돈을 빌리게 되고 갚지 못하게 되면 땅과 몸을 빼앗기게 됩니다. 그래서 시간이 지날수록 부유한 사람은 더 부유해지고 가난한 사람은 원래는 자유인이었는데 이후에는 누군가의 종이 되어버립니다. 고고학자들의 연구 결과를 보면 주전 10세기에는 이스라엘 가옥의 크기가 비슷비슷합니다. 그런데 9세기와 8세기로 넘어가게 되면 부유한 사람들이 사는 부유촌이 따로 있고 가난한 사람들이 사는 가난한 동네가 따로 존재하게 됩니다. 그리고 부유한 사람들의 집의 규모는 가난한 사람들의 집의 규모보다 3~4배 정도 큰 집이 등장하게 됩니다. 솔로몬의 통치 이후부터 빈부의 양극화가 심화된 것입니다.

주전 8세기 북이스라엘의 예언자 가운데 아모스가 있습니다. 아모스는 남유다 사람임에도 북이스라엘에 가서 예언 사역을 했습니다. 아모스를 보통 정의의 예언자라고 하는데 아모스가 주로 비판한 것이 빈부의 양극화 상황에서 가난한 자들을 짓밟는 부자들에 대한 경고입니다. 아모스가 사역했던 시기가 주전 8세기 중반인데 이때 이스라엘의 빈부의 양극화가 심화되었음을 알 수 있습니다. 그렇다면 '언제부터 이스라엘 공동체 안에 빈부의 양극화가 생겨났는가?'라는 질문이 생길 수 있는데, 대부분의 학자들은 솔로몬의 강제 노역이 만들어낸 사회 경제적인 결과라고 봅니다. 열왕기상 6장 1절을 보겠습니다.

"이스라엘 자손이 애굽 땅에서 나온 지 사백팔십 년이요 솔로몬이 이스라엘 왕이 된 지 사 년 시브월 곧 둘째 달에 솔로몬이 여호와를 위하여 성전 건축하기를 시작하였더라"

6장 1절에서 중요한 정보를 하나 얻을 수 있습니다. 솔로몬이 성전 건축을 시작할 때가 출애굽 480년이고 솔로몬 통치 4년이라는 것입니다. 물론 480이라는 숫자를 분해하게 되면 4 곱하기 120입니다. 둘 다 완전수입니다. 480이라는 것은 상징적인 수로도 받아들일 수 있는데 이것을 문자 그대로 받아들인 사람들이 보수주의자들입니다.

참고로 출애굽의 연도에 대해서 보수주의자들의 주장과 진보주의자들의 주장이 다릅니다. 두 주장 사이에는 200년 정도의 격차가 있습니다. 보수주의자들이 가장 중요하게 생각하는 본문이 열왕기상 6장 1절입니다. 솔로몬이 왕이 되었을 때가 주전 970년입니다. 그러면 왕이 된 지 4년이니까 주전 966년이 됩니다. 이때가 출애굽 480년이면 966 더하기 480을 하게 되면 주전 1446년이 됩니다. 그래서 보수주의자들은 열왕기상 6장 1절에 근거해서 이스라엘이 출애굽 했을 때가 주전 15세기 중반인 1446년이라고 주장합니다.

이렇게 주장하는 역사적인 근거도 있습니다. 바로 아마르나 서신입니다. 주전 15세기에 가나안에 있는 국가들은 다 도시국가입니다. 여리고도 하나의 국가이고 아이도 하나의 국가인데 당시 가나안에 도시국가가 몇 개가 있었는지에 대해서는 우리가 정확히 알 수가 없습니다. 그런데 도시국가의 왕들은 이집트의 바로를 자기들의 상왕이라고 생각을 했습니다. 쉽게 말하면 바로가 종주이고 가나안 도시국가의 왕들은 봉신이었던 것입니다. 그래서 도움이 필요할 때는 언제든 바로에게 도움을 요청했습니다. 그 편지 가운데 하나가 아마르나 서신입니다. 이 아마르나 서신의 연대를 측정해 보니까 주전 15세기 편지입니다. 그 내용은 가나안 도시국가의 왕들이 이집트의 왕이었던 바로에게 히브리인들이 우리를 괴롭히고 있으니 자기들을 도와달라는 것입니다. 이때가 가나안 정복전쟁이 있었던 때가 아닐까 추정을 하는 것입니다.

열왕기상 6장 1절과 아마르나 서신을 근거로 하여 보수주의자들은 출애굽의 연대를 주전 15세기로 보고 있습니다. 그런데 진보주의자들은 출애굽의 연대를 주전 13세기 중반으로 봅니다. 이때 애굽은 람세스 2세 통치기입니다. 출애굽기 1장에 보면 히브리인들이 강제 노역에 시달릴 때 비돔과 라암셋이라는 국고성을 건축합니다. 그것이 람세스 2세 때 있었던 건축 사업입니다. 그리고 람세스 2세의 장자가 갑자기 죽음을 맞이합니다. 이것을 출애굽기에 나오는 10번째 재앙과 연결시킵니다. 이렇게 해서 진보적인 학자들은 출애굽의 연대를 주전 13세기 중반으로 보고 보수적인 학자들은 열왕기상 6장 1절에 근거해서 주전 15세기 중반으로 봅니다. 그래서 출애굽의 연도와 관련하여 200년 정도의 차이가 있습니다. 제가 졸업한 총신 같은 경우에는 보수적인 입장이고 한신은 주전 13세기라고 가르칩니다. 그리고 장신은 아마 두 개를 다 가르쳤을 것 같은데 거기도 주전 13세기를 좀 더 강조하는 것으로 알고 있습니다.

솔로몬이 성전을 건축한 이후에 이스라엘 공동체 안에서 이원론적 신앙이 강조되기 시작합니다. 성전 건축 이전에는 이스라엘 공동체 안에 성막이 있었습니다. 성막의 가장 중요한 특징은 이동식 성소라는 것입니다. 그의 백성이 있는 곳에 하나님이 늘 함께 하신다는 것을 강조하는 것이 성막입니다. 그런데 성전은 고정식 건물입니다. 성전이 건축된 이후에는 사람들은 성전에 하나님이 계신다고 믿고 성전을 하나님의 집이라고 주장하며 하나님을 만나기 위해서는 성전에 가야 한다고 생각합니다. 이런 인식은 성전이 아닌 곳에서는 하나님을 만날 수 없다는 것으로 발전하게 됩니다. 이런 사고가 전형적인 이원론적 사고입니다. 성전은 거룩한 곳이고 성전이 아닌 곳은 속된 곳이고 성전에 하나님이 계시고 성전이 아닌 곳에서는 하나님과의 만남이 불가능하다는 종교적 이원론이 성전 건축 이후에 강조되게 됩니다.

솔로몬이 성전을 건축할 때 그는 두로 사람을 성전 건축의 총책임자로 임명합니다. 이스라엘은 출애굽 이후에 하나님의 명령으로 성막은 지어봤지만 성전을 건축한 적은 없습니다. 그래서 솔로몬은 성전을 건축할 때 성전 건축의 베테랑을 모셔 옵니다. 이 사람은 그동안 많은 성전을 건축해 본 사람입니다. 이 사람을 어디에서 데리고 옵니까? 두로입니다. 제가 강의 중에 이스라엘이 경제적으로 번성할 때의 중요한 특징이 뭐라고 했습니까? 두로와의 긴밀한 동맹 관계라고 했습니다. 솔로몬도 두로와 긴밀한 동맹관계를 맺습니다. 그래서 성전 건축과 왕궁 건축 시에 중요한 재료는 다 두로에서 수입해 옵니다.

야훼 하나님을 위한 성전을 건축할 때에도 두로에서 성전 건축의 베테랑을 데려옵니다. 이 사람은 지금까지 성전 건축을 많이 해 본 사람입니다. 그렇다면 이 사람이 지금까지 성전 건축을 많이 해본 노련한 경험자라고 할 때 이 사람이 그동안 지은 성전은 누구를 위한 성전이었을까요? 바알을 위한 성전입니다. 왜냐하면 두로와 시돈은 바알 숭배의 본산이기 때문입니다. 한 마디로 솔로몬은 성전을 건축할 때 바알 성전 건축의 전문가를 데려온 것입니다. 그래서 이 사람이 건축한 야훼 하나님을 위한 성전에는 바알 신전적 요소가 크게 두 가지가 있습니다.

모세 때 만든 성막과 솔로몬이 지은 성전에는 공통점이 하나 있습니다. 공간을 세 부분으로 구분한다는 것입니다. 모세가 만든 성막은 동쪽으로 들어갑니다. 들어가자마자 뜰이 나옵니다. 그리고 성소가 있고 지성소가 있습니다. 성전도 마찬가지입니다. 뜰이 있고 성소가 있고 지성소가 있습니다. 이것은 공통점입니다. 그런데 성막과 성전에는 차이점도 존재합니다. 성막에는 없던 것들이 성전에 설치됩니다.

먼저는 성전 앞에다가 높이가 9미터 정도 되는 놋기둥 두 개를 세웁니다. 놋기둥 두 개를 세워서 하나의 이름은 야긴이라 하고 다른 하나의 이름은 보아스라고 합니다. 여기 야긴과 보아스는 고대 이방 신들의 이름으로서 신전 안에 있는 주신을 경호하고 엄호하는 역할을 하는 것입니다. 성막 앞에는 기둥이 없었는데 성전에는 야긴과 보아스라고 하는 두 개의 놋기둥이 있습니다. 다신교 문화인 두로와 달리 이스라엘은 야훼 하나님만을 유일신으로 고백하는 신앙의 공동체가 아닙니까? 그런데 성전 앞에다가 야긴과 보아스라는 이방 신을 야훼 하나님을 보호하라고 세워놓은 것입니다. 이것이 바알 신전에 있는 모습을 모방한 첫 번째 증거가 됩니다.

또 하나는 놋바다와 그것을 떠받치는 12마리의 황소입니다. 성막에는 물두멍이 있었는데 성전에는 물두멍을 10개나 설치합니다. 그리고 추가로 거대한 놋대야를 만들었습니다. 이 놋대야가 너무나 거대하여 그 이름을 바다라고 부릅니다. 그런데 이 놋바다를 떠받들고 있는 것이 무엇이냐면 12마리의 황소입니다. 동서남북 각 세 마리씩 12마리의 황소가 이 거대한 놋바다를 떠받들고 있습니다. 이 소는 바알의 상징입니다. 거대한 놋바다를 바알을 상징하는 황소가 떠받드는 이러한 형상들을 누가 만든 것입니까? 두로 사람이 만든 것입니다.

왜 성막에는 없는 것들이 추가가 되었는지, 그러한 모양으로 만든 이유가 무엇인지에 있어 가장 중요한 점이 바알 성전을 건축하는 일에 베테랑인 두로 사람을 데리고 와서 야훼 성전을 만들었기 때문입니다. 솔로몬이 건축한 야훼의 성전은 바알 신전적인 요소가 있다는 것을 아셔야 합니다. 바알 신전을 많이 지어본 사람을 데려 와서 야훼 하나님을 위해 성전을 지어달라고 하니까 이 사람은 바알 신전처럼 건축을 한 것입니다. 바알 신전적 요소의 두 가지 모습이 야긴과 보아스라는 놋기둥과 12마리의 황소가 거대한 놋바다를 떠받들고 있는 모습입니다.

[질문]

예전에 어떤 목사님의 강의를 들었는데 그 목사님은 솔로몬의 성전에 문제가 있었지만 하나님께서 받으셨기 때문에 문제가 없다는 이야기를 하셨습니다. 그럼 그 강의의 내용은 틀렸다고 봐야 하는 것인가요?

[답]

중요한 것은 하나님께서 솔로몬이 건축한 성전을 받으셨다는 확증이 없습니다. 성경구절을 하나 보겠습니다. 열왕기상 9장 6절부터입니다. 솔로몬이 성전을 건축하고 봉헌한 후에 하나님께서 이렇게 말씀하십니다.

"만일 너희나 너희의 자손이 아주 돌아서서 나를 따르지 아니하며 내가 너희 앞에 둔 나의 계명과 법도를 지키지 아니하고 가서 다른 신을 섬겨 그것을 경배하면 내가 이스라엘을 내가 그들에게 준 땅에서 끊어 버릴 것이요 내 이름을 위하여 내가 거룩하게 구별한 이 성전이라도 내 앞에서 던져버리리니 이스라엘은 모든 민족 가운데에서 속담거리와 이야깃거리가 될 것이며 이 성전이 높을지라도 지나가는 자마다 놀라며 비웃어 이르되 여호와께서 무슨 까닭으로 이 땅과 이 성전에 이같이 행하셨는고 하면 대답하기를 그들이 그들의 조상들을 애굽 땅에서 인도하여 내신 그들의 하나님 여호와를 버리고 다른 신을 따라가서 그를 경배하여 섬기므로 여호와께서 이 모든 재앙을 그들에게 내리심이라 하리라 하셨더라"

여기에서 7절이 중요합니다. 하나님께서는 이스라엘이 하나님의 말씀에 순종하지 않으면 성전을 던져버리겠다고 말씀하십니다. 하나님은 솔로몬이 지은 성전에 대해서 조건부 임재 신학을 말씀하시는 것입니다. 성전을 지었기 때문에 항상 하나님께서 성전에 좌정하시는 것이 아니라 이스라엘 백성이 하나님의 말씀에 온전히 순종할 때 하나님은 성전에 함께 하시는 것이고 그렇지 않을 경우에는 그 성전을 하나님이 내어던지겠다고 말씀하시면서 성전 건축보다 훨씬 중요한 것이 하나님의 말씀에 순종하는 것임을 분명히 알려주십니다.

[질문]

예언자적 관점에서는 히스기야나 요시야가 가장 좋은 왕으로 평가를 받는다고 하셨습니다. 그리고 다윗을 보통 하나님의 마음에 합한 자라고 이야기를 많이 하는데 실제 찾아보니까 그 내용은 성경 전체에서 사도행전 7장 22절에 딱 한번 나오더라고요. 다윗은 형편없는 죄를 범했지만 회개를 했기 때문에 하나님께서 용서를 해줬다고 이해는 됩니다. 그런데 다윗 이야기는 성경에서 많은 부분을 할애해서 기술되어 있고 히스기야나 요시야는 성경에서 기술된 분량이 매우 작은데 성경을 기술하는 사람이 의도적으로 그렇게 했을까요?

[답]

우리가 보통 다윗을 하나님의 마음에 합한 자라고 할 때 이 합한 자라고 하는 것이 다윗 인생 전체에 대한 평가가 아님을 기억하셔야 합니다. 그 말은 사무엘이 다윗에게 기름 붓는 것과 관련된 이야기입니다. 다윗이 사무엘로부터 기름 부음 받을 때 하나님께서는 다윗을 내 마음에 합한 자라고 하신 것입니다. 사무엘이 이새의 자녀들을 만났을 때 그는 장자에게 기름을 부으려고 하였습니다. 그때 하나님이 뭐라고 말씀하십니까? '사람은 외모를 보거니와 나 여호와는 중심을 본다'고 말씀하십니다. 사도행전에서 다윗을 내 마음에 합한 자라고 하신 것은 이 사람이 내 마음에 합한 기름 부을 자라는 것입니다. 왕으로 기름 붓는 장면에서 나온 이 표현을 다윗 인생 전체에 대한 하나님의 평가라고 생각하시면 안 됩니다.

[질문]

제가 궁금한 것은 히스기야나 요시야가 성경에서 많이 강조되고 있지 못한 이유가 무엇인가 하는 것입니다. 예언자적 관점에서는 매우 훌륭한 분들인데 다윗에 비해서 우리가 너무 모르고 있었던 것 같습니다. 왜 이렇게 부각이 안 된 것인가요?

[답]

일단 다윗은 통일 이스라엘의 왕이고 히스기야나 요시야는 분열 왕국 시기에 남유다의 왕입니다. 히스기야는 이사야가 말하는 히스기야와 열왕기하에서 말하는 히스기야가 느낌이 조금 다릅니다. 히스기야와 요시야가 제일 잘 한 것은 예루살렘에 있는 이방의 우상들을 타파하고 야훼 하나님만을 믿겠다는 종교개혁 운동을 한 것입니다. 다윗은 어떻게 보면 우상을 타파할수 있는 기회가 없었던 사람입니다. 왜냐하면 다윗시대 때 이스라엘이 우상을 숭배했다는 이야기가 나오지 않습니다. 그러나 다윗에게도 계속 나오는 내용이 무엇이냐면 야훼 하나님을 위해서 성전을 건축하고자 하는 간절한 마음, 하나님과의 신실한 동행, 넘어진 자리에서 하나님께서 책망하실 때에 회개의 기회를 붙잡음 등의 모습입니다. 다윗은 통일 이스라엘의 왕이고 히스기야나 요시야는 남유다의 왕이라는 점에서 둘을 비교하는 것은 쉽지 않습니다. 그리고 히스기야나 요시야가 이방의 우상을 없앴다는 점에서는 박수 받을 만한 사람이지만 히스기야나 요시야도 인간적인 한계를 가지고 있습니다. 만약 히스기야나 요시야가 통일 이스라엘 왕이었다면 훨씬 더 강조되었을 것 같습니다.

[기도]

하나님 감사합니다. 오늘 열왕기상을 함께 봤습니다. 일반 역사가의 관점과 예언자의 관점이 다를 수 있는 것처럼 우리 존재에 대한 세상의 평가와 하나님의 평가가 다를 수 있음을 기억합니다. 세상에서는 인정받고 세상에서는 승리하고 하나님의 평가에서는 불합격 받는 어리석은 자가 되지 않도록 날마다 하나님의 시선을 기억하면서 하나님과 신실하게 동행하는 우리가 되길 소망하오니 우리의 일거수일투족을 주관하여 주시옵소서. 예수 그리스도의 이름으로 기도합니다. 아멘.

말씀과 함께 역사서 6-1

열왕기상 8장에 보면 성전 봉헌기도가 나옵니다. 그 기도 가운데 우리가 주목해야 될 말씀이 두 구절이 있습니다. 하나가 27절이고 또 하나가 29절입니다. 8장 27절을 보겠습니다.

"하나님이 참으로 땅에 거하시리이까 하늘과 하늘들의 하늘이라도 주를 용납하지 못하겠거늘 하물며 내가 건축한 이 성전이오리까"

솔로몬의 고백입니다. 솔로몬은 야훼 하나님을 위한 성전을 짓고 나서 '이 성전이 하나님을 모시는 하나님의 집이다'라고 말하지 않습니다. 만약 성전이 하나님을 모실 수 있다고 한다면 하나님이 크신 겁니까, 인간이 지은 성전이 큰 겁니까? 성전이 더 큰 거죠. 솔로몬은 겸손하게 무엇을 인정하느냐면 하늘과 하늘들의 하늘이라도 하나님을 모실 수 없다고 하면서 하물며 내가 지은 이 조그마한 성전 안에 하나님을 모실 수 없다는 것을 인정합니다. 그리고 29절을 보겠습니다.

"주께서 전에 말씀하시기를 내 이름이 거기 있으리라 하신 곳 이 성전을 향하여 주의 눈이 주야로 보시오며 주의 종이 이곳을 향하여 비는 기도를 들으시옵소서"

여기 29절에서 솔로몬은 성전이 어떤 곳인지를 정확하게 말합니다. 성전은 하나님이 거기에 이름을 두시는 곳입니다. 성전은 하나님을 모시는 곳이 아닙니다. 하나님이라는 존재를 모시는 것이 아니라 하나님의 이름이 있는 곳입니다. 하나님이 성전에다가 자신의 명의만 걸어 놓으신 것입니다. 하나님은 어디에 계십니까? 하늘에 계십니다. 우리가 성전과 관련해서 기억해야 할 것은 성전은 하나님을 속박하는 공간이 아니라는 것입니다. 인간이 성전을 짓는다고 해서 하나님이 그 성전에만 계신 것이 아닙니다. 결코 성전이 하나님의 자유하심을 제한할 수 없습니다.

또한 성전은 하나님을 위해 짓는 것이 아니라 하나님의 백성들을 위해서 짓는 것입니다. 우리가 성전 건축을 한다고 할 때 그것이 하나님께 영광이 되는 것이 아닙니다. 성전 건축이라고 하는 것은 하나님의 백성들을 위한 것입니다. 특별히 성전의 가장 중요한 기능이 무엇입니까? 하나님께 기도하는 곳입니다. 솔로몬은 자신이 성전을 건축하고 봉헌을 할 때 '이 성전은 하나님의 집이다, 하나님을 만나기 위해서는 이 성전에 와야 한다'고 주장하지 않았습니다. 도리어 하늘과 하늘들의 하늘이라도 하나님을 모실 수 없다는 것을 그는 분명히 합니다. 성전은 결코 하나님의 자유하심과 크심을 제한할 수 없습니다.

이것을 우리는 '반 신전신학'이라고 할 수 있습니다. 이것이 헬레니즘과의 중요한 차이점입니다. 일반적으로 그리스의 철학과 사상을 헬레니즘이라고 하는데 헬레니즘의 가장 중요한 특징은 이원론입니다. 성속이원론 또는 영육이원론이 그리스 철학의 핵심입니다. 신앙인들 가운데 '영적'이나 '영'이라는 표현을 자주 쓰시는 분들이 있는데 그분들의 사고 속에는 기본적으로 이원론적인 사고가 그 안에 깔려 있는 것입니다. 헬레니즘은 거룩한 곳과 속된 곳, 거룩한 일과 속된 일, 거룩한 사람과 속된 사람을 나눕니다. 또한 영적인 곳과 육적인 곳, 영적인 일과 육적인 일, 영적인 사람과 육적인 사람을 나눕니다. 모든 것을 성과 속, 영과 육이라고 하는 두 개의 영역으로 구분하는 것이 바로 이원론입니다.

그렇다면 이원론적 사고 속에서는 어디가 거룩한 곳입니까? 성전이 거룩한 곳입니다. 성전을 제외한 모든 곳은 속된 곳입니다. 무엇이 거룩한 신의 일입니까? 성전에서 행하는 찬송, 기도 예배와 같은 것들이 거룩한 일입니다. 나머지 모든 일들은 다 세상 일이 되는 것입니다. 누가 거룩한 사람입니까? 거룩한 성전에서 신의 일을 대행하는 자들이 거룩한 사람입니다. 그 외에 모든 사람들은 세상일을 하고 있는 세상 사람이 되는 것입니다. 이것이 전형적인 이원론입니다.

이런 이원론적인 사고 속에서 신전은 어떤 곳입니까? 신이 계신 신의 집입니다. 따라서 사람들이 신을 만나기 원한다면 신이 계신 신의 집으로 가야 한다고 주장합니다. 이것을 '신전신학'이라고 할 수 있습니다. 신을 만나기 위해서는 신전에 가야 된다, 신전이 아닌 곳에서는 신을 만날 수 없다는 것이 바로 신전신학입니다. 그런데 열왕기상 8장 27절은 그 반대의 주장을 하는 것입니다. 솔로몬은 성전을 짓고 봉헌할 때 이 성전이 하나님의 집이라고 말하지 않습니다. 이 성전에 와야만이 하나님을 만날 수 있다고도 말하지 않습니다. 이것을 우리는 신전신학에 반대하는 '반 신전신학'이라고 할 수 있습니다.

성전은 하나님께 기도하는 집이지 하나님을 만나는 곳이 아닙니다. 창세기 28장 16절에 보면 야곱이 밧단아람으로 도망갈 때 루스라는 곳에서 하룻밤 노숙을 하게 됩니다. 야곱이 자다가 눈을 떠보니까 하늘과 땅 사이에 사닥다리가 있고 천사가 오르락내리락 하는 것을 목격하게 됩니다. 그리고 깨어나서 야곱이 뭐라고 고백합니까? '여기에 하나님이 계셨거늘 내가 알지 못했다'라고 고백합니다. 그래서 자기가 하룻밤 노숙을 하였던 그곳을 하나님의 집이라는 뜻의 벧엘이라고 명명합니다. 이것이 바로 하나님과의 만남에 대한 가장 본질적인 고백의 모습이라고 할 수 있습니다.

하나님은 어디에 계십니까? 하나님의 백성이 있는 곳에 함께 하십니다. 특정한 장소, 특정한 시간 안에서만 하나님을 만날 수 있는 것이 아닙니다. 우리가 깨어 있다면 우리를 언제 어디에서나 찾아오시는 하나님을 만날 수 있는 것입니다. 우리가 교회 안에 있다고 해서 우리가 행하는 모든 것들이 하나님의 일이 되는 것이 아닙니다. 성경의 주장은 헬레니즘과 다릅니다. 성경의 주장을 헤브라이즘이라고 합니다.

헤브라이즘은 모든 것이 경계 가운데 있다고 주장합니다. 성의 영역과 속의 영역, 영적인 것과 육적인 것이 명확하게 구분된 것이 아니라 우리가 어떤 자세와 태도로 행하느냐에 따라 그것이 영적인 일이 될 수도 있고 육적인 일이 될 수도 있다고 말합니다.

예를 들어, 이 땅에 있는 교회는 무조건 거룩한 하나님의 집입니까? 그렇지 않습니다. 교회는 거룩한 하나님의 집으로 부름 받은 것입니다. 그러나 현실 속의 교회는 부름 받은 그대로 거룩한 하나님의 집이 되는 곳도 있지만 강도의 소굴로 추락하는 곳도 있습니다. 헬레니즘에서는 목사 같은 사람들은 거룩한 성직자라고 합니다. 헤브라이즘은 뭐라고 말하느냐면 목사는 거룩한 하나님의 사람이 되라고 부름 받은 사람임을 강조합니다. 그런데 현실 속의 목사는 부름 받은 그대로 거룩한 하나님의 사람이 될 수도 있지만 삯꾼으로 추락할 수도 있습니다. 우리가 예배만 드리고 기도하고 찬양하면 하나님이 무조건 기뻐하십니까? 그렇지 않습니다. 우리의 예배와 찬양과 기도는 하나님이 기뻐하시는 하나님의 일이 되어야 합니다. 그러나 현실 속에서의 예배와 찬양과 기도는 하나님께 영광이 될 수도 있지만 우리의 감정을 발산하는 종교적인 유흥거리로 왜곡될 수도 있는 것입니다.

헤브라이즘의 가장 중요한 특징은 모든 것들이 경계 가운데 있음을 강조합니다. 교회는 어떤 경계 가운데 있는 것입니까? 거룩한 하나님의 집과 강도의 소굴이라는 경계 가운데 있는 것입니다. 목사는 거룩한 하나님의 사람과 삯꾼이라는 경계 가운데 있는 것입니다. 매 순간

깨어서 하나님이 원래 원하시는 모습대로 살아가야 하는 것입니다. 그렇지 않으면 한 순간에 추락한다고 보는 것이 헤브라이즘입니다. 우리가 어떤 일을 하건 간에 어떤 자세와 태도로 하는가에 따라서 그것이 하나님께 영광이 되기도 하고 영광이 되지 못할 수도 있다고 헤브라이즘은 말합니다.

그런데 헬레니즘은 성전에서 행하는 일은 거룩한 일이고 성전 바깥에서 행하는 일은 세상일이라고 봅니다. 솔로몬이 말하는 열왕기상 8장 27절의 고백은 명백히 신전신학을 거부하는 것입니다. 신전에 가야만이 하나님을 만날 수 있다는 것을 거부합니다. 신전은 하나님을 모시는 집이 아닙니다. 오늘날도 마찬가지입니다. 하나님 만나기 위해 교회 간다는 말은 틀린 말입니다. 사실 우리가 주일에 교회를 가는 가장 중요한 이유는 하나님을 만나기 위해서가 아닙니다. 우리의 가정에서는 하나님을 만날 수 없습니까? 교회에 가는 가장 중요한 이유는 믿음의 지체들과 교제하기 위한 것입니다. 하나님을 만나는 것이 주된 목적이라면 굳이 교회에 갈 필요는 없습니다. 믿음의 사람들과 만나기 위해서 교회에 가는 것입니다.

그러나 안타깝게도 여전히 한국 교회에서는 이런 헬레니즘적인 이원론 신앙이 너무 강합니다. 그래서 성전을 건축할 때도 성전이 마치 하나님의 집인 것처럼 강조를 하고, 교회에 가야만이 하나님을 만날 수 있는 것처럼 강조를 하는데 그렇지 않습니다. 성전을 최초로 봉헌한 솔로몬조차도 자기가 성전을 지었지만 하나님을 그곳에 모실 수 없음을 명확히 했습니다. 하나님은 여전히 하늘과 하늘들의 하늘에 계십니다. 다만 자신이 지은 성전에 하나님의 이름만 허락해달라고 솔로몬은 간청합니다. 그 이름에 의지하여 기도할 수 있도록 해달라는 것입니다. 그리고 중요한 것이 열왕기상 9장 7절입니다.

> "내가 이스라엘을 내가 그들에게 준 땅에서 끊어 버릴 것이요 내 이름을 위하여 내가 거룩하게 구별한 이 성전이라도 내 앞에서 던져버리리니 이스라엘은 모든 민족 가운데에서 속담거리와 이야기거리가 될 것이며"

아무리 화려하고 큰 성전을 건축했다 하더라도 그것보다 중요한 것은 하나님의 말씀에 대한 순종입니다. 하나님의 말씀에 대한 순종이 없으면 하나님은 솔로몬이 건축한 성전을 집어던지겠다고 경고하고 계십니다.

열왕기상 10장을 보면 유명한 스바 여왕의 방문 이야기가 나옵니다. 성경을 읽을 때 이런 질문이 들지 않으셨습니까? 솔로몬 당시에 해외 각국의 지도자들이 얼마나 이스라엘을 많이 방문했겠습니까? 오늘날로 이야기하자면 정상들끼리 얼마나 많은 만남을 가졌겠습니까? 그런데 왜 열왕기상 10장에서 많고 많은 해외 지도자들의 방문 이야기 가운데 스바 여왕의 방문에 대해서만 이렇게 길게 기술하고 있을까요? 성경에는 자세하게 나오지 않지만 아마도 스바 여왕의 방문 이야기를 자세하게 써야 하는 중요한 이유가 있었다고 봐야 합니다.

이스라엘 백성들이 야훼 하나님을 믿는 것은 이해가 됩니다. 이스라엘 백성들은 출애굽 구원 사건이라는 놀라운 기적을 경험을 했습니다. 출애굽 이후에는 홍해가 갈라지는 것을 집단적으로 경험합니다. 그리고 시내산에서 하나님과 언약을 체결합니다. 이런 역사적인 사건들이 있었기 때문에 이스라엘이 하나님의 약속의 땅 가나안에 들어와서 하나님을 믿는 백성이 되었다는 것은 충분히 이해가 됩니다.

그런데 놀라운 일이 일어났습니다. 지리적으로 이스라엘 밑에 있는 아프리카에 속한 에티오피아라는 나라가 야훼 하나님을 믿는 백성이 된 것입니다. 심지어 에티오피아 사람들은 자기들이 신성한 구역이라고 구별한 땅 안에 하나님의 언약궤가 있다고 주장합니다. 실제 이스라엘 역사를 보면 어느 순간부터 이스라엘 공동체 안에서는 언약궤가 사라져 버립니다. 그런데 에티오피아 사람들은 이스라엘 땅에 있던 언약궤가 자기 나라 땅으로 왔다고 주장을 합니다. 심지어 메넬리크라는 왕 때 에티오피아 전체가 야훼 하나님을 믿는 유대교 국가가 됩니다. 그리고 이스라엘 백성들처럼 할례를 받고 유월절을 지키는 일이 벌어집니다. 어떻게 에티오피아 사람들이 야훼 하나님을 믿게 되었는지를 우리가 알 수가 없습니다.

사도행전 8장에 보면 빌립이라는 집사가 에티오피아 내시를 만나는 장면이 나옵니다. 그런데 에티오피아 내시라는 사람이 이스라엘에 왜 왔습니까? 예루살렘 성전에 와서 하나님께 제사를 지내기 위해서 왔습니다. 그는 성전에서의 제사를 마치고 자기 나라로 돌아가는 길에 가사에서 빌립을 만나게 됩니다. 가끔 국제 뉴스에서 '가자 지구'라고 언급되는 곳이 있는데 그곳이 바로 '가사'입니다. 성경에 가사라고 하는 것이 지금의 가자지구입니다. 그곳에서 빌립이 에티오피아 내시를 만납니다.

그리고 놀라운 것이 에티오피아 내시가 예루살렘 성전에서 제사 지내고 자기 나라로 돌아갈 때 마차에서 무엇을 읽고 있습니까? 이사야 53장을 읽고 있습니다. 우리가 사도행전 8장을 읽으면서 자연스럽게 이런 질문이 나와야 합니다. '어떻게 에티오피아 고위 관료인 내시가 야훼 하나님께 제사를 드리기 위해서 예루살렘 성전에 올 수 있지? 더욱이 그가 어떻게 이사야 53장을 읽고 있지?'라는 궁금함이 자연발생적으로 일어나야 합니다. 놀라운 것은 기독교 역사에서 전 세계에서 가장 빨리 기독교를 국교로 선포한 나라는 아르메니아 입니다. AD 301년입니다. 두 번째가 조지아입니다. 그리고 세 번째 나라가 AD 339년에 에티오피아입니다.

너무 놀라운 것이 구약 시대에는 에티오피아가 유대교 국가였고 AD 339년에는 기독교를 국교로 선포한 나라가 된 것입니다. 지금도 에티오피아는 아프리카 국가 중에서 유대교인과 기독교인 신자 비율이 매우 높은 곳 가운데 하나입니다. 기억하시겠지만 1980년대 에티오피아에 엄청난 기근이 발생하여 많은 이들이 굶주림으로 고통 받을 때 전 세계 팝 가수들이 나라별로 힘을 합쳐서 에티오피아 난민들을 돕기 위한 노래를 만들었습니다. 그때 미국에 있던 팝 가수들이 만들었던 노래가 그 유명한 'We are the World'입니다. 그것이 에티오피아 난민들을 위해 만든 노래입니다. 그런데 주목해야 하는 것이 그 당시에 이스라엘이 군용기를 보내서 에티오피아에 있는 유대교 신앙인들을 이스라엘로 공수하였다는 것입니다. 그래서 지금 이스라엘에 가보시면 흑인들이 매우 많습니다. 우리가 생각할 때는 '이 사람들이 관광객인가?'라고 생각하기 쉬운데 그렇지 않습니다. 이스라엘 사람들입니다.

에티오피아 사람들이 어떻게 유대교 신앙을 갖게 되었는지에 대해 암시를 주고 있는 것이 열왕기상 10장의 스바 여왕 방문 이야기입니다. 그런데 열왕기상 10장에서 명료하게 뜻을 해석하기 어려운 구절이 하나 있습니다. 바로 13절입니다. 랍비들도 13절에 대해서 다양한 해석을 했습니다. 솔로몬과 스바 여왕이 만나서 무역과 관련된 조약을 체결했을 것입니다. 그리고 13절에 이런 구절이 나옵니다.

"솔로몬 왕이 왕의 규례대로 스바의 여왕에게 물건을 준 것 외에 또 그의 소원대로 구하는 것을 주니"

여기 '소원대로 구하는 것을 주었다'고 할 때 스바 여왕이 소원한 것이 무엇인지에 대해 성경은 자세하게 설명해주지 않고 있습니다. 그래서 랍비들은 스바 여왕은 무엇을 구했을까에 대해 다양한 의견을 제시했습니다. 그런데 많은 랍비가 합의를 본 것이 무엇이냐면 스바 여왕이 지혜의 왕이었던 솔로몬의 아이를 갖기를 원했다고 보는 것입니다. 이렇게 생각하는 이유가 있습니다. 바로 메넬리크 전설 때문입니다. 이 전설은 성경에 나오는 이야기는 아닙니다. 그러나 열왕기상 10 장이 자세하게 말하지 않는 것에 대해 우리가 추론할 수 있는 나름대로의 근거를 가지고 있는 이야기입니다.

이 전설에 의하면 솔로몬 왕과 스바 여왕이 하룻밤 잠자리를 갖게 됩니다. 그리고 스바 여왕이 임신을 하였고 임신한 몸으로 자기 고국으로 돌아갑니다. 그리고 아이를 낳습니다. 그때 태어난 아들이 바로 메넬리크라는 아들입니다. 이 아이는 어렸을 때부터 엄마는 있는데 아빠가 없잖아요. 그래서 아이가 조금 장성한 다음에 엄마에게 물어봅니다. '나는 왜 아빠가 없어?'라고 물어보니까 스바 여왕이 '저기 이스라엘 왕국을 다스리는 솔로몬 왕이 너의 아빠다.'라고 알려줍니다. 그래서 메넬리크가 아버지를 만나기 위해 이스라엘로 옵니다. 그리고 아버지와 몇 개월을 함께 머물면서 솔로몬으로부터 야훼 신앙을 배우게 됩니다. 그리고 메넬리크가 자기 나라로 돌아갈 때 솔로몬은 메넬리크에게 언약궤을 안전하게 지켜줄 것을 부탁하면서 언약궤를 메넬리크에게 부탁합니다.

이스라엘은 지정학적으로 보면 위에는 유럽이고 오른쪽은 아시아이고 아래는 아프리카입니다. 세 개 대륙이 만나는 지정학적 요충지에 이스라엘 땅이 있습니다. 그래서 예로부터 이스라엘 땅을 차지하기 위한 제국의 침략이 끊임없이 있었습니다. 이스라엘 땅은 제국 모두에게 탐스러운 노른자 땅이었습니다. 솔로몬은 이스라엘 땅에 계속 언약궤를 두게 되면 전쟁과 침략으로 인해 언제 언약궤를 상실할지 모르니까 메넬리크에게 언약궤를 보냈던 것입니다.

이때 메넬리크는 자기가 다스리게 될 에티오피아를 야훼 하나님을 믿는 유대교 국가로 만들기 위해 자기와 함께 이스라엘 사람들을 보내 달라고 요청하였고 솔로몬은 각 지파당 천 명씩 총 12,000명을 에티오피아로 보냈다고 합니다. 그리고 메넬리크는 언약궤를 가지고 온 이후에 언약궤를 둘 곳을 신성 구역으로 만들어 사람들의 출입을 금지시키고 자신과 함께 갔던 유대인들을 통해 사람들에게 유대교 신앙을 전수하도록 하여 자신이 왕이 되었을 때 에티오피아를 유대교 국가로 선포하게 되었다는 것입니다. 물론 이 모든 내용은 전설입니다.

중요한 것은 에티오피아가 유대교 국가가 되었다는 것입니다. 이것은 명확한 사실입니다. 이것을 알게 되면 사도행전 8장에서 에티오피아의 국가 고위 관료가 예루살렘 성전에 와서 야훼 하나님께 제사를 지내는 것은 금방 이해가 됩니다. 그가 유대교 신자이기 때문입니다. 그리고 그는 여전히 유대교 안에 머물러 있었던 사람인데 빌립과의 만남을 통하여서 자신들이 기다린 메시아가 왔다는 것을 깨닫게 되었고 빌립을 통해 세례를 받게 됩니다. 사도행전 8장의 에티오피아 고위 관료는 에티오피아 최초의 기독교 신자가 된 것입니다.

그 사람이 에티오피아로 돌아간 다음에 여전히 유대교 안에 머물러 있던 사람들에게 기독교 신앙을 전파하여 한 명, 한 명 기독교 신앙인들이 늘어났다고 봐야 합니다. 그 결과 339년에 에티오피아가 기독교를 국교로 선포하는 나라가 되었다고 볼 수 있습니다. 열왕기상 10장과 메넬리크 전설은 어떻게 에티오피아가 유대교 국가가 되었는지를 설명해주고 있고, 사도행전 8장은 어떻게 에티오피아가 기독교 국가가 되었는지를 설명해주는 중요한 단서가 됩니다. 열왕기상 10장은 어떻게 에티오피아가 유대교 국가가 되었는가에 대한 하나의 설명으로 여기 기록된 것이 아닐까 추측해 볼 수 있습니다.

열왕기상 11장 38절을 보면 하나님께서 실로 사람 아히야를 통해서 여로보암을 북이스라엘의 왕으로 세우시면서 이런 약속을 주십니다. 11장 38절입니다.

"네가 만일 내가 명령한 모든 일에 순종하고 내 길로 행하며 내 눈에 합당한 일을 하며 내 종 다윗이 행함 같이 내 율례와 명령을 지키면 내가 너와 함께 있어 내가 다윗을 위하여 세운 것 같이 너를 위하여 견고한 집을 세우고 이스라엘을 네게 주리라"

11장 38절은 하나님께서 다윗에게 하신 언약의 내용과 거의 유사한 내용이 기술되어 있습니다. 많은 한국 교인들은 여로보암이 세운 북이스라엘 자체를 부정적으로 이해하는 경향이 강합니다. 다윗의 후손들의 통치를 거부하고 나온 쿠데타 세력이나 모반 세력으로 북이스라엘을 이해하는 분들이 많습니다. 그러나 그렇지 않습니다. 솔로몬과 르호보암의 죄에 대한 하나님의 심판으로 하나님이 세워 주신 것이 바로 북이스라엘입니다. 하나님은 여로보암에게 무엇을 약속하십니까? 하나님께 온전히 순종하게 되면 왕조를 지켜주겠다고 약속하십니다. 영원무궁토록 여로보암의 후손들이 북이스라엘을 다스릴 수 있도록 해주시겠다는 것입니다. 이것이 하나님의 뜻입니다. 그래서 참 선지자 실로 사람 아히야를 통해 북이스라엘은 세워지게 된 것입니다.

그런데 여로보암은 왕이 되자마자 하나님이 원하시지 않는 모습을 보이기 시작합니다. 이것을 잘 구별해서 이해하셔야 합니다. 북이스라엘의 건국은 하나님의 뜻이었지만 북이스라엘이 건국된 이후 여로보암이 보여주고 있는 통치 행위는 하나님의 뜻을 저버린 것입니다. 그래서 결국 솔로몬 사후 르호보암 왕 때 남유다와 북이스라엘이 분열을 하게 됩니다. 10지파 플러스 일부 베냐민이 북이스라엘이 되고 유다 지파 플러스 일부 베냐민이 남유다가 됩니다.

이름을 보면 북쪽이 이스라엘이라는 이름을 가져갔습니다. 남쪽은 국가의 이름이 유다입니다. 유다는 원래 지파의 이름입니다. 야곱의 네 번째 아들이 유다 아닙니까. 그러니까 남유다와 북이스라엘이라는 말은 뭐냐면 남쪽은 하나의 지파로 축소된 것이고 북쪽은 이스라엘의 정통성을 그대로 다 가져간 것입니다. 이때부터는 이스라엘 공동체 안에 두 개의 왕실이 존재하게 됩니다. 르호보암 왕실과 여로보암 왕실입니다. 그리고 하나님은 이스라엘 땅에 존재하는 이 두 개의 왕실이 상호 선의의 경쟁을 하기를 기대하셨습니다. '누가 더 하나님께 온전히 순종하는 공동체인가?'라는 선의의 경쟁을 기대하신 것입니다.

그런데 안타깝게도 여로보암이 왕이 되자마자 욕심을 부리기 시작합니다. 어떤 욕심을 부렸습니까? 하나님께서는 솔로몬의 폭정에 대한 책임으로 남유다와 북이스라엘을 분열시키시면서 정치적인 지도력은 북이스라엘이 갖도록 하셨습니다. 그래서 이스라엘이라는 이름도 북쪽이 가져갔고 대다수의 지파가 북쪽에 합류를 합니다. 정치 사회적인 명분은 북쪽이 차지한 것입니다. 대신 남유다에게는 무엇을 주셨습니까? 예루살렘 성전을 주셨습니다. 정치적인 지도력은 북쪽이 가져가고 종교적인 지도력은 남유다에게 주신 것입니다. 이것을 우리는 황금 분할이라고 할 수 있습니다.

그런데 여로보암은 북이스라엘의 왕이 되자마자 자신에게 허락되지 않은 종교적 권력까지를 차지하고자 합니다. 그래서 북이스라엘 사람들로 하여금 예루살렘 성전에 내려가지 못하도록 벧엘과 단에 금송아지 우상을 세웁니다. 자기에게 허락되지 않은 종교 권력까지를 독점하고자 한 것입니다. 이때부터 여로보암은 추락의 길을 걷기 시작합니다. 열왕기상 13장 33절을 보겠습니다.

"여로보암이 이 일 후에도 그의 악한 길에서 떠나 돌이키지 아니하고 다시 일반 백성을 산당의 제사장으로 삼되"

여로보암은 누구든지 자원하는 사람에게 돈을 받고 산당의 제사장으로 삼았습니다. 성직 매매를 한 것입니다. 돈을 갖다 바치면서 제사장 사역을 하고 싶다고 하면 제사장으로 임명을 한 것입니다. 이렇게 성직 매매가 벌어진 이유가 무엇이냐면 북쪽에 있는 많은 레위인들이 남북 분열 이후에 성전이 있는 예루살렘으로 내려간 것입니다. 그래서 북이스라엘에는 성소는 있는데 그곳에서 사역할 제사장이 없는 일이 벌어졌습니다. 그래서 자원하는 모든 사람들을 뇌물을 받고 제사장으로 세운 것입니다. 이러한 여로보암의 죄악된 행위에 대해 하나님께서 이렇게 말씀하십니다. 열왕기상 14장 16절입니다.

> "여호와께서 여로보암의 죄로 말미암아 이스라엘을 버리시리니 이는 그도 범죄하고 이스라엘로 범죄하게 하였음이니라"

열왕기에서 북이스라엘 왕들에 대해 기술할 때마다 반복적으로 나오는 표현이 있습니다. 바로 '여로보암의 길을 따랐다'는 것입니다. 원래 하나님께서는 여로보암이 제 2의 다윗이 되기를 기대하셨습니다. 그러나 여로보암은 왕이 되자마자 자기에게 주어진 정치권력 플러스 종교권력까지를 독점하고자 합니다. 그 결과 하나님께 등을 돌리기 시작합니다. 그러면서 성직을 매매하고 벧엘과 단에 금송아지 우상을 세웁니다.

그런데 안타깝게도 여로보암 이후의 대부분의 북이스라엘 왕들이 여로보암이 걸어갔던 그 길을 따라 걸어가게 됩니다. 여로보암이 만든 문화와 질서를 거역하지 못하고 그대로 따라가게 된 것입니다. 그것을 여로보암의 길이라고 얘기합니다. 우리가 알다시피 하나의 전통이 세워지면 그것을 뒤바꾸어 내는 것은 정말 어렵습니다. 처음의 토대를 쌓는 일이 그래서 중요합니다. 여로보암은 초대 북이스라엘 왕으로서 좋은 문화와 질서를 만들었어야 하는데 그러지 못했습니다. 그가 만든 잘못되고 왜곡된 관습과 질서와 제도와 문화를 후대의 왕들이 그대로 모방하면서 북이스라엘은 계속해서 하나님의 마음을 아프시게 하는 여정을 걸어가게 된 것입니다.

이제 엘리야 이야기를 보도록 하겠습니다. 열왕기상 17장 1절을 보면 엘리야가 사역했던 시기는 오므리 왕조 때입니다. 오므리 왕조는 야훼 신앙을 몰아내고 바알 종교를 북이스라엘의 국가 종교로 만들고자 하였습니다. 그 일환으로 오므리는 시돈의 공주였던 이세벨을 자기의 며느리로 데려와서 아합과 결혼을 시킵니다. 이때 오므리 왕조의 정책을 반대하고 오직 야훼 신앙을 확립하고자 한 인물이 엘리야입니다. 여기서 질문 하나 드리겠습니다. 남유다와 북이스라엘이 분열된 이후에 남유다와 북이스라엘 가운데 어디에서 예언자들이 보다 왕성하게 활동을 하였을까요? 북이스라엘입니다. 왜 그러냐면 예언자가 등장하기 위해서는 필요한 사회 경제적인 배경이 있습니다.

예를 들어, 골고루 가난한 나라에서는 예언자들이 거의 등장하지 않습니다. 그렇다면 예언자는 언제 등장할까요? 사회가 발전하게 되면 부강해집니다. 그런데 공동체의 부유함이 소수의 사람들에게 독점되고 대부분의 사람들은 가난해지는 빈부의 양극화가 심화되는 순간 예언자가 등장합니다. 공동체 구성원 모두가 다 가난한 곳에서는 예언자가 등장할 사회 경제적인 배경이 안 됩니다. 공동체 전체는 매우 부유해졌는데 그 부유함을 소수의 사람들이 독점하고 대부분의 사람들이 누리지 못하는 상황에서 예언자는 등장합니다.

경제학에서 말하는 낙수 효과라는 것이 있지 않습니까? 파이를 키우면 모든 사람들이 그 혜택을 본다는 것입니다. 그러나 실제 경제적 파이는 커졌지만 대부분의 사람들은 그 혜택을 누리지 못하는 경우들이 많습니다. 왜 그렇습니까? 공정하지 못하기 때문입니다. 정의가 실종되었기 때문입니다. 이처럼 공정과 정의가 실종되고 빈부의 양극화가 심화되어 공동체의 하나 됨이 깨졌을 때 예언자가 등장합니다.

오랜 시간 동안 남유다에는 예언자가 등장하지 않았습니다. 남유다의 예언자는 북이스라엘이 멸망한 이후에 등장합니다. 우리가 예언자하면 가장 대표적인 인물로 연상되는 사람이 주전 9세기에 사역했던 엘리야와 엘리사입니다. 그들 모두 어디에서 사역했습니까? 북이스라엘입니다. 그리고 주전 8세기에 아모스와 호세아는 어디에서 사역했습니까? 그들도 북이스라엘에서 사역했습니다. 그리고 북이스라엘이 멸망한 이후에 남유다에서 이사야, 미가, 나훔, 하박국, 스바냐 등의 예언자들이 등장합니다. 남유다와 북이스라엘을 비교 할 때 예언자가 등장할 수 있는 사회 경제적 환경이 북이스라엘이 적합했다는 것을 기억하셔야 합니다.

남유다는 영토나 인구에 있어서 큰 나라가 아니었기 때문에 예언자가 등장할 일이 거의 없었습니다. 그런데 북이스라엘은 면적도 넓고 인구도 많고 부강했습니다. 그런데 소수의 사람들이 그 부를 독점함으로 많은 사람들의 울부짖음이 넘쳐났습니다. 이것이 바로 예언자들이 등장할 수 있는 사회 경제적 배경이 된 것입니다. 그렇게 등장한 대표적인 예언자가 열왕기상 17장 1절에 나오는 엘리야입니다.

엘리야라는 이름은 '나의 하나님'을 뜻하는 '엘리'와 '야훼'를 뜻하는 '야'의 결합입니다. 즉, '나의 하나님은 야훼이다'라는 뜻입니다. 그의 이름 자체가 그 시대에 대한 저항을 담고 있음을 알 수 있습니다. 엘리야 시대 때 많은 이스라엘 사람에게는 누가 참 신이었습니까? 바알입니다. 많은 북이스라엘 사람들이 바알을 신으로 섬기고 있던 그때에 엘리야는 자신이 섬겨야 할 유일한 신은 야훼임을 선포한 것입니다. 엘리야의 이름 자체가 그 시대에 대한 저항 정신을 담고 있음을 볼 수 있습니다. 엘리야는 주변부 예언자입니다. 예언자를 크게 두 부류로 나눌 수 있는데 하나가 중앙 예언자이고 또 하나가 주변부 예언자입니다.

중앙 예언자는 주로 왕궁에서 사역하는 예언자입니다. 그들은 왕궁에서 지내면서 왕들의 카운슬러 역할도 하고 신의 신탁도 전해줍니다. 그리고 국가의 중요한 종교의식을 집례하기도 합니다. 이러한 중앙 예언자는 왕으로부터 자기 생활에 대한 필요를 지원받습니다. 이것이 중앙 예언자입니다. 이러한 중앙 예언자에게는 어떤 장단점이 있었을까요? 일단 장점은 생계에 대한 걱정은 하지 않아도 된다는 것입니다. 중앙 예언자는 왕으로부터 풍족하게 많은 것들을 공급받기 때문에 생계에 대한 걱정은 하지 않습니다.

대신 중앙 예언자의 최대 단점은 무엇이었을까요? 왕이 원하지 않는 이야기를 하는 것이 너무 힘들었을 것입니다. 왕이 기대하거나 국가가 기대하는 바가 있는데 그것과 다른 이야기를 하게 되면 언제 해고될지 알 수 없습니다. 자기 지위와 생계를 유지하기 위해서는 자신의 생계를 책임지고 있는 왕이 원하는 메시지를 선포해야 하는 것이 중앙 예언자의 가장 큰 단점이라고 할 수 있습니다.

이러한 중앙 예언자와 완전히 반대되는 사람이 주변부 예언자입니다. 주변부 예언자는 말 그대로 사람들의 관심과 이목 주변부에 있는 사람입니다. 아무도 이 사람을 주목하지 않습니다. 후원해주는 사람도 없습니다. 사람들의 관심 바깥에 존재한다고 생각하시면 됩니다. 중앙 예언자에게는 많은 사람들이 인맥을 쌓기 위해서 뇌물도 바치고 후원금도 보내주지만 주변부 예언자들에게는 이런 것들을 기대하기 어렵습니다. 엘리야에게는 후원회가 있었는데 그 후원회장도 까마귀이고 후원회 총무도 까마귀입니다. 사람들은 엘리야를 도울 수 없었던 것입니다.

왜 사람들이 엘리야를 도울 수 없었습니까? 엘리야가 지금 누구와 맞짱을 뜨고 있습니까? 아합왕과 대립각을 세우고 있었고 이세벨과 맞짱을 뜨고 있었습니다. 그런데 만약 어떤 사람이 엘리야를 한 달에 10만원씩 후원한다고 생각해보십시오. 당장 아합과 이세벨이 엘리야를 후원하는 사람에 대해서 세무조사를 실시할 것입니다. 그리고 이런저런 불이익을 부과할 것입니다. 그러니까 왕과 맞서는 엘리야를 사람들은 돕지 못한 것입니다. 이것이 주변부 예언자입니다.

중앙 예언자처럼 주변부 예언자에게도 장단점이 있습니다. 일단 주변부 예언자의 최대 장점은 무엇일까요? 그 누구의 후원도 받지 않으니까 하나님의 말씀을 선포함에 있어서 누구의 눈치를 볼 일이 없습니다. 하나님이 주신 말씀을 과감하게 선포할 수 있다는 것이 최고의 장점입니다. 그렇다면 주변부 예언자의 단점은 무엇일까요? 생계에 대한 걱정과 먹고 사는 것에 대한 걱정에서 자유하지 못하다는 것입니다. 한글 성경에 엘리야를 까마귀가 공궤했다고 되어 있는데 까마귀라는 단어의 히브리어는 피부가 검은 아라비아 사람이란 의미도 됩니다. 그래서 많은 학자들은 까마귀를 요단 강가에 살았던 피부가 검은 아라비아 사람들로 이해하고 그들이 엘리야를 도왔을 것이라고 해석합니다. 까마귀가 도와주었건, 피부가 검은 아라비아 사람이 도와주었건 중요한 것은 이스라엘 사람들 중에서는 엘리야를 도운 사람이 거의 없다는 것입니다. 이것이 주변부 예언자의 비애입니다.

여러분께서 손을 들어서 제 질문에 답을 해주시기를 바랍니다. 중앙 예언자와 주변부 예언자 가운데 누가 더 유혹에 넘어갈 가능성이 많았을까요? 오른손은 중앙 예언자, 왼손은 주변부 예언자입니다. 많은 분들이 오른손을 드셨네요. 지금 답변하신 것처럼 주변부 예언자는 자신의 신념과 지조를 지킬 가능성이 높을 것 같고 중앙 예언자는 유혹에 더 쉽게 넘어지지 않을까 생각을 많이 합니다. 그런데 꼭 그렇지만은 않습니다. 사실 먹고 살기 힘든 주변부 예언자들이 훨씬 더 유혹에 약합니다. 오늘날도 마찬가지입니다. 강남에 있는 대형 교회 목사님과 2층짜리 상가에 교인이 10명도 안 되는 조그만 교회의 목사님하고 누가 더 유혹에 약하겠습니까?

제가 가향 공동체를 2007년 9월에 개척하고 나서 어떤 사람이 전화를 했습니다. 전화를 해서 뭐라고 얘기하느냐면 자기가 5천만 원을 가향 공동체에 헌금했다고 기부금 영수증을 써주면 400만 원인가를 교회에 헌금하겠다는 것입니다. 자기가 어디 미션 스쿨에 교수 지원을 해야 하는데 꼭 도와달라고 전화를 한 것입니다. 그런 전화를 받으니 정말 기분이 나쁘더라구요. 1초의 망설임도 없이 단칼에 거절하였는데 실제 조그만 교회 목사님들에게 이런 유혹이 발생하게 된다면 단호하게 뿌리치는 것이 쉽지는 않겠다는 생각을 했습니다. 이것은 사실 범죄행위인데 사람이 너무 절박한 상황 가운데 있다 보면 이것도 자기를 도우시는 하나님의 은혜의 손길이라고 스스로 정당화하면서 받아들일 수도 있는 것입니다.

이번에도 국세청에서 기부금 영수증을 부당하게 발급해준 것에 대해서 수십 명이 구속되었는데 대부분 조그만 교회의 목사님들입니다. 임대료를 낼 걱정, 생계에 대한 걱정에 시달리다가 무엇을 해주면 얼마를 헌금하겠다는 제안을 들으면 금방 넘어지게 됩니다. 우리가 생각할 때는 주변부 예언자들이 항상 결기가 넘치고 어떤 유혹에도 넘어지지 않을 것 같은 지조가 있을 것 같은데 꼭 그렇지는 않습니다. 생계의 막막함 앞에서 사실은 주변부 예언자들이 더욱 쉽게 넘어질 수 있습니다. 그러나 엘리야는 그러지 않았습니다. 끝까지 하나님에 대한 일편 단심의 신의를 지켰습니다.

엘리야가 바알의 사제들과 갈멜산에서 야훼와 바알 가운데 누가 참 신인가 라는 것을 경쟁하는 이야기가 열왕기상 18장에 나옵니다. 이때 엘리야는 백성들에게 이렇게 말합니다. 18장 21절입니다.

"엘리야가 모든 백성에게 가까이 나아가 이르되 너희가 어느 때까지 둘 사 이에서 머뭇머뭇 하려느냐 여호와가 만일 하나님이면 그를 따르고 바알이 만일 하나님이면 그를 따를지니라 하니 백성이 말 한마디도 대답하지 아니 하는지라"

여러분, 혹시 백분토론 같은 프로그램을 가끔 보시는지요? 우리가 토론 프로그램을 보면 입장이 다른 사람들이 패널로 참여하여 긴 시간 동안 토론을 합니다. 그런데 어떤 이슈에 대해서 A의 입장과 B의 입장 을 가진 사람이 토론을 시작하고서 시간이 지난 후에 어느 한 쪽에서 '처음에는 내가 이런 입장이었는데 당신과 이야기를 하다 보니까 당신 말이 옳은 것 같습니다.'라고 하면서 자신의 의견을 수정하는 경우를 보신 적이 있으신가요? 아마 거의 없으실 겁니다.

우리가 토론회를 보다 보면 '저렇게 서로 자기주장만 고집할거면 무 엇하러 토론을 하는 거야?'라는 생각이 가끔 듭니다. A라는 입장을 가 진 분은 절대 A라는 입장을 꺾지 않습니다. B라는 입장을 가진 분도 B

라는 입장을 꺾지 않습니다. 그렇다면 토론을 왜 하는 것일까요? 토론은 A와 B 사이에서 무엇이 진실인지를 알고자 하는 사람들을 위해서 하는 것입니다. 열왕기상 18장에 나오는 갈멜산 이야기도 그런 것입니다. 야훼와 바알 가운데 누가 진짜 참 신인지를 알고자 하는 사람들을 위해서 갈멜산에서 모이게 된 것입니다. 당시 대다수의 이스라엘 백성들은 야훼와 바알의 중간에 있으면서 어떤 때는 야훼의 편에 붙었다가 어느 순간에는 바알의 편에 붙었습니다. 그렇게 중간에서 머뭇머뭇하고 있는 백성들에게 엘리야는 단호하게 내 존재를 다해 섬길 한 신을 선택하라고 촉구하고 있는 것입니다.

이때 엘리야가 했던 '여호와가 만약 하나님이면 그를 따르고 바알이 만일 하나님이면 그를 따를지니라'라는 말은 사실 매우 이해하기 어려운 말입니다. 왜 이해하기 어려운 말입니까? 우리에게는 여호와가 하나님입니다. 나이 드신 분들께서 기도하실 때 '여호와 하나님'이라는 표현을 많이 사용하십니다. 여호와는 하나님을 가리키는 표현입니다. 이처럼 여호와가 하나님인데 엘리야는 '여호와가 만약 하나님이면'이라고 말을 합니다. 이것이 무슨 말인가요? 더욱이 '바알이 만일 하나님이면'이라는 말은 무슨 말인가요? 어떻게 바알이 하나님이 될 수 있습니까? 그래서 21절은 정말 이해하기 어려운 말입니다. 사실 여기에 나오는 하나님이라는 표현은 참 신을 가리키는 말입니다. 이렇게 번역할 수 있습니다. '여호와가 만일 참 신이면 그를 따르고 바알이 만일 참 신이면 그를 따르라'는 말입니다.

그런데 왜 한글 성경에서는 참 신이라고 번역을 하지 않고 하나님이라고 번역을 했을까요? 히브리어 구약 성경을 보시면 우리가 믿는 하나님을 표현하는 두 단어가 있습니다. 하나가 아도나이입니다. 유대인들은 하나님을 가리키는 네 글자를 쓰고 이것을 신성 사문자라고 합니다. 그런데 십계명 중 세 번째 계명이 '여호와의 이름을 망령되이 일컫지 말라'는 것 아닙니까? 그래서 하나님을 가리키는 신성 사문자를 쓰고 나서 이것을 문자 그대로 읽지 않았습니다. 혹여 하나님의 이름을 부르다가 실수를 할까봐 조심 또 조심을 한 것입니다. 그리고 신성 네 문자를 주인을 뜻하는 아도나이라고 부른 겁니다.

우리가 흔히 '주님'이란 표현을 많이 쓰지 않습니까? '주님'이란 말은 원래 주인님의 줄임말입니다. 예수가 우리 주님이라는 말은 예수가 우리 인생의 주인님이란 말입니다. 그때 주인을 가리키는 단어가 바로 아도나이입니다. 이처럼 여호와를 뜻하는 신성 사문자를 쓰고 아도나이라고 부르는 것이 하나님을 뜻하는 첫 번째 단어입니다. 두 번째는 엘 또는 엘의 복수형인 엘로힘이란 단어입니다. 원래 가나안 신앙에서 엘은 최고신을 가리키는 단어입니다. 엘이라는 단어는 신앙인들이 독점할 수 있는 단어가 아닙니다. 야훼에 대한 신앙을 갖고 있건 그렇지 않건 간에 사람들이 생각하는 최고신이 바로 엘인 것입니다.

한글로 성경을 번역하면서 아도나이라는 단어는 대부분 여호와로 번역을 했고 엘이나 엘로힘이 나오면 대부분 하나님으로 번역을 했습니다. 문제는 엘이나 엘로힘이 쓰인 본문이 신을 뜻하는 경우들이 많이 있다는 것입니다. 그런데 한글 번역 성경은 엘이나 엘로힘이 나온 경우에는 대부분 하나님으로 번역을 한 것입니다. 그중에 하나가 열왕기상 18장 21절입니다. 이 구절도 '하나님'이 아닌 '참 신'으로 번역을 해야 더 매끄러운 번역이라고 할 수 있습니다. "여호와가 만일 참 신이면 여호와를 따르고 바알이 만일 참 신이면 바알을 따르라"고 번역을 해야 합니다. 그런데 이 엘이란 단어를 하나님으로 번역을 하다 보니 지금 같이 "여호와가 만일 하나님이면 그를 따르고 바알이 만일 하나님이면 그를 따르라"라고 번역이 되어 버렸습니다. 정리해보면, 히브리어로 우리가 믿는 하나님을 표현하는 단어가 두 개가 있는데 하나가 '아도나이'이고 또 하나가 '엘' 또는 '엘로힘'입니다. 아도나이라는 단어는 보통 여호와로 번역을 많이 했고 엘 또는 엘로힘은 하나님으로 번역을 많이 했는데 '하나님'보다는 '신'이라고 번역을 해야 훨씬 더 매끄럽게 의미가 전달되는 구절들이 있습니다. 그것 가운데 하나가 바로 열왕기상 18장 21절입니다.

18장 21절의 엘리야의 말을 통해서 우리는 당시 이스라엘 백성의 종교 지형을 세 부류로 나눌 수가 있습니다. 첫 번째 부류는 야훼만을 믿는 사람입니다. 여기에 해당되는 사람은 엘리야와 엘리사 그리고 22장에 나오는 미가야와 아합 왕의 신하였던 오바댜 같은 사람들입니다. 두 번째 부류는 첫 번째 부류와 반대편에 서 있는 사람들로서 이들은 바알만을 믿습니다. 대표적인 사람이 이세벨과 바알의 사제들입니다. 세 번째 부류는 이 둘 사이에 있는 사람들로서 아합과 대다수 이스라엘 백성이 여기에 해당됩니다. 이들은 상황에 따라 유동적으로 야훼 신앙과 바알 신앙 사이에서 선택하는 사람들입니다. 한마디로 야훼 하나님과 바알을 겸하여 섬기는 자들입니다. 여기에 대표적인 사람이 아합입니다. 아합과 이세벨은 완전히 다릅니다. 이세벨은 진짜 바알만 믿는 사람이고 아합은 야훼 하나님과 바알을 겸하여 섬기는 사람입니다. 바알만 섬겼던 이세벨은 여호와의 예언자를 죽이려고 하지만 아합은 엘리야의 말을 경청합니다. 그 이유가 아합과 이세벨의 신앙의 자리가 달랐기 때문입니다. 이와 같은 세 부류의 종교 지형도는 구약 시대 내내 이스라엘 공동체 안에 존재했던 모습이라 할 수 있습니다.

열왕기상 21장에 보면 아합과 이세벨이 나봇의 포도원을 강제로 빼앗는 이야기가 나옵니다. 그 일로 인해 하나님께서 엘리야를 통하여 아합에게 심판을 경고합니다. 놀랍게도 하나님의 경고의 말씀을 듣고 아합이 겸비함을 드러냅니다. 이때 하나님이 엘리야에게 하신 말씀이 열왕기상 21장 29절입니다.

"아합이 내 앞에서 겸비함을 네가 보느냐 그가 내 앞에서 겸비하므로 내가 재앙을 저의 시대에는 내리지 아니하고 그 아들의 시대에야 그의 집에 재앙을 내리리라 하셨더라"

이 구절을 문자 그대로만 보면 '가계의 저주'가 있다는 식으로 생각하기 쉽습니다. 왜냐하면 원래 아합이 심판을 받아야 되는데 아합은 회개를 했습니다. 그래서 하나님은 아합에게 내리기로 작정하신 심판을 철회하시고 아합의 아들에게 심판을 내리시겠다고 말씀하십니다.

아합의 아들 입장에서는 아버지 잘못 만나가지고 너무 큰 화를 당하는 것 아닙니까? 그런데 열왕기상 21장 29절의 이 말씀은 성경의 대원칙과 충돌이 일어납니다. 성경의 대원칙이 무엇입니까? 연좌제 금지입니다. 아버지가 죄를 범했다고 해서 아들이 아버지로 인해 심판을 받거나 아들이 죄를 범했다고 해서 아버지가 아들로 인하여 심판을 받는 것을 성경은 철저하게 금지합니다. 그 내용이 신명기 24장 16절에 나옵니다.

> "아버지는 그 자식들로 말미암아 죽임을 당하지 않을 것이요 자식들은 그 아버지로 말미암아 죽임을 당하지 않을 것이니 각 사람은 자기 죄로 말미암아 죽임을 당할 것이니라"

성경은 분명히 연좌제를 금지하고 있습니다. 에스겔 18장 2절도 보겠습니다. 당시 이스라엘 공동체 안에 이상한 속담이 퍼졌습니다.

> "너희가 이스라엘 땅에 관한 속담에 이르기를 아버지가 신 포도를 먹었으므로 그의 아들의 이가 시다고 함은 어찌 됨이냐"

당시에 널리 퍼진 속담은 아버지가 신 포도를 먹은 것 때문에 아들의 이가 시다는 것입니다. 아버지로 인해 아들이 피해를 입고 있다는 것입니다. 이것이 당시 이스라엘 공동체 안에 퍼진 속담의 내용입니다. 그런데 하나님께서는 그것이 어찌된 일이냐고 따지시면서 에스겔 18장 20절에서 이렇게 말씀하십니다.

"범죄하는 그 영혼은 죽을지라 아들은 아버지의 죄악을 담당하지 아니할 것이요 아버지는 아들의 죄악을 담당하지 아니하리니 의인의 공의도 자기에게로 돌아가고 악인의 악도 자기에게로 돌아가리라"

이것이 성경의 대원칙입니다. 출애굽기를 공부할 때 그 이야기를 했었는데, 다시 한 번 출애굽기 20장 5절을 보겠습니다. 이 구절로 인해 20년 전에 한국 교회에서 가계에 흐르는 저주라는 표현이 유행했습니다.

"그것들에게 절하지 말며 그것들을 섬기지 말라 나 네 하나님 여호와는 질투하는 하나님인즉 나를 미워하는 자의 죄를 갚되 아버지로부터 아들에게로 삼사 대까지 이르게 하거니와"

하나님께서 죄에 대한 심판을 아버지로부터 아들에게로 삼사 대까지 한다는 이 말씀으로 인해 가계에 흐르는 저주라는 표현이 등장했습니다. 그런데 이 구절은 그런 의미가 아닙니다. 당시에는 3~4대가 한 집에 살고 있던 대가족 시대라는 것을 기억하셔야 됩니다. 이것은 세대를 이어 심판을 하겠다는 말씀이 아닙니다. 여기 3~4대라는 것은 지금 현재 한 집에 살고 있는 사람들을 가리킵니다. 그 집에 살고 있는 모든 세대가 심판을 받는다는 말이지 세대를 이어서 심판을 받는다는 말이 아닙니다.

오늘날 우리는 핵가족 시대에 살고 있다 보니 이런 말을 이해하는 것이 쉽지가 않습니다. 이때는 증조 할아버지, 할아버지, 아버지, 아들 심지어 손자까지 모든 세대가 한 집에 살던 시대입니다. 따라서 3~4대가 벌을 받는다는 것은 동시에 모든 세대가 하나님의 심판을 받는다는 말이지 대를 이어 벌을 받는다는 말이 전혀 아님을 기억하셔야 합니다. 이 구절에 대한 잘못된 해석으로 가계에 흐르는 저주라는 표현이 등장했습니다. 그런데 그러한 표현을 정당화시켜주는 듯 보이는 구절이 바로 열왕기상 21장 29절인 것입니다.

원래 하나님은 아합을 심판하시고자 하셨는데 아합은 회개하였고 그 결과 심판은 철회되었습니다. 그런데 하나님은 아합의 죄에 대해서 그 아들의 시대에 재앙을 내리겠다고 말씀을 하십니다. 아합의 아들 입장에서는 얼마나 억울한 상황입니까? 정말로 아버지를 잘못 만나서 아들이 모든 피해를 감수하게 된 것일까요?

열왕기상 21장 29절에는 중요한 전제가 하나 있습니다. 원래 하나님은 아합을 심판하고자 하셨습니다. 그런데 아합은 회개를 하였고 겸비함을 보였습니다. 그래서 하나님이 아합에 대한 심판을 철회하십니다. 그런데 하나님께서 자신이 철회하신 심판을 그대로 간직하고 있다가 아합의 아들에게 그대로 퍼붓는 것이 아닙니다. 그 아들의 시대에야 그의 집에 재앙을 내린다고 했을 때에 중요한 전제가 하나 있습니다. 그 전제는 크게 두 가지입니다. 첫째는 아들이 아버지의 죄된 길을 지속할 때입니다. 둘째는 하나님이 회개를 요청하실 때 회개 요청의 기회를 거부할 때입니다. 그때 하나님의 심판이 임하는 것이지 아합의 아들이라는 이유만으로 아무 죄도 없는 아들이 하나님의 심판을 받는 것이 아닙니다.

현재의 한글 번역은 이런 전제를 기술하지 않다 보니 오해하기가 쉽습니다. 성경을 보면 하나님에 대해 '인자와 자비와 긍휼이 충만하시다', '노하기를 더디하신다'라고 설명합니다. 만약 누군가의 아들이라는 이유만으로 심판을 받는 것이라면 이것은 성경에 나오는 무수한 구절들과 모순이 일어나는 것이 될 것입니다. 하나님이 보이시는 일반적인 역사의 경로를 보면, 만약 아합의 아들이 죄된 길을 지속하게 되면 또 엘리야 같은 예언자를 보내셔서 그에게 심판을 경고하실 것입니다. 그런데 그때 만약 아들이 뉘우치게 되면 심판은 철회될 것입니다. 그런데 예언자의 경고에도 불구하고 끝까지 죄된 길을 고집하게 된다면 그는 하나님의 심판을 받게 될 것입니다. 그가 회개를 거부한 것으로 인해 심판을 받는 것이지 결코 누구의 아들이라는 이유만으로 심판을 받는 것이 아님을 기억하시면 좋겠습니다.

열왕기상 22장 22절을 보면 '거짓말하는 영'이라는 표현이 나옵니다. 거짓말하는 영이 나와서 모든 예언자로 하여금 거짓말을 하도록 만든 것입니다. 참 무서운 상황입니다. 그런 일은 없겠지만 오늘날 대부분의 교회 목회자에게 만약 이런 거짓말 하는 영이 임하였다면 어떻게 되겠습니까? 상상도 할 수 없을 만큼 너무 두려운 일이라고 할 수 있겠습니다. 이 땅에서 사역하는 많은 목사님들이 똑같은 말씀을 하시는데 그것이 하나님의 뜻과는 아무런 상관이 없는 거짓말 하는 영에 의해서 선포되어지는 말이라고 한다면 너무나 두려운 일이 아닐 수 없습니다.

그런데 여기에서도 우리가 기억해야 할 사실이 있습니다. 진실을 알고 싶어 하는 사람에게 하나님께서 거짓말하는 영을 보내시는 것이 아니라는 것입니다. 어떤 사람에게 거짓말하는 영을 보내신 겁니까? 거짓말이어도 좋으니까 자기들이 듣고 싶어 하는 메시지를 간절히 사모하는 자들에게 하나님은 거짓말하는 영을 보내신 것입니다. 하나님의 뜻을 제대로 알고 싶어 하는 자들에게 하나님이 거짓말 하는 영을 보내셔서 그들로 하여금 거짓말을 믿게 하신 것이 아닙니다. 자기가 듣고 싶어 하는 메시지를 간절히 사모하는 자에게 거짓말하는 영, 거짓말을 믿게 하는 영을 보내셔서 그들이 원하는 것을 듣게 해준 것입니다. 이들은 하나님의 뜻을 아는 것에는 관심이 없습니다. 자기가 원하는 바를 하나님이 들어주시기를 원할 뿐입니다. 그런 자들에게 거짓말하는 영을 보내셔서 자기 마음대로 하도록 하신 것입니다.

그래서 우리가 어떤 마음으로 하나님의 말씀과 대면하고 있는지, 정말 진실한 마음으로 하나님과의 만남을 가져가고 있는지를 돌아보는 것이 중요합니다. 우리가 어떤 마음으로 하나님을 만나고자 하는지에 따라서 하나님은 우리를 그렇게 만나주십니다. 이것을 말하고 있는 시편의 말씀이 있습니다. 바로 시편 18편 25~26절입니다.

"자비로운 자에게는 주의 자비로우심을 나타내시며 완전한 자에게는 주의 완전하심을 보이시며 깨끗한 자에게는 주의 깨끗하심을 보이시며 사악한 자에게는 주의 거스르심을 보이시리니"

우리가 어떤 마음으로 하나님을 만나고자 하느냐에 따라서 하나님
이 우리를 그렇게 만나주신다는 것이 너무나 중요합니다.

말씀과 함께 역사서 6-2

열왕기하

열왕기하 1장 9절과 11절을 보겠습니다.

"이에 오십부장과 그의 군사 오십 명을 엘리야에게로 보내매 그가 엘리야에게로 올라가 본즉 산 꼭대기에 앉아 있는지라 그가 엘리야에게 이르되 하나님의 사람이여 왕의 말씀이 내려오라 하셨나이다"

"왕이 다시 다른 오십부장과 그의 군사 오십 명을 엘리야에게로 보내니 그가 엘리야에게 말하여 이르되 하나님의 사람이여 왕의 말씀이 속히 내려오라 하셨나이다 하니"

이 구절을 보면 엘리야를 잡으러 온 오십부장이 엘리야에게 '하나님의 사람이여 왕의 말씀이 내려오라 하셨나이다'라고 말합니다. 오십부장이 엘리야에게 공경하는 자세로 존칭을 사용하죠. 그런데 이런 표현은 한글 성경 번역의 문제라고 볼 수 있습니다. 진짜 오십부장은 엘리야에게 이런 존칭의 언어를 사용하였을까요? 지금의 상황은 아합 왕의 명령을 받아서 오십부장이 엘리야를 잡으러 온 것입니다. 공권력을 집행하는 것입니다. 오십부장은 엘리야에게 협박을 하고 경고를 했을 것입니다. '열 셀 때까지 내려와.'라고 말했다고 봅니다.

지금 번역되어 있는 것처럼 '하나님의 사람이여 왕의 말씀이 내려오라 하셨나이다'라고 했다면 이 사람들을 불 심판으로 죽이는 것이 이해가 되지 않습니다. 지금의 한글 번역에서는 엘리야가 하나님의 사람이기 때문에 그에 대한 존중의 의미로 존칭적 번역을 하였는데 이것은 본문의 맥락에 근거해 볼 때 조금 어색하다고 볼 수 있습니다. 원래 히브리어나 헬라어에는 존칭 개념이 없습니다. 그런데 한글 번역에서는 하나님의 예언자를 우대하는 맥락에서 지금과 같은 번역을 하고 있습니다. 당시의 맥락에서 보자면 협박성 경고의 메시지가 더 어울리지 않았을까라는 생각을 해 봅니다.

열왕기하 2장 3절에 보면 '제자들'이라는 단어가 나옵니다. 이것이 원어로는 '아들들'이라는 말입니다. 옛날에 스승과 제자가 있다고 할 때 제자는 스승을 아버지로 불렀고 스승은 제자를 아들이라 불렀습니다. 그래서 2장 3절에서도 번역은 제자들이라고 하였지만 히브리어 원어로는 아들들이라고 되어 있는 것입니다. 그리고 2장 9절을 보겠습니다.

"엘리야가 엘리사에게 이르되 나를 네게서 데려감을 당하기 전에 내가 네게 어떻게 할지를 구하라 엘리사가 이르되 당신의 성령이 하시는 역사가 갑절이나 내게 있게 하소서 하는지라"

여기 '갑절'이라는 표현이 나옵니다. 갑절은 두 몫을 뜻합니다. 두 몫은 장자의 몫입니다. 신명기 21장 17절에 보면 장자는 아버지의 유산을 물려받을 때 두 몫을 가집니다. 예를 들어, 아들이 세 명이고 부모가 남긴 유산이 1억이라고 생각해 보십시오. 그러면 원래 아들은 3명이지만 4명이 있는 것으로 계산을 합니다. 4명으로 계산을 하면 1인당 2500만원을 수령하게 됩니다. 그러면 장자는 두 몫인 5000만원을 가져가는 것입니다. 그리고 둘째와 셋째가 2500만원씩을 가져가는 것입니다. 이것이 두 몫을 받는 모습입니다. 그렇다면 왜 장자는 두 몫을 가져가는 것일까요? 장자는 보통 부모의 노후를 책임지고 부모의 장례식을 거행하는 일로 인해 두 몫을 받았습니다.

당시 엘리야의 제자가 많이 있었는데 엘리사는 자기에게 두 몫을 달라고 합니다. 이것은 자기를 엘리야 사역의 맏아들로 삼아 달라는 것입니다. 왜 엘리사는 엘리야가 성령으로부터 받은 영감을 갑절이나 달라고 했을까요? 첫째로 두 몫을 달라는 것은 자기가 엘리야 사역의 장자가 되도록 해달라는 요청으로 이해할 수 있고 또 하나는 엘리야의 그 사역을 계승하기 위해서는 자기에게는 엘리야보다 두 배의 영감이 필요하다는 겸손의 표현으로도 이해할 수 있는 것입니다.

열왕기하 3장 4절을 보겠습니다.

"모압 왕 메사는 양을 치는 자라 새끼 양 십만 마리의 털과 숫양 십만 마리의 털을 이스라엘 왕에게 바치더니"

히브리어에 '목자'를 뜻하는 단어가 몇 개가 있는데 여기에서는 '노케드'란 단어가 쓰였습니다. 3장 4절에서 메사가 치는 양의 수를 한번 보십시오. 새끼 양이 10만 마리이고 숫양이 10만 마리입니다. 모압왕 메사가 치는 양의 규모가 총 20만 마리입니다. 엄청난 숫자입니다. 이 정도 규모의 양을 치는 목자를 노케드라고 합니다. 그런데 노케드라는 단어가 또 한번 나오는 곳이 있습니다. 바로 아모스 1장 1절입니다.

"유다 왕 웃시야의 시대 곧 이스라엘 왕 요아스의 아들 여로보암의 시대 지진 전 이년에 드고아 목자 중 아모스가 이스라엘에 대하여 이상으로 받은 말씀이라"

여기 '드고아의 목자'란 말이 나옵니다. 이때 사용되는 단어가 바로 노케드입니다. 구약의 노케드라는 단어가 사용된 것은 두 군데 밖에 없습니다. 모압 왕 메사와 아모스입니다. 주목해야 하는 것이 모압 왕 메사가 친 양의 수가 20만 마리라는 것입니다. 그런데 아모스도 노케드입니다. 그렇다면 아모스도 양 몇 마리를 치는 그런 목자가 아님을 알 수 있습니다. 아모스는 대규모 방목을 하는 목축업자라고 할 수 있습니다.

제가 이 말씀을 왜 드리냐면 어떤 주석서에 보면 아모스를 예언자 가운데 가장 가난한 농부라고 써 놓았습니다. 너무나 가난해서 농사만 지어서는 먹고 살지 못하여 목자를 병행했다고 써 놓았는데 많은 목사님들이 그 주석서를 읽고 설교 시간에 동일한 이야기를 하는 것을 들었습니다. 절대 그렇지 않습니다. 아모스는 예언자 가운데 가장 갑부입니다. 저는 하나님 나라에 가서 아모스를 꼭 만나려고 합니다. 구약에서 노케드란 단어가 쓰인 사람은 두 명 밖에 없는데 노케드라는 인정을 받으려면 목축하는 양의 숫자가 20만 마리 정도 되는 사람입니다. 오늘날로 얘기하자면 아모스라는 사람은 그룹 재벌 회장입니다. 그런데 노케드라는 이 단어의 의미를 제대로 모르고 아모스는 농부이자 목자라고 하면서 가난한 사람이었다고 하는데 이제는 그런 무식 충만한 목사님들과 제발 결별하시기를 바랍니다. 제 강의를 들으시는 여러분들에게 드리는 하나의 선물입니다. 하나님의 나라에서 예언자 가운데 누구를 만나시라고요? 아모스를 꼭 만나시길 바랍니다.

열왕기하 2장 23절을 보겠습니다. 여기 보면 엘리사가 대머리였다는 것을 알 수 있습니다.

"엘리사가 거기서 벧엘로 올라가더니 그가 길에서 올라갈 때에 작은 아이들이 성읍에서 나와 그를 조롱하여 이르되 대머리여 올라가라 대머리여 올라가라 하는지라"

중요한 것은 이 사건이 일어난 곳이 벧엘이라는 것입니다. 벧엘에 무엇이 있습니까? 여로보암이 세웠던 금송아지 우상 제단이 있습니다. 그곳에서 생활하고 있는 어린 아이들이 엘리사를 향해서 '대머리여 올라가라.'라고 조롱을 합니다. 작은 아이들의 말에 근거하여 사람들은 엘리사가 대머리였을 것이라고 생각을 하는데 그럴 수도 있지만 여기 대머리라는 말은 '거짓말쟁이'라는 의미도 됩니다. 저는 어린 시절에 '거짓말 많이 하면 머리 벗겨진다'는 이야기를 들은 적이 있는데 히브리적 세계관 안에서도 거짓말쟁이와 대머리를 같은 표현으로 사용한 듯합니다.

여기 '대머리여'라는 말은 '거짓말쟁이여 거짓말쟁이여'라는 말입니다. '올라가라'는 것은 엘리사가 한 말에 대한 조롱입니다. 엘리사는 지금 자신의 스승 엘리야가 하늘로 올라갔다고 주장합니다. 이 이야기를 듣고 벧엘의 작은 아이들은 엘리사에게 거짓말하지 말라고 하면서 '그렇다면 너도 한번 하늘로 올라가봐'라고 조롱을 하는 것입니다. 하나님의 사람에 대한 존중심이나 그가 한 말에 대한 경청의 자세가 전혀 보이지 않습니다. 왜 그렇습니까? 이 사건이 일어난 곳은 벧엘입니다. 금송아지 우상이 있었던 벧엘에서 어른부터 어린 아이에 이르기까지 여호와의 예언자에 대한 조롱과 비하가 팽배했음을 잘 보여주고 있는 것입니다.

열왕기하 5장 1절을 보겠습니다.

"아람 왕의 군대 장관 나아만은 그의 주인 앞에서 크고 존귀한 자니 이는 여호와께서 전에 그에게 아람을 구원하게 하셨음이라"

이 말씀을 우리나라 역사에 대입하면 '여호와께서 전에 이순신 장군을 통하여 조선을 구원하게 하셨다'라는 말과 같습니다. 하나님께서는 나아만을 통하여 아람을 구원케 하셨는데 이때 나아만은 여호와를 알지도 않았고 여호와를 믿지도 않을 때입니다. 자기도 모르는 사이에 하나님의 은혜를 입어 하나님의 도구로 사용이 된 것입니다. 이처럼 자기도 모르는 사이에 하나님의 역사를 대행하는 하나님의 도구로 쓰임받을 수 있습니다. 이러한 이야기는 이사야 45장에 나오는 고레스에게서도 발견됩니다. 고레스는 하나님을 전혀 알지 못했고 하나님을 믿지도 않았습니다. 그런데 자기도 모르는 사이에 하나님의 일을 행하는 도구가 됩니다. 열왕기하 5장 1절 같은 말씀을 통해서 우리의 역사와 세계 역사를 해석할 수 있는 하나의 힌트를 얻을 수 있다고 생각합니다.

나아만은 나병 환자였습니다. 그는 나병을 치료하기 위해 이스라엘 땅으로 와서 엘리사를 만났고 엘리사가 지시한 바대로 행했습니다. 그리하여 놀라운 치유 사건을 경험하게 됩니다. 그리고 엘리사를 만난 이후에 이렇게 이야기합니다. 열왕기하 5장 15절부터 17절까지 보겠습니다.

"나아만이 모든 군대와 함께 하나님의 사람에게로 도로 와서 그의 앞에 서서 이르되 내가 이제 이스라엘 외에는 온 천하에 신이 없는 줄을 아나이다 청하건대 당신의 종에게서 예물을 받으소서 하니 이르되 내가 섬기는 여호와께서 살아 계심을 두고 맹세하노니 내가 그 앞에서 받지 아니하리라 하였더라 나아만이 받으라고 강권하되 그가 거절하니라 나아만이 이르되 그러면 청하건대 노새 두 마리에 실을 흙을 당신의 종에게 주소서 이제부터는 종이 번제물과 다른 희생 제사를 여호와 외 다른 신에게는 드리지 아니하고 다만 여호와께 드리겠나이다"

나병이 극적으로 치유된 이후에 나아만은 무엇을 결단하고 있습니까? 하나님만을 믿고 하나님에게만 제사를 드리겠다고 말합니다. 놀라운 개종 선언을 한 것입니다. 그런데 18절을 보시기 바랍니다.

"오직 한 가지 일이 있사오니 여호와께서 당신의 종을 용서하시기를 원하나이다 곧 내 주인께서 림몬의 신당에 들어가 거기서 경배하며 그가 내 손을 의지하시매 내가 림몬의 신당에서 몸을 굽히오니 내가 림몬의 신당에서 몸을 굽힐 때에 여호와께서 이 일에 대하여 당신의 종을 용서하시기를 원하나이다 하니"

나아만은 '오직 한 가지 일이 있사오니 여호와께서 당신의 종을 용서하시기를 원하나이다'라고 말합니다. 그 한 가지 일이 무엇입니까? 고대 사회에서 군대 장관은 국가 서열 2위입니다. 여기 '내 주인'은 왕을 가리킵니다. '림몬'은 아람 사람들이 섬기던 주신입니다. 나아만은 국가 서열 2위인 군대 장관으로서 국가의 중요한 행사가 있을 때마다 림몬의 신당에 나아가서 왕과 함께 참배를 해야 합니다. 그래서 나아만은 "내가 림몬의 신당에서 몸을 굽힐 때에 여호와께서 이 일에 대하여 당신의 종을 용서하시기를 원하나이다"라고 말합니다. 한마디로 자신이 림몬의 신당에서 몸을 굽히는 것에 대해 하나님께서 이해해주셨으면 좋겠다는 것입니다.

얼핏 보면 15~17절과 18절은 완전히 다른 내용입니다. 17절까지는 '이제 나는 하나님만을 믿겠다, 하나님께만 예배를 드리겠다'라고 말했는데 갑자기 18절에서는 자신이 국가 고위 관료로서 국가의 중요한 행사 때마다 참석하여 림몬의 신당에 가서 몸을 굽혀야 되는 것을 이해해달라는 것입니다. 19절을 보지 마시고 여러분이 만일 엘리사라면 이렇게 말하는 나아만에게 뭐라고 대답하시겠습니까? 우리 한국 교회 일반적인 목사님들은 뭐라고 대답하실까요? 제가 볼 때 이렇게 얘기하실 것 같습니다. '이번 기회에 이스라엘로 망명하시오.' 아니면 '절대 우상에게는 무릎을 꿇어서는 아니됩니다.'라는 이야기를 많이 하실 것 같습니다. 그런데 놀랍게도 하나님께서는 엘리사를 통해서 뭐라고 답변하시냐면 '평안히 가라.'라고 하십니다. '내가 네 마음을 다 아니까 걱정할 필요가 없다.'는 것입니다.

정말 대단하지 않습니까. 림몬의 신전에서 몸을 굽히는 그 행위가 나아만의 본심이 아님을 하나님을 다 아십니다. 왜냐하면 하나님은 사람의 마음을 보시는 분이시기 때문입니다. 겉으로 드러나는 모습만 보면 분명히 림몬의 신전에서 몸을 굽히는 것이니 이방 우상에게 절을 하고 경배를 하는 것인데 하나님은 평안히 가라고 하십니다. 저는 그런 의미에서 개신교인들이 제사에 대해 새로운 시각을 가지는 것이 필요하지 않을까라는 생각을 합니다.

가톨릭 신자들은 조상 제사를 드리지만 보통 개신교인들은 제사에 참여하지 않습니다. 그래서 제사로 인해 친인척들과 관계가 단절된 크리스천들도 많이 있습니다. 그동안 목사님들은 조상 제사가 우상 숭배이니 신앙인들은 절대 동참해서는 안 된다고 강조를 했습니다. 그런데 열왕기하 5장에서의 나아만의 말을 참고해 보면, 어떤 교인에게는 조상 제사가 림몬의 신당이 될 수도 있는 것입니다. 겉으로는 그가 우상을 숭배하는 것처럼 보이지만 하나님께서는 그의 마음의 중심을 보시고 그의 행위를 이해해주실 수도 있다는 생각이 듭니다.

　저는 한국 교회사를 강의하는 사람으로서 일제 강점기 말기에 신사 참배한 목사님들 가운데 열왕기하 5장의 나아만의 말을 가지고 자신을 변호한 목사님이 계신지 자료를 찾아 본 적이 있습니다. 신사 참배를 한 목사님들 가운데에서도 나아만 같은 마음이 있을 수 있는 것 아닙니까? '자신은 신사가 신이 아니라는 것을 믿고 하나님만을 믿는 사람인데 여러 이유로 어쩔 수 없이 신사에 가서 몸을 굽혀야 되는데 하나님이 이것만 용서해 주셨으면 좋겠다.'라고 기록한 목사님이 한 명이라도 있었으면 좋겠다는 마음으로 자료를 뒤졌는데 찾지 못했습니다.

　열왕기하 5장의 나아만의 이야기를 통해서 우리는 하나님이 우리의 생각과 우리 자신보다 마음이 엄청 넓으신 분임을 알 수 있습니다. 때로는 하나님의 백성이라는 우리가 하나님보다 더 엄격할 때가 많습니다. 하나님은 그 개개인이 안고 있는 림몬의 신당을 이해해주는 분이십니다. 겉으로 드러나는 모습으로만 판단하지 아니하시고 마음의 중심을 보십니다. 그런데 우리는 '하나님을 믿겠다는 사람이 림몬의 신당에 가서 머리를 숙였어.'라고 하면서 한 존재의 행동을 평가하기에 분주할 때가 많습니다. 그런데 하나님은 각자의 인생 가운데 있는 림몬의 신당을 이해해주시고 용서해 주십니다. 하나님께서는 사람과 달리 여러 가지 상황에 대한 통전적인 판단을 내리심을 여기서 보게 됩니다. 저는 열왕기하 5장을 읽을 때마다 이 부분이 너무 감동이 됩니다. 내가 믿는 하나님이 이런 분이시라는 것이 너무나 기쁩니다.

열왕기하 10장에 보면 예후라는 사람이 등장해서 바알을 믿고 있던 모든 사람들을 척결합니다. 오랜 세월 이스라엘 공동체는 바알 숭배에 빠져 있었습니다. 그 이유가 무엇입니까? 경제적인 문제 때문입니다. 바알 신앙을 척결하게 되면 두로와 시돈과의 외교 관계가 단절됩니다. 외교 관계가 단절되면 경제 교류 협력 관계도 중단됩니다. 그러면 북이스라엘은 경제적으로 매우 위축됩니다. 오랜 세월 동안 이스라엘 백성들이 우상 숭배를 떨쳐내지 못한 가장 중요한 이유가 경제적인 문제 때문이었습니다. 그런데 예후가 이 고리를 과감하게 끊어낸 것입니다. 그러나 예후도 이 마음을 끝가지 밀어붙이지 못합니다. 처음에는 과감하게 바알 신앙을 척결하고 야훼 신앙을 전면에 내세웠지만 그것을 지속하지 못했던 가장 중요한 이유도 바로 경제적인 문제 때문입니다.

주전 722년에 북이스라엘은 앗수르에 의해서 멸망을 당합니다. 이때부터 이스라엘은 700년 이상 5대 제국에 의해 식민 지배를 받게 됩니다. 5대 제국이 어떻게 됩니까? 앗수르, 바벨론, 페르시아, 헬라, 로

마입니다. 주전 2세기에 하스몬 왕조라고 해서 80년 정도 반짝 자치 정부가 있었는데 이것을 제외하고는 700년 이상 5대 제국의 식민 지배를 받았습니다. 이스라엘을 지배한 첫 번째 제국이 앗수르입니다. 앗수르에 의해서 주전 722년에 북이스라엘은 멸망을 당합니다. 그리고 앗수르는 이스라엘 백성들을 세계 각지로 분산을 시켰습니다.

제국들마다 식민지 백성들을 다루었던 방식이 조금씩 다릅니다. 앗수르는 A라는 나라를 정복하게 되면 A나라 백성을 뽑아서 B에 조금 C에 조금 D에 조금 분산을 시킵니다. 그리고 B라는 나라를 정복하게 되면 그 B나라 백성을 뽑아서 A에 조금 C에 조금 D에 조금 분산을 시킵니다. 이렇게 되면 식민지 백성들은 서로 섞이게 됩니다. 서로 섞이게 되면 이후에는 민족주의가 약화될 수밖에 없습니다. 민족주의가 약화되면 제국에 대한 저항을 미리 예방할 수가 있습니다. 이것이 앗수르가 식민지를 지배했던 방식입니다.

앗수르가 주전 732년과 722년에 북이스라엘 백성을 가나안 땅에서 강제로 뽑아서 세계 각지로 분산을 시켰는데 이때 포로들이 인도까지 가게 됩니다. 19세기 말에 영국 선교사에 의해 인도 북동부 지방에서 자신들을 므낫세 지파의 후손이라고 자부하는 사람들이 있음이 드러나게 됩니다. 외모는 인도 사람인데 자신들을 유대 민족이라고 주장하는 사람들이었습니다. 이것을 이후에 이스라엘이 알게 됩니다. 그래서 인도에 살고 있는 유대인의 후손을 그들이 원한다면 이스라엘 땅으로 귀화를 받아들였습니다.

그래서 2012년에 므낫세 지파의 후손이 이스라엘 사람이 되는 첫 번째 환영 행사를 한 적이 있습니다. 진짜 대단한 것이 이스라엘 사람들이 주전 732년에 뽑혀서 인도 땅까지 가게 되었는데 그 인도 땅에서 2700년가량 후손과 후손들이 계속하여 이스라엘의 문화를 지켜내었다는 것입니다. 진짜 이스라엘 사람들은 보통 민족이 아니라는 생각이 듭니다.

앗수르는 식민지 백성들을 강제로 다른 지역으로 분산시키고 그곳에서 민족 간의 결혼을 장려함으로 민족주의를 약화시키고자 했습니다. 민족 간의 결혼이 많아지고 혼혈족이 계속 태어나게 되면 시간이 지날수록 민족주의는 약화될 수밖에 없습니다. 제국에 대한 저항 운동이 가능하려면 민족주의가 발화되어야 합니다. 그런데 시간이 지날수록 후세대들은 자신들이 어느 민족이라는 정체성이 약화될 수밖에 없는 것입니다. 앗수르는 식민지 백성들의 저항 운동을 잠재우기 위해서 민족 간의 결혼을 장려하고 분산 정책을 폈습니다. 이때에 이방의 많은 사람들이 이스라엘 땅으로 들어오게 됩니다. 그러면서 원래 이스라엘 사람들과 이스라엘 땅으로 강제 이주하게 된 이방 사람들이 결혼을 해서 혼혈족이 태어나게 됩니다. 이들을 우리는 사마리아인이라고 합니다.

정통 이스라엘의 후손과 앗수르에 의해서 이스라엘 땅으로 강제 이주를 한 이방 사람이 통혼을 하여 사마리아 사람들이 탄생하게 됩니다. 그래서 정통 유대인들은 사마리아 사람들을 이방인 취급합니다. 우리는 사마리아 사람들을 이스라엘 사람이라고 생각하지만 정통 유대인들은 사마리아 사람들을 이방인 취급했습니다. 4개의 복음서 가운데 이방인의 복음이라는 별명을 가진 것이 누가복음인데 누가복음 안에서 이방인을 대표하는 사람이 누구냐면 사마리아 사람입니다. 그래서 누가복음에는 다른 복음서에 없는 사마리아 사람들에 대한 우호적인 기술이 많이 나타납니다. 누가복음 10장에 보면 선한 사마리아인의 이야기가 나오고 18장에 보면 10명의 나병 환자가 치유함을 받고 나서 예수님께 와서 '고맙습니다'라고 인사한 사람은 단 한명 뿐입니다. 그 사람이 누구입니까? 사마리아인입니다. 누가복음만 사마리아 사람을 굉장히 긍정적으로 기술하고 있습니다. 그 이유는 누가복음 안에서 사마리아 사람은 이방인을 대표하기 때문입니다.

오랜 시간 이스라엘 공동체 안에서 유대인들과 사마리아인들 사이에 갈등이 있었는데 사마리아인이 탄생하게 된 시점은 북이스라엘이 앗수르에 패망한 이후입니다. 앗수르에 의해서 북이스라엘이 멸망을 당하고 이스라엘 사람들이 세계 각지에 분산되고 다양한 민족이 이스라엘 땅으로 강제 이주한 후에 이스라엘 사람과 이방인 사이에 태어난 혼혈족이 바로 사마리아인들입니다. 그래서 정통 이스라엘 사람들은 사마리아 사람들을 이스라엘 사람 취급하지 아니하고 이방인 취급을 했다는 것을 기억하시면 좋겠습니다.

앗수르 다음으로 등장한 제국이 바벨론입니다. 바벨론은 각 나라의 인재들을 중앙으로 데리고 가서 바벨론 제국을 위한 신하로 활용했습니다. 남유다가 멸망한 후에 바벨론에 포로로 끌려간 대표적인 인재가 누구입니까? 다니엘과 세 친구, 에스겔입니다. 바벨론은 각 나라의 인재들을 바벨론 중앙으로 데리고 가서 바벨론식 교육을 시킵니다. 그리고 바벨론화 된 이 사람들을 바벨론 또는 식민지의 관리로 활용했습니다. 마치 3.1운동 이후에 일본이 조선을 문화 통치한 것과 비슷합니다.

문화 통치라고 하는 것은 조선 사람을 일본화시켜서 일본화된 조선 사람으로 하여금 나머지 조선 사람을 다스리게 하는 것입니다. 겉으로 보면 조선 사람이 조선 사람을 다스리는 것처럼 보이지만 실제로 다스리는 조선 사람은 이미 일본화된 조선 사람입니다. 이런 식의 식민지 운영방침을 가지고 있던 나라가 바벨론입니다. 앗수르나 바벨론 같은 제국들은 자기 나름대로 식민지를 지배한 방식이 조금씩 달랐다고 이해하시면 되겠습니다.

고대 근동의 역사와 관련하여 하나 기억하셔야 할 것이 주전 626년에 나보폴라살이 신 바벨론 왕국을 건설합니다. 신 바벨론이란 말은 구 바벨론이 있었음을 전제합니다. 구 바벨론의 대표적인 왕이 바로 함무라비입니다. 주전 18세기경에 바벨론이 강대했을 때가 있었습니다. 그것을 구 바벨론이라 하고 그 바벨론의 영광을 재현하겠다고 하면서 나보폴라살이 주전 626년에 신 바벨론을 건설한 것입니다. 이때까지 바벨론은 앗수르의 지배를 받고 있었습니다. 주전 626년에 나보폴라살이 '이제 우리는 앗수르로부터 독립하겠다'라고 하면서 신 바벨론 왕국을 건설합니다. 이 나보폴라살의 아들이 느부갓네살입니다.

나보폴라살은 주전 612년에 앗수르의 수도였던 니느웨를 함락시킵니다. 앗수르로부터의 독립을 선언하고 신 바벨론 제국을 세운지 14년 만에 앗수르의 수도인 니느웨를 함락한 것입니다. 이때 앗수르의 왕도 죽음을 맞이합니다. 수도도 함락되고 왕이 죽었으면 앗수르 제국은 끝났다고 봐야 합니다. 그런데 우발리트라는 군대 장군이 앗수르의 패잔병들을 이끌고 하란으로 도망을 가면서 끝까지 바벨론과 싸울 것을 선언합니다. 그리고 이집트에게 도움을 요청합니다. 이집트 왕 파라오에게 우리를 도와달라고 하면서 SOS를 친 것입니다.

앗수르 제국이 고대 근동을 다스리던 시기에 앗수르와 이집트는 앙숙 관계였습니다. 그런데 바벨론이라는 신흥강자의 등장으로 인해 앙숙 관계였던 앗수르와 이집트가 서로 손을 잡게 되는 일이 벌어지게 된 것입니다. 이때 이집트의 왕이 느고입니다. 느고는 고민을 합니다. 앗수르를 도와주어야 하는가를 고민하다가 마침내 앗수르를 돕기로 결심합니다. 느고가 볼 때 지금 앗수르는 이빨 빠진 호랑이입니다. 왕은 죽었고 수도는 함락되었고 군대도 전력 손실을 많이 입었습니다. 거의 멸망한 것과 다름없습니다. 그런데 바벨론은 지금 막 떠오르는 태양입니다. 제국 초기인 지금 바벨론의 힘을 억제하지 않으면 바벨론은 더욱 강력한 제국이 될 가능성이 높습니다.

이집트는 오랜 세월 꿈이 있었습니다. 바로 고대 근동 지방의 챔피언이 되는 것입니다. 고대 근동 지방의 챔피언이 되고 싶은 마음은 굴뚝같았지만 메소포타미아 지역에서 너무나 강력한 나라들이 계속 등장하는 바람에 이집트는 만년 2인자에 머물러 있었습니다. 그런데 앗수르는 지금 이빨 빠진 호랑이이고 바벨론은 이제 막 발흥하기 시작한 나라이니 이집트 입장에서는 지금이 자신들이 고대 근동의 챔피언이 될 수 있는 최고의 적기라고 생각을 한 것입니다. 앗수르의 패잔병들과 이집트 군대가 힘을 합치면 바벨론을 이길 수 있으리라고 생각을 했고 바벨론을 제압한 다음에 자신들이 앗수르의 패잔병들을 무찌르게 되면 이집트는 꿈에도 그리던 고대 근동의 챔피언이 되는 것입니다. 이 얼마나 신나는 일입니까? 그래서 느고는 앗수르를 돕기 위해 군대를 이끌고 출병합니다.

그런데 이집트에서 하란이라는 지방을 가기 위해서는 반드시 이스라엘 땅을 통과해야 합니다. 그래서 이스라엘 땅을 통과하고 있는데 그때 남유다의 왕이 요시야입니다. 요시야가 요한계시록에서는 아마겟돈이라고 하는 므깃도에서 이집트 군대를 가로막습니다. 이집트의 왕이었던 느고는 길을 비키라고 하고 요시야는 그럴 수 없다고 하면서 결국 이집트와 이스라엘이 므깃도에서 전쟁을 하게 되었고 그 전쟁에서 요시야가 전사를 하게 됩니다. 이때가 주전 609년입니다.

이집트 군대가 이스라엘과의 전쟁에서 승리는 하였지만 이집트도 이 전쟁에서 군사적 손실을 크게 입게 됩니다. 원래 이집트의 전력이 100이라고 한다면 므깃도 전투의 결과 60정도가 된 것입니다. 그래서 60의 전력을 가지고 이집트 군대는 하란으로 갑니다. 거기서 앗수르 패잔병들과 힘을 합쳐 바벨론 군대와 맞서 싸웠는데 대패를 하게 됩니다. 이 전쟁에서 패배하면서 이집트의 왕인 느고는 화가 머리끝까지 났습니다. 요시야가 막지만 않았다면 전력 100을 가지고 가서 바벨론 군대와 싸웠을 것이고 그러면 충분히 이길 수 있었는데 요시야가 막는 것 때문에 자기들이 졌다고 생각하면서 이집트가 자기 나라로 돌아갈 때 일부러 예루살렘을 방문합니다.

당시 남유다에서는 요시야 사후에 그의 둘째 아들인 여호아하스가 왕이 되었습니다. 여호아하스는 반애굽주의자입니다. 요시야가 애굽에 의해서 죽임을 당했으니까 남유다에서 반애굽주의자였던 둘째 아들을 왕위에 앉힌 것입니다. 느고는 예루살렘에 들려서 반애굽주의자인 여호아하스를 포로로 끌고 갑니다. 그리고 여호야김이라는 친애굽주의자를 왕위에 앉힙니다. 이집트에 의해 왕으로 임명된 여호야김은 처음부터 애굽에 충성할 수밖에 없었습니다.

이집트는 자기 나라로 돌아간 다음에 바벨론과의 전쟁을 다시 준비합니다. 그리고 주전 605년에 갈그미스에서 이집트와 바벨론이 다시 붙습니다. 이때 이집트의 봉신이었던 여호야김의 군대도 함께 갔을 가능성이 높습니다. 갈그미스에서 100 대 100의 전력으로 싸우게 되었는데 이번에도 바벨론이 승리합니다. 이때가 여호야김 왕 4년입니다. 예레미야서를 읽다 되면 여호야김 4년이라는 표현이 자주 나옵니다. 여호야김이 왕이 되었을 때가 주전 609년이니까 여호야김 4년은 주전 605년입니다.

이때 어떤 일이 벌어지냐면 바벨론이 이집트와의 전쟁에서 승리하고 나서 이번에는 바벨론의 왕이 예루살렘을 방문합니다. 그때 바벨론의 왕이 누구입니까? 느부갓네살입니다. 바벨론의 왕인 느부갓네살이 예루살렘으로 내려왔습니다. 그리고 여호야김에게 지금처럼 계속해서 이집트의 봉신이 될 것인지, 아니면 고대 근동의 챔피언인 바벨론의 봉신이 될 것인지를 선택하라고 합니다. 당연히 여호야김은 바벨론을 섬기겠다고 맹세합니다. 그래서 남유다는 주전 605년부터 바벨론을 섬기게 됩니다.

이때부터 남유다는 매년마다 바벨론에 엄청난 조공을 바칩니다. 구약시대 이스라엘의 왕실을 보면 왕실 안에 항상 세 그룹이 존재합니다. 첫째는 친애굽파입니다. 둘째는 친메소포타미아파입니다. 셋째는 민족 자주파입니다. 이스라엘 왕실은 항상 세 개의 그룹이 었었다고 이해하시면 됩니다. 여기서 민족 자주파는 소수이고 대다수는 친애굽파와 친메소포타미아파로 양분되어 있었습니다. 재미있는 것은 메소포타미아에서 등장한 앗수르와 바벨론이 고대 근동의 절대 강자이고 이집트는 항상 2인자인데 어떻게 친메소포타미아가 아니라 친애굽파가 많았을까요?

그 이유는 이집트는 이스라엘에게 과도한 조공을 요구하지 않았기 때문입니다. 메소포타미아와의 전쟁 상황에서 이스라엘이 일차 방어막이 되어주기를 바라는 마음으로 애굽은 이스라엘에게 우대정책을 시행합니다. 그런데 메소포타미아는 이스라엘에게 과도한 조공을 요구했습니다. 그래서 주전 605년부터 남유다는 바벨론의 봉신이 되면서 매년마다 엄청난 조공을 바치게 됩니다. 바벨론이 요구하는 조공을 다 바치고자 하면 남유다의 경제가 돌아가지 못할 정도로 너무나 힘겹게 조공을 바쳤습니다.

그런데 어느날 애굽 왕이 여호야김에게 바람을 집어넣습니다. 언제까지 그렇게 힘들게 조공을 바치며 살거냐고 바람을 넣은 것입니다. 이때 여호야김이 애굽 왕에게 뭐라고 말했겠습니까? '조공을 바치지 않게 되면 우리를 다 죽일 것입니다.'라고 말했습니다. 이때 애굽왕은 조공을 끊은 것 때문에 바벨론이 공격을 하게 되면 우리가 도와주겠다고 제안을 합니다. 이 이야기를 듣고 여호야김은 조공을 끊습니다.

이런 상황에서 바벨론이 가만히 있겠습니까? 당장 군대를 보냅니다. 이때가 주전 597년입니다. 바벨론 군대가 남유다를 치기 위해 오고 있다는 이야기를 듣고 여호야김은 죽습니다. 아마도 심장마비로 죽은 것 같습니다. 여호야김이 죽게 되면서 갑작스럽게 그의 아들인 여호야긴이 왕으로 등극하게 됩니다. 그런데 믿었던 애굽은 그 어떤 도움도 제공하지 않았고, 여호야긴은 왕이 된지 100일 만에 바벨론으로 끌려가게 됩니다.

그리고 바벨론은 시드기야를 왕으로 세웁니다. 시드기야는 남유다의 마지막 왕입니다. 시드기야는 바벨론에 의해 세움을 받았기에 바벨론의 봉신으로서 허리띠를 졸라가며 매년마다 조공을 바칠 수밖에 없었습니다. 이런 상황에서 또 애굽의 왕이 시드기야를 유혹합니다. 언제까지 조공을 바칠거냐고, 자기들이 도와줄테니 바벨론에게 바치는 조공을 끊으라고 말합니다. 이 이야기를 듣고 시드기야는 바벨론에 바치던 조공을 끊습니다. 그리고 바벨론 군대가 이스라엘을 공격하기 위해서 군대를 보냅니다. 이때 시드기야는 누구만 쳐다 봤겠습니까? 애굽만 쳐다보며 도움을 간절히 기대했습니다. 그런데 북이스라엘이 멸망할 때도 그랬고 남유다가 멸망할 때도 항상 애굽은 말만 하고 중요한 순간에는 도와주지 않았습니다.

북이스라엘 마지막 왕이었던 호세아도 그렇고 남유다의 마지막 왕이었던 시드기야도 그렇고 앗수르나 바벨론에게 과도하게 조공을 바치고 있을 때 이집트 왕이 유혹을 했습니다. '조공을 끊어. 만약 제국이 너희를 공격하게 되면 우리가 도와줄게.'라고 했는데 정작 제국이 공격하는 상황이 되면 애굽은 모른 체 했습니다. 애굽 왕의 주특기가 바로 말 만하고 약속을 지키지 않는 것입니다. 그래서 결국 시드기야 때 남유다가 멸망합니다. 남유다가 멸망하게 된 과정을 조금 상세하게 설명을 드렸습니다.

열왕기상하를 읽어가면서 왕들의 통치연도와 관련하여 주목해야 할 세 가지 내용이 있습니다. 첫째, 남유다의 20명의 왕과 북이스라엘의 19명의 왕이 등장하여 통치를 하였는데 이 왕들이 통치했던 기간들을 다 합치게 되면 왕조가 존속했던 기간보다 더 길다는 것을 알 수 있습니다. 성경에서 A왕은 20년을 다스렸고 B왕은 17년을 다스렸다는 식의 통치 연도에 대한 설명이 나오는데 이 연도를 다 합치게 되면 남유다와 북이스라엘이 존속된 기간 보다 훨씬 더 깁니다. 이것은 성경을 꼼꼼하게 읽고 통치 연도를 계산했을 때 발견할 수 있는 것입니다. 왜 이런 문제가 벌어지게 된 것일까요? 그것은 공동 통치 기간이 많았기 때문입니다. 열왕기하 15장 2절을 보겠습니다. 유다 왕 아사랴가 나오는데 이 왕을 우리는 웃시야라고 합니다.

"그가 왕이 될 때에 나이가 십육 세라 예루살렘에서 오십이 년간 다스리니라"

웃시야는 남유다의 왕 가운데 두 번째로 장기 통치를 한 왕입니다. 므낫세가 55년, 웃시야는 52년입니다. 그런데 15장 5절을 보십시오.

"여호와께서 왕을 치셨으므로 그가 죽는 날까지 나병환자가 되어 별궁에 거하고 왕자 요담이 왕궁을 다스리며 그 땅의 백성을 치리하였더라"

웃시야는 나병이 들어서 본궁에서 다스릴 수가 없게 됩니다. 그래서 별궁에 거주하게 되고 대신 아들 요담이 본궁에서 나라를 다스렸습니다. 이 기간이 매우 깁니다. 문제는 웃시야가 죽을 때까지를 그의 통치 기간으로 본다는 것입니다. 그렇게 되면 웃시야는 죽을 때까지를 통치 기간으로 계산하게 되고 그의 아들 요담도 아버지와 공동으로 통치했던 기간을 그의 통치 기간으로 계산을 하게 되니까 동일한 시간을 두 번 계산하게 되는 것입니다. 그래서 총 연도와 맞지가 않습니다. 왕들의 통치 기간을 다 더한 것과 왕조가 존속한 기간이 맞지 않는데 그 이유는 공동 통치가 많았기 때문입니다.

두 번째로 연도와 관련하여 기억해야 할 것은 남유다와 북이스라엘이 왕의 통치를 계산하는 방법이 서로 달랐다는 것입니다. 어떻게 달랐냐면 각자 즉위년 계산법과 무 즉위년 계산법을 사용했습니다. 즉위년을 통치 기간에 포함시켜 계산하면 즉위년 계산법입니다. 즉위년을 통치 기간에 포함시키지 않으면 무 즉위년 계산법입니다. 남유다는 즉위년으로 계산을 했고 북이스라엘은 무 즉위년으로 계산을 했습니다.

예를 들어 A라는 왕이 2022년 4월까지 통치를 하고 죽었고 B라는 왕이 2022년 6월에 등극했다고 생각해 보십시오. 그러면 2022년은 A라는 왕의 마지막 통치의 해가 되고 B라는 왕의 통치 첫해가 됩니다. 연도는 2022년으로 같은 해인데 A 왕과 B 왕의 통치 연도가 중복이 되는 것입니다. 그런데 남유다는 즉위년으로 계산을 했습니다. 만약 A라는 왕이 2022년 4월에 죽고 B라는 왕이 6월에 등극을 하였다면 2022년은 B왕에게는 즉위년이 되는 것입니다. 그리고 2023년이 통치 1년이 됩니다. 이렇게 즉위년을 계산하는 것을 즉위년 계산법이라고 합니다.

남유다는 이렇게 즉위년 계산법을 사용하였고 북이스라엘은 무 즉위년 계산법을 사용했습니다. 무 즉위년은 즉위년을 따로 사용하지 않는 것입니다. 그래서 A라는 왕이 4월에 죽고 6월에 B라는 왕이 등극을 하게 되면 2022년은 B왕의 통치 1년이 되는 것입니다. 이렇게 되면 2022년은 A라는 왕의 마지막 통치 년 수도 되는 것이고 B라는 왕의 통치 1년도 되는 것입니다. 시간은 1년이지만 왕들의 통치 연수로는 A왕과 B왕 모두 통치 년 수를 계산하면 2년이 되는 것입니다. 이런 식으로 즉위년을 사용하느냐 무 즉위년을 사용하느냐에 따라 왕이 20번 바뀌었다고 하면 계산법에 따라 20년의 차이가 나게 됩니다. 그래서 성경에 나와 있는 연도하고 실제 계산을 해보면 차이가 나는 이유가 여기에 있습니다. 첫째는 공동 통치 기간이 많았다는 것이고 두 번째는 즉위년 계산법을 쓴 왕조도 있고 무 즉위년 계산법을 쓴 왕조도 있다는 것입니다.

세 번째는 고대 근동 사회에서 1월 1일을 새해 첫날로 지키는 나라도 있고 7월 1일을 새해 첫날로 지키는 나라도 있었다는 것입니다. 이스라엘 같은 경우에는 7월 1일이 새해의 첫날입니다. 7월 1일이 이스라엘에서는 무슨 절기입니까? 나팔절입니다. 이 날에는 나팔을 붑니다. 이날에 나팔을 부는 이유는 새로운 해가 시작되었음을 알리는 것입니다. 이것을 기억하게 되면 성경에 나오는 두 구절의 모순을 해결하실 수 있습니다.

예를 들어, 바벨론이 이스라엘을 5월에 공격했다고 생각해 보십시오. 만약 1월 1일을 새해의 첫날로 보게 되면 5월은 새로운 해의 5월이 됩니다. 그런데 7월 1일을 새해의 첫날로 보게 되면 5월은 전년도에서 시작된 해의 11월이 되는 것입니다. 주전 605년에 느부갓네살이 남유다를 공격한 것과 관련하여 성경의 두 가지 기술이 있습니다. 먼저, 예레미야 25장 1절입니다.

> "유다의 왕 요시야의 아들 여호야김 넷째 해 곧 바벨론의 왕 느부갓네살 원년에"

느부갓네살 원년은 주전 605년입니다. 이때 느부갓네살이 남유다를 공격합니다. 그런데 예레미야 25장 1절에서는 느부갓네살 원년이 여호야김 몇 년이라고 말하고 있습니까? 4년이라고 말합니다. 느부갓네살 원년이 여호야김 4년이라는 것입니다. 그런데 똑같은 내용이 다니엘 1장 1절에도 나옵니다.

> "유다 왕 여호야김이 다스린 지 삼 년이 되는 해에 바벨론 왕 느부갓네살이 예루살렘에 이르러 성을 에워쌌더니"

예레미야 25장 1절과 다니엘 1장 1절이 똑같은 상황에 대한 기술입니다. 그런데 재미있는 것이 예레미야 25장 1절은 느부갓네살이 남유다를 공격했던 그때를 여호야김 4년이라고 말하고 다니엘 1장 1절은 그때를 여호야김 3년이라고 말한다는 것입니다. 왜 이런 차이가 벌어지게 된 것일까요? 예레미야는 친바벨론 성향을 가지고 있었기에 1월 1일을 새해 첫날로 계산하여 기술합니다. 그러나 다니엘은 정통 이스라엘 백성들처럼 7월 1일을 새해 첫날로 계산하여 기술하고 있습니다. 건기가 시작되고 바벨론이 예루살렘을 공격했을 때 1월 1일을 기준으로 하는 경우에는 새로운 해에 일어난 사건이 되는 것이고, 7월 1일을 기준으로 하는 경우에는 전년도에 일어난 사건이 되는 것입니다. 그래서 주전 605년의 느부갓네살의 공격을 예레미야에서는 여호야김 통치 4년으로, 다니엘에서는 여호야김 통치 3년으로 기술하게 된 것입니다.

지금까지 왕의 통치 연도와 관련하여 세 가지 중요한 내용에 대해 설명을 드렸습니다. 첫째는 왕들 가운데 공동 통치 기간을 가진 왕들이 많다는 것입니다. 둘째는 왕의 통치 연도를 계산할 때 즉위년으로 하느냐 무 즉위년으로 하느냐에 따라 통치 연수가 달라진다는 것입니다. 셋째는 동일한 사건을 기술하면서 예레미야 25장과 다니엘 1장에서 왕의 통치 연도가 다른 이유를 설명 드렸습니다. 1월 1일을 새해 첫날로 보느냐 7월 1일을 새해 첫날로 보느냐에 따라 연도 계산법이 달라집니다. 이 세 가지를 잘 기억해주시면 좋겠습니다.

이스라엘이 남유다와 북이스라엘로 분열된 이후에 남북관계는 네 번의 질적 전환을 경험하게 됩니다. 처음에는 분열되자마자 전쟁을 합니다. 전쟁이 장기화될수록 남유다가 북이스라엘에 종속되게 됩니다. 그리고 북이스라엘에서 예후가 다스리고 남유다에서 아달랴가 다스릴 때 남북관계는 단절됩니다. 아달랴는 오므리의 딸입니다. 그런데 예후가 바알 숭배 문화를 국가종교로 만들고자 한 오므리 집안을 박살냅니다. 아달랴 입장에서는 예후가 자기 집안의 원수와 같은 존재입니다. 그래서 이때부터 남북 관계는 단절됩니다.

그러다가 북이스라엘이 주전 722년에 앗수르에게 멸망을 당합니다. 그래서 가나안땅 안에 남유다 왕국만 남게 됩니다. 자연스럽게 통일이 된 것입니다. 이처럼 남유다와 북이스라엘이 분열된 다음에 처음에는 전쟁의 기간이 있었고 두 번째는 전쟁의 결과 남쪽이 북쪽에 패배하여 남쪽이 북쪽에 종속된 기간이 있었고, 세 번째는 남북 관계가 단절되었다가 네 번째는 북이스라엘 왕국이 멸망하면서 자연스럽게 남북통일 시대가 열리게 되었다고 이해하시면 됩니다.

통일 이스라엘이 남북왕국으로 분열된 이후 남유다와 북이스라엘이 서로 강조하였던 신학이 다름을 주목하셔야 합니다. 남유다는 '다윗 언약'을 강조했고 북이스라엘은 '시내산 언약'을 강조했습니다. 서로 다른 신학을 강조했기 때문에 남유다와 북이스라엘의 분열이 장기화되었다고 볼 수 있습니다. 남유다는 다윗 언약을 가장 중요하게 생각했습니다. 다윗 언약의 핵심이 무엇입니까? 다윗의 후손들로 하여금 끊임없이 왕위를 이어가게 하겠다는 것입니다. 다윗의 후손들이 잘못을 했을 경우에도 징계는 하겠지만 왕위는 빼앗지 않겠다는 것이 다윗 언약입니다. 이 다윗 언약에 근거하여 남유다 사람들은 다윗의 후손들이 다스리는 남유다만이 정통성이 있다고 주장했습니다. 그러면서 북이스라엘 사람들에게 다윗의 후손들이 다스리는 남유다의 품으로 들어오라고 손짓을 했습니다.

그런데 북이스라엘은 시내산 언약을 강조합니다. 시내산 언약은 출애굽 이후 시내산에서 이스라엘 12지파가 하나님과 체결한 언약입니다. 시내산 언약에 참여했던 모든 지파가 지금 북쪽에 있는데 유일하게 한 지파만 빠져 있습니다. 어느 지파입니까? 유다 지파입니다. 따라서 북이스라엘은 시내산 언약을 강조하면서 남유다 사람들에게 북이스라엘의 품으로 들어오라고 이야기합니다. 만약 유다 지파가 북이스라엘에 합류하게 되면 이스라엘은 다시 12지파 연합 공동체가 되는 것입니다. 이렇게 남쪽과 북쪽이 서로 강조하였던 신학이 달랐습니다. 남유다는 다윗 언약, 북이스라엘은 시내산 언약을 강조했습니다.

[질문]

왕이 죽을 때 범죄 해서 죽거나 누구한테 죽임을 당하면 죽었다고 표현을 하고 그냥 죽었을 때는 잔다고 표현을 하는데 왜 죽은 것을 잔다고 표현했는지가 궁금합니다.

[답]

그것은 관용적 표현으로 이해하시면 됩니다. 그렇게 중요한 의미가 있는 것은 아닙니다. 구약에 보시면 사람이 죽는다는 것을 표현하는 몇 가지 방식이 있습니다. '모든 사람이 가는 길'이라는 표현도 있고 '조상에게로 돌아간다'고 말하기도 하고 '잔다'라고 말하기도 합니다.

[기도]

하나님 감사합니다. 월요일마다 한 주를 시작하면서 주의 말씀을 함께 공부하는 시간을 갖고 있습니다. 하나님, 우리가 하나님의 백성이라고 말은 하면서도 하나님의 말씀에 대한 목마름이 없고 하나님의 뜻대로 살고자 하는 마음의 다짐과 결단이 연약합니다. 하나님, 한국 교회의 여러 가지 부정적인 모습을 바라볼 때마다 그것을 남의 문제로 인식하기보다는 그것이 우리의 신앙의 현주소임을 인정하게 됩니다. 말씀 공부를 통하여서 우리 자신의 신앙을 매순간 점검하고 성찰하게 하시고 하나님에 대한 우리의 사랑과 우리의 믿음이 더욱 굳건해지고 일상의 삶 속에서도 하나님과 더 긴밀하게 동행하는 우리가 되기를 소망합니다. 한 주간의 삶도 하나님의 은혜 가운데에서 하나님과 더욱 신실하게 동행하는 시간이 되길 소망하오며 예수 그리스도의 이름으로 기도합니다. 아멘.

말씀과 함께 역사서 7-1

역대상하

오늘은 역대기 역사서를 보도록 하겠습니다. 구약에는 두 개의 역사서가 있습니다. 하나가 신명기 역사서이고 다른 하나가 역대기 역사서입니다. 신명기 역사서는 바벨론 포로기 때 하나님의 언약 백성 이스라엘이 하나님의 심판을 받을 수밖에 없었던 이유를 기술한 것입니다. 신명기 역사서에는 4권이 있습니다. 여호수아, 사사기, 사무엘, 열왕기의 4권이 신명기 역사서입니다. 신명기 역사서의 가장 중요한 주제는 과거 반성입니다. 이스라엘이 하나님만을 믿는 하나님의 언약 백성이 되겠다고 하였는데 결국 그 약속을 제대로 지키지 않음으로 인해 하나님의 심판을 받게 되었음을 강조하는 것이 신명기 역사서입니다.

다른 하나의 역사서가 오늘 우리가 공부하게 될 역대기 역사서입니다. 역대기 역사서는 바벨론 포로에서 가나안 땅으로 돌아온 다음에 기술된 것입니다. 바벨론에 포로로 끌려갔던 사람들이 돌아왔을 때 어떤 마음으로 돌아왔겠습니까? 실패했던 조상들의 전철을 본받지 말자는 다짐과 이제는 하나님이 원하시는 아름답고 멋진 이스라엘을 건설하자는 결단의 마음으로 돌아왔습니다. 그러한 이스라엘을 건설하기 위해서는 어떤 지도자가 이스라엘을 다스려야 되는지, 이스라엘 백성들의 자세와 태도는 어떠해야 하는지에 대해 과거의 역사 가운데 본받을 만한 긍정적인 것들을 중심으로 이스라엘 역사를 재 기술한 것이 바로 역대기 역사서입니다. 역대기 역사서의 가장 중요한 주제는 미래 건설입니다. 역대기 역사서에는 역대기, 에스라, 느헤미야 3권이 있습니다. 신명기 역사서가 과거 반성에 목적에 있다면 역대기 역사서는 미래 건설에 목적이 있음을 기억하셔야 합니다.

역대기는 히브리어 성경에서는 제일 마지막에 나오는 본문입니다. 유대인들이 갖고 있는 히브리어 성경은 성경을 3개의 장르로 구분하고 권수로는 총 24권이 있습니다. 한글 성경은 구약을 39권으로 나눕니다. '그러면 한글 성경이 15권이 더 많은 것인가?'라고 생각하기 쉬운데 그렇지는 않습니다. 유대인은 한 권으로 보는 것을 우리는 두 권으로 나눈 것들이 있습니다. 사무엘상하, 열왕기상하, 역대기상하를 유대인들은 한 권으로 보고 우리는 그것을 두 권으로 나누었습니다. 그리고 유대인들은 호세아부터 말라기까지를 한 권으로 봅니다. 우리는 그것을 12권으로 나누었습니다. 그래서 유대인들은 구약이 24권이고 우리는 39권입니다. 내용은 동일하고 권수만 다른 것입니다. 그리고 유대인들은 성경을 3개의 장르로 구분합니다. 토라가 있고 예언서가 있고 성문서가 있습니다. 그리고 성경을 성막에 비유하여 설명합니다. 토라는 가장 중요한 지성소이고 예언서는 성소이고 성문서는 뜰에 비유합니다.

성막에서 가장 중요한 것은 지성소이고 그다음은 성소 그다음은 뜰입니다. 이처럼 유대인들에게 토라가 가장 중요하고 그다음에는 예언서 그다음에는 성문서입니다. 그래서 유대인들은 가장 중요한 말씀을 앞부분에 배치합니다. 토라가 제일 앞에 나오고 다음에 예언서가 나오고 제일 마지막에 성문서가 나옵니다. 성문서 가운데 제일 마지막에 배치된 본문이 바로 역대기입니다. 그래서 유대인들이 가지고 있는 히브리어 성경을 보시면 창세기가 제일 먼저 나오고 역대기가 제일 마지막에 나옵니다.

그렇다면 왜 창세기가 제일 먼저 나오고 역대기가 제일 마지막에 나올까요? 창세기는 총 50장까지 있는데 그 가운데 족보가 10번 나옵니다. 그래서 창세기의 별명이 족보의 책입니다. 그리고 역대기를 읽어 보시면 역대상 1장부터 9장까지가 아담부터 이스라엘 12지파의 족보에 대한 내용입니다. 창세기로 시작해서 역대기로 마무리 하는 것은 수미상관 구조입니다. 족보로 시작해서 족보로 마무리한 것입니다.

AD 397년에 마태복음부터 요한계시록까지의 27권을 신약 정경으로 확정할 때 복음서를 제일 앞에 배치했습니다. 정경으로 확정된 복음서가 총 4권인데 그중에서 가장 먼저 기록된 복음서는 마가복음입니다. 그런데 왜 마태복음을 제일 앞에 배치했을까요? 바로 족보 때문입니다. 구약이 족보의 책으로 시작하여 족보의 책으로 마무리하고 있는데 그 구약 족보의 역사를 그대로 계승하고 있음을 강조하기 위해서 족보가 제일 먼저 나오는 마태복음을 신약의 제일 첫 번째에 배치한 것입니다. 히브리어 성경 구약은 족보로 시작해서 족보로 마무리 되고 있다고 이해하시면 되겠습니다. 한글 성경에서는 역대기가 열왕기 다음에 나오고 에스라, 느헤미야 앞에 있지만 히브리어 성경에서는 제일 마지막에 배치된 본문입니다.

역대기의 기록 시점에 대해서 보도록 하겠습니다. 역대기는 언제쯤 기록되었을까요? 바벨론 포로기 이후라는 것은 분명하지만 좀 더 정확한 시점을 알 수 있는 힌트가 역대상 3장에 나옵니다. 역대상 3장은 다윗의 후손에 대한 족보인데 17절부터 바벨론에 포로로 잡혀간 여고냐의 아들들이 나옵니다. 여기의 여고냐는 여호야긴 왕을 가리킵니다. 24절까지 여호야긴의 7대손까지 기술되어 있습니다. 한 세대를 30년으로 잡는다고 하면 7대손이면 210년입니다. 여호야긴이 주전 597년에 바벨론에 끌려가서 주전 560년에 석방이 됩니다. 여기에 7대손을 더하게 되면 최소 주전 400년 이후가 될 것입니다. 역대기의 저자는 여호야긴의 7대손까지를 알고 있는 사람입니다.

그러면 아무리 빨라도 주전 400년경 이전에는 역대상 3장을 쓰기 어려웠을 것이라고 짐작할 수 있습니다. 역대기는 바벨론 포로기 이후에 기록되었는데 보다 정확하게는 주전 400년 이후에 기록된 본문이라고 할 수 있습니다. 바벨론 포로기 때 기록된 신명기 역사서는 과거 반성의 맥락에서 기록되어졌고, 역대기는 바벨론 포로기 이후에 새로운 이스라엘을 건설하기 위한 미래건설의 맥락에서 기술되어 졌습니다. 신명기 역사서와 역대기 역사서는 기술된 시점, 기술한 목적이 다르다는 것을 꼭 기억하시면 좋겠습니다.

역대기는 아담 창조부터 시작하여 주전 538년에 발표된 고레스 칙령까지를 다루고 있습니다. 기술하고 있는 범위가 매우 넓음을 알 수 있습니다. 역대기가 히브리어 성경의 제일 마지막에 배치된 것은 구약을 총정리해 준다는 의미도 됩니다. 아담의 창조부터 주전 538년의 고레스 칙령까지를 다루고 있으니 구약을 총정리해주는 책이 역대기라고 할 수 있습니다. 지금까지 기술한 구약의 역사를 총정리해주고 있기에 구약의 제일 마지막에 역대기를 배치했을 수도 있습니다.

바벨론 포로기 이후에 유다 공동체의 다양한 사회 문제 속에서 누가 참 이스라엘인가 라는 것이 가장 중요한 화두가 됩니다. 바벨론에 포로로 끌려가기 전까지만 하더라도 이스라엘은 매우 배타적인 선민사상을 가지고 있었습니다. 누가 이스라엘입니까? 야곱의 12후손이 이스라엘입니다. 바벨론 포로기 이전만 하더라도 이스라엘 백성에게 있어 가장 중요한 정체성은 혈통이었습니다. 그런데 바벨론 포로기를 거치면서 이방인들 가운데 유대교로 개종하는 사람들이 많이 생겨나게 됩니다. 바벨론 왕 느부갓네살에 의해 남유다 백성들이 바벨론에 포로로 끌려갔는데 그곳에서 포로로 끌려온 많은 이방 사람들을 만나게 됩니다.

블레셋과 에돔, 모압과 암몬, 아람 등 다양한 지역에 사는 약소민족들이 바벨론 땅에 포로로 끌려 온 것입니다. 그곳에서 이스라엘 백성들은 포로로 끌려온 이방 백성들의 종교와 그들의 문화를 구체적으로 보게 됩니다. 이방인들도 바벨론에 포로로 끌려가서 거기서 이스라엘 백성이 믿고 있는 야훼 신앙을 보게 되었습니다. 바벨론에 포로로 끌려온 세계 각지의 민족들이 바벨론이라는 땅에서 처음으로 다양한 민족과의 만남과 교류를 통해 서로의 종교와 문화를 접하게 된 것입니다. 그러면서 놀라운 일이 벌어지게 됩니다. 바벨론에 포로로 끌려가기 전까지만 하더라도 이스라엘 백성들은 거의 전도하지 않았습니다. 왜냐하면 배타적 선민사상을 가졌기 때문입니다.

배타적 선민사상이라는 것이 무엇입니까? 하나님을 독점하는 것입니다. 하나님을 독점하는 사람은 그 하나님을 다른 사람과 함께 공유하고 싶어 하지 않습니다. 어떤 사람이 전도할 수 있는 것입니까? 자신이 알고 있는 좋은 것을 누군가와 함께 공유하고 싶은 사람만이 전도를 할 수 있는 것입니다. 좋은 것을 홀로 독점하고자 하는 사람은 절대로 전도하지 않습니다. 이스라엘은 선민으로 부름은 받았지만 어떤 선민으로 부름 받은 것입니까? 만민을 위한 선민으로 부름 받은 것입니다. 그런데 이스라엘 백성은 만민을 위한 선민이라고 하는 부르심의 목적을 망각하고 배타적 선민사상에 빠져버리게 됩니다. 그래서 하나님을 이방 민족에게 전하지 않았습니다. 이방 백성들이 하나님의 백성이 되는 것을 환영하지 않았습니다.

남유다가 바벨론에 포로로 끌려가기 전까지 이방 백성들은 야훼 신 앙이 무엇인지에 대해 들어본 기회가 거의 없었습니다. 그래서 놀라운 것이 구약의 예언서를 보면 이방 백성들이 하나님께 심판을 받을 때 단 한 번도 하나님을 믿지 않았다거나 하나님께 예배드리지 않았다는 것 으로 인해 책망 받는 경우는 나오지 않습니다. 우리가 생각할 때 이방 백성들이 하나님께 심판 받는 가장 중요한 이유는 하나님 믿지 않은 것 이라고 생각하기 쉬운데 그렇지 않습니다. 예언서를 보면 이방 백성들 에 대한 하나님의 심판 메시지가 많이 나오는데 단 한 번도 하나님을 믿지 않았다는 이유로 이방 백성들이 하나님께 책망을 받는 경우는 나 오지 않습니다. 왜 나오지 않느냐면 그들은 하나님을 믿을 기회조차 갖 지 못했기 때문입니다. 하나님을 믿어 볼 기회조차 없었던 사람들한테 하나님을 믿지 않았다고 심판을 하게 되면 심판을 받는 사람들은 얼마 나 억울하겠습니까? 바벨론 포로기 이전까지는 이방 백성들은 야훼가 누구인지도 제대로 알지 못했고 야훼를 믿어 볼 기회조차 없었습니다.

그랬던 그들이 야훼 신앙을 처음으로 목격하고 알게 된 시점이 바벨 론 포로기입니다. 그래서 이사야 56장 6~7절, 이사야 66장 18절, 21 절에 보면 바벨론 포로기 때 이방인들 가운데서 하나님을 믿는 자들이 생겨나게 됩니다. 이스라엘은 의도하지 않았지만 바벨론 포로기가 야 훼 신앙을 이방인들에게 전도하는 시간이 된 것입니다. 그 결과 바벨 론 포로기 이후에는 누가 이스라엘인가라는 질문에 대한 대답이 달라 집니다. 이제 혈통이 중요한 것이 아닙니다. 하나님을 전심을 다해 믿 고 하나님의 말씀에 순종하는 자가 이스라엘이 됩니다.

만약 누군가가 므낫세 지파의 후손이라고 하더라도 하나님을 제대로 믿지 않고 그분의 말씀에 순종하지 않는다면 그는 이스라엘 백성이 아닌 것입니다. 반대로 모압 사람이라 하더라도 하나님을 제대로 믿고 섬긴다면 그 사람이 진짜 이스라엘이 되는 것입니다. 이제는 민족과 혈통이라는 표면적인 것이 중요한 것이 아닙니다. 진정 하나님을 믿고 섬기는가 하는 것이 중요해집니다. 그래서 바벨론 포로기 이후에는 '누가 참 이스라엘인가?'라는 질문에 대해 하나님께 순종하는 자들이 이스라엘이 됩니다.

바벨론 포로기 이후에 이스라엘 공동체 안에 오랜 기간 동안 지속되었던 갈등이 있습니다. 오늘날 대한민국 사회 안에도 여러 갈등이 있습니다. 전통적인 지역 갈등도 있고, 요즘에는 세대간의 갈등과 젊은 남녀 사이의 젠더 갈등 등이 주요한 이슈가 되고 있습니다. 어느 사회나 갈등이 있겠지만 바벨론 포로기 이후에 이스라엘 공동체 안에서도 매우 중요한 갈등이 하나 있었습니다. 바로 바벨론에 포로로 끌려가지 않고 가나안 땅에 계속 머물렀던 비 포로민들과 포로로 끌려갔다가 가나안 땅으로 돌아온 귀환 포로민들 사이의 갈등입니다.

바벨론에 포로로 끌려가지 않았던 비 포로민들은 먼저, 자기들은 하나님의 심판의 매를 맞지 않았음을 강조했습니다. 여기서 말하는 심판의 매는 바벨론에 포로로 끌려가는 것을 말합니다. 누가 바벨론에 포로로 끌려갔다는 겁니까? 죄를 범했던 사람들이 바벨론에 포로로 끌려갔다는 것입니다. 비 포로민들은 바벨론에 포로로 끌려가지 않았습니다. 따라서 자신들은 하나님의 심판의 매를 맞을 만큼의 죄를 범한 사람이 아님을 강조했습니다.

두 번째로, 비 포로민들은 자신들은 정결한 존재임을 주장했습니다. 레위기 정결법에 근거해보면 정결한 것과 부정한 것이 섞이게 되면 부정해집니다. 내가 만약 정결한 존재라면 부정한 모든 것들과 단절해야 합니다. 그래야 나의 정결함을 지킬 수가 있습니다. 그런데 부정한 것의 대명사가 이방 땅입니다.

오늘날은 그렇지 않지만 당시 이스라엘 백성들은 이방 땅을 밟는 것조차 부정하다 생각했습니다. 이방의 공기를 마시는 것도 부정한 것이고 이방의 물을 마시는 것도 부정한 것입니다. 이러한 인식을 갖고 있던 이스라엘 백성들이 바벨론에 포로로 끌려간 것입니다. 그리고 그곳에서 수십 년의 세월을 지내면서 부정한 이방 땅에서 부정한 이방의 공기를 마시고 부정한 이방의 음식과 부정한 이방의 물을 마시면서 생활을 한 것입니다. 그러니까 포로로 끌려가지 않았던 비 포로민들은 포로로 끌려갔던 자들은 부정한 자들이고 자신들은 한 번도 부정한 땅에 거주하지 않은 정결한 자임을 주장했습니다.

그리고 마지막으로, 비 포로민들이 거주했던 가나안 땅은 어떤 땅입니까? 하나님의 약속의 땅입니다. 하나님의 약속의 땅을 자기들은 지켜내었음을 또한 강조했습니다. 이렇게 비 포로민들은 세 가지의 내용을 중심으로 자신들의 우위를 주장한 것입니다. 자기들은 하나님의 심판의 매를 맞지 않았다, 자기들은 부정한 이방 땅에 가지 않았다, 자기들은 하나님의 약속의 땅 가나안을 지켜냈다는 것입니다.

여기에 맞서 귀환 포로민들은 이렇게 주장합니다. 포로로 끌려간 우리만 죄를 범한 것이 아니라 이스라엘 전체가 하나님을 저버렸고 이스라엘 전체가 하나님께 심판을 받았는데, 바벨론에 포로로 끌려간 자신들이 이스라엘 백성 전체를 대신하여 심판의 매를 맞은 것임을 강조했습니다. 이것을 주장하는 것이 바로 이사야 53장입니다. 이사야 53장에 보면 매를 맞고 죽임 당하는 어린 양에 대한 이야기가 나옵니다. 오늘날 기독교인들은 이사야 53장의 매를 맞고 죽임 당하는 어린 양에 대한 이야기를 대속의 제물로 죽임당하신 예수님에 대한 예언이라고 해석을 합니다. 그래서 기독교인들은 이사야 53장을 메시아 예언으로 이해합니다.

그러면서 가끔 유대인들에 대해 이런 생각을 합니다. 그렇게 오랜 시간 유대인들이 이사야 53장을 읽었을 텐데 어떻게 메시아가 이 땅에 왔을 때 이사야 53장처럼 그대로 행동할 수 있지 라고 말입니다. 그런데 기독교인들이 무엇을 아셔야 하냐면 수백 년 동안 유대인들이 이사야 53장을 읽으면서 그 본문을 한 번도 메시아 예언이라고 생각해 본 적이 없다는 것입니다. 왜냐하면 유대인들이 상상했던 메시아는 매를 맞는 메시아가 아닙니다. 유대인들이 상상했던 메시아는 죽임을 당하는 메시아가 아닙니다. 유대인들은 어떤 메시아를 상상했습니까? 승승장구하는 정치군사적 승리자로서의 메시아를 상상했습니다. 싸우면 승리하는 그런 메시아를 상상했지 매를 맞고 죽임 당하는 메시아를 상상해 본 적이 없습니다.

　그렇다면 유대인들은 이사야 53장을 어떻게 이해했을까요? 이스라엘 전체가 죄를 범하여 하나님의 심판을 받게 되었는데 바벨론에 포로로 끌려간 사람들이 이스라엘 전체의 죄악을 대속했다고 본 것입니다. 이사야 53장에서 말하는 매를 맞고 고난을 당하고 죽임을 당하는 어린 양은 누구에 대한 상징인 것입니까? 이스라엘 백성의 죄를 짊어지고 바벨론에 포로로 끌려갔던 자들에 대한 상징으로 본 것입니다. 그래서 바벨론 땅에 포로로 끌려간 사람들은 가나안 땅에 남아 있던 사람들을 향해 뭐라고 주장 하냐면 이스라엘 공동체의 죄악을 대속한 자신들에 대해 도리어 고맙다고 해야 되는 것이 아닌가, 우리도 죄인이고 너희도 죄인인데 우리가 너희 죄까지 다 짊어지고 대속의 고난을 짊어졌는데 너희가 우리에게 미안한 마음과 고마운 마음을 가져야 되는 것이 아닌가라고 주장을 한 것입니다.

　그리고 귀환 포로민들은 자신들은 바벨론의 포로 생활을 통하여 갱신과 개혁과 정화를 맛보았다고 주장합니다. 고난과 고통의 시간을 통하여 다시 한 번 하나님께 돌아가게 되었고 과거의 죄에 대해서 분명한 회개를 한 갱신된 존재임을 주장합니다. 그리고 자신들이 바벨론 땅에 계속 머문 것이 아니라 가나안 땅으로 돌아온 것을 제 2의 출애굽 사건으로 규정했습니다. 하나님만을 섬기고자 하는 결단 가운데 바벨론에서 누렸던 많은 것들을 포기하고 기꺼이 탈출하여 가나안으로 돌아온 행동이 제 2의 출애굽 사건이라는 것입니다.

　여기서 중요한 것이 그들이 돌아왔던 길의 경로입니다. 이스라엘 백성들에게 있어 믿음의 조상이 누구입니까? 아브라함입니다. 바벨론에 포로로 끌려갔던 사람들이 가나안 땅으로 돌아올 때 그들이 걸었던 길의 여정이 정확히 아브라함이 본토 친척 아비 집을 떠나 가나안 땅으로 왔을 때 걸었던 여정과 동일합니다. 아브라함의 고향은 갈대아 우르입니다. 바벨론에 포로로 끌려갔던 사람들이 거주했던 곳이 니푸르입니다. 니푸르는 우르 바로 옆 동네 입니다. 지금 우리로 말하자면 과천 옆에 있는 안양, 과천 옆에 있는 의왕 같은 관계입니다.

　갈대아 우르에 거주하던 아브라함이 어떻게 믿음의 조상이 될 수 있었습니까? 본토 친척 아비 집을 떠나 하나님께서 지시하시는 땅으로 가라고 했을 때 과감하게 순종했기 때문입니다. 그때 아브라함이 걸었던 길이 갈대아 우르를 떠나 위로 쭉 올라가서 하란을 거쳐 가나안 땅으로 온 것입니다. 아브라함의 믿음의 길을 그대로 따라한 사람들이 누구냐면 바벨론 포로들입니다. 니푸르에서 출발하여 쭉 올라와서 하란을 거쳐서 가나안으로 돌아온 것입니다. 그래서 귀환 포로민들은 자기들이야말로 아브라함의 믿음의 길을 계승한 아브라함의 진정한 후손임을 주장했습니다. 이런 식으로 귀환 포로민들과 비 포로민들은 서로 자신들의 정당성을 주장하여 오랜 시간 갈등하고 대립하게 됩니다.

　한국 교회사에 보면 1940년부터 1945년 사이에 예배당에서 매주 주일 예배를 드렸던 교회는 모두 신사 참배한 교회입니다. 이 사실을 모르고 교회 80년사, 90년사를 쓸 때 우리는 일제 강점기에도 매주 예배를 드린 교회라고 자랑하는 교회가 있는데 매우 역사의식이 부재한 부끄러운 기술입니다. 1940년부터 1945년 사이에 신사 참배에 반대했던 사람들은 교회 가서 예배드리지 않았습니다. 그들은 일제의 눈을 피해 가정 예배를 드렸습니다. 그리고 가정 예배를 드리는 것이 발각이 되면 심한 고초를 당했습니다.

그런데 해방 이후에 신사 참배를 했던 목사와 성도들이 자기들의 죄악에 대해 회개하고 용서를 구한 것이 아니라 도리어 자기변명을 했습니다. 그들이 변명한 핵심은 '우리는 교회를 지키기 위해서 어쩔 수 없이 신사에 참배했다.'는 것입니다. 신사 참배를 반대하여 교회 문을 폐쇄하게 한 너희들은 교회를 버린 것이고 자신들은 신사에 참배하면서까지 교회를 지켰다는 식으로 자기들의 행위를 정당화했습니다. 하나님이 언제 우상에게 머리를 조아리면서까지 교회를 지키라고 하셨습니까? 자기들의 잘못을 돌아보지 못하고 도리어 정당화하는 목소리로 인해 한국 교회는 해방 이후에 교단별로 분열의 아픔을 경험하게 됩니다. 이처럼 바벨론 포로기 이후에 이스라엘 공동체 안에 포로민들과 비 포로민들 사이에 서로 자기를 정당화 하는 논리가 충돌하게 되어서 이것이 상당한 기간 동안 지속되었음을 기억하시면 좋겠습니다.

역대기는 이스라엘이 성전을 중심으로 하는 공동체임을 강조합니다. 역대기를 보면 성전과 성전에서 일하는 사람에 대해서 올바른 자세를 드러내는 것이 이스라엘이 살 수 있는 길임을 제시합니다. 성전과 성전에서 일하는 사람들에 대한 자세와 태도가 이스라엘의 삶과 죽음을 결정한다고 주장할 만큼 성전을 매우 강조합니다. 그래서 구약의 성전을 오늘날의 교회로 이해하시는 목사님들은 역대기를 좋아할 수밖에 없습니다. 역대기는 공간으로서의 성전과 그 성전에서 사역하는 제사장과 레위인을 중시합니다. 그래서 직업적 목회자들이 자신들을 정당화 할 때 자주 인용하는 본문이 역대기입니다. 역대기에서 가장 중요한 단어를 하나 꼽으라고 하면 단연 '성전'입니다. 북이스라엘이 왜 멸망하게 되었습니까? 역대기의 관점으로 보면 그들은 성전과 제사장과 올바른 예배가 있는 예루살렘을 떠났기 때문입니다. 역대하 13장 10~12절입니다.

"우리에게는 여호와께서 우리 하나님이 되시니 우리가 그를 배반하지 아니하였고 여호와를 섬기는 제사장들이 있으니 아론의 자손이요 또 레위 사람들이 수종 들어 매일 아침 저녁으로 여호와 앞에 번제를 드리며 분향하며 또 깨끗한 상에 진설병을 놓고 또 금 등잔대가 있어 그 등에 저녁마다 불을 켜나니 우리는 우리 하나님 여호와의 계명을 지키나 너희는 그를 배반하였느니라"

남유다와 북이스라엘이 전쟁하기 전에 남유다 왕이 이런 주장을 하고 있습니다. 남유다에게는 성전이 있고 성전에서 일하는 제사장이 있다는 것입니다. 그런데 북이스라엘은 그 모든 것들을 거부하고 배반했다는 것입니다. 그러면서 "하나님이 우리와 함께 하사 우리의 머리가 되시고 그의 제사장들도 우리와 함께 하여 전쟁의 나팔을 불어 너희를 공격하느니라 이스라엘 자손들아 너희 조상들의 하나님 여호와와 싸우지 말라 너희가 형통하지 못하리라"라고 주장합니다.

남유다는 지금 어떤 자신만만함이 있습니까? 예루살렘 성전에서 제사장이 집례하는 제사를 드리고 있는 자신들이 하나님의 편이라는 것입니다. 성전을 거부하고 뛰쳐나간 북이스라엘은 하나님을 저버렸다는 것입니다. 그래서 북이스라엘은 하나님의 도우심을 받을 수 없다고 주장합니다. 북이스라엘이 하나님의 도우심을 받고 싶다면 어떻게 해야 합니까? 다시 예루살렘 성전으로 돌아와야 합니다. 이것을 주장하는 것이 바로 역대기입니다. 역대기는 예루살렘 성전을 중시하고 성전을 중시하다 보니까 성전에서 일을 하는 제사장과 레위인을 중시하고, 성전에서 드려지는 제의를 중시합니다. 그리고 성전이 있는 예루살렘과 그 예루살렘을 터 잡고 거주하고 있는 유다 지파의 우선성을 중시합니다.

성전을 강조하는 역대기는 성전 건축과 관련된 다윗과 솔로몬을 이상 왕으로 그립니다. 그래서 사무엘상하, 열왕기상하에 나오는 다윗과 솔로몬의 얼룩이 역대기에는 전혀 나오지 않습니다. 역대기에 기록된 다윗 이야기에서는 다윗의 목동 시절 이야기나 사울과의 갈등, 밧세바를 범하고 우리아를 죽인 내용들이 전혀 나오지 않습니다. 그리고 다윗의 아들들 사이에서 벌어진 왕자들의 난도 나오지 않습니다. 다윗은 성전 건축을 간절히 사모하였고 성전 건축을 위한 모든 준비를 다 행하였다는 것만이 강조됩니다.

역대기에서 가장 위대한 인물로 언급되는 사람은 다윗과 솔로몬입니다. 왜 다윗은 위대합니까? 성전 건축과 관련한 모든 준비를 다 했기 때문입니다. 다윗이 준비한 것을 가지고 성전을 건축한 사람은 누구입니까? 솔로몬입니다. 그래서 성전을 강조하는 역대기에서는 성전 건축을 준비한 다윗과 실제 성전 건축을 완성한 솔로몬을 가장 이상적인 왕으로 그리고 있습니다.

역대기가 강조하는 다섯 개의 키워드가 있습니다. 역대기는 성전과 성전에서 행하게 되는 제의를 강조합니다. 그리고 성전과 제의를 강조하다 보면 성전에서 제의를 집례하는 사람들인 제사장과 레위인을 강조하게 됩니다. 성전을 강조하고 제의를 강조하면 자연스럽게 성전에서 제의를 집례하는 제사장과 레위인을 강조할 수밖에 없습니다. 그리고 이 성전이 어디에 있습니까? 예루살렘에 있습니다. 그 예루살렘을 중심으로 살아가는 지파가 누구입니까? 유다 지파입니다. 그래서 역대기는 예루살렘과 유다 지파를 강조합니다.

이처럼 역대기에서는 다섯 개의 키워드가 중요합니다. 제일 중요한 것은 '성전'입니다. 성전을 강조하다보니 자연스럽게 성전에서 행하고 있는 '제의'를 강조하게 됩니다. 그리고 성전과 제의를 강조하다 보니 이 제의를 집례하는 '제사장과 레위인'을 강조하게 됩니다. 또한 성전을 강조하다 보니 성전이 있는 '예루살렘'을 강조하게 되고 그 예루살렘에 터 잡고 살아가는 '유다 지파'를 강조하게 됩니다. 역대기에서는 이 다섯 가지 키워드를 인정하는 자들을 이스라엘로 봅니다.

누가 참 이스라엘입니까? 예루살렘 성전에서 제의를 드리는 사람들, 제사장을 존경하는 사람들, 유다 지파를 존경하는 사람들, 예루살렘을 사모하는 사람들이 바로 이스라엘입니다. 그래서 역대기는 북이스라엘을 하나님을 저버린 모반 세력으로 봅니다. 그들은 하나님을 저버린 반역 세력입니다. 왜 그렇습니까? 예루살렘 성전에 와서 제사를 지내지 않고 유다 지파를 존중하지 않기 때문입니다. 역대기에서 이 다섯 가지 키워드가 중요합니다. 왕에 대한 평가에서도 가장 중요한 것은 '왕이 성전에 대해 어떤 입장을 가지고 있는가?'입니다. 그래서 역대기에서는 다윗과 솔로몬 다음으로 히스기야, 요시야를 중시합니다. 히스기야와 요시야는 하나님을 사랑하여서 성전을 수리합니다. 하나님께만 예배를 드리고자 우상을 타파합니다.

역대기는 바벨론 포로기 이후에 기술되었습니다. 바벨론 포로기 이전과 이후에 이스라엘 공동체 안에 매우 중요한 변화가 하나 있습니다. 바로 왕정이 해체되었다는 것입니다. 이스라엘은 바벨론 포로기 이전에는 왕정 체제였습니다. 이스라엘을 다스리는 최고 지도자는 왕이었습니다. 그런데 바벨론 포로기 이후에는 이스라엘 공동체 안에 왕이 존재하지 않습니다. 그 이유가 무엇입니까? 계속해서 이방 제국의 식민지배를 받게 되면서 이방 제국들이 이스라엘 안에 정치 지도자인 왕을 허락하지 않은 것입니다. 왕이 존재하게 되면 왕을 중심으로 제국에 저항할 수도 있는 것을 미리 예방한 것입니다.

그리고 왕 대신에 누구를 최고 지도자로 세우게 하였습니까? 대제사장입니다. 대제사장은 최고 종교지도자인데 제국은 대제사장이 이스라엘을 다스리는 것을 허락했습니다. 그래서 바벨론 포로기 이후부터는 대제사장이 이스라엘을 다스리게 됩니다. 이런 정치형태를 무엇이라고 하죠? 신정국가라고 합니다.

1979년에 이란에서 있었던 호메이니 혁명이 신정국가의 탄생을 알리는 사건이었습니다. 이란은 이슬람 국가이기는 하지만 다른 이슬람 국가와 달리 여성들이 운전도 할 수 있었고 히잡을 쓰지 않아도 처벌을 받지 않았습니다. 다른 이슬람 국가에 비해 이란은 매우 자유로웠습니다. 이슬람에 대해 일반적으로 가지고 있는 여성 억압적인 모습도 많이 약했고 여성에 대한 자유를 존중해준 나라입니다. 그런데 1979년에 호메이니가 이슬람 혁명을 일으키게 되면서 여성에 대한 자유를 억압하기 시작했습니다. 지금도 이란의 대통령은 취임하기 전에 항상 최고 종교지도자의 허락을 받아야 합니다. 이와 같이 최고 종교지도자가 공동체를 다스리는 형태를 우리는 보통 신정국가라고 합니다.

바벨론 포로기를 전후하여 이스라엘 공동체 안에 발생한 가장 중요한 변화가 바로 이것입니다. 바벨론 포로기 이전에는 이스라엘 공동체의 최고 지도자가 왕이었는데 포로기 이후에는 성전을 중심으로 대제사장이 이스라엘을 다스리게 됩니다. 이때 기록된 본문이 바로 역대기입니다. 그리고 역대기는 성전을 강조합니다. 왜 이렇게 역대기 안에서 성전과 제사장에 대한 강조가 많이 나타나는가? 역대기가 기록될 당시 이스라엘은 왕정국가가 아니라 제사장이 다스리는 신정국가였다는 것이 중요합니다. 바벨론 포로기 이후에 이스라엘은 성전 중심으로 모여 예배드리는 종교 공동체의 특성을 강화하게 됩니다. 그 종교 공동체의 강력한 구심이 어디입니까? 예루살렘 성전입니다.

이처럼 역대기에서 예루살렘 성전과 제사장을 강조하는 이유와 맥락과 시대적 배경이 있는 것입니다. 이때부터는 다윗 왕조를 대신하는 하나님의 대리 통치 기관이 성전이 됩니다. 포로기 이전에는 하나님께서 다윗 왕조를 통해서 세계를 다스린다고 보았습니다. 그러나 다윗 왕조는 무너졌습니다. 그리고 이제는 무엇이 있습니까? 성전이 있습니다. 하나님은 여전히 세계를 통치하고 계십니다. 어디에서 통치하고 계십니까? 성전입니다. 누구를 통해서 통치하고 계십니까? 제사장입니다. 이것이 바벨론 포로기 이후에 나타난 중요한 변화입니다.

역대상하를 내용적으로 보면 크게 네 부분으로 나눌 수 있습니다. 역대상 1장부터 9장은 아담부터 시작된 이스라엘 12지파의 족보입니다. 말씀드린 것처럼 역대기는 5개의 키워드를 강조합니다. 성전, 제의, 제사장과 레위인, 예루살렘, 유다입니다. 재미있는 것이 12지파의 족보를 언급하는 본문에서도 매우 많은 분량을 차지하는 두 지파가 있습니다. 어느 지파일까요? 유다 지파와 레위 지파입니다. 이스라엘 12지파의 족보를 기술하는 맥락에서도 유독 유다 지파와 레위 지파에 대해서만 길게 기록한 이유가 무엇이겠습니까? 역대기가 제사장과 레위인을 중시하고 유다 지파를 중시하기 때문입니다. 족보에 대한 기술에 있어서도 역대기의 주된 관심이 어디에 있는지가 여기에서 잘 드러납니다.

역대상 1장부터 9장은 족보이고 10장부터 29장은 다윗 이야기입니다. 특별히 역대상 22장부터 29장을 역대기 고유 자료라고 합니다. 여기에 나오는 내용들은 구약 성경 다른 곳에서는 나오지 않습니다. 역대기 안에서만 발견할 수 있는 고유한 내용들이 기록되어 있습니다. 다윗이 성전 건축을 얼마나 열심히 준비했는지를 잘 보여주고 있습니다.

역대하 1~9장은 솔로몬에 대한 이야기이고, 10~36장은 솔로몬 이후에 나타난 남유다의 왕들에 대한 기록입니다. 왕들에 대한 기록에 있어 여기서 열왕기와 역대기에는 중요한 차이가 나타납니다. 열왕기는 북이스라엘 왕 한 명을 기술하고 나서 동시대에 남유다를 다스린 왕한 명에 대해 기술합니다. 그리고 다시 북이스라엘 왕 한 명을 기술하고 동시대의 남유다 왕에 대해 기술합니다. 이런 식으로 남유다와 북이스라엘의 왕을 교대로 기술하고 있습니다. 그런데 역대기는 북이스라엘 왕에 대한 관심이 전혀 없습니다. 역대기에는 남유다 왕들을 중심으로 기술합니다. 가끔 북이스라엘 왕을 언급하기도 하지만 주로 남유다와 북이스라엘이 전쟁을 할 때 잠깐 언급이 됩니다. 역대기는 기본적으로 북이스라엘을 모반 세력으로 봅니다. 그래서 북이스라엘에 대한 관심이 없습니다. 남유다의 왕들만이 정통성을 갖춘 왕들입니다. 이것이 역대기의 중요한 특징이라고 보시면 됩니다.

역대기에서 가장 중요한 단어가 하나 있습니다. '다라쉬'라는 동사입니다. 다라쉬는 '묻는다', '질문한다'는 뜻입니다. 누구에게 묻는 것입니까? 하나님께 묻는 것입니다. 역대상 10장 13~14절입니다.

"사울이 죽은 것은 여호와께 범죄하였기 때문이라 그가 여호와의 말씀을 지키지 아니하고 또 신접한 자에게 가르치기를 청하고 여호와께 묻지 아니하였으므로 여호와께서 그를 죽이시고 그 나라를 이새의 아들 다윗에게 넘겨 주셨더라"

사울이 하나님께 심판을 받은 가장 중요한 이유가 사울이 하나님께 묻지 않았다는 것입니다. 이번에는 역대상 13장 3절입니다.

"우리가 우리 하나님의 궤를 우리에게로 옮겨오자 사울 때에는 우리가 궤 앞에서 묻지 아니하였느니라 하매"

사울이 40년 동안 통치를 하면서 하나님께 묻지 않았다고 말합니다. 다음으로 역대상 14장 10절입니다.

"다윗이 하나님께 물어 이르되 내가 블레셋 사람들을 치러 올라가리이까 주께서 그들을 내 손에 넘기시겠나이까 하니 여호와께서 그에게 이르시되 올라가라 내가 그들을 네 손에 넘기리라 하신지라"

블레셋이 다윗을 공격하는 상황에서 다윗은 하나님께 묻습니다. 그리고 하나님의 명령에 따라 행함으로써 블레셋에 대해 승리를 거듭니다. 시간이 지난 이후에 블레셋이 다시 2차 공격을 감행합니다. 이때 또 다윗은 하나님께 묻습니다. 14장 14절입니다.

"다윗이 또 하나님께 묻자온대"

역대상에서 사울과 다윗을 계속해서 어떻게 비교합니까? 사울은 중요한 순간마다 하나님께 묻지 않았던 왕이고 다윗은 중요한 순간마다 하나님께 물은 왕입니다. 이런 식으로 사울과 다윗을 계속 비교하고 있는 것이 역대기입니다. 역대기에서 사용되고 있는 가장 중요한 단어를 하나 꼽는다면 '묻는다'는 뜻의 '다라쉬'라는 동사입니다.

역대상 22장부터는 역대기 고유자료입니다. 이 역대기 고유자료에서는 다윗이 성전을 건축하기 위하여 얼마나 많은 것들을 철저하게 준비했는가가 나옵니다. 다윗은 성전 건축과 관련된 모든 것들을 다 준비합니다. 어떤 것들을 준비했습니까? 크게 세 가지가 있습니다.

첫째, 성전 건축에 사용되는 재료와 성전을 건축할 수 있는 노동력을 준비합니다. 성전 건축에 대한 재료와 노동력을 다윗이 다 준비했습니다.

둘째, 열왕기에는 나오지 않는데 성전 건축 관련된 설계도를 다윗이 준비합니다. 역대상 28장 11절을 보겠습니다.

"다윗이 성전의 복도와 그 집들과 그 곳간과 다락과 골방과 속죄소의 설계도를 그의 아들 솔로몬에게 주고 또 그가 영감으로 받은 모든 것 곧 여호와의 성전의 뜰과 사면의 모든 방과 하나님의 성전 곳간과 성물 곳간의 설계도를 주고"

19절도 보겠습니다.

"다윗이 이르되 여호와의 손이 내게 임하여 이 모든 일의 설계를 그려 나에게 알려 주셨느니라"

다윗이 솔로몬에게 한 이 모든 말은 매우 중요한 내용입니다. 출애굽기에서의 성막 건설과 열왕기에서의 성전 건축을 비교해 보십시오. 출애굽기에서 이스라엘이 성막을 만들 때 이스라엘이 먼저 성막을 만들겠다고 했습니까? 아닙니다. 하나님이 먼저 성막을 지으라고 명하셨습니다. 그리고 성막의 설계도를 직접 알려주십니다. 성막을 어떻게 지어야 하는지, 어떤 재료로 지어야 하는지, 길이는 어떻게 해야 하는지에 대해 너무나 상세하고 꼼꼼하게 다 알려주십니다. 하나님이 가르쳐 주신 그대로 모세는 브살렐과 오홀리압과 수많은 기술자들을 통하여서 성막을 건설합니다.

그런데 열왕기를 보면 하나님이 성전 건축과 관련된 설계도를 알려주셨다는 말이 나오지 않습니다. 그런데 갑자기 역대상 28장 11, 12, 19절에 보면 마치 성막을 지을 때처럼 하나님이 성전을 건축할 수 있는 설계도를 다윗에게 다 주신 것처럼 말하고 있습니다. 열왕기와 역대기가 서로 상이한 이야기를 하고 있는 것입니다. 그렇다면 서로 상이한 두 개의 주장 가운데 무엇이 역사적 사실에 좀 더 부합될까요?

제가 볼 때 역대기에서의 이 기술은 성전을 지나치게 강조하는 역대기 저자의 기술이라고 보아야 합니다. 왜 그런지 보겠습니다. 만약 성막처럼 성전을 건축할 때에도 하나님께서 설계도를 주셨다고 한다면 이때 지었던 성전이 솔로몬 성전 아닙니까? 솔로몬 성전은 주전 586년에 바벨론 군대에 의해서 무너지게 됩니다. 무너진 성전이 언제 재건되었습니까? 학개와 스가랴 때 재건됩니다. 이때를 보통 주전 516년으로 보고 이 성전을 스룹바벨 성전이라고 칭합니다. 그런데 문제는 스룹바벨 성전은 솔로몬의 성전을 그대로 재현한 것이 아니라는 것입니다. 솔로몬의 성전과 똑같은 크기, 똑같은 재료로 건축한 것이 아닙니다. 조금 축소되었고 조금 덜 화려합니다.

역대기의 기술처럼 하나님이 주신 설계도가 있었다고 한다면 학개와 스가랴와 스룹바벨이 성전을 재건할 때 하나님이 주신 설계도대로 하지 않고 자기들 멋대로 성전을 재건했다는 것은 있을 수 없는 이야기입니다. 그런데 학개와 스가랴가 성전을 재건할 때 솔로몬 성전과는 다르게 한 것을 보면 성전은 꼭 이렇게 건축해야 된다는 하나님께서 주신 설계도가 있었을까에 대해 의문이 듭니다. 모세 때 지어진 성막은 하나님이 손수 지으라고 명하셨고 설계도까지 주셨지만 열왕기에는 성전을 건축할 때 하나님이 설계도를 주셨다는 말이 나오지 않습니다.

그런데 뜬금없이 역대상 28장에는 하나님이 주신 설계도가 있는 것처럼 기술하고 있습니다. 그런데 만약 하나님이 주신 설계도가 정말 있었다고 한다면 무너진 성전을 스룹바벨과 학개와 스가랴가 재건할 때 자기들 임의대로 다른 재료를 가지고 성전을 축소하여 건축할 수 있는지에 대해 질문을 할 수밖에 없습니다. 만약 설계도가 있었다고 한다면 그 설계도대로 건축을 해야 하는 것 아닙니까? 그런데 그렇게 하지 않았고 그것이 아무런 문제가 되지 않은 것을 보면 하나님이 성막 때처럼 성전 설계도를 주셨을까에 대해 의심할 수밖에 없는 것입니다. 다윗은 성전건축을 위한 재료와 노동력 그리고 설계도까지 준비합니다.

셋째, 다윗은 성전을 건축하고 나면 성전을 어떻게 운영해야 하는지에 대한 운영 매뉴얼까지 다 준비합니다. 이 모든 준비물을 가지고 성전건축을 실행하고 완성시켜 낸 인물이 솔로몬입니다. 역대기를 보면 다윗은 준비를 하고 솔로몬은 완성을 합니다. 누구의 관계와 비슷합니까? 모세와 여호수아, 엘리야와 엘리사의 관계와 비슷합니다. 두 사람 중 한 사람은 시작한 사람이고 다른 한 사람은 완성한 사람입니다.

이스라엘이 바벨론에 포로로 끌려갔을 때 포로들의 신학적 각성이 있었습니다. 그것이 뭐냐면 하나님이 우리를 버리신 것이 아니라 우리가 먼저 하나님을 저버렸다는 것입니다. 우리가 먼저 하나님과의 언약을 저버렸기 때문에 하나님께서 우리에게 회개의 시간을 주신 것으로 이해했습니다. 그래서 그들은 다시 하나님께 온전히 순종하기 위해서 파편적으로 존재하던 율법을 수집하기 시작합니다. 율법을 수집해서 우리가 알고 있는 모세오경을 최종 완성하게 되었고 그리고 하나님의 말씀인 토라를 열심히 이스라엘 백성에게 가르치기 시작합니다. 그래서 바벨론 포로기 때 율법을 열심히 공부하는 유대교가 탄생하게 됩니다.

바벨론 포로기 이전까지는 유대교는 제사를 열심히 지내는 제의 종교였습니다. 그러나 바벨론 포로기 이후부터는 하나님의 말씀인 율법을 열심히 공부하는 종교로 그 모습이 변화됩니다. 바벨론 포로기가 육체적으로 매우 힘든 고통의 시간이었지만 신학적으로는 이스라엘이 성장할 수 있는 진보의 시간이었음을 여기서 알 수 있습니다.

말씀과 함께 역사서 7-2

에스라, 느헤미야

에스라, 느헤미야를 보겠습니다. 에스라, 느헤미야를 보통 개혁과 부흥의 교과서라고 이야기합니다. 우리가 고린도전서 13장은 사랑 장, 히브리서 11장은 믿음 장, 고린도전서 15장은 부활 장이라고 말하는데 개혁과 부흥의 교과서 같은 본문이 어디인가라고 물었을 때에는 대부분의 신앙인들이 에스라, 느헤미야를 많이 언급합니다. 그런데 재미있는 것이 일반적으로 말하는 부흥은 사람의 수가 늘어나는 것이 아닙니까? 그런데 개혁과 부흥의 교과서인 에스라와 느헤미야에서는 부흥의 결과 이스라엘 백성의 수는 감소하게 됩니다. 이것이 참 역설입니다.

신앙에 있어 부흥이라고 하는 것은 하나님에 대해 죽어있던 자가 다시 살아나는 것입니다. 하나님과 무관하게 죄 된 길을 걸어가던 사람들이 다시 하나님께 돌아오는 것입니다. 하나님께 돌아와서 죄악과 단절하는 것입니다. 이것이 진짜 부흥입니다. 그래서 부흥의 결과 사람의 수가 감소할 수도 있는 것입니다. 어떤 공동체에 100명의 사람이 있었는데 정말 하나님을 제대로 믿고자 하는 사람들 중심으로 개혁을 하게 되면 100명이 60명이 될 수도 있습니다. 심한 경우에는 30명만이 남을 수도 있습니다.

우리는 부흥이라는 단어만 연상해도 사람들의 수가 늘어나는 것을 생각하지만 역설적이게도 개혁과 부흥의 교과서인 에스라, 느헤미야에서는 부흥의 결과 도리어 이스라엘 공동체의 전체 인구수는 감소하게 됩니다. 왜 그렇습니까? 회개의 결과 이방의 아내와 혼혈 자녀들을 그들의 땅으로 보내버렸기 때문입니다. 부흥의 핵심은 하나님께 돌아감이지 사람들의 수의 증가가 아님을 기억해야 합니다.

에스라 느헤미야를 내용적으로 보면 에스라 1~6장은 성전 재건 이야기이고 느헤미야 1~6장은 성벽 재건 이야기입니다. 공동체 안에 성전만 있게 되면 위험합니다. 성전을 보호할 수 있는 성벽이 있어야 합니다. 그래서 성전 재건 이후에 성벽 재건 이야기가 나오는 것입니다. 그리고 성전도 재건하고 성벽도 다시 쌓았지만 그 안에 살고 있는 이스라엘 백성이 하나님께 온전히 순종하지 못한다면 아무런 의미가 없는 것입니다. 그래서 느헤미야 8장 이하에는 말씀으로 공동체를 재건하는 이야기가 나옵니다.

이처럼 에스라, 느헤미야서 안에서는 세 가지 재건 이야기가 나옵니다. 먼저는 성전을 재건하고 그다음에 성전을 보호할 수 있는 성벽을 재건하고 그리고 성전과 성벽 재건보다 훨씬 중요한 이스라엘 공동체를 말씀으로 재건하는 것입니다. 이 세 가지 재건을 강조하는 것이 에스라, 느헤미야입니다.

바벨론에 포로로 끌려갔던 사람들 중에 가나안 땅으로 귀환한 사람은 총 5만 명 정도 됩니다. 5만 명이 한 번에 돌아온 숫자인지 100년의 세월에 걸쳐 돌아온 숫자인지에 대해서는 논쟁이 있습니다. 학자들은 대부분 크게 세 번에 걸쳐 돌아온 사람들의 총수로 봅니다. 학자들은 총 100년의 기간 동안 5만 명 정도가 돌아왔다고 보는데, 이것을 많은 수로 보아야 할지 적은 수로 보아야 할지에 대해 자신 있게 말하기가 어렵습니다. 왜냐하면 당시 바벨론에 몇 명 정도의 이스라엘 포로민들이 있었는지를 모르기 때문입니다. 상당수는 안 돌아왔다고 봅니다. 이때 돌아오지 않은 사람들의 후손이 누구입니까? 에스라, 느헤미야, 에스더서에 나오는 모르드개와 에스더 모두가 돌아오지 않은 사람들의 후손입니다.

100년의 기간 동안 5만 명이 돌아왔다면 1년에 약 500명 정도 돌아온 것입니다. 당시 바벨론에는 더 많은 이스라엘 백성들이 있었을 것이며 학자들은 대부분의 사람들은 돌아오지 않았다고 봅니다. 이 말은 반대로 돌아온 사람들이 대단한 사람들이라는 것입니다. 돌아온 사람들은 엄청난 사명감을 가지고 이 악물고 돌아온 것입니다.

포로 귀환은 시기에 따라 1차, 2차, 3차 귀환으로 나눌 수 있습니다.

1차 귀환은 주전 538년입니다. 고레스 칙령 이후에 고레스가 바벨론에 포로로 끌려와 있던 각국의 사람들에게 칙령을 발표합니다. 이스라엘 백성에게만 고레스 칙령을 발표한 것이 아니라 바벨론에 포로로 끌려와 있던 블레셋, 에돔, 모압, 암몬, 시돈 등 다양한 나라 사람들에게 동일한 칙령을 발표한 것입니다. 그 칙령의 내용은 원하는 사람들은 자기 고국으로 돌아가도 좋다는 것입니다. 그 칙령을 듣고 나서 원하는 사람들이 가나안 땅으로 다시 돌아온 것입니다. 그때 많은 사람들이 돌아왔습니다. 이때 여호야긴의 후손이었던 스룹바벨도 돌아오고 세스바살도 돌아오고 학개도 돌아오고 스가랴도 돌아옵니다. 이때 돌아온 사람들이 성전 재건을 주도적으로 하게 됩니다.

2차 귀환은 아닥사스다 왕 7년인 주전 458년입니다. 이때 에스라가 돌아옵니다. 에스라는 에스라 7장 1~5절에 보면 아론의 16대손입니다. 에스라는 정통 제사장의 후손입니다. 3차 귀환은 아닥사스다 왕 20년인 주전 445년입니다. 이때 느헤미야가 돌아옵니다. 그런데 사실 에스라와 느헤미야는 돌아온 것이 아니라 페르시아 왕에 의해서 파송된 것입니다. 정확하게 말하자면 파견 근무를 하게 된 것입니다. 에스라와 느헤미야는 페르시아의 고위 관료였습니다. 이 사람들은 페르시아 왕의 지시를 받고 파견된 것입니다.

중요한 것은 에스라, 느헤미야가 돌아올 때 가나안땅으로의 귀환을 원하는 사람들이 이들과 함께했다는 것입니다. 에스라와 느헤미야가 가나안 땅으로 완전히 귀환한 것은 아니지만 그들이 파견되어 왔던 주전 458년과 445년에 바벨론과 페르시아 땅에 살고 있던 많은 디아스포라 유대인들이 에스라와 느헤미야와 함께 돌아왔습니다. 이렇게 포로 귀환은 크게 1, 2, 3차로 나눌 수 있고 이렇게 해서 돌아온 사람들의 총수가 5만 명 정도라고 계산합니다. 참고로 느헤미야는 주전 445년에 와서 12년을 총독으로 봉직하다가 잠시 돌아간 후에 다시 한 번 더 옵니다. 느헤미야는 두 번 파송된 것입니다.

여기서 우리는 중요한 질문을 던질 수 있습니다. 우리의 생각에는 바벨론에 포로로 끌려갔던 사람들 모두가 다 돌아왔을 것 같은데 왜 100년의 기간 동안 5만 명밖에 돌아오지 않았을까요? 왜 대다수의 사람들은 돌아오지 않았는지에 대해 궁금함이 생길 수밖에 없습니다. 그 이유를 크게 네 가지로 설명할 수 있습니다. 첫 번째 이유는 가나안 땅으로의 귀환은 포로지에서 쌓아 놓은 모든 기득권을 다 내려놓고 와야 하는 결단이 필요했기 때문입니다. 만약 오늘날 같이 금융 자본이 발달한 시대라면 다 돌아왔을 것입니다. 그러나 이때는 부라고 하는 것이 대부분 현물을 가지고 판단하던 시대입니다. 자신이 바벨론에서 나름대로 부를 형성했다 하더라도 이스라엘 땅으로 돌아오고자 할 때에는 수레 하나에 실을 수 있는 것이 자기 재산의 전부가 되는 것입니다. 오늘날 같으면 어떻게 하겠습니까? 바벨론 은행에다 예금해 놓고 나서 이스라엘에 돌아온 다음에 바벨론 은행 지점에서 인출하면 됩니다. 그런데 이때는 그렇게 할 수 있는 시대가 아닙니다. 그래서 대다수의 사람들은 돌아오지 않았습니다. 바벨론에서 가나안 땅으로 온다고 했을 때 바벨론에서 형성한 모든 기득권을 다 포기하고 와야 하는 것이기에 그들에게 귀환은 결코 쉽지 않은 결단이었습니다.

두 번째 이유에 대해서는 에스라 7장 8~9절을 보겠습니다.

"이 에스라가 올라왔으니 왕의 제칠년 다섯째 달이라 첫째 달 초하루에 바벨론에서 길을 떠났고 하나님의 선한 손의 도우심을 입어 다섯째 달 초하루에 예루살렘에 이르니라"

에스라가 가나안 땅으로 돌아올 때 총 몇 달이 걸린 것입니까? 꽉 채운 네 달이 걸렸습니다. 1월 1일에 출발하여 5월 1일에 도착했습니다. 그런데 여기 뭐라고 되어 있냐면 '하나님의 선한 손의 도우심을 입었다'고 말합니다. 여행이 너무나 순조로웠다는 것입니다. 그런데도 총 네 달이 걸립니다. 니푸르라는 곳에서 가나안 땅까지 오려면 약 1300킬로 정도 됩니다. 그 길 중간 중간마다 야생 동물들의 공격도 있고 강도떼들의 공격도 많습니다. 출발한다고 해서 안전하게 가나안 땅에 도착한다는 보장이 없습니다. 하나님의 선한 손의 도우심에 의지하여 네 달이 걸렸다면 일반적인 경우에는 더 많은 시간이 소요된다고 봐야 합니다. 그 기간 동안 강도떼와 야생 동물의 공격으로부터 안전한 여행이 된다는 보장이 없습니다.

쉽게 얘기하면 귀환민들 모두가 자기 목숨을 걸고 오는 것입니다. 왜 많은 사람들이 돌아오지 못했는가에 대한 두 번째 이유는 자기 목숨을 걸어야 하는 일이었기 때문입니다. 당시에는 많은 강도떼들이 있었습니다. 많은 것을 수레에 실고 출발한다고 해도 강도떼를 한 번 만나게 되면 빈털터리가 되고 목숨도 부지하기 어렵습니다. 그럼에도 불구하고 귀환을 결정한 사람들은 정말 대단한 사람들임을 알 수 있습니다.

왜 많은 이들이 가나안 귀환을 하지 않았을까에 대한 세 번째 이유가 매우 중요합니다. 앞에서 이야기한 것처럼 이들이 가나안 땅으로 돌아온다는 것은 바벨론에서 형성했던 모든 기득권을 내려놓고 자기의 목숨을 거는 결단 가운데 행하는 것입니다. 그렇게 힘들게 가나안 땅으로 돌아왔을 때 그 땅에 계속 남아 있던 자들이 이들을 두 팔 벌려 환영해 준다면 얼마나 좋을까요? 그러나 가나안 땅에 살고 있던 사람들은 이들의 귀환을 환영하지 않았다는 것이 중요합니다. 이들이 자기의 목숨을 걸고 4~5달 걸려서 힘들게 가나안 땅에 도착을 하였는데 이런 플랜카드가 걸려 있는 것입니다. '우리 집에 왜 왔니 왜 왔니 왜 왔니?' 자기는 목숨을 걸고 귀환을 하는 것인데 가나안 땅에 있는 사람들은 이들을 환영하지 않는 것입니다. 이 얼마나 서글픈 일입니까?

그렇다면 왜 이들은 환영받지 못했을까요? 주전 586년에 바벨론에 의해서 남유다가 멸망할 때 바벨론은 패망한 남유다의 모든 사람들을 포로로 끌고 간 것이 아닙니다. 이들이 포로로 끌고 간 사람들은 대부분 왕족, 귀족, 제사장 가족, 전문직에 있던 기술자들입니다. 이들을 포로로 끌고 갔는데 왕족이나 귀족이나 제사장이나 전문직 기술자들이 갖고 있던 땅들이 있을 것 아닙니까? 이 땅을 바벨론은 땅이 없는 가난한 자들에게 나누어 주었습니다. 역설적이게도 남유다 안에서 원래 땅이 없던 사람들은 남유다가 바벨론에 멸망한 이후에 자신들의 땅을 갖게 된 것입니다. 공동체 전체적으로는 비극의 사건이 개인적으로는 기쁜 사건이 되어버린 것입니다.

그렇다면 왜 바벨론은 자신들이 빼앗은 땅을 가난한 사람들에게 나누어 주었을까요? 땅을 그대로 놀리면 바벨론이 얻을 수 있는 이익이 전혀 없습니다. 그 땅을 가난한 사람들에게 나누어 주면 이중적 효과를 얻을 수 있습니다. 먼저는 그들이 땅을 경작하여 농사를 짓게 되면 수확의 일부를 세금으로 거둘 수 있습니다. 또 하나는 땅을 갖게 된 가난한 자들은 바벨론에 대해 우호적인 마음을 드러내게 될 것입니다. 이런 것들을 기대하며 바벨론은 가난한 사람들에게 땅을 나누어 준 것입니다.

그러니까 원래 땅이 없던 가난한 사람들은 다윗의 후손들이 다스리는 것보다 바벨론이 자기들을 다스리는 것이 훨씬 더 나았던 것입니다. 왜냐하면 자신들의 땅이 생겼으니까요. 그렇게 수십 년의 시간이 흘렀습니다. 그런데 포로로 끌려갔던 사람들이 돌아오게 되면 토지 분쟁이 발생할 수밖에 없는 것입니다. 귀환민들은 옛날 자기들의 조상들이 가지고 있던 땅을 다시 되찾고자 할 것입니다. 그런데 그 땅을 수십 년 동안 경작한 사람들이 그 땅을 고분고분 돌려주겠습니까? 그들은 남유다 땅에 살면서 수십 년 동안 그 땅을 경작하면서 그 땅을 소유하게 된 사람들입니다. 그러니까 귀환민들이 돌아오게 되면 가장 먼저 발생할 수 있는 사회적 문제가 무엇이겠습니까? 토지 분쟁입니다.

한 쪽은 자기들의 조상의 땅이니까 돌려달라고 할 것이고 다른 쪽은 자신들이 바벨론으로부터 이 땅에 대한 소유권을 넘겨받았다고 하면서 돌려주지 않으려고 할 것입니다. 이러한 충돌로 긴 시간을 허비해야 하는데 이런 상황에서 돌아갈 마음이 생기겠습니까? 만약 남북한의 통일이 도적같이 임하게 되면 통일된 사회에서도 이런 토지 분쟁이 매우 많이 발생할 것입니다. 월남한 사람들 대부분이 조상들이 가지고 있던 땅을 되찾고자 소송을 걸 수 있습니다. 남북한이 통일 전에 이런 내용에 대해 합의가 되지 않으면 통일이 민족 전체의 선물이 아닌 갈등의 발화점이 될 수도 있는 것입니다.

이처럼 바벨론에 포로로 끌려갔던 사람들이 돌아온다고 했을 때 가나안 땅에 남아 있던 사람들은 이들의 돌아옴이 전혀 반갑지 않았습니다. 자기들이 차지하고 있던 땅을 다시 빼앗길 수도 있기 때문입니다. 이처럼 목숨 걸고 돌아온다고 하더라도 가나안 거주민들과 충돌을 감수해야 하기 때문에 많은 이들이 돌아오지 않았습니다.

제일 중요한 네 번째 이유가 있습니다. 바벨론에 살고 있던 포로들이 가나안 땅으로 돌아오지 않은 가장 중요한 이유는 바벨론 포로기를 거치면서 신학적 사고가 바뀌었기 때문입니다. 바벨론 포로기 이전에 이스라엘은 야훼 하나님은 예루살렘 성전에 계신다고 생각했습니다. 그것을 성전신학이라고 합니다. 그런데 바벨론 포로기 때 놀라운 사건을 경험하게 됩니다. 그것을 잘 보여주는 것이 에스겔 1장입니다. 에스겔 1장에 보면 에스겔이 그발 강가에 있을 때 하나님이 불 병거를 타고 에스겔을 찾아오시는 이야기가 나옵니다.

　원래 바벨론 포로로 끌려갔던 사람들의 가장 큰 슬픔은 하나님과 이제는 만날 수 없다는 것이었습니다. 하나님과의 단절이 그들에게 가장 큰 슬픔이었습니다. 그런데 바벨론에 포로로 있으면서 그들은 부정한 이방 땅에서도 하나님과의 만남이 가능하다는 것을 깨닫게 됩니다. 하나님은 그의 백성들이 어디에 있건 그들을 찾아오심을 경험하게 된 것입니다. 그래서 바벨론 포로기 때 무엇이 세워지죠? 회당이 세워집니다. 부정한 이방 땅에서도 하나님과의 만남이 가능하다는 신학적 사고의 전환이 없었다면 포로들은 모두 목숨 걸고 가나안 땅으로 돌아왔을 것입니다. 그런데 왜 대다수의 사람들이 돌아오지 않았습니까? 가나안 땅에서도 하나님을 만날 수 있지만 이방 땅에서도 하나님을 만날 수 있음을 깨닫게 된 것입니다.

　이런 상황에서 그들이 목숨을 걸고 가나안에 거주하고 있는 사람들과의 충돌을 감수하면서까지 가나안으로 돌아갈 이유가 있습니까? 그래서 대다수의 포로민들이 가나안 땅으로 돌아오지 않고 그 땅에 계속 거주하게 된 것입니다. 돌아오지 않은 이들을 우리는 디아스포라 유대인이라고 부릅니다.

　지금까지 바벨론 포로들이 가나안 땅으로 전부 돌아오지 않은 이유에 대해 네 가지 이야기를 했습니다. 첫째는 돌아간다고 했을 때 바벨론에서 형성했던 모든 기득권을 다 포기해야 합니다. 둘째는 목숨을 걸고 가야 합니다. 셋째는 돌아가게 되면 그 땅에 정착하고 있던 사람들과의 끊임없는 충돌을 감수해야 합니다. 그 충돌 중 가장 중요한 것은 토지 분쟁입니다. 그리고 가나안 땅에 계속 머물렀던 사람들과 바벨론에 포로로 끌려갔던 사람들은 언어도 이질적일 수밖에 없습니다. 가나안 원주민들은 계속해서 히브리어를 사용했을 것이고 포로로 끌려간 사람들은 바벨론의 언어도 좀 쓰고 페르시아의 언어도 좀 쓰고 아람어도 좀 쓰는 등 언어가 이질적이다 보니 아무래도 소통하기가 어려웠을 것입니다. 넷째는 바벨론 포로기를 거치면서 신학적 인식이 전환되었다는 것입니다. 제가 이러한 이유를 자세하게 설명하는 것은 바벨론에서 가나안 땅으로 돌아온 사람들은 정말 대단한 사람들임을 말씀드리기 위함입니다. 그들은 하나님이 기뻐하시는 거룩한 공동체를 세우고자 하는 사명감 하나 붙잡고 다시 돌아온 대단한 사람들입니다.

성경 본문을 보면서 이야기를 나누겠습니다. 에스라 5장 13절을 보겠습니다.

"바벨론 왕 고레스 원년에 고레스 왕이 조서를 내려 하나님의 이 성전을 다시 건축하게 하고"

다음에는 6장 22절을 보겠습니다.

"즐거움으로 이레 동안 무교절을 지켰으니 이는 여호와께서 그들을 즐겁게 하시고 또 앗수르 왕의 마음을 그들에게로 돌려 이스라엘의 하나님이신 하나님의 성전 건축하는 손을 힘 있게 하도록 하셨음이었더라"

여기 5장 13절과 6장 22절에서 이상한 것을 찾아보십시오. 무엇이 이상합니까? 고레스가 바벨론 왕이 맞습니까? 고레스는 페르시아 왕입니다. 성경 시대의 페르시아는 지금의 이란입니다. 고레스는 지금의 이란인 페르시아의 왕입니다. 그런데 5장 13절에서는 고레스를 바벨론의 왕이라고 말합니다. 그리고 6장 22절에서는 앗수르 왕이라고 말합니다. 이상하지 않습니까? 페르시아의 왕이 분명한 고레스를 왜 바벨론의 왕이라고 하고 앗수르의 왕이라고 기술했을까요? 이것은 성경이 잘못 기록한 것이 아니고 실제 페르시아 왕들이 자기들을 그렇게 주장했습니다. 앗수르 제국을 물리친 곳이 어디입니까? 바벨론입니다. 바벨론 제국을 물리친 곳은 어디죠? 페르시아입니다. 앞의 제국을 물리치고 나서 새로운 제국이 등장했을 때 새로운 제국의 왕은 자기를 앞 제국의 왕이라고도 한 것입니다.

예를 들어, A라는 제국이 있습니다. B나라의 왕이 A제국을 무찔렀습니다. 그러면 B왕은 이렇게 얘기합니다. '나는 B의 왕임과 동시에 A의 왕이다'라고 말하는 것입니다. 그리고 새롭게 C 나라의 왕이 등장해서 A제국도 무찌르고 B제국도 무찌르게 되면 C나라의 왕은 자신이 C의 왕임과 동시에 A의 왕이고 B의 왕이라고 주장합니다. 제국의 왕들은 왜 이런 주장을 하였을까요? 만약 페르시아가 바벨론을 멸망시키고 나서 고레스가 '나는 페르시아의 왕이고 바벨론은 끝났다'라고 주장을 하게 되면 바벨론 백성들이 고레스에 대해서 어떤 마음을 갖겠습니까? 원수라고 생각하고 언젠가 복수하고자 할 것입니다.

그래서 제국의 왕들은 패망한 나라의 백성들의 환심을 얻기 위해서 여전히 무너진 나라가 존속하는 것처럼 말한 것입니다. 그래서 페르시아가 바벨론을 물리쳤음에도 불구하고 고레스는 이렇게 얘기합니다. '나는 위대한 바벨론 제국과 페르시아 제국의 황제다.' 그러면 바벨론 사람들은 제국이 무너졌다고 생각하지 않고 옛날 다스리던 왕이 교체되었다고 생각하게 됩니다. 이런 것이 하나의 통치 전략입니다. 에스라 5장 13절이나 6장 22절이 잘못된 기술이 아닙니다. 실제 이 당시 제국의 왕들은 나는 A제국의 황제임과 동시에 B나라의 황제라고 무너진 제국을 무시하지 않았습니다. 여전히 존중해 주었습니다. 무너진 나라 사람들의 환심을 사기 위한 하나의 통치 전략이었다고 기억하시면 되겠습니다.

에스라 7장 25~26절을 보면 아닥사스다 왕이 에스라를 파견하면서 이렇게 얘기합니다.

"에스라여 너는 네 손에 있는 네 하나님의 지혜를 따라"

우리가 열왕기하를 공부하면서 이야기했듯이 성경에는 하나님을 뜻하는 히브리어가 두 개가 있습니다. 하나가 '아도나이'이고 다른 하나는 '엘' 또는 '엘로힘'입니다. 아도나이는 대부분 여호와로 번역이 되어 있고 엘이나 엘로힘은 하나님으로 번역을 했는데 엘과 엘로힘이 이스라엘이 독점했던 단어가 아니라는 것을 주목하셔야 합니다. 즉 엘과 엘로힘은 최고신을 가리키기도 합니다. 원래 가나안 사람들에게 최고신인 엘은 바알의 아버지입니다. 쉽게 엘은 각 나라 사람들이 섬기는 최고신을 가리키는 표현이라고 이해하시면 됩니다. 그런데 우리 한글 번역에서는 엘이란 단어가 나오면 대부분 하나님이라고 번역을 했습니다.

에스라 7장도 그렇습니다. 그래서 우리를 헷갈리게 만듭니다. 정확하게 말하자면 여기는 하나님이라고 번역하면 안 되고 신이라고 번역해야 합니다. 어떤 신입니까? 아닥사스다가 섬기는 페르시아의 신입니다. 그런데 지금 번역되어 있는 것처럼 하나님으로 하면 큰 오해를 하기 쉽습니다. 지금 아닥사스다 왕은 에스라를 파견하면서 중요한 사명을 맡깁니다. 25절을 보겠습니다.

> "에스라여 너는 네 손에 있는 네 하나님의 지혜를 따라 네 하나님의 율법을 아는 자를 법관과 재판관을 삼아 강 건너편 모든 백성을 재판하게 하고 그 중 알지 못하는 자는 너희가 가르치라"

여기에서 '강 건너편의 모든 백성'은 페르시아 제국의 지배를 받는 모든 백성을 말하는 것입니다. '그 중 알지 못하는 자는 너희가 가르치라'라는 구절까지 보면 '아닥사스다가 하나님을 믿는 사람인가, 아니면 이제 하나님만을 믿기로 결심한 것인가?'라는 생각이 듭니다. 왜냐하면 지금 에스라에게 무엇을 말하고 있습니까? '에스라야 너는 하나님의 법을 아는 사람들을 곳곳에 법관과 재판관으로 삼으라고 말하면서 제국의 모든 백성들한테 하나님의 법을 가르치라고 말하고 있는 것처럼 보이기 때문입니다.

그리고 26절에서는 뭐라고 말합니까?

"무릇 네 하나님의 명령과 왕의 명령을 준행하지 않는 자는 속히 그 죄를 정하여 혹 죽이거나 귀양 보내거나 가산을 몰수하거나 옥에 가둘지니라 하였더라"

이 말이 사실이라면 페르시아 왕이 야훼 하나님을 믿는 것을 국교로 정한 것과 마찬가지입니다. 제국 전체의 종교를 야훼 신앙으로 결정한 것과 마찬가지입니다. 역사적으로 이것이 말이 됩니까? 여기 하나님으로 번역되어 있는 이 단어는 우리가 믿고 있는 그 하나님이 아닙니다. 페르시아의 신을 가리키는 것입니다. 에스라는 이중적인 존재입니다. 어떤 이중적인 존재인가 하면 그는 여호와의 율법을 잘 압니다. 그는 아론의 16대손입니다. 에스라 7장 6절은 이렇게 말합니다.

"이 에스라가 바벨론에서 올라왔으니 그는 이스라엘의 하나님 여호와께서 주신 모세의 율법에 익숙한 학자로서"

에스라는 아론의 16대손으로서 모세의 율법에 정통할 뿐만 아니라 페르시아 법에도 정통한 학자입니다. 아닥사스다 왕은 페르시아 법에 정통한 에스라를 파견한 것입니다. 무엇을 하라고 파견한 것입니까? 페르시아 법을 제국에 있는 백성들에게 제대로 가르치라는 것입니다. 그리고 페르시아 법을 잘 알고 있는 사람들을 곳곳에 법관과 재판관으로 삼아서 페르시아 법으로 제국의 백성들을 판결하게 합니다. 그리고 페르시아 법을 어기는 사람들에게는 징계를 하라고 권한을 부여합니다. 이런 일을 하라고 에스라를 보낸 것입니다. 그런데 에스라가 이스라엘에 와서 아닥사스다 왕이 자신을 파견했을 때 기대했던 그 일보다 모세 율법을 가르치는 것에 더 열심을 낸 것입니다.

이것을 잘 구별하셔야 합니다. 아닥사스다 왕은 하나님을 믿는 사람이 아닙니다. 하나님의 법을 가르치라고 한 것이 전혀 아닙니다. 에스라는 이중적인 존재입니다. 모세 율법도 잘 알고 페르시아 법도 잘 알고 있는 법학자입니다. 그래서 아닥사스다 왕이 제국에 있는 백성들에게 페르시아 법을 잘 가르치라고 에스라를 파견한 것입니다. 그래서 에스라가 제국의 여러 곳을 방문하였고 그 가운데 하나가 이스라엘입니다. 그런데 이스라엘에 와서 에스라는 원래 왕이 보냈던 목적보다는 모세의 율법을 가르치는 일에 집중한 것입니다. 지금 7장 25~26의 번역처럼 마치 아닥사스다 왕이 하나님을 믿는 자인 것처럼 생각해서는 안 됩니다.

에스라와 느헤미야를 보면, 바벨론 포로에서 돌아온 이후에 이스라엘 공동체를 타락시킨 매우 중요한 사건이 하나 나옵니다. 바로 예루살렘의 종교 권력자들과 사마리아 정치 권력자들이 통혼을 한 것입니다. 예루살렘의 종교 권력자들과 사마리아 정치 권력자들이 통혼을 했습니다. 이것을 끊어내려고 했던 사람이 에스라와 느헤미야입니다. 왜 예루살렘 종교 권력자 집안과 사마리아 정치 권력자 집안이 통혼을 하는 것이 문제가 되었을까요? 무엇 때문에 에스라와 느헤미야는 이것을 끊어내려고 했을까요?

한번 상상해 보십시오. 어느 종교인 집안이 있습니다. 아주 유명한 정치인 집안과 사돈을 맺으려고 할 때 종교인 집안은 무엇을 욕망하겠습니까? 정치인 집안과 사돈이 되어 사회적인 신분 상승을 욕망할 것입니다. 예루살렘 종교 권력자들과 사마리아 정치 권력자들이 통혼을 하게 되면서 예루살렘 종교 권력자들은 사회적인 신분 상승을 기대했습니다. 그렇다면 정치 권력자들은 왜 종교 권력자 집안과 결혼을 하고자 했을까요? 그들은 성전 안에 있는 이권에 욕심을 낸 것입니다. 이들 간의 통혼은 크게 다섯 가지 문제를 발생시킵니다.

첫째는 신앙적 이유입니다. 사마리아 정치 권력자들은 야훼 하나님을 제대로 믿는 사람들이 아닙니다. 통혼을 한 결과 야훼를 열심히 잘 믿던 사람들이 배우자의 영향을 받아 신앙이 흔들릴 가능성이 매우 높습니다. 결혼을 통해 더 큰 신앙으로 하나 되는 것이 아니라 신앙의 상실로 이어질 수 있기에 통혼을 반대한 것입니다.

둘째는 경제적 이유입니다. 통혼은 일반적으로 이스라엘 남성과 이방 여인들이 많이 했습니다. 쉽게 얘기하면 제사장 집안의 아들과 사마리아 정치 권력자의 딸이 결혼한 것입니다. 보통 나이 많은 남편과 어린 아내 가운데 누가 먼저 죽겠습니까? 대부분은 남편이 먼저 죽습니다. 남편이 먼저 죽고 나면 남편이 남긴 재산을 아내가 일부 가져가게 됩니다. 율법에는 지계석을 옮기지 말라는 말이 있습니다. 지파나 가족에게 허락한 재산이 경계를 넘어 다른 곳으로 넘어가지 못하게 한 것입니다. 그런데 이방 여인과 결혼하고 남편이 먼저 죽게 되면 남편이 남긴 재산 일부를 이방 여인들이 가져가게 됩니다. 이것은 이스라엘 전체의 재산을 감소시키는 결과를 만들어냅니다. 이런 경제적인 이유 때문에 통혼을 반대했습니다.

셋째는 자녀 세대에 있어 신앙의 단절 문제입니다. 통혼을 해서 자녀가 태어나게 되면 자녀에 대한 신앙교육을 주로 누가 담당합니까? 대부분은 엄마가 양육을 담당합니다. 그래서 보통은 엄마의 신앙이 자녀의 신앙이 되고 엄마의 언어가 자녀의 언어가 됩니다. 느헤미야 13장 23~24절을 보겠습니다.

"그 때에 내가 또 본즉 유다 사람이 아스돗과 암몬과 모압 여인을 맞아 아내로 삼았는데 그들의 자녀가 아스돗 방언을 절반쯤은 하여도 유다 방언은 못하니 그 하는 말이 각 족속의 방언이므로"

엄마가 교육을 담당하다 보니 엄마의 언어가 모국어가 된 것입니다. 그래서 자녀들이 유다의 방언은 전혀 못하는 것입니다. 이런 상황에서는 자녀가 태어나도 신앙의 계승자가 되기는 어렵습니다. 이것이 또 하나의 문제가 된 것입니다.

넷째는 예루살렘 종교 권력자들이 사마리아 정치 권력자들과 결혼하기 위해 자신의 본부인들을 많이 버렸습니다. 가정이 파괴된 것입니다. 이것을 막기 위해서 통혼을 반대했습니다. 마지막으로 다섯째는 예루살렘 종교 권력자들과 사마리아 정치 권력자들이 통혼을 하는 것을 보면서 많은 이스라엘 백성들에게 부정적인 영향을 끼치게 되는 것입니다. 욕하면서 닮는다는 말이 있지 않습니까? 대부분의 유다 백성들은 통혼에 대해 욕하면서도 배 아파하는 것입니다. 자기들도 사마리아 정치 권력자들과 사돈을 맺고 싶은데 자기들은 그들과 사돈을 맺을 매력적인 것이 없지 않습니까? 예루살렘 종교 권력자들은 사마리아 정치 권력자들이 볼 때 어떤 이익을 기대할 수 있는 매력적인 존재이거든요. 그러니 백성들은 욕하면서도 부러워하는 일이 벌어지게 된 것입니다. 통혼이 백성들에게 매우 부정적인 모델이 되었기에 반대를 했습니다.

에스라와 느헤미야는 이방인과의 통혼이 이스라엘 공동체를 망치고 있는 주범이라고 생각을 하고 이것을 단호하게 끊어내고자 합니다. 그래서 결혼했던 이방 여인과 그 사이에서 태어난 혼혈 자녀들을 자기 나라로 돌려보내라고 명합니다. 너무나 단호한 조치를 취한 것입니다. 이것이 바로 에스라, 느헤미야가 행한 부흥과 개혁운동의 핵심입니다. 진정한 회개는 죄악과의 단절이 핵심이므로 때로는 인원의 감소라든가 경제적인 기득권의 포기로 이어지게 됩니다.

느헤미야는 직업이 술 맡은 관원장입니다. 어떤 역사적 기록에 의하면 술 맡은 관원장이 왕 다음의 서열을 차지할 때도 있습니다. 느헤미야가 매우 고위 관료였음을 알 수 있습니다. 술 맡은 관원장이 주로 하는 일이 무엇입니까? 왕 옆에 붙어있습니다. 왕이 마시는 술을 먼저 시음하는 사람으로서 왕이 가장 신뢰하는 사람이라고 보시면 됩니다. 느헤미야를 아닥사스다 왕이 유대 총독으로 파견합니다. 유대 총독으로 봉직하면서 느헤미야는 이런 말을 합니다. 느헤미야 5장 15절입니다.

"나보다 먼저 있었던 총독들은 백성에게서, 양식과 포도주와 또 은 사십 세겔을 그들에게서 빼앗았고 또한 그들의 종자들도 백성을 압제하였으나 나는 하나님을 경외하므로 이같이 행하지 아니하고"

느헤미야 이전의 모든 총독들은 총독이라는 권력을 이용하여 백성들을 수탈하고 부귀영화를 누렸습니다. 그러나 모든 총독들이 그렇게 행하였지만 느헤미야는 그렇게 하지 않았습니다. 그 이유가 무엇입니까? "나는 하나님을 경외함으로"라고 느헤미야는 말합니다. 저는 이것이 신앙인의 결기라는 생각이 듭니다. 모든 사람이 A의 길을 걸어간다고 하더라도 나는 하나님을 경외함으로 이같이 행하지 아니하였다는 것이 신앙인에게 요구되는 결기와 패기라고 생각합니다. 하나님을 경외하기 때문에 다르게 살아가는 것입니다.

다르게 살아가는 그 삶이 바로 거룩입니다. 구약이 말하는 거룩은 무엇이었습니까? 주류 문화와 주류 가치에 동화되지 않는 것입니다. 왜 그렇습니까? 하나님께 속한 자이기 때문에 그렇습니다. 저는 그런 의미에서 자녀를 키우는 모든 부모님들은 느헤미야 5장 15절의 이런 말씀이 하나씩 있어야 된다고 봅니다. '많은 사람들은 이런 삶을 살고 있지만 엄마 아빠는 하나님을 경외함으로 이같이 행하지 않았다'라고 말할 수 있는 내용이 하나, 둘 정도는 있어야 하지 않겠습니까? 이것이 이 시대를 살아가면서 신앙인이 보여주어야 할 패기라는 생각이 듭니다.

느헤미야 13장을 보겠습니다. 4~5절 보면 "이전에 우리 하나님의 전의 방을 맡은 제사장 엘리아십이 도비야와 연락이 있었으므로"라는 말이 나옵니다. 여기 '연락이 있었다'는 말은 엘리아십과 도비야가 사돈 관계였다는 것입니다. 예루살렘 종교 권력자들과 사마리아 정치 권력자들은 통혼을 많이 했습니다. '통혼을 한 이유와 목적이 무엇이었을까?'라고 했을 때 예루살렘 종교 권력자들은 사회 정치적 신분 상승을 욕망하였고 사마리아 정치 권력자들은 예루살렘 종교 권력자들과 사돈을 맺어 경제적 이익을 얻을 것을 기대했습니다. 그것을 잘 보여주는 증거가 느헤미야 13장 4~5절입니다.

"엘리아십이 도비야와 연락이 있었으므로 도비야를 위하여 한 큰 방을 만들었으니 그 방은 원래 소제물과 유향과 그릇과 또 레위 사람들과 노래하는 자들과 문지기들에게 십일조로 주는 곡물과 새 포도주와 기름과 또 제사장들에게 주는 거제물을 두는 곳이라"

엘리아십이 이곳에 도비야를 위하여 방을 하나 만들어 준 것입니다.

그러면 도비야가 그곳에서 무엇을 했겠습니까? 제물에 손을 대기 시작합니다. 제가 이전 강의에서 고대 사회에서의 신전의 여러 기능에 대해서 말씀을 드린 적이 있습니다. 신전은 예배를 드리는 곳이고 은행과 세무서와 보물 창고의 역할을 하고 다른 나라에 세워진 신전은 대사관의 역할을 했다고 했습니다. 고대 사회에서 신전만큼 많은 제물이 모여 있는 곳이 없습니다. 이것을 정치 권력자들은 자기들의 것으로 만들고자 했습니다. 그래서 종교 권력자들과 사돈이 된 것입니다. 제사장이 아닌 사람이 성전에 들어갈 수 없는데 이들은 사돈의 빽으로 성전에 자기 사무실을 차립니다. 사무실을 차리고 사람들이 바친 십일조나 제물에 손을 대기 시작합니다. 이것을 느헤미야가 단호하게 끊어낸 것입니다. 느헤미야 13장 28절을 보겠습니다.

"대제사장 엘리아십의 손자 요야다의 아들 하나가 호론 사람 산발랏의 사위가 되었으므로 내가 쫓아내어 나를 떠나게 하였느니라"

느헤미야는 산발랏 집안과 결혼한 제사장 가족을 쫓아냅니다. 단호한 개혁 운동을 펼친 것입니다. 사마리아 정치 권력자들은 예루살렘 종교 권력자들과 사돈 관계를 맺어서 예루살렘 성전에 있는 재물에 손을 대려고 했습니다. 이것을 느헤미야가 막은 것입니다. 그래서 산발랏이란 사람이 이때 쫓겨난 제사장 사위를 데리고 사마리아로 가서 사마리아에 또 하나의 성전을 건축합니다. 그것이 바로 사마리아 성전입니다. 이때가 주전 400년경입니다.

여기서 죄의 확장성을 보게 됩니다. 이들은 통혼을 통하여 예루살렘 성전에 있는 재물에 손을 대려고 하였는데 느헤미야로 인해 실패하게 됩니다. 더욱이 느헤미야는 성전 안에 있는 이방 사돈들의 사무실도 폐쇄하고 이방 사람들과 결혼한 제사장 집안도 쫓아내 버립니다. 그래서 산발랏이란 사람이 성전을 따로 하나 만들어 버립니다. 이스라엘 공동체 안에 두 개의 성전이 탄생하게 됩니다. 요한복음 4장에 보면 사마리아 여인이 예수님께 어떤 질문을 던집니까? '예루살렘 성전에서 드리는 예배가 하나님께 열납됩니까, 그리심산 성전에서 드리는 예배가 하나님께 열납됩니까?'를 질문합니다. 그 사마리아 성전이 언제 만들어지게 된 거냐면 주전 400년경에 만들어진 것입니다. 이때부터 사마리아 사람들은 이곳에서 예배를 드리게 됩니다.

산발랏이 부정한 의도로 만들었던 그 성전이 거룩한 성전이 되기는 어려웠을 것입니다. 이때부터 예루살렘 성전과 사마리아 성전이 분리되게 됩니다. 이때 분리가 되면서 사마리아 사람들은 '이것만이 하나님의 말씀이다'라고 하면서 성경을 만들었는데 그것이 바로 사마리아 오경입니다. 그들은 창세기부터 신명기까지 만을 하나님의 말씀으로 받아들입니다. 이것을 사마리아 오경이라고 합니다. 언제 사마리아 성전이 세워지게 된 것인가, 언제 사마리아 사람들과 유대 사람들이 분리하게 된 것인가라고 물을 때 주전 400년경입니다. 이것이 느헤미야의 개혁운동과 매우 밀접한 관련이 있음을 기억하시면 좋겠습니다.

열왕기와 역대기가 비슷한 것이 많은데 궁금한 것이 있습니다. 산당을 없애지 않은 왕들이 많은데 산당이 신전하고는 다른 곳인가요?

[답]

산당은 원래 지방 성소입니다. 여호수아 21장에 보면 레위인들에게 48개의 거주지를 분배합니다. 48이라고 하는 것은 12 곱하기 4입니다. 12지파마다 동서남북에 거주할 수 있도록 레위인에게 땅을 준 것입니다. 레위인들이 거주했던 곳에서는 지방 성소가 있었을 것으로 봅니다. 그렇게 되면 이스라엘 공동체 안에 최소 48개의 성소는 있었다고 보아야 합니다. 그렇다면 왜 48개의 성소를 두었을까요? 하나님을 예배할 수 있는 기회의 균등성 때문입니다. 만약 가나안 땅에 하나님을 예배할 수 있는 곳이 한 군데 밖에 없다고 생각해 보십시오. 그러면 그곳과 가까운 곳에 거주하는 사람들은 예배드리기 쉽겠지만 멀리 있는 사람들은 한 번 예배를 드리려고 할 때 엄청난 결단이 필요한 것입니다. 그래서 하나님께서는 각자가 거주하는 곳과 가까운 곳에서 예배드릴 수 있도록 48군데에 성소를 둔 것입니다. 이 성소에서 사람들은 제사를 지내고 성소에 십일조도 바칩니다. 그러면 그 십일조를 가지고 제사장과 레위인이 생활을 합니다.

이 지방 성소가 나중에는 우상 숭배의 소굴이라는 의미에서 산당이라고 불리게 됩니다. 부정적인 뉘앙스가 그 안에 가미된 것입니다. 그런데 왜 왕들이 이 지방 성소를 없애지를 못했냐면 지방 성소를 없애게 되면 지방 성소를 통하여 생계를 유지하던 제사장과 레위인들의 삶이 당장 벼랑 끝에 몰리게 됩니다. 또한 지방 성소를 없애게 되면 그곳에서 예배드렸던 사람들은 예배드릴 장소가 사라지게 됩니다. 이제는 예배를 드리려면 멀리 가야 한다고 할 때 지방민들이 가만 있겠습니까? 그래서 왕들조차 지방 성소를 없애는 것이 쉽지 않았던 것입니다.

[질문]

역대기에는 하나님께서 성전 건축을 위한 설계도를 주신 것으로 말하고 있는데 만약 그렇다면 솔로몬의 성전과 스룹바벨의 성전이 같았어야 된다고 말씀하셨습니다. 그런데 이렇게도 추정할 수 있지 않을까요? 예를 들면, 하나님께서 먼저 다윗을 통해서 성전 건축에 대한 구체적인 설계도와 계획을 알려주시고 그림으로까지 알려주셨지만 그 이후 세대의 스룹바벨 성전이나 헤롯 성전에서는 하나님께서 어떤 리더에게 일종의 영적으로 알려주시고 지을 수 있도록 하신 것이 아닐까라는 생각이 듭니다.

[답]

그렇게 보실 수도 있지만 일단 그런 언급 자체가 성경에는 나오지 않습니다. 예를 들어, 스룹바벨 성전을 재건할 때 하나님께서 영감을 주셨다는 표현이 있다면 우리가 충분히 그렇게 추측할 수 있을 것 같습니다. 그런데 성경에는 그런 언급 자체가 나오지 않습니다. 그런데 역대상 28장을 이렇게 이해할 수 있습니다. 하나님이 성막을 지을 때처럼 정말 상세한 설계도를 주신 것이 아니라 성전을 건축할 수 있는 영감을 다윗에게 부어주신 것이 아닐까 생각해 볼 수는 있습니다. 하나님이 주신 영감을 통해서 다윗이 설계도를 작성한 것이 아닐까 정도의 생각은 가능하다고 봅니다.

에스라, 느헤미야를 보면 통혼 문제 때문에 심각하게 회개 운동이 일어났지만 통혼 문제는 해결이 되지 않은 것 같습니다. 그리고 이방 땅에 있었던 유대인들은 당연히 통혼을 적극적으로 했을 것 같습니다. 어떻게 보면 통혼 문제는 이스라엘 공동체 안에서 계속해서 발생한 문제라고 봐야 하지 않을까요?

[답]

맞습니다. 성경에도 통혼에 대한 많은 기록이 있습니다. 에스더는 아하수에로라는 왕과 결혼합니다. 모세는 미디안 여인이었던 십보라와 결혼합니다. 요셉도 애굽 여인과 결혼합니다. 사실은 이방 사람과 결혼했다는 것 자체가 죄는 아닙니다. 이방인과의 결혼을 통해서도 여전히 야훼에 대한 신앙을 유지할 수 있다면 성경은 그것을 문제시하지 않습니다. 그런데 에스라, 느헤미야 시대에 통혼이 문제가 된 것은 통혼을 하는 목적 자체가 잘못되었을 뿐 아니라 통혼을 통해 실제 많은 문제가 드러났기 때문입니다. 사회 정치적인 신분 상승을 꿈꾸고 사돈 집안을 위해서 해서는 안 될 일들을 예루살렘 종교 권력자들이 행하는 것 때문에 문제가 되었습니다. 구약 성경을 보면 이스라엘 사람들이라고 해서 무조건 이스라엘 사람들끼리만 결혼해야 된다는 원칙은 없습니다. 이방 사람들과 결혼한 예들이 많이 있는데 신앙을 지켜낼 수 있다면 그것을 특별히 문제시하지 않고 있음을 볼 수 있습니다.

[질문]

제사장 그룹은 그 당시까지 권력 유지를 위한 통혼을 하거나 여러 가지 방편의 타락이 계속되었을 것 같습니다.

[답]

네. 맞습니다. 토라에 근거할 때 제사장에게는 결혼과 관련하여 보다 엄격한 기준이 있습니다. 제사장은 처녀와만 결혼해야 합니다. 제사장은 누구보다 거룩한 사역을 행하는 사람으로서 하나님의 현존 앞에서 생활해야 되는 사람입니다. 그런데 제사장이 야훼 신앙도 없는 이방 여인과 결혼한다고 하는 것은 큰 문제라고 할 수 있습니다. 그런 맥락에서 에스라, 느헤미야가 더 단호하게 대처하지 않았을까라고 볼 수 있겠습니다.

[질문]

에스라의 후배들에 해당할 수 있는 바리새파가 상당히 중요한 것을 유지한 집단이 되는 거네요?

[답]

바리새인들이 에스라의 후예는 아닙니다. 왜냐하면 바리새인들은 비 레위 지파입니다. 에스라는 아론의 후손이기에 굳이 이 사람의 후예라고 한다면 사두개인이라 할 수 있습니다. 바리새인들은 레위 지파가 아니었기 때문에 에스라의 후손이라고 보기는 어렵습니다. 물론 율법을 연구하는 맥락에서는 그렇게 볼 수도 있습니다.

[질문]

포로 귀환이라 할 때 바벨론으로 끌려 간 유다 지파하고 베냐민 지파의 귀환을 말하는 것인가요?

[답]

그렇지 않습니다. 역대상 9장 1절 위에 보시면 포로 생활에서 돌아온 백성이라고 소제목이 되어 있습니다. 그리고 3절을 보시면 "유다 자손과 베냐민 자손과 에브라임과 므낫세 자손 중에서 예루살렘에 거주한 자"라고 되어 있습니다. 원래 남유다는 유다 지파와 일부 베냐민이 함께 생활을 했습니다. 그런데 북이스라엘이 멸망하고 나서 많은 북이스라엘 사람들이 남유다로 내려오게 됩니다. 이들 중에 바벨론에 포로로 끌려간 사람들도 있습니다. 그러니까 포로로 끌려간 사람들이 유다 지파와 베냐민 지파만이 아니고 북이스라엘이 멸망하고 남유다로 내려온 북이스라엘 사람들 중에서도 전문직에 있었다거나 기술이 있었다거나 고위 관료라면 포로로 끌려갔던 것입니다.

[질문]

그렇다면 포로 귀환 이후 예수님 시대에는 이스라엘 내의 열두 지파가 가나안 땅 정복했을 당시와는 다르게 분포했다고 보아야 하는 건가요?

[답]

많은 변화가 있었다고 보아야 합니다. 이스라엘이 처음 가나안 땅에 들어갔을 때에는 맨 아래에 유다 지파, 중간에 베냐민 지파, 위에 에브라임 지파 식으로 지파들끼리 거주를 했습니다. 그런데 북이스라엘 멸망하고 나서 남유다로 내려온 유민들이 많습니다. 이 사람들이 계속해서 남쪽에 살았다면 그들은 나중에 유대인이라고 불리게 됩니다. 어떤 사람이 혈통적 소속은 므낮세 지파라 하더라도 유대 땅에 100년, 200년, 300년간 살게 되면 이 사람은 나중에 유대인이 되는 것입니다. 반대로 어떤 사람이 유다 지파 사람이라 하더라도 갈릴리에 오랜 기간 거주하게 되면 그 사람은 갈릴리 사람이 되는 것입니다. 그래서 예수님 당시에는 무슨 지파이냐가 중요한 것이 아니라 그가 어디에 살고 있는가가 중요합니다. 거주하는 지역에 따라 유대 사람이냐, 사마리아 사람이냐, 갈릴리 사람이냐가 중요했습니다. 재미있는 것이 예수님도 혈통적으로는 유다 지파의 후손입니다. 그런데 갈릴리에 거주하셨습니다. 그래서 사람들이 갈릴리 특히 나사렛에서 무슨 선한 것이 나올 수 있냐고 예수님을 무시하지 않습니까? 예수님 당시에는 어느 지파보다는 어느 지역에 거주하느냐가 훨씬 더 중요했습니다.

[질문]

포로들이 돌아온 숫자는 얘기하는데 잡혀간 사람의 숫자가 나와야 얼마나 많이 돌아왔느냐가 나올 수 있다고 봅니다. 어디를 보니까 잡혀간 사람들은 귀족이나 엘리트 계층으로 5천 명 정도 밖에 안 된다고 되어 있던데 그렇다면 100년간 5만 명이 돌아왔다면 굉장히 많이 돌아왔다고 보아야 하는 것이 아닌가요?

[답]

남유다 포로들이 크게 네 번에 걸쳐 바벨론에 끌려가게 됩니다. 주전 605년에 한번 끌려갔고 597년에 한번 끌려가고 586년에 한번 끌려가고 582년에 또 끌려갑니다. 이렇게 크게 4번에 걸쳐 끌려가게 되는데 우리 성경에 포로들의 숫자가 나오는 것은 두 번째입니다. 주전 597년에 여호야긴 왕과

1만 명의 포로가 끌려갑니다. 그런데 이때는 남유다가 멸망하기 전입니다. 남유다는 주전 586년에 멸망합니다. 이때 제일 많은 포로들이 끌려갔을 것이라고 생각이 듭니다. 크게 포로로 끌려간 횟수가 4번이고 그중에 두 번째인 주전 597년에 1만 명이 끌려갔고 주전 586년에 남유다 멸망 이후에는 더 많은 인원이 끌려갔다고 본다면 최소 몇 만 명은 되지 않겠습니까? 우리가 포로로 끌려간 사람들의 정확한 숫자는 알 수 없지만 5천 명 이상인 것은 확실합니다. 그리고 3만 명만 끌려갔다고 하더라도 그들이 거기에서 결혼을 하고 자녀를 낳는다고 한다면 두 세대만 지나도 엄청난 수로 늘어나게 됩니다. 옛날 사람들은 6명, 10명을 낳지 않습니까? 그래서 학자들은 총 100년의 기간 동안 5만 명의 포로들이 귀환했다고 할 때 그 수를 많지 않다고 보는 것입니다.

[기도]

하나님, 에스라와 느헤미야를 통해서 참된 부흥과 개혁이라고 하는 것이 수적인 증가가 아닌 때로는 수적 감소를 유발할 수 있음을 다시 한 번 기억하게 됩니다. 하나님, 이 땅 교회 안에 많은 신앙인들이 있지만 정말 신앙의 신앙됨을 제대로 지켜내는 이들이 많지 않은 가운데 있습니다. '말씀과함께'를 공부하는 한 사람, 한 사람이 주의 말씀을 알면 알수록 하나님에 대한 사랑이 뜨거워지게 하시고 하나님의 백성으로 더욱 신실한 걸음 내딛기를 소망하오니 성령 하나님 우리의 일거수일투족을 주관하여 주시옵소서. 예수 그리스도의 이름으로 기도합니다. 아멘.

말씀과 함께 역사서 8-1

에스더

오늘은 에스더서를 보도록 하겠습니다. 에스더서는 일제 강점기 한국 교회가 가장 사랑했던 본문 가운데 하나이고 일본 제국이 읽지 못하게 한 본문 중의 하나입니다. 1936년 이후부터 일본은 조선 민족을 완전히 말살시키기 위한 정책을 시행합니다. 교회와 관련해서도 여러 가지 탄압을 했는데 그중에 하나가 목사님들의 설교 본문을 조선 총독부가 결정해 준 것이었습니다. 예를 들어, 출애굽기 같은 본문은 읽지 못하게 했습니다.

왜냐하면 출애굽기는 읽자마자 바로 적용이 되기 때문입니다. 출애굽기에 나오는 바로는 일본의 천황이고 조선의 총독이며, 이집트의 군인들은 일본의 순사이고 거기에 시달리고 있는 히브리인들은 조선 백성입니다. 그래서 조선인들은 출애굽기를 읽자마자 '하나님, 우리에게도 모세와 같은 지도자를 보내주세요'라는 기도가 저절로 나옵니다. 출애굽에 대한 열망이 강하게 생기는 것입니다. 그래서 일제는 출애굽기를 읽지 못하게 했습니다.

대신에 일본이 주로 설교하라고 한 본문은 '원수를 사랑하라'는 말씀이 있는 산상설교, '위에 있는 권세에 복종하라'는 로마서 13장 1절 같은 말씀들이었습니다. 그때 일본이 설교를 금지시킨 본문 중 하나가 에스더서입니다. 에스더서는 고난 받고 있는 소수 민족이 가장 사랑하는 성경 본문입니다. 공동체가 멸망당할 절체절명의 위기 상황 속에서 하나님의 극적인 구원을 찬미하고 있는 본문이 에스더서입니다. 그런 이유로 일제 식민 지배를 받으면서 조선의 백성, 특히 크리스천들이 가장 사랑한 본문이 에스더서입니다.

에스더서는 신구약 성경 어디에서도 한 번도 인용되지 않은 본문입니다. 신약 성경에 구약 말씀에 대한 인용이 많이 있습니다. 시편에 대한 인용도 많고 이사야에 대한 인용도 많고 출애굽기에 대한 인용도 많습니다. 그런데 신약 어디에서도 에스더서에 대한 인용은 전혀 나오지 않습니다. 그리고 에스더서에 나오는 사람들에 대한 언급도 구약이나 신약의 어떤 본문에도 나오지 않습니다. 에스더, 하만, 모르드개와 같은 사람에 대한 언급이 전혀 안 나옵니다. 이처럼 신구약 성경 어디에서도 한 번도 인용되지 않은 본문이 바로 에스더서입니다.

1947년 이후에 사해 사본이 많이 발굴되었습니다. 1947년부터 20년 동안 쿰란이라는 지역에서 엄청나게 많은 성경의 필사본이 나온 것입니다. 이것이 사해 지역 근처에서 나왔다고 하여 사해 사본이라고 합니다. 그 사해 지역에 살았던 사람들을 우리는 에세네파 또는 쿰란 공동체라고도 부릅니다. 사해 근처에 쿰란이라는 지역이 있습니다. 거기에 에세네파가 살았습니다. 에세네파가 어떤 사람들이죠? 이 땅에 대한 소망을 접고 자기들만이라도 거룩한 공동체를 만들겠다고 사해로 물러났던 사람들입니다. 주로 제사장들과 그들의 가족들이었습니다.

예수님 당시에 유대교 안에 여러 정파들이 있었습니다. 사두개파가 있고 바리새파가 있고 에세네파가 있고 열심당이 있었습니다. 사두개파는 예루살렘 성전을 중심으로 사역했던 제사장들입니다. 에세네파도 원래 예루살렘 성전에서 사역했던 사람들입니다. 그런데 예루살렘 성전이 타락하여 그곳에서 드려지는 예배를 하나님이 열납하지 않으신다고 주장하면서 이들은 사해 근처로 물러났습니다. 사두개파는 예루살렘 성전에서 사역했던 제사장이고 에세네파는 예루살렘 성전은 타락한 강도의 소굴이 되었다고 보고 자신들만이라도 거룩한 공동체를 만들어서 거기서 하나님께 온전한 예배를 드리겠다는 마음으로 사해 근처로 물러난 제사장들이 세운 공동체였습니다. 이들을 에세네파 또는 그들이 거주했던 지역을 따라서 쿰란 공동체라고 부릅니다. 사두개파와 에세네파의 공통점은 대부분의 구성원들이 제사장들이었다는 것입니다.

제사장이었다는 것은 그들 대부분이 글을 알았다는 것입니다. 이들은 먹고 살기 위한 농사 외에는 대부분의 시간을 성경 필사를 하는데 사용했습니다. 그러다가 AD 66년부터 70년 사이에 이스라엘과 로마의 전쟁이 발생합니다. 이것을 유대 전쟁이라고 합니다. 이 유대 전쟁 때 에세네파도 동참하게 됩니다. 유대 전쟁 때 이스라엘은 처절한 패배를 경험하게 되는데 이때 에세네파는 자신들이 필사했던 두루마리가 로마 군인들에게 발각되지 않도록 하기 위해서 동굴 깊숙한 곳에 숨겨 놓았습니다. 그것이 1947년 이후에 발견된 것입니다. 거의 1900년 만에 세상에 필사본의 존재가 드러나게 된 것입니다.

이스라엘 땅이 매우 건조하기 때문에 1900년의 세월 동안에도 두루마리 상태가 매우 양호하게 보존될 수 있었습니다. 우리나라와 이스라엘 기후의 중요한 차이는 이스라엘은 습기가 거의 없다는 것입니다. 우리나라는 여름에 좀 짜증나는 더위입니다. 너무 습하기 때문입니다. 그런데 이스라엘은 온도는 43~44도로 높은데 습하지 않기 때문에 생활하기는 더 낫습니다. 건조한 날씨 덕분에 동굴 안에 숨겨 두었던 성경 필사본이 1900년이 지났는데도 너무나 상태가 양호했습니다. 1947년부터 20년간 발견된 그 두루마리의 내용을 지금도 신학자들이 연구하고 있습니다. 이것을 사해에서 발견되었다고 해서 사해 사본이라고 합니다.

이렇게 이해하시면 됩니다. 에세네파가 쿰란이라는 지역을 중심으로 거주했는데 이들은 주로 성경을 필사했다, 이들이 필사했던 성경 두루마리가 1947년에 발견되었다, 이것을 사해 사본이라고 한다고 이해하시면 됩니다. 그리고 사두개파와 에세네파는 주로 제사장 중심이고 바리새파는 비레위인입니다. 이스라엘에 사두개파가 있고 바리새파가 있고 에세네파가 있다고 할 때 사두개파와 에세네파의 공통점은 제사장이었고 바리새파는 비레위인이었습니다. 비레위인이란 말은 오늘날로 이야기 하자면 목사나 전도사가 아닌 평신도라는 것입니다. 평신도 지도자들이 바로 바리새인입니다.

바리새인들은 레위인이 아니기 때문에 십일조를 받을 수 없었습니다. 십일조를 받을 수 없었기에 모든 바리새인들은 생계를 위한 자기 직업이 있었습니다. 그래서 바리새인이었던 사도 바울도 자기 생계를 위해서 텐트 메이커라는 직업을 가졌던 것입니다. 왜 사도 바울은 십일조를 받을 수 없었습니까? 레위인이 아니기 때문입니다. 제사장이 중심이었던 사두개파나 에세네파는 평신도 지도자들이었던 바리새파를 하대했습니다. 오늘날로 말하자면 사두개파나 에세네파는 목사들 모임입니다. 바리새파는 평신도 모임입니다. 목사들 입장에서 평신도들이 모여 무엇을 한다고 할 때 그것을 어떻게 바라보겠습니까? 그런 것과 비슷한 것입니다. 그래서 사두개파나 에세네파는 바리새파를 하대했습니다.

바리새파는 왜 자기 직업이 있었습니까? 레위인이 아니기 때문에 십일조를 받을 수 없었기 때문입니다. 그렇다면 사두개파와 에세네파의 차이는 무엇입니까? 에세네파는 예루살렘 성전을 타락한 곳으로 규정하여 거기서 드려지는 예배를 하나님이 열납하지 않으신다고 주장했습니다. 세계 교회 역사를 보면 그 시대에 가장 힘 있었던 종교 집단이 수백 년이 지난 이후에도 역사적으로 옳게 인정받은 경우는 거의 없습니다. 제가 분명히 장담할 수 있는 것은 지금 우리나라에 내로라하는 대형교회들이 수백 년이 지난 이후에도 정말 하나님 앞에서 신실한 공동체였다고 인정받을 수 있을까요? 저는 장담하건대 한 군데도 없다고 봅니다.

오늘날에는 수만 명의 사람들이 대형교회에 출석을 하고 있고, 대형교회 목사들이 마치 하나님께 인정받고 쓰임 받는 귀한 목회자인 듯 인정을 받고 있습니다. 그런데 역사는 절대 그렇게 평가하지 않을 것입니다. 왜 그럴까요? 교회가 무엇인가에 대한 본질에 근거해 보면 만명, 2만 명이 모인 곳을 교회라 하기는 어렵습니다. 옆자리에 앉아서 예배드리는 사람이 누군지도 모르는 곳을 어떻게 교회라 말할 수 있습니까? 양심에 손을 얹고 생각해 보십시오. 교회의 머리는 예수 그리스도이고 우리 모두는 그리스도의 몸을 이루는 지체라고 하는데 내 옆에 앉아 있는 지체를 알지 못한다, 그 지체에 대해 관심이 없다, 옆자리에 앉은 사람의 이름도 모른다면 사실 우리가 그리스도 안에 한 가족이라고 말하는 것 자체가 얼마나 창피하고 부끄럽고 모순된 이야기인지를 생각해 보십시오.

일반적으로 교회에서 예배시간에 '옆에 앉은 분들과 인사 나누겠습니다'라는 이야기를 많이 하는데 그냥 우스갯소리로 들으세요. 제가 생각할 때 참 교회와 거짓 교회를 나누는 기준 가운데 하나가 바로 그것이 아닐까 싶습니다. 저는 옆 사람과 인사시키는 교회는 참 교회가 아닐 가능성이 높다고 생각합니다. 왜냐하면 진짜 가족들은 그런 인사를 하지 않습니다. 옆에 앉아 있는 지체에 대해 관심도 없으면서 우리는 그리스도 안에 한 가족이라고 말하는 것 자체가 얼마나 모순된 이야기인가를 우리가 뼈저리게 느껴야 합니다.

에세네파 사람들은 예루살렘 성전이 하나님의 이름을 종교 브랜드로 이용해서 종교 사업을 하고 있다고 생각했습니다. 그래서 이 사람들은 예루살렘 성전에서 뛰쳐나온 것입니다. 그리고 에세네파라는 자신들만의 공동체를 만들었고 시간이 날 때마다 성경을 필사했습니다. 재미있는 것은 이들이 성경의 많은 본문을 필사하여 20세기에 그것이 발견되었는데 유일하게 발견되지 않은 본문이 있다는 것입니다. 그것이 에스더서입니다. 에세네파는 밥 먹는 시간, 노동하는 시간을 제외하고는 끊임없이 성경을 필사했습니다. 에세네파가 필사했던 성경의 두루마리가 1947년부터 발견되기 시작했는데 유일하게 발견되지 않은 성경 본문이 에스더서입니다. 그래서 학자들이 '왜 에스더서만 발견되지 않았을까?'에 대해 고민을 많이 했습니다.

저는 에세네파가 추구했던 신학과 삶이 에스더서와 충돌이 일어나기 때문에 그들이 에스더서만 필사하지 않았다고 봅니다. 에세네파는 거룩한 삶을 추구했던 사람들입니다. 얼마나 거룩한 삶을 추구했으면 타락한 예루살렘 성전을 뛰쳐나왔겠습니까? 이들은 거룩과 정결에 자기 인생을 건 사람들입니다. 레위기가 말하는 거룩한 삶에 자기 인생을 바친 사람들입니다. 이들은 무엇을 철저하게 준수합니까? 음식 정결법을 철저하게 지키고 율법의 내용을 철저하게 준수합니다. 안식일을 철저하게 준수합니다. 이것이 바로 에세네파입니다.

그런데 에세네파가 보기에 하나님에 대한 온전한 신앙을 저버린 사람처럼 보이는 인물이 있습니다. 누구일까요? 바로 에스더입니다. 왜 에스더가 그렇습니까? 에스더서를 읽어보시면 아시겠지만 에스더가 왕비로 간택되는 과정 속에서 그녀는 유대인이라는 정체성을 숨깁니다. 페르시아 사람처럼 행세를 합니다. 페르시아 사람처럼 행세했다는 말은 안식일을 준수하지 않고 음식 정결법을 지키지 않았다는 말입니다. 다니엘과 세 친구는 아무거나 주어진 음식을 먹지 않았습니다. 음식 정결법을 지키기 위해서 채식만 했습니다. 그런데 에스더는 유대인이라는 정체성을 정말 중요한 순간을 위해서 숨겼습니다. 페르시아 사람처럼 행동했습니다. 안식일법이나 음식 정결법을 지키지 않았고 토라에 나와 있는 여러 규칙들을 준수하지 않은 것입니다.

에세네파는 이런 모습을 용납하기 어려웠을 것입니다. 에세네파가 어떤 사람들이라고요? 거룩과 정결에 목숨을 건 사람들, 토라의 말씀을 철저히 준수하려고 한 사람들입니다. 이들이 볼 때 에스더는 뭔가 불완전한 신앙인의 모습으로 비쳤을 가능성이 높습니다. 그래서 에스더서를 필사하지 않은 것이 아닐까라고 생각합니다. 사해 사본에서 공교롭게도 에스더서만 발견되지 않았다고 하는 것을 기억하시면 좋겠습니다.

또 하나 에스더서 안에서는 제사에 대한 언급이 전혀 나오지 않습니다. 그리고 여호와의 이름도 안 나옵니다. 성전이란 표현도 안 나옵니다. 토라라는 단어도 안 나옵니다. 그러니까 정통 이스라엘 백성들이 가장 중요하게 생각했던 성전, 토라, 야훼, 제사 등이 하나도 나오지 않습니다. 에스더서가 하나님의 극적인 구원의 역사를 나타내는 것에 있어서는 감동이 있지만, 정통 유대인들이 가장 중요하게 생각하는 토라도 언급하지 않고 성전도 언급하지 않고 제사도 안 나오고 심지어 여호와라는 이름도 안 나오기에 에스더서가 정통 유대인들에게는 무시당한 것이 아닐까라고 생각할 수 있습니다.

에스더라는 이름의 뜻은 페르시아어로 별이라는 뜻입니다. 포로처럼 살아가는 소수 민족들에게 가장 사랑받는 본문이 바로 에스더서입니다. 재미있는 사실은 일본 기독교인들이 가장 안 읽었던 본문 가운데 하나가 에스더서라는 것입니다. 일제 강점기 때 조선 신앙인들은 에스더서를 열심히 읽었는데 조선을 지배하던 일본 사람들은 에스더서를 읽지 않았습니다. 강자냐 약자냐에 따라 에스더서에 대한 입장이 이렇게 다르다는 것을 알 수 있습니다. 민족이 전멸될 위기 가운데 있는 소수 민족에게는 에스더서가 너무 귀한 본문입니다. '하나님 우리에게도 이런 구원을 허락해 주세요'라는 간절한 마음으로 그들은 에스더서를 열심히 읽습니다. 에스더서는 고난 받고 있는 연약한 자들이 가장 사랑했던 본문이라고 할 수 있습니다.

유대인은 성경을 세 개의 장르로 구분한다고 했습니다. 토라가 있고 예언서가 있고 성문서가 있습니다. 그리고 토라를 가장 귀하게 보고 그

다음에 예언서, 그다음에 성문서를 중시했습니다. 그래서 성경을 어떻게 배치했습니까? 가장 귀한 토라를 앞에 배치하고 그다음에 예언서, 그리고 제일 마지막에 성문서를 배치했습니다. 그런데 이 성문서 가운데 다섯 권을 '메길롯'이라고 부릅니다. 메길롯은 우리나라로 얘기하자면 구정, 추석, 8.15 광복 같은 중요한 절기에 랍비가 낭독해주는 본문입니다. 이것을 메길롯이라고 부릅니다.

시간 순서대로 유대인들의 주요 절기를 보면, 유월절이 1월 14일입니다. 유월절에는 아가를 낭독합니다. 다음에 오순절은 무교절의 초실절에서 50일째 되는 날입니다. 오순절에는 룻기를 낭독합니다. 왜 오순절에 룻기를 낭독하냐면 룻기를 보면 모압 땅에서 룻과 나오미가 이스라엘 땅으로 돌아왔을 때가 오순절 때입니다. 그래서 룻기를 오순절에 낭독합니다. 그리고 예루살렘 멸망일이 5월 9일입니다. 유월절은 1월 14일이고 오순절은 3월 6일입니다. 예루살렘 멸망일은 5월 9일입니다. 이때 예루살렘의 멸망을 슬퍼하면서 예레미야 애가를 낭독합니다.

다음에 장막절이 7월 15일입니다. 장막절에는 전도서를 낭독합니다. 부림절은 12월 14~15일입니다. 이날에 에스더서를 낭독합니다. 시간적으로 보면 유월절이 제일 빠르고 다음에 오순절 다음에 예루살렘 멸망일, 다음에 장막절, 다음에 부림절의 순서입니다. 그런데 히브리어 성경에는 배치가 좀 다릅니다. 룻기가 제일 먼저 나오고 다음에 아가, 전도서, 애가, 에스더입니다. 이스라엘 백성에게 정말 중요한 다섯 절기 때 랍비가 낭독해주는 본문을 메길롯이라 하고 에스더서는 부림절에 낭독합니다.

그런데 부림절이라는 절기는 토라에 나오지 않습니다. 토라에 보면 하나님께서 이스라엘 남성들에게 1년에 꼭 지켜야 할 세 가지 절기를 말씀하십니다. 유월절과 연결된 무교절, 오순절, 장막절입니다. 이것이 3대 절기입니다. 예루살렘이 몰락했던 주전 586년 예루살렘 멸망을 슬퍼하면서 이스라엘 백성이 절기로 삼은 것이 바로 예루살렘 멸망일입니다. 이것이 5월 9일입니다. 이것도 토라에 나오지 않습니다. 또 하나가 부림절인데 이것도 토라에는 나오지 않습니다. 그런데 이스라엘 백성은 매년 부림절을 지킵니다. 부림절이란 절기가 어떻게 탄생하게 되었는가를 알려주는 본문이 바로 에스더서입니다.

'부림'이라는 말은 '부르'에서 온 것인데, 부르라는 단어는 제비라는 뜻입니다. 날아다니는 제비가 아니라 제비뽑기할 때의 제비를 가리킵니다. 에스더서를 읽으시면 유대인들을 멸망시키려고 할 때도 제비를 뽑고 유대인들을 살리고자 할 때에도 제비로 날을 뽑습니다. 부림절은 제비를 뽑은 날로 이해하시면 됩니다. 하만이란 사람에 의해서 유대인들을 전멸시키기로 제비 뽑았다가 나중에는 유대인들은 구원 받고 유대인의 대적자를 죽이는 날로 제비를 뽑았다고 생각하시면 됩니다. 부림절은 이스라엘이 멸망의 위기로부터 구원 받은 날입니다.

민족 전체가 지키는 부림절은 12월 14~15일이고 가정마다 가정부림절을 지키기도 합니다. 우리 가정이 너무 힘든 위기 가운데 있었는데 극적인 회복을 맛본 그런 사건을 기념하여 가정의 부림절로 지키는 것입니다. 또한 어떤 지역이 위기 가운데 있다가 회복이 되었다고 하면 그날을 지역의 부림절로 지키기도 합니다. 그러니까 부림절이라고 하는 것은 가정의 부림절도 있을 수 있고 지역의 부림절도 있을 수 있고 민족의 부림절도 있을 수 있습니다. 그런데 에스더가 말하고 있는 것은 바로 민족의 부림절입니다. 하만이라는 사람에 의해서 유대인들이 전멸을 당할 뻔한 상황에서 하나님의 극적인 개입을 통하여 유대인 전체가 구원받은 민족의 부림절 이야기를 에스더서가 말해주고 있습니다. 이것을 축소 시켜서 각 가정의 부림절을 지키기도 하고 지역의 부림절을 지키기도 합니다.

부림절에는 과음이 허용된다고 합니다. 그래서 이날은 마음껏 술을 마셔도 됩니다. 부림절에 에스더서를 읽어주는데 유대인들이 술을 마시면서 에스더서를 듣다가 하만이란 이름이 나오면 야유를 하고 모르드개라는 이름이 나오면 환호성을 지른다고 합니다. 그런데 과음을 하여서 이후에는 하만이란 이름이 나오면 "와!"하고 환호성을 지르고 모르드개가 나오면 "우!"하고 야유를 한다는 우스갯소리가 있습니다. 사람들이 하만과 모르드개를 헷갈려 할 만큼 과음을 하는 것이 허용되는 날이 부림절입니다. 너무나 즐겁고 기쁜 잔칫날인 것입니다.

나치의 유대인 대학살 속에서 유대인이 가장 사랑한 책이 에스더서입니다. 학자들마다 숫자가 다르긴 하지만 히틀러가 유대인들을 최소

200만, 최대 600만 명을 죽였다고 합니다. 히틀러라는 악마의 화신은 당시 독일 국민으로부터 절대적인 지지를 받았습니다. 히틀러는 매우 신실한 크리스천이었습니다. 아시다시피 독일 사람들 대부분이 신실한 루터교 신자입니다. 히틀러가 독일 사람들한테 유대인들을 죽일 때 내세운 명분은 '유대인들이 예수 그리스도를 죽인 죄에 대한 심판'이었습니다.

사실 히틀러가 유대인을 죽이고 그들의 재산을 빼앗고자 하였던 가장 중요한 이유는 유대인들이 쥐고 있던 상권을 빼앗으려 하는 것이었습니다. 당시 독일 경제를 유대인들이 장악하고 있었는데 그것을 빼앗으려고 한 것이 히틀러의 속내였습니다. 그러나 외적으로 내세운 명분은 예수를 죽인 죄에 대한 심판이었습니다. 2천 년 기독교 역사 가운데 있었던 반유대주의의 하이라이트가 바로 나치에 의한 유대인 대학살입니다. 독일 국민의 절대 다수가 히틀러를 지지했고 심지어 독일 교회 목사들의 절대 다수가 히틀러를 찬양했습니다. 심지어 히틀러를 게르만 민족을 위해 하나님께서 보내주신 메시아라고까지 칭송했습니다.

바르트, 니뮐러, 본회퍼 같은 소수의 사람들만이 '히틀러는 악마의 화신이며 사탄의 하수인이다'라고 주장했지 절대 다수의 독일 교회 목사들과 신앙인들은 히틀러를 절대적으로 지지했습니다. 이런 것이 진짜 무서운 것입니다. 그런데 학살당하는 상황 속에서 유대인들이 끊임없이 읽고 암송했던 말씀이 에스더서입니다. 에스더서는 하만의 학살 음모로부터 유대 민족이 극적인 구원을 경험한 사건을 기록하고 있는 책입니다.

에스더서에 보면 아하수에로라는 왕이 등장합니다. 페르시아의 왕입니다. 주전 486년부터 465년까지 20년간 통치했던 왕입니다. 아하수에로는 히브리식으로 이름을 쓴 것이고 헬라식으로 쓰면 크세르크세스입니다. 세계 역사에 관심 있는 분들은 한 번쯤 들어보셨을 이름일 것입니다. 크세르크세스가 원래의 헬라식 이름인데 히브리식으로 아하수에로라고 기술한 것입니다. 아하수에로는 주전 486년부터 465년까지 통치했는데 역사가인 헤르도투스의 기록에 의하면 헬라와의 전쟁에서 패배한 다음에 주전 465년에 침실에서 암살을 당합니다. 침실에서 암살 당하기 전까지 그는 끊임없이 향락에 빠졌다고 기록하고 있습니다. 에스더서에 나오는 내용과 일치하는 부분입니다. 자기의 맘에 안 들면 금방 왕비를 갈아 치우고 새로운 궁녀를 뽑고 끊임없이 새로운 여인들과 잠자리를 가지며 암살당하기 전까지 향락에 빠져 있었던 왕이 아하수에로입니다.

에스더서에 보면 하만이란 사람이 유대인들을 죽이지 못해서 안달이 나 있습니다. 3장 1절을 보겠습니다.

"그 후에 아하수에로 왕이 아각 사람 함므다다의 아들 하만의 지위를 높이 올려 함께 있는 모든 대신 위에 두니"

하만을 어떻게 소개하고 있습니까? 아각 사람 함므다다의 아들이라고 되어 있습니다. 여기 아각 사람이란 말이 나오는데 어디서 들어본 이름 같지 않습니까? 사무엘상을 보시면 이스라엘의 초대 왕이었던 사울이 하나님께 폐위 선언을 받게 된 두 가지 사건이 나옵니다. 하나는 종교 지도자의 승인 이전에 자신이 전쟁을 개시했던 사건이고 다른 하나는 이스라엘이 출애굽하고 나서 이스라엘을 제일 먼저 공격했던 아말렉 민족을 하나님이 전멸하라고 명하셨는데 사울이 어떻게 했습니까? 보잘것없는 것들은 전멸하고 귀하고 존귀한 것들은 살려두었습니다. 그 가운데 누구를 살려두었냐면 아말렉의 왕이었던 아각을 살려줍니다. 그래서 이 아각을 누가 죽입니까? 사무엘이 죽입니다. 사무엘상 15장 32~33절입니다.

"사무엘이 이르되 너희는 아말렉 사람의 왕 아각을 내게로 끌어 오라 하였더니 아각이 즐거이 오며 이르되 진실로 사망의 괴로움이 지났도다 하니라 사무엘이 이르되 네 칼이 여인들에게 자식이 없게 한 것 같이 여인 중 네 어미에게 자식이 없으리라 하고 그가 길갈에서 여호와 앞에서 아각을 찍어 쪼개니라"

이때 사무엘에 의해서 아각이 죽임을 당하고 이스라엘에 의해서 아말렉이 멸망을 당합니다. 그 아각의 후손이 하만입니다. 그래서 하만이란 사람은 끊임없이 민족의 복수를 갈망하며 아하수에로 왕에게 잘 보이고자 합니다. 아하수에로에게 충성한 결과 그는 승승장구합니다. 이러한 상황을 모르드개가 보면서 이렇게 예측했을 수 있습니다. '하만이 승승장구 하고 있다, 하만은 아각 사람이다, 아말렉의 후손이다,

유대인들에 대한 적대감을 가지고 있다, 이 사람이 아하수에로 왕에게 잘 보여서 나중에는 유대인을 전멸시키고자 할 것이다, 이것을 결정적인 순간에 막기 위해서 에스더를 왕비 간택에 보내야겠다'고 생각했을 수 있습니다.

그래서 중요한 순간까지는 에스더의 유대인으로서의 정체성을 숨기도록 합니다. 왜냐하면 에스더가 처음부터 유대인이란 정체성을 드러내게 되면 왕비로 간택되는 과정부터 하만이란 사람이 방해를 놓을 가능성이 높습니다. 그래서 오랜 시간 동안 에스더가 유대인이라는 정체성을 숨겼다가 결정적인 순간에 드러내었다고 해석하기도 합니다. 왜 하만이란 사람이 유대인을 죽이지 못해 안달인가라고 했을 때 에스더서가 사무엘상 15장과 연결된다는 것을 기억하셔야 합니다.

에스더는 남성들에 의해서 교회 여성의 이상형으로 오랜 기간 동안 제시되어 왔습니다. 그래서 옛날에 다니던 교회에서도 여전도회 이름이 에스더회였습니다. 그리고 일제 강점기 때 믿음이 좋았던 가정에서는 딸이 태어나면 딸의 이름을 에스더라고 많이 지었습니다. 억압당하고 있는 민족의 구원을 위해서 하나님께 쓰임 받는 존재가 될 것을 기대하는 마음으로 에스더라는 이름을 지어준 것입니다. 많은 여성 신앙인의 롤 모델로 제시되었던 인물이 바로 에스더입니다.

그렇다면 왜 이렇게 남성들에 의해서 에스더가 가장 이상적인 여인으로 칭송 받게 되었을까요? 에스더는 남자들이 좋아할 만한 세 가지를 다 겸비하고 있는 여인입니다. 첫째는 일단 아름답습니다. 에스더가 미스 페르시아 아닙니까? 너무 아름다워서 왕비로 간택되었을 정도입니다. 두 번째는 2장 20절에 보면 너무나 순종적인 성품을 가지고 있습니다. 세 번째는 정말 중요한 순간에는 논개처럼 자기 한 목숨을 내어던질 수 있는 결단력을 겸비하고 있습니다. 남성들이 가장 좋아하는 요소를 다 가지고 있다고 볼 수 있습니다. 아름다운 외모에 순종적인 성품과 중요한 순간에는 자기 한 몸을 초개처럼 내어던질 수 있는 결단력을 구비한 여인이 에스더입니다. 이런 여성을 누가 싫어할 수 있겠습니까?

오랜 시간 동안 남성들은 에스더를 신앙을 가진 여성들의 모델로 제시하면서 여성들에게 에스더와 같은 존재가 되라고 끊임없이 강요했다고 보아야 합니다. 재미있는 사실은 여성 신학자들 대부분이 싫어하는 인물이 에스더라는 것입니다. 구약에 보면 여성을 주인공으로 한 본문이 두 개 있는데 바로 룻기와 에스더서입니다. 당연히 여성 신학자들이 에스더를 좋아할 것 같지 않습니까? 그런데 여성 신학자들은 에스더를 별로 좋아하지 않습니다. 도리어 에스더서 안에서 여성 신학자들이 가장 중시하는 인물은 1장에 나오는 와스디라는 왕비입니다. 왜 여성 신학자들이 와스디라는 왕비를 좋아하는지 아세요? 에스더 1장 12절을 보겠습니다.

"그러나 왕후 와스디는 내시가 전하는 왕명을 따르기를 싫어하니 왕이 진노하여 마음속이 불 붙는 듯하더라"

고대 사회 왕궁에서 잔치가 시행될 때 남성과 여성이 함께 식사를 한다고 하더라도 식사가 끝나고 나면 남성들끼리만 주로 놀았습니다. 남성과 여성이 함께 술을 마시면서 노는 그런 잔치의 자리는 거의 없었습니다. 주로 남성들끼리 노는 것이고 이때 남성들이 모여 있는 곳에 유일하게 들어올 수 있는 여성은 나체의 무희들입니다. 그런데 지금 한참 남자들이 술에 취해 있을 때 왕이 누구를 데려오라고 했습니까? 자기 왕비를 데려오라고 한 것입니다. 왕비를 왕궁의 얼굴, 왕의 성적인 노리개 정도로 대하고 있는 것입니다.

　　여기서 왕비는 오늘날의 대통령 부인으로 이해하시면 안 됩니다. 이 당시에 왕비는 마음에 안 들면 금방 폐위당하는 존재입니다. 남자들이 술에 취해 있는 자리에 왕비를 불러오라는 말은 왕비를 무희 정도로 대하는 것입니다. 남성들의 성적 욕망을 해소할 수 있는 도구 정도로 왕비를 대한 것입니다. 그런데 오라는 왕의 명령을 와스디는 거부합니다. 가지 않습니다. 왕의 명령에 무조건 순응하는 존재가 아닌 나름대로 자신의 판단에 따라 행동하는 주체적인 여인의 모습을 보여줍니다.

　　나중에 신하들이 하는 말을 들어보면 이번 기회에 와스디를 제대로 처벌해야 이 나라에 있는 모든 여인들이 자기 남편에게 순종할 것이라고 말을 합니다. 이 말을 통해 추측할 수 있는 것이 있습니다. 남자들끼리 잔치를 벌일 때 와스디도 여인들을 불러 모아 놓고 여인들의 주체적인 삶에 대한 이야기를 많이 했다고 볼 수 있습니다. 그리고 와스디를 통해서 여인들이 영향을 받았다고 보아야 합니다. 그래야만 신하들이 한 말을 이해할 수 있습니다. 이번 기회에 와스디를 제대로 처벌해야만 왕국에 있는 모든 여인들이 남편을 두려워할 것이라고 신하들리 말한 것을 주목해야 합니다. 이런 모습으로 인해 여성 신학자들은 순응적인 에스더보다는 주체적인 와스디를 더 중시합니다. 와스디는 시대를 앞서간 주체적인 여인, 남성의 성적 노리개가 되는 것을 과감하게 거부한 여인입니다.

모르드개는 4장 14절에서 에스더에게 하나님의 구원 계획의 도구가 되어달라고 요청합니다.

> "이 때에 네가 만일 잠잠하여 말이 없으면 유다인은 다른 데로 말미암아 놓임과 구원을 얻으려니와 너와 네 아버지 집은 멸망하리라 네가 왕후의 자리를 얻은 것이 이 때를 위함이 아닌지 누가 알겠느냐 하니"

모르드개는 에스더가 나서지 않는다 하더라도 하나님의 구원을 확신하고 있습니다. 다만 하나님의 구원 역사에 에스더가 도구가 되기를 바라고 있습니다. 모르드개는 에스더가 나서지 않으면 유대인은 다 죽을 것이라고 말하지 않습니다. 에스더가 나서지 않는다고 하더라도 유대인들이 하나님을 통해서 구원을 받을 것임을 확신하면서, 다만 에스더가 하나님의 구원 역사에 도구가 되기를 간절히 원하고 있습니다.

하나님의 구원 역사에 도구가 되는 것, 도구로 쓰임 받는 것을 성경은 '은혜 받았다'라고 말합니다. 우리가 흔히 생각하는 은혜 받았다라는 개념과 그 의미가 매우 다릅니다. 우리가 흔히 쓰는 표현 가운데 성경에서 규정하는 의미 그대로를 주목하지 않는 것들이 몇 가지 있습니다. 그중에 하나가 '금식'이라는 표현입니다. 사순절 기간에 주님의 고난을 생각하면서 금식을 하는 분들이 많습니다. 그런데 사실은 금식이라는 이름으로 다이어트를 하려는 것 아닙니까? 성경은 음식을 먹지 않는 것을 금식이라고 말하지 않습니다. 음식을 먹지 않는 것은 다이어트라고 해야 합니다. 하나님이 명하시는 금식은 이사야 58장 6~7절에 나옵니다.

> "내가 기뻐하는 금식은 흉악의 결박을 풀어 주며 멍에의 줄을 끌러 주며 압제 당하는 자를 자유하게 하며 모든 멍에를 꺾는 것이 아니겠느냐 또 주린 자에게 네 양식을 나누어 주며 유리하는 빈민을 집에 들이며 헐벗은 자를 보면 입히며 또 네 골육을 피하여 스스로 숨지 아니하는 것이 아니겠느냐"

당시 이스라엘 백성들은 1년에 네 달씩 금식했습니다. 1년 열두 달 가운데 네 달을 금식한 것입니다. 그러면서 이스라엘 백성들은 자신들이 1년에 네 달씩 금식하고 있는데 왜 하나님께서 자신들에게 복을 주지 않느냐고 따지고 있었습니다. 지금도 무슬림들은 1년에 한 달씩 라마단이란 금식을 하지 않습니까? 이 당시 이스라엘 백성들은 1년에 네 달씩 금식을 한 것입니다. '우리가 이렇게까지 금식하고 있는데 왜 하나님은 우리에게 복을 주지 않느냐?'라고 그들은 따졌습니다. 마치 '내가 1년 365일 내내 새벽 기도에 가고 매일 큐티를 하는데 왜 나에게 복을 주지 않느냐?'라고 따지는 것과 비슷합니다.

그때 하나님께서 하시는 말씀이 무엇입니까? 하나님이 기뻐하는 금식은 밥을 굶는 것이 아니라는 것입니다. 그리고 뭐라고 말씀하십니까? "흉악의 결박을 풀어주고 멍에의 줄을 끌러 주고 압제 당하는 자를 자유하게 하고 모든 멍에를 꺾는 것이 아니겠느냐 또 주린 자에게 네 양식을 나누어주고 유리하는 빈민을 집에 들이고 헐벗은 자를 보면 입히고 골육을 피하고 스스로 숨지 아니하는 것이 아니겠느냐"라고 하십니다. 이것이 진짜 하나님이 기뻐하시는 금식입니다. 이것을 잘 기억하셔야 됩니다.

제 말을 오해하지 마시고 잘 들어주십시오. 우리가 사순절 내내 금식한다고 해도 그것은 하나님께 아무런 의미가 없습니다. 우리가 1년 365일 내내 새벽 기도 간다고 해도 그것은 하나님께 아무런 의미가 없습니다. 새벽 기도 가는 것이 중요한 것이 아니라 새벽 기도 다녀온 다음에 사람들을 진실하게 만나고 정직하게 만나고 속이지 않고 연약한 자들을 돌보는 행위가 의미 있는 것입니다. 새벽 기도 자체는 아무런 의미가 없다는 것을 기억하셔야 합니다. 하루에 성경을 100장, 200장 읽는 것이 하나님 앞에서 무슨 의미가 있겠습니까? 내가 한 구절을 안다고 하더라도 그 말씀대로 순종하며 살아가는 것이 의미 있는 것입니다.

타락한 종교일수록 개인적인 신앙의 행위를 굉장히 중시합니다. '너 큐티 하니?', '너 새벽 기도 하니?', '기도는 하루에 몇 시간 하니?', '성경 몇 시간 읽니?'라고 묻습니다. 타락한 종교의 특징이 뭐냐면 개인적인 신앙의 행위를 매우 중시한다는 것입니다. 그런 행위를 가지고 사람들을 평가하고 판단합니다. '너 기도 안 해? 하루에 한 시간은 기도해야지', '성경을 한 장 밖에 안 읽어? 하루에 다섯 장은 읽어야지'라고 사람들에게 이야기합니다. 성경을 다 뒤져 보십시오. 그런 종교 행위 자체를 하나님이 요구하십니까? 전혀 그렇지 않습니다.

우리의 모든 종교 의식은 기름을 주유하는 것과 똑같은 것입니다. 기름을 주유하는 목적은 어디에 있습니까? 쌩쌩 잘 달리기 위한 것이 기름을 주유하는 목적입니다. 기름을 주유하는 것 자체가 목적이 아닙니다. 그런데 한국 교회는 예배의 횟수, 기도의 시간 같은 것들에 너무 많이 빠져 있습니다. 저는 목사님들이 올리는 페이스북의 글을 보면서 안타까운 것이 뭐냐면 매일 자기 교회 예배드리는 모습을 올립니다. '오늘도 하나님께 예배합니다' 하면서 예배드리는 모습을 올리는데 그것이 하나님이 원하시는 진짜 예배의 모습이 아닙니다.

진짜 하나님이 기뻐하시는 예배는 어떤 것입니까? 세상에 나가서 연약한 자들을 돕고 마음에 상처 입은 자들을 위로하고 돈이 필요한 자들에게 돈을 나눠주고 헐벗은 자들을 입히고 사람들을 진실하게 대하고 학벌을 가지고 사람을 판단하지 않는 것이 진짜 하나님이 원하시는 예배입니다. 한국 교회는 너무나 구약의 이스라엘을 닮아 있습니다. 종교 의식적인 행위에 너무나 빠져 있습니다. 성경이 말하는 금식은 다 관계적인 것임을 아셔야 합니다. 나에게만 영향을 미치는 금식은 아무런 의미가 없습니다.

예배를 마치고 나가면서 교인들이 목사님과 인사하면서 "오늘 설교에 은혜 많이 받았습니다"라고 인사를 건네시는데 한국 교인들이 말하는 은혜받았다는 말은 보통은 감동받았다는 것입니다. 제가 볼 때 우리 한국 교회 안에 언어가 너무 혼탁되어 있습니다. 언어를 제대로 사용하는 것이 중요합니다. 유교에서도 '정명'을 강조하지 않습니까. 사람들은 감동받은 것을 은혜 받았다고 착각합니다. 그래서 목사님 중에는 설교를 준비할 때마다 성도들에게 감동을 끼쳐야 한다는 부담감이 있습니다. 그래서 목사들 중에는 징징 짜는 소리로 설교하는 사람들이 많습니다. 그러면 성도들은 감동을 받습니다. 감동을 주기 위해 있지도 않은 예화를 말하기도 합니다. 감동만 주면 되기 때문입니다.

목사님들은 주일 저녁 사역을 끝내고 나서 스스로 이런 질문을 던집니다. '오늘 내가 성도들에게 얼마나 은혜를 끼쳤나?' 여기서 말하는 은혜는 하나님의 사람으로 살아갈 것을 결단하게 만드는 것이나 신앙의 본질을 제대로 선포하는 것 같은 것이 아닙니다. 교인들이 얼마나 감동을 받았는지, 몇 명의 사람들이 눈물을 흘렸는지, 얼마나 아멘 소리가 컸는지를 은혜라고 생각하는 것입니다. 그것은 감동을 끼친 것이지 은혜를 받게 한 것이 아닙니다. 성경이 말하는 '은혜 받았다'는 것의 의미가 누가복음 1장 28절 이하에 나옵니다. 가브리엘 천사가 마리아에게 나타나 이런 얘기를 합니다.

"그에게 들어가 이르되 은혜를 받은 자여 평안할지어다 주께서 너와 함께 하시도다 하니 처녀가 그 말을 듣고 놀라 이런 인사가 어찌함인가 생각하매 천사가 이르되 마리아여 무서워하지 말라 네가 하나님께 은혜를 입었느니라"

28절에 '은혜를 받았다', 30절에 '은혜를 입었다'는 말이 나옵니다. 마리아가 받은 은혜가 무엇입니까? 처녀의 몸으로 아기 예수를 잉태하는 것입니다. 처녀의 몸으로 아기 예수를 잉태하게 되면 마리아는 어떻게 됩니까? 동네 사람들에게 끌려 나가서 돌 맞아 죽을 수도 있는 것입니다. 아니 이것이 무슨 은혜입니까? 우리가 생각할 때는 내가 원하는 것을 제공받을 때 그것을 은혜 받았다라고 생각하기 쉬운데 성경이 말하는 '은혜를 받았다', '은혜를 입었다'는 것은 의미가 전혀 다릅니다. 성경은 하나님의 역사에 동역자로 부름 받는 것을 은혜 받았다고 말합니다. 하나님은 우리를 구원하시기 위해서 예수 그리스도를 어린 아이의 모양으로 이 땅에 보내시기로 작정하셨습니다. 그 아기 예수를 누군가는 잉태해야 합니다. 그 하나님의 역사하심에 누가 도구로 쓰임 받은 것입니까? 마리아입니다.

하나님의 역사하심에 도구로 쓰임 받는 것을 성경은 은혜 받았다라고 말합니다. 그런데 이런 은혜 받음은 나를 죽음으로 인도할 수도 있는 것입니다. 구약에 하나님께 쓰임 받았던 대표적인 사람들이 예언자들 아닙니까? 하나님의 도구로 쓰임 받은 예언자들은 어떻게 되었습니까? 하나님이 맡기신 일을 하다가 매를 맞고 감옥에 갇히고 심지어 죽임을 당했습니다. 우리가 생각하는 은혜와 완전히 다릅니다. 성경이 말하는 은혜 받았다는 말은 하나님의 역사하심에 동역자로 부름 받는 것입니다. 하나님의 역사하심에 도구로 쓰임 받는 것입니다. 그 것을 성경은 은혜 받았다고 말합니다.

그래서 앞으로 감동을 받으셨으면 '목사님, 오늘 설교에 감동을 받 았습니다'라고 말씀하셔야 합니다. 옛날에 어떤 집사님께서 자기 교회 담임 목사님의 설교가 너무 은혜스럽다고 하셔서 제가 왜 그러냐고 물 었더니 자기 생각과 너무 똑같다는 것입니다. 그러면 목사님의 말씀이 자기 생각과 똑같다고 해야지 그것을 은혜 받았다고 얘기하면 안 됩 니다. 어떤 사람은 자기가 너무 싫어하는 집사를 목사님이 설교시간에 공개적으로 뭐라고 하셨다고 하면서 그래서 그날 은혜 받았다고 합니 다. 그런 것을 은혜 받았다고 얘기하면 안 됩니다. 제발 그렇게 용어를 남용하지 말아야 합니다.

성경이 말하는 은혜는 뭐라고요? 하나님의 역사하심에 도구로 쓰임 받는 것입니다. 모르드개는 에스더가 그런 은혜를 입은 자가 되기를 원 합니다. '네가 아니라 하더라도 하나님은 우리를 구원해주실 것이다. 다만 하나님의 구원 역사에 네가 도구가 되기를 원한다'는 것입니다. 이때 에스더는 '죽으면 죽으리라'는 결단을 가지고 자기 목숨을 내어 놓습니다. 중요한 순간에 놀라운 결단을 행한 것입니다. 저는 이것이 신앙인의 결기라는 생각이 듭니다. 우리가 보통의 순간에는 세상에 지 배 받고 살아가고 있는 것처럼 보이지만 정말 중요한 순간에는 사람들 의 평가와 시선에 상관없이 하나님 앞에서만 정말 존재를 다하는 그런 결단을 해야 될 때가 있습니다.

에스더는 그런 중요한 순간에 죽으면 죽으리라는 결단을 했습니다. 한국 교회에서 에스더의 이 말이 유행하게 된 것 계기가 있습니다. 신사 참배 저항 운동을 하던 안이숙이라는 신앙인을 알고 계신가요? 그 안이숙씨가 쓴 책 이름이 '죽으면 죽으리라'였습니다. 안이숙 성도는 박관준이란 장로님과 함께 일본 국회의사당에 가서 유인물을 뿌렸습니다. '일본은 하나님의 심판을 받아 멸망한다'는 내용의 유인물을 뿌린 죄로 감옥에 수감이 되었고 끝까지 신사 참배를 거부했습니다. 이때 안이숙 성도가 갖고 있었던 마음의 결단이 에스더의 마음과 똑같았습니다. 죽으면 죽으리라는 결기를 유지했습니다. 옳은 것 앞에서 자기 한 목숨을 기꺼이 내어 던질 수 있었던 것입니다. 이것이 신앙인이 정말 중요한 순간에 드러내야 할 신앙의 결기라는 생각이 듭니다.

친구에게

교회

담임(당)목사   드림

유소년
세례문답

✝
1장

세례를 위한 준비는
어떻게 해야 하나요?

문1. 하나님은 누구나 빠짐없이 모든 사람의 죄를 용서하시는 분입니다. 죄를 용서하시는 하나님의 은혜를 받으려면 먼저 무엇을 해야 하나요(마 3:2; 막 1:15)?

답: 회개해야 합니다.

문2. 회개에는 참된 회개와 거짓 회개가 있습니다. 거짓 회개는 사람 앞에서 잘 보이려고 '척'하는 행동입니다. 참된 회개를 하기 위해서는 하나님을 향하여 무엇을 바꿔야 할까요(행 3:19)?

답: 참된 회개는 마음을 바꾸는 것입니다.

문3. 마음을 바꾸는 회개는 단순히 죄를 깨닫고, 죄로 인해 벌어진 일을 슬퍼하며, 자신의 죄를 고백하고 부끄러워하거나 미워하는 것으로 끝나지 않습니다. 마음을 바꾸는 회개는 이 모든 과정을 하나님과 사람 앞에서 하는 진정한 회개입니다. 마음을 바꾸는 진정한 회개는 어떤 회개일까요(눅 19:8; 행 26:20)?

답: 회개의 합당한 행동을
하나님과 사람 앞에서 실천하는 것입니다.

문4. 초기 기독교 공동체부터 신앙고백의 중심 내용은 누구에 관한 것인가요(마 16:16; 요 20:28; 요한 4:2; 고전 15:3-4)?

답: 예수 그리스도에 관한 것입니다.

문5. 사람이 입으로 "예수님은 주님이시다"라고 고백하고, 또 마음으로 하나님께서 그리스도를 죽은 자들 가운데서 다시 살리신 것을 믿으면 구원을 얻습니다. 사람이 마음으로 믿어 의롭다 함을 얻으며, 입으로 고백하면 무엇에 이르게 되나요(롬 10:9-10)?

답: 구원에 이르게 됩니다.

문6. 교회는 신앙을 고백하는 공동체입니다. 성도의 신앙고백은 먼저 주님 앞에서 그리고 교회공동체 앞에서 공개적으로 이루어졌습니다(마 10:32-33). 초대교회부터 교회가 함께 고백하고 종교개혁자들에 의해 강조된 공적인 신앙고백은 무엇인가요?

답: 사도신조(사도신경)입니다.

문7. 세상을 사랑하여 하나밖에 없는 외아들 예수 그리스도를 우리에게 보내 주시고, 이를 믿는 사람은 멸망하지 않고 영생을 얻게 하시는 분은 누구인가요(요 3:16)?

답: 성부하나님이십니다.

문8. 성령님의 임재를 한 번 경험했다고 해서 이것이 우리의 구원을 예수님의 재림 때까지 책임지고 증명해주는 것은 아닙니다. 성령의 능력과 믿음의 확신은 잃어버릴 수 있습니다. 예수님을 믿는 성도는 어떤 일로 성령의 능력과 믿음의 확신을 잃게 되나요(살전 5:19)?

답: 죄를 짓거나 믿음을 버리고
세상의 나쁜 습관을 좇아 살 때 잃게 됩니다.

2장

성경은 기독교 신앙과
실천의 규범인가요?

문1. 하나님께서 자신을 드러내신 특별한 책으로써, 하나님의 말씀을 담고 있는 가장 권위 있는 책은 무엇입니까?

답: 성경입니다.

문2. 하나님은 모든 것을 아시고 무엇이든 하실 수 있으시고 정확하십니다. 하나님은 사람이 성경을 기록할 수 있도록 누구의 감동을 받게 하셨나요(벧후 1:20-21; 딤후 3:16)?

답: 성령입니다.

문3. 성경은 성령님의 감동을 받은 사람들이 오류, 약점, 실패 없이 기록하고 전달한 하나님의 말씀입니다(요 16:13-14; 딤후 3:16; 벧후 1:20-21). 하늘과 땅이 없어지기 전에는 율법의 아무리 작은 부분이라도 사라지지 않고 반드시 다 이룰 것입니다(마 5:18). 성경 말씀은 인간이 마음대로 더하거나 뺄 수 없고, 또 무엇을 해서도 안 되나요(요 10:35; 계 22:18-19)?

답: 폐지할 수 없습니다.

문4. 이 책은 기독교 신앙의 최고의 권위를 가진 책입니다. 또한 성도가 어떻게 살아야 할지 실천의 규범으로서도 최고 권위를 가지는 이 책은 무엇입니까?

답: 성경입니다.

문5. 개신교 전통에 따라 기독교대한성결교회는 구약성경 몇 권과 신약성경 몇 권, 총 몇 권을 교회의 정경이요 진리의 기준이요 규범으로 인정하나요?

답: 구약성경 39권, 신약성경 27권 총 66권입니다.

문6. 성경은 양쪽에 날이 선 칼보다도 더 날카로워서 우리 마음의 생각과 뜻을 알고 판단할 수 있습니다. 성경은 누구의 말씀인가요(히 4:12-13)?

답: 하나님의 살아 있는 말씀입니다.

문7. 성경은 하나님 자신뿐만 아니라, 하나님의 구원계획을 드러냅니다. 이를 위해 누구를 증언하고(전하고) 있나요(요 5:39)?

답: 예수 그리스도입니다.

문8. 사람의 생각을 그 속에 있는 영 외에는 아무도 알 수 없듯이 하나님의 생각도 하나님의 영 외에는 아무도 알지 못합니다(고전 2:11). 따라서 하나님의 말씀인 성경은 하나님의 깊은 것까지 알고 계시는 누구의 도움을 받아야 합니까(고전 2:10)?

답: 성령님의 도움을 받아야 합니다.

문9. 성경은 우리를 지혜롭게 하여 예수 그리스도를 믿는 믿음을 통해 구원을 얻게 합니다(딤후 3:15). 구약성경과 신약성경 어느 것이 더 중요하다고 말할 수 없습니다. 각각 모두 권위가 있습니다. 구약성경과 신약성경의 통일된 중심 내용과 목적은 무엇인가요?

답: 예수 그리스도를 통한 하나님의 구원입니다.

문10. 하나님의 말씀이 우리의 삶에 능력임을 발견하기 위해서 성도는 어떻게 해야 할까요?

답: 말씀을 듣고 깨달은 대로 행동해야 합니다.

†

3장

사도신경으로
신앙을 고백해요!

나는 전능하신 아버지 하나님, 천지의 창조주를 믿습니다.

나는 그의 유일하신 아들, 우리 주 예수 그리스도를 믿습니다.

그는 성령으로 잉태되어 동정녀 마리아에게서 나시고,

본디오 빌라도에게 고난을 받아 십자가에 못 박혀 죽으시고,

장사된 지 사흘 만에 죽은 자 가운데서 다시 살아나셨으며,

하늘에 오르시어 전능하신 아버지 하나님 우편에 앉아 계시다가,

거기로부터 살아 있는 자와 죽은 자를 심판하러 오십니다.

나는 성령을 믿으며, 거룩한 공교회와 성도의 교제와

죄를 용서받는 것과 몸의 부활과 영생을 믿습니다. 아멘.

* 사도신경은 암기합니다.

문1. 성부하나님에 대한 신앙고백은 무엇인가요?

답: 나는 전능하신 아버지 하나님, 천지의 창조주를 믿습니다.

문2. 성자하나님, 예수 그리스도에 대한 첫 번째 신앙고백은 무엇인가요?

답: 나는 그의 유일하신 아들,
우리 주 예수 그리스도를 믿습니다.

문3. 예수님의 탄생은 처녀가 임신하여 메시아가 탄생할 것에 대한 예언의 성취입니다(사 7:14; 마 1:18-25). 아기 예수님은 어떻게 태어 나셨나요(눅 2:6-7; 마 1:25)?

답: 예수님은 성령으로 잉태되어
처녀인 마리아에게서 태어 나셨습니다.

문4. 예수님은 하나님의 뜻에 따라 우리의 죗값을 대신 지불하고 구속하기 위하여 십자가에 죽으셨습니다. 예수님을 죽이도록 고발한 자들은 유대 지도자였고, 예수님의 사형을 집행한 자는 로마사람 본디오 빌라도입니다. 예수님은 어떻게 죽으셨나요?

답: 예수님께서는 본디오 빌라도에게
고난을 받아 십자가에 못 박혀 죽으셨습니다.

문5. 예수님은 구약성경의 예언과 자신의 약속대로(마 12:40; 16:21; 17:9, 23; 20:19; 막 8:31; 9:31; 10:34; 눅 9:22; 18:33; 요 2:19) 금요일 오후에 죽으셨다가 일요일 새벽에 부활하셨습니다(눅 24:20-23; 고전 15:3-4). 예수님은 며칠 만에 다시 살아 나셨나요?

답: 예수님은 장사된 지 사흘 만에
죽은 자 가운데서 다시 살아나셨습니다.

문6. 부활하신 예수님은 40일 동안 제자들에게 보이시며 하나님 나라의 일을 말씀하시고(행 1:3), 하늘로 오르셨습니다(요 14:3; 눅 24:51; 행 1:9-11; 엡 4:8-10; 히 4:14; 9:24). 하늘에 오르신 예수님은 하나님 오른편에 앉으셔서(막 16:19; 마 26:64; 행 2:35-36; 엡 1:20; 히 1:3; 8:1; 10:12; 12:2 벧전 3:22; 계 4:2), 하늘과 땅을 통치하시고(벧전 3:22), 우리를 위하여 간구하십니다(롬 8:34). 부활하신 예수님은 어디에 계시나요?

답: 예수님은 하늘에 오르시어
전능하신 아버지 하나님 우편에 앉아 계십니다.

문7. 예수님께서는 다시 오실 것을 약속하셨습니다(행 1:11). 예수님은 재림하셔서 의인과 악인을 분리하실 것이며(고후 5:10; 마 25:31-33), 각 사람은 믿음의 행위대로 보상을 받게 될 것입니다(계 20:13). 믿는 자는 영원한 천국을 선물로 받지만, 믿지 않는 자는 영원한 지옥에 가게 됩니다(계 20:15). 예수님께서 하나님 우편에서 이 땅으로 재림하시는 목적은 무엇인가요(마 11:22; 13:40, 49)?

답: 거기로부터 살아 있는 자와 죽은 자를 심판하러 오십니다.

문8. 성령님은 교회 안에서 서로의 다름을 극복하고, 성도의 교제(고전 12:13)를 가능하게 하십니다. 첫째는 세례와 성찬이라는 성례전을 통해 교제하도록 하십니다. 둘째는 성도들을 연합하여 교제하도록 하십니다. 성령님은 그리스도와 성도를 연합시키고, 성도와 성도 사이를 연합시키십니다. 성령님은 성도의 교제를 통해 어떤 사역을 하고 계시나요(롬 8:9; 요 15:4; 롬 8:9; 고전 6:17, 12:13; 요일 4:13)?

답: 나는 성령을 믿으며, 거룩한 공교회와
성도의 교제를 믿습니다.

문9. 인간은 하나님의 형상으로 창조(창 1:27)되었으나 불순종함으로 범죄하게 되었고(창 3장), 죄의 결과 하나님과 분리된 인간(롬 3:23)은 죄의 지배를 받다가(롬 6:12) 사망에 이르게 되었습니다(롬 5:12). 하나님은 인간의 죄를 용서하시기 위하여 예수 그리스도를 이 땅에 보내셨습니다. 성령님께서 예수 그리스도를 통한 구속의 사건을 통해 깨닫게 하시는 것은 무엇인가요?

답: 우리가 죄를 용서받는 것입니다.

문10. 예수 그리스도는 부활의 첫 열매이십니다. 예수 그리스도를 주로 고백하는 우리도 훗날 죽은 자 가운데서 살아날 것을 믿습니다(요 11:25). 예수 그리스도를 구주로 믿고 영접한 성도는 하나님과 함께하는 삶으로써 영생을 얻게 되고(요 3:16), 하나님의 나라에서 영생을 누리게 됩니다(요 5:24). 이것에 대한 우리의 신앙고백은 무엇인가요?

답: 우리는 몸의 부활과 영생을 믿습니다.

문11. 사도신경은 신앙고백이기 때문에 "아멘"으로 마무리합니다. 교회공동체는 재림의 주님이신 예수님께서 다시 오실 것을 소망하며, 모든 예배와 삶의 자리에서 하나님이 베풀어주신 은혜에 대해 '아멘'으로 응답하는 공동체입니다. '아멘'은 무슨 뜻인가요?

답: 아멘은 "그대로 이루어지이다."라는 뜻입니다.

✝

4장

주기도문으로
기도해요!

하늘에 계신 우리 아버지,

아버지의 이름을 거룩하게 하시며

아버지의 나라가 오게 하시며,

아버지의 뜻이 하늘에서와 같이 땅에서도 이루어지게 하소서.

오늘 우리에게 일용할 양식을 주시고,

우리가 우리에게 잘못한 사람을 용서하여 준 것같이

우리 죄를 용서하여 주시고,

우리를 시험에 빠지지 않게 하시고, 악에서 구하소서.

나라와 권능과 영광이 영원히 아버지의 것입니다. 아멘.

* 주기도문은 암기합니다.

문1. 예수님은 제자들에게 기도의 모범을 보여주셨습니다. 예수님께서는 한적한 곳에서(눅 5:16)도 기도하시고, 새벽(막 1:35)이나 밤이 새도록(마 26:36; 막 14:32)도 기도하셨습니다. 제자들이 예수님께 기도를 가르쳐 달라고 했을 때 예수님이 가르쳐 주신 기도는 무엇인가요(눅 11:1)?

답: 주기도문입니다.

문2. 예수님께서 가르쳐주신 기도는 '주기도문으로 기도하라'는 뜻과, '주기도문처럼 기도하라'는 두 가지 의미가 있습니다. 주기도문을 암송하듯 기도해야 하고, 주기도문의 뜻을 기억하며 그 뜻처럼 기도해야 합니다. 우리는 초대교회 성도들처럼 주기도문으로 어떻게 기도해야 할까요?

답: 하루 세 번 주기도문으로 기도해야 합니다.

문3. 예수 그리스도는 하나님을 어린이처럼 '아빠'라고 부르셨습니다(막 14:36). 우리는 예수 그리스도처럼 거룩하시고, 전능하시며, 초월자이신 누구에게 기도해야 할까요?

답: 기도는 "하늘에 계신 우리 아버지"에게 해야 합니다.

문4. 하나님 아버지의 이름은 아버지 자신을 말합니다. 예수님께서 가르쳐주신 첫 번째 기도는 우리가 하나님을 거룩하신 분으로 알아보고, 존경하며, 공경할 수 있도록 해 달라는 기도입니다. 예수님께서 가르쳐 주신 하나님을 향한 첫 번째 기도는 무엇인가요?

답: "아버지의 이름을 거룩하게 하시며"입니다.

문5. 하나님의 나라는 하나님께서 다스리시는 나라입니다(시 145:11, 13). 하나님께서 다스리시는 나라는 성령님 안에서 의로움과 평화와 기쁨이 넘치는 나라입니다(롬 14:17). 하나님께서 약속하신 나라(단 2:44; 7:13)는 예수 그리스도를 통해 '이미' 우리 가운데 시작됐지만(막 1:15) '아직' 하나님의 나라는 완성되지 않았습니다. 그래서 예수님께서는 우리에게 하나님의 나라가 속히 임하기를 기도하라고 가르쳐 주십니다(계 22:20). 예수님께서 가르쳐 주신 하나님을 향한 두 번째 기도는 무엇인가요?

답: "아버지의 나라가 오게 하시며"입니다.

문6. 하나님 아버지의 이름이 거룩히 여김을 받고, 아버지의 나라가 오면, 인간을 구원하시고자 하는 하나님 아버지의 뜻은 이루어집니다(마 18:4, 14; 요 6:39). 하늘은 이미 사탄을 추방하여(계 12:7-12) 하나님의 뜻이 방해받지 않게 되었습니다. 이처럼 땅에서도 하나님의 뜻이 이루어지도록 예수님께서 가르쳐 주신 하나님을 향한 세 번째 기도는 무엇인가요?

답: "아버지의 뜻이 하늘에서와 같이
땅에서도 이루어지게 하소서"입니다.

문7. 예수님은 우리가 내일의 일을 위해 염려하지 말라고 하셨습니다. 주기도문의 "일용할 양식"은 단순히 먹는 음식을 말하는 것이 아니라, 우리가 살아가기 위해 몸과 영혼이 필요한 모든 것을 의미합니다. 예수님께서 가르쳐 주신 인간을 향한 첫 번째 기도는 무엇인가요?

답: "오늘 우리에게 일용할 양식을 주시고"입니다.

문8. 우리를 먼저 사랑하신 하나님은 우리를 용서하시고, 우리도 서로서로 용서하기를 원하십니다(엡 4:32). 누군가에게 잘못한 사람은 그에게 '죄'(눅 11:4)를 지은 것입니다. 예수님께서는 잘못을 용서할 때, 잘못한 시점부터 용서하는 순간까지 완전히 죄를 용서하라고 가르치십니다. 예수님께서 가르쳐주신 인간을 향한 두 번째 기도는 무엇인가요?

답: "우리가 우리에게 잘못한 사람을 용서하여 준 것같이
우리 죄를 용서하여 주시고"입니다.

문9. 우리는 예수님의 제자이며, 하나님 나라를 위해 일하기 때문에 사탄의 유혹이 늘 있습니다. 우리는 사탄의 유혹이나 속임수, 의심이 들 때 이것에 속지 않고 넘어가지 않게 해달라고 기도해야 합니다. 그리고 악한 사탄의 유혹으로부터 한순간도 빠지지 않고 구해달라고 기도해야 합니다. 혼자 결심한다고 해서 유혹을 극복하기는 어렵기 때문입니다. 예수님께서 가르쳐 주신 인간을 향한 세 번째 기도는 무엇인가요?

답: "우리를 시험에 빠지지 않게 하시고,
악에서 구하소서"입니다.

문10. 주기도문의 마지막은 송영입니다. 송영은 영원토록 오직 삼위일체 하나님께만 영광을 돌리는 것입니다. 아멘은 "나도 그렇게 생각합니다."라고 믿음으로 동의하는 것입니다. 예수님께서 가르쳐 주신 주기도문의 마지막 송영과 동의는 무엇입니까?

답: "나라와 권능과 영광이 영원히
아버지의 것입니다. 아멘."입니다.

✝

5장

십계명을 배워요!

문1. 구약성경의 언약법(출 21-23장), 성결법(레 17-26장), 제사법과 신명기법(신 12-26장) 등 많은 법이 기록되어 있습니다. 이 모든 법을 대표하는 하나님이 직접 말씀하신 유일한 법은 무엇인가요(출 20:2, 22)?

답: 십계명입니다.

문2. 십계명은 "나는 너를 애굽 땅, 종 되었던 집에서 인도하여 낸 네 하나님 여호와니라"(출 20:2)라는 말씀으로 시작합니다. 이는 구약의 이스라엘 백성이 구원받은 것은 율법을 잘 지켜서가 아님을 보여줍니다. 온전히 하나님의 은혜로 이스라엘 백성은 구원을 받았습니다. 따라서 십계명은 율법을 잘 지켜 구원을 받도록 하는 법(구원법)이 아니라 하나님의 거룩한 백성이 되기 위한 법(성민법)입니다. 십계명을 주신 목적은 무엇인가요?

답: 구원받은 이스라엘 백성이
하나님의 백성답게 살도록 주신 것입니다.

문3. 하나님의 백성은 다른 신들과 상관없이 오직 하나님만을 섬겨야 합니다. 십계명의 첫째 계명은 무엇인가요(출 20:3)?

답: 첫째 계명은 "너는 나 외에는
다른 신들을 네게 두지 말라"입니다.

문4. 하나님은 온 세상 무엇으로도 자신의 모습을 만들지 말라고 하십니다(출 20:23). 하나님을 섬기기 위해 하나님의 모습을 만드는 것은 하나님을 내 마음과 뜻대로 조정하겠다는 뜻입니다. 세상 무엇으로도 하나님의 모습을 만들지 말라고 하는 십계명의 둘째 계명은 무엇인가요(출 20:4-6)?

답: 둘째 계명은 "너를 위하여 새긴 우상을 만들지 말고
또 위로 하늘에 있는 것이나 아래로 땅에 있는 것이나
땅 아래 물 속에 있는 것의 어떤 형상도 만들지 말며
그것들에게 절하지 말며 그것들을 섬기지 말라"입니다.

문5. 이 계명은 하나님의 이름을 부르지 말라는 뜻이 아닙니다. 하나님의 이름을 잘못 사용하거나, 함부로 사용하지 말라는 뜻입니다. 여호와 하나님의 이름을 헛되이 부르지 못하도록 금하는 십계명의 셋째 계명은 무엇인가요(출 20:7)?

답: 셋째 계명은 "너는 네 하나님 여호와의
이름을 망령되게 부르지 말라"입니다.

문6. 하나님은 안식일이 하나님께 속한 거룩한 날이라고 선언하십니다. 안식일을 지키는 것은 모든 사람과 피조물이 하나님 앞에서 쉬게 하는 것입니다(출 20장; 신 5장). 안식일에 일하지 말라고 하시는 십계명의 넷째 계명은 무엇인가요(출 20:8-11)?

답: 넷째 계명은 "안식일을 기억하여 거룩하게 지키라"입니다.

문7. 하나님은 부모를 통해 자식에게 생명을 주십니다. 자식은 부모를 공경해야 합니다. 하나님은 이 계명을 지키는 자에게 천 대까지 은혜를 베푸시겠다고 약속하셨습니다. 인간관계의 첫 번째 계명이자 십계명의 다섯째 계명은 무엇입니까(출 20:12)?

답: 다섯째 계명은 "네 부모를 공경하라"입니다.

문8. 이 계명은 불법적으로 사람의 생명을 빼앗거나, 불필요하게 더 많은 것을 얻기 위해 동물 등의 생명을 죽이는 것을 금하는 법입니다. 모든 생명은 하나님께 속한 것이기(창 9:6) 때문입니다. 생명존중을 가르치는 십계명의 여섯째 계명은 무엇인가요(출 20:13)?

답: 여섯째 계명은 "살인하지 말라"입니다.

문9. 결혼은 하나님 앞에서 부부가 되기로 약속을 맺은 것입니다. 그렇기에 하나님은 결혼한 배우자가 다른 사람과 성적인 관계를 맺는 것을 금지하십니다(레 8:20; 마 1:19-20, 24). 간음은 결혼과 가정을 위협하는 중대한 죄입니다. 결혼의 소중함을 가르치는 십계명의 일곱째 계명은 무엇인가요(출 20:14)?

답: 일곱째 계명은 "간음하지 말라"입니다.

문10. 하나님은 이 세상 모든 것, 사람을 포함하여 세상 피조물 모두의 주인이십니다(시 24:1). 하나님은 인간이 물건이나 생명까지 도둑질하지 말라고 하십니다. 창조주 하나님이 모든 것의 주인임을 가르쳐주는 십계명의 여덟째 계명은 무엇입니까(출 20:15)?

답: 여덟째 계명은 "도둑질하지 말라"입니다.

문11. 이스라엘은 성문(신 21:19; 암 5:10)이나 성소(렘 26:10; 삼상 7:16)에서 재판했습니다. 사형을 선고하는 재판의 경우에는 증인이 두 명 이상 있어야 했습니다(신 17:6). 이 재판과정에서 증인의 말은 절대적으로 중요합니다. 거짓으로 증언하면 무죄한 사람의 생명을 죽일 수도 있기에 하나님은 거짓 증언 한 사람을 제거하라 명령하십니다(신 19:18-19). 그리스도인은 거짓이 아닌 진리 편에 서는 자(요삼 1:3)임을 가르치는 십계명의 아홉째 계명은 무엇인가요(출 20:16)?

답: 아홉째 계명은 "네 이웃에 대하여 거짓 증거하지 말라"입니다.

문12. 하나님은 사람이 더 많은 이익을 얻기 위해 지나치게 욕심 내지 말라고 말씀하십니다. 하나님은 욕심이 행동으로 나타나기 전부터 우리 마음속에 있는 탐욕과 탐심을 금지하십니다. 탐욕이란 내게 금지된 것을 원하는 잘못된 욕망입니다. 탐심은 만족을 모르고 계속 다른 사람의 것이라도 원하는 마음입니다. 그리스도인은 하나님이 주신 것에 만족하며 감사하는 삶을 살아야 합니다. 이를 가르치는 십계명의 열 번째 계명은 무엇인가요(출 20:17)?

답: 열째 계명은 "네 이웃의 집과
그 집에 속한 어떤 것도 탐내지 말라"입니다.

✝

6장

중생, 성결, 신유, 재림의 사중복음을 배워요!

문1. 기독교의 기초는 예수 그리스도의 복음입니다(막 1:1). 이는 기독교대한성결교회의 설립목적이며 사명으로 복음을 중생, 성결, 신유, 재림의 네 가지 측면에서 설명한 것은 무엇인가요?

답: 사중복음입니다.

문2. 예수님께서 니고데모에게 거듭나지 아니하면 하나님의 나라를 볼 수 없다고 가르치셨습니다. 이는 기독교 신앙의 처음이며 하나님의 나라 백성으로서 자격을 갖추는 유일한 도리입니다. 영으로 새롭게 태어나는 것을 무엇이라고 합니까?

답: 중생입니다.

문3. 인간은 선한 일을 많이 하여도 스스로 구원할 수 없습니다. 우리는 죄인이지만 의롭다고 인정해주시는 하나님의 은혜로 구원받습니다. 성결교회의 사중복음 중, 중생에 대한 설명으로 "오직 의인은 믿음으로 말미암아 살리라"(롬 1:17)라는 말씀에서 발견할 수 있는 구원의 진리는 무엇인가요?

답: 이신득의(以信得義)입니다.

문4. 우리가 중생하게 되면, 법적으로는 이제 죄인에서 '의롭다'라고 인정을 받게 됩니다. 이를 '칭의'라고 합니다. 또한 우리 내면에는 실제적으로 변화를 받아 다시 태어납니다. 이는 '신생'입니다. 중생을 하게 되면 하나님과의 관계도 변화가 생깁니다. 바로 자녀가 되는 것입니다. 이는 '양자'됨이라고 불립니다. 중생의 결과, 칭의, 신생, 양자됨은 삼위일체 하나님께서 주시는 구원의 은혜입니다. 중생을 경험한 성도는 이제 더 깊은 은혜를 사모하며 나아가야합니다. 이 은혜는 무엇인가요?

답: 성결의 은혜입니다.

문5. 중생하였다고 단번에 온전한 기독교인이 되는 것은 아닙니다. 중생한 성도는 온전한 기독교인으로 자라야 합니다. 이를 '기독자의 완전'이며 영화롭게 되는 것이라고 합니다. 중생에서 영화에 이르는 전과정을 말하는 성결의 다른 말은 무엇인가요?

답: 성화입니다.

문6. 성결교회의 성결이해의 특징으로서 중생 이후 믿음에 의해 순간적으로 이루어지는 초자연적인 성령의 체험은 무엇인가요?

답: 성령세례입니다.

문7. 모든 사람은 죄인입니다. 아담이 지은 죄로 말미암아 모든 사람은 죄를 가지고 태어났습니다(원죄). 그러나 하나님의 아들 예수 그리스도로 말미암아 우리는 죄에서 해방되었습니다. 죄로 인해 죽을 수밖에 없는 우리를 위해 예수님께서 대신 죗값을 지신 것입니다. 하지만 우리 마음에는 죄의 쓴 뿌리가 남아있습니다. 이를 죄의 부패성이라고 합니다. 죄의 쓴 뿌리는 우리가 스스로 죄를 짓게(자범죄) 만듭니다. 성도가 죄를 짓지 않기 위해서는 반드시 부패성을 해결해야 합니다. 죄의 쓴 뿌리, 부패성을 해결하는 것은 무엇인가요?

답: 성결의 은혜입니다.

문8. 사중복음 중에 이 복음은, 성도가 하나님의 보호로 항상 건강하게 지내는 것을 의미합니다. 이는 성도가 병들었을 때 하나님께 기도하여 건강하게 되는 것을 포함합니다. 우리의 온몸과 마음을 안전케 하는 이 복음은 무엇인가요?

답: 신유의 복음입니다.

문9. 히브리어 샬롬은 '평안, 평강, 화평' 등을 뜻합니다. 아무런 걱정이나 근심이 없는 상태로 아담이 죄를 짓기 전, 하나님의 형상으로 창조되었던 때를 말합니다(사 35:5-6, 65:19-20), 구약성경의 병고침은 몸의 질병뿐만이 아니라 영적인 질병을 해결하여 샬롬의 상태로 되돌리는 것을 의미합니다. 이는 신약성경에서 예수 그리스도가 이 땅에 오심으로 이루어졌습니다. 신유의 복음은 사람에게만 해당하지 않습니다. 신유의 복음은 하나님께서 병든 사람의 영혼과 육체뿐 아니라, 무엇까지도 회복시키는 복음인가요 (롬 8:19-23; 딤전 2:1)?

답: 신유는 사회와 지구 생태계를 회복시키시는 복음입니다

문10. 예수님께서 하나님의 나라를 가르치시며 복음을 전할 때 특징이 있습니다. 예수 그리스도의 구원 사역에서 핵심적인 특징은 무엇인가요?

답: 예수님께서는 아픈 사람을 고치실 때
말씀도 선포하셨습니다.

문11. 요한계시록에는 "내가 속히 오리라"는 말씀이 세 번이나 나옵니다(계 22:7, 12, 20). 신앙생활의 요소로써(살전 3:13) 소망이요(살전 2:19-20), 깨어 다시 오실 예수 그리스도를 기다리는(마 24:44; 25:13) 복음은 무엇인가요?

답: 재림의 복음입니다.

문12. 예수님께서 다시 오시는 재림의 날과 때는 하늘에 있는 천사들도, 아들도 모른다고 하셨습니다. 재림의 시기는 누구만 아시나요?

답: 하나님 아버지만 아십니다.

문13. 예수님께서 재림하실 때 그리스도를 믿다가 죽은 사람들은 먼저 부활(살전 4:16)합니다. 부활한 성도들은 공중에서 주님을 영접하고 어린 양 혼인 잔치에 참여합니다(계 19:7-9). 그리고 주와 함께 있을 것입니다(살전 4:17). 어린양 혼인 잔치 후 주님은 성도들과 함께 이 땅에 다시 오십니다(행 1:9-11). 그리고 이 땅을 다스렸던 거짓 그리스도를 심판하시고 멸망시키십니다. 주님은 천년 동안 성도들과 이곳을 다스리시며(계 20:4-6), 구원받은 성도를 맞이하십니다(요 14:3; 히 9:28). 주님은 정의의 왕국을 세우시고 다스리실 것입니다. 예수님은 어느 시대 이전에 재림하시나요?

**답: 예수 그리스도는 천년 시대 이전에
재림하십니다(계 19:11-20:6).**

✝

7장

세례란 무엇일까요?

문1. 이 예식은 성도가 주 예수 그리스도를 하나님의 아들이요, 우리 구주로 믿는 것을 고백하는 것입니다. 죄사함을 받아 하나님의 자녀됨을 증거하는 표시인 이 예식은 성례전 중 무엇인가요?

답: 세례입니다.

문2. 세례는 누구와 연합하는 것입니까?

답: 세례는 예수 그리스도와 연합하는 것입니다.

문3. 세례는 어머니의 태중에 있던 아기가 물(양수)과 함께 태어나는 것과 같이 성도가 물과 성령으로 다시 태어나는 의미가 있습니다. 이는 사중복음 중 어떤 복음을 의미하나요?

답: 중생입니다.

문4. 물로 몸을 씻는 것처럼, 세례는 철저하게 마음과 삶의 변화를 위해 무엇을 씻음 받아야 할까요?

답: 죄를 씻음 받아야 합니다.

문5. 세례를 받음으로 예수 그리스도를 믿는 사람이 되었다는 것을 의미하는 것으로 이마에 십자가 형태로 기름을 바르는 것을 무엇이라 부르나요?

답: 인침(sealing)입니다.

문6. 세례를 받음으로 성도는 성령으로 말미암아 예수 그리스도의 몸의 부분이 되는 것입니다. 이것은 무엇과의 연합을 비유로 설명한 것인가요?

답: 교회와 연합입니다.

문7. 이 기도는 세례 예식을 진행할 때의 순서 중 하나입니다. 하나님께서 구원을 베푸실 때 노아의 방주처럼 물을 사용하신 경우들을 나열하며, 하나님께서 인류의 구원과 심판에 동시적으로 물을 사용하셨음을 기억합니다. 또한 성령님께서 이 물을 통해 옛사람을 심판하고 새 생명을 주시기를 기도하는 순서입니다. 무엇을 인한 기도인가요?

답: 물을 인한 기도입니다.

문8. 세례를 받는 자는 물에 잠겼다 일어납니다. 이후 머리에 기름을 바르는데 이는 성령님이 성도의 옛사람의 문제를 치유하시고 회복하신다는 것을 의미합니다(약 5:14; 요일 2:22, 27). 십자가 모양으로 이마에 표시하는 것은 무엇을 의미하나요(딤후 2:19)?

답: 예수 그리스도에게 속한 자라는 뜻입니다.

문9. 중생하여 세례를 받는 것은 우리 신분이 변화되었다는 것을 보여줍니다. 이제 우리는 세례를 받음으로 하나님의 자녀가 되었습니다. 죄의 종에서 하나님의 자녀로 신분이 바뀌고 하나님의 백성으로 소속이 변화된 것입니다. 신분과 소속이 바뀐 우리는 예수님 안에서 성장해야 합니다. 이 예식은 예수 그리스도를 닮은 온전한 사람으로서 성숙한 그리스도인이 되도록 영적인 식사를 제공하는 의미를 가집니다. 왕의 식탁에 초대하는 이 예식은 무엇일까요?

답: 첫 성찬입니다.

문10. 성례전은 하나님의 은혜를 기억하고 기념하는 성스러운 예식입니다. 개신교 전통을 따르는 기독교대한성결교회의 성례전 두 가지는 무엇인가요?

답: 세례와 성찬입니다.

문11. 개신교는 성례전으로 세례와 성찬식, 왜 두 예식만을 정했나요?

답: 예수님께서 직접 만드시고, 행하라 명령하신
성경의 증언만을 성례로 인정합니다.

문12. 하나님은 성례를 통해서 우리에게 무엇을 주시나요?

답: 은혜를 주십니다.

문13. 세례는 교회 공동체가 참여하는 주일예배에서 받아야 합니다. 그 이유는 무엇인가요?

답: 십자가에 달리신 예수님께서
주일에 부활하셨기 때문입니다.
또한 세례를 받는 것은 그리스도의 몸인
교회 공동체의 일원이 되는 것을 의미하기 때문입니다.

문14. 세례예식을 행할 때, 세례를 받는 자에게 반드시 질문해야 하는 핵심적인 신앙고백과 행위는 무엇인가요?

답: 성부, 성자, 성령 삼위일체 하나님에 대한 신앙고백과
성부, 성자, 성령의 이름으로 각각 세 번 물을 붓는 것입니다.

문15. 모든 세례교인은 완전한 교인으로서 또 다른 성례인 무엇에 참여할 수 있나요?

답: 성찬에 참여할 수 있습니다.

문16. 세례 교인은 교회공동체의 일원으로써 어떤 의무를 가지게 되나요?

답: 교회의 모든 일에 성실하게 봉사하며, 헌금을 해야 합니다.

문17. 유아세례교인은 유소년세례교인과 달리 유아세례를 재확인하는 과정을 거쳐야 합니다. 이는 영아였을 때 부모님과 함께 받았던 세례를 자신의 믿음으로 다시금 고백하고 견고히 하는 것입니다. 유아세례교인은 입교를 위해 무엇을 거행해야 합니까?

답: 견신례를 거행해야 합니다.

문18. 유아세례교인이나 유소년세례교인과 다르게 19세 이상 된 정회원으로서 교회의 전체회의인 사무총회에서 투표권을 행사할 수 있는 세례교인은 누구인가요?

답: 성인세례교인입니다.

†

8장

성찬은 무엇일까요?

문1. 교회는 이 예식을 고대로부터 현대에 이르기까지 지켜왔습니다. 이 예식은 예수님께서 "이것을 행하여 나를 기념하라"(눅 11:23-26; 고전 11:23-26)라고 하신 말씀으로 시작되었습니다. 이 예식은 무엇인가요?

답: 성찬입니다.

문2. 1세기 교회는 성찬을 '유카리스테인'(눅 22:19)이라고 불렀습니다. 부활하신 예수님께서는 제자들에게 빵을 가져다주셨고(요 21:13), 함께 먹고 마셨습니다(행 10:41-42). 교회는 주님이 베풀어 주신 구원 은혜에 감사하며 모일 때마다 기쁨으로 떡을 떼었습니다(행 2:46). 이처럼 성찬의 가장 오래된 의미는 무엇인가요(눅 22:19)?

답: 성찬은 감사입니다.

문3. 예수님은 하나님께 자신을 '희생 제물'로 바치셔서 우리를 죄에서 해방해 주셨습니다(히 9:14-15). 성찬에 참여하는 자는 이 은혜를 받습니다. 하나님은 예수 그리스도의 이 은혜를 모든 사람에게 값없이 베풀어 주셨습니다. 성찬 예식이 가지는 이 의미는 무엇인가요?

답: 성찬은 예수 그리스도께서 십자가에 죽으셔서 우리의 죄를 담당하셨다는 것을 보여주는 십자가 구속의 은혜입니다.

문4. 성찬은 성령님의 일하심으로 우리가 예수님께서 제자들과 함께 가졌던 거룩한 식탁 교제의 은혜를 '지금 여기'에서 새롭게 경험하는 것입니다. 예수님께서는 제자들과 거룩한 식탁 교제를 나누시며, "이것을 행하여 나를 기념하라"(눅 22:19)라고 말씀하셨습니다. 이 말씀은 성찬을 통해, 예수님을 '기억'하고, 예수님께서 베푸셨던 제자들과의 식탁을 '회상'하고, 이 자리에서 '재연'하는 것입니다. 즉 성찬예식을 참여함으로 예수님께서 베푸신 구원 은혜를 다시 알고 새롭게 경험하라는 말씀입니다. 이러한 성찬의 의미는 무엇인가요?

답: 성찬은 기념(아남네시스)입니다.

문5. 예수님은 제자들과의 마지막 식사에서 떡과 포도주를 주시며 자신의 살과 피라고 하셨습니다(눅 22:19). 따라서 성찬에 참여하여 떡을 먹고, 포도주를 마시는 것은 하나님과 한몸됨을 기억하는 것이고, 또한 함께 참여한 성도들과 교제를 누리는 시간입니다. 십자가의 표시처럼 수직적으로는 하나님과 교제하고, 수평적으로는 성도와 교제하는 신비한 영적 사건입니다. 이러한 신비한 영적 사건은 어떻게 경험할 수 있나요(코이노니아, 고전 10:16-17)?

답: 성찬에 참여하는 것입니다.

문6. 성찬에 참여하는 성도들은 하나님의 나라를 기다리고 소망하며 떡과 포도주를 먹고 마십니다(눅 22:30; 고전 11:26). 이와 같은 성찬의 의미는 무엇일까요?

답: 성찬은 천국 잔치를 미리 경험하는 것입니다.

문7. 성찬이 '주님의 만찬(晩餐, 고전 11:23-25)'으로 불리는 것은 제자들을 청하여 함께 저녁 식사를 하는 식탁 예전이었기 때문입니다. 기독교 예배가 예수님께서 부활하신 일요일 아침으로 옮기게 되면서 성찬은 예식을 갖춘 식사로 정착되고 계승되었습니다. 초대교회 성도들이 일요일 아침에 가정에서 모여 정규적으로 거행하던 성찬은 무엇의 유래가 되었나요?

답: 주일 예배의 유래가 되었습니다.

문8. 3세기 로마의 히폴리투스의 『사도전승』에는 거룩한 식탁인 성찬을 베풀기 전에 감사기도를 드렸다고 기록되어 있습니다. 이 감사기도의 내용은 하나님께서 진리를 믿는 성도들의 믿음을 굳건하게 인도해달라는 기도입니다. 성찬에 참여하는 성도들의 믿음을 위해 무엇을 간구하는 기도를 드렸나요?

답: 성령의 임재를 구하는 기도를 드립니다.

문9. 초대교회부터 오늘에 이르기까지 성찬에 참여하는 조건은 무엇인가요?

답: 세례받은 신자로서 신앙 양심에 거리낌이 없는 자입니다.

문10. 아우구스티누스는 성례전을 설명하며 이는 "보이지 않는 하나님의 은혜가 보이게 나타난 것"이라고 말했습니다. 아우구스티누스는 단순하게 보이는 성찬의 떡과 포도주에 무엇을 더하면 이렇게 은혜가 나타나는 성례전이 된다고 하였나요?

답: 예수 그리스도의 말씀입니다.

문11. 기독교대한성결교회 최초의 법인『교리와 조례』에서 "그리스도의 살과 피를 그의 재림하실 때까지 기념하기 위하여 세우신 예식인데 누구든지 신앙과 정결한 양심으로 떡과 포도주를 먹고 마시면 신령 상에 큰 유익이 될지라 이 성례는 그리스도께서 피로 우리를 구속하심과 그의 살로 우리의 영혼에 자양(滋養)이 되는 것을 표시함이니라(벧전 3:21; 롬 14:23, 14:13; 고전 11:23-29)."라고 설명하는 성례는 무엇인가요?

답: 성찬입니다.

문12. 성찬을 거행하기 위해서는 성찬의 떡과 포도주와 같은 물질이 필요합니다. 이에 "이것을 행하여 나를 기념하라"와 같은 공식적인 문구가 더해지고, '가지다', '축사하다', '떼다', '주다'와 같은 공식적인 형식이 필요하며, 교회의 목적을 정확하게 수행할 임명된 집례자가 필요합니다. 우리를 하나님께로 이끄시려고 성찬을 고안하신 분은 누구이십니까?

답: 예수 그리스도입니다.

문13. 성찬기도는 '대감사기도'라고도 합니다. 예수님께서는 식사하실 때마다 떡을 '가지고', '축사'하신 후, '떼어', '주셨습니다'. 여기에서 '축사'는 성찬으로 인한 '감사의 기도'를 뜻합니다. 성찬기도의 내용은 예수 그리스도를 통한 삼위일체 하나님의 인류 구원의 역사를 요약한 것입니다. 이러한 성찬기도의 핵심은 무엇인가요?

답: 성찬을 제정하신 예수 그리스도의 말씀입니다.

✝
9장

기독교대한성결교회의
역사를 알아봐요!

문1. 1703년 6월 17일 출생한 존 웨슬리는 1726년에 옥스퍼드 링컨칼리지의 강사가 되고, 1728년 성공회 사제 서품을 받습니다. 1938년 5월 24일 올더스케이트의 알미니안 집회에서 루터의 로마서 주석 서문을 듣다가 이상하게 마음이 뜨거워지는 회심을 경험한 이후 구원의 확신을 얻게 됩니다. 변화된 존 웨슬리는 1939년 1월 1일 페터레인에서 은사주의적 성령충만을 체험한 후, 브리스톨에 신도회 회관을 세우고, 거리에서 설교를 시작합니다. 존 웨슬리가 평생 사역했던 운동의 핵심은 무엇인가요?

답: 성화입니다.

문2. 미국의 성결운동을 통해 1884년부터 1900년에 사이에 무려 200여 개의 성결파 교단들이 새롭게 설립됩니다. 대표적인 교단으로 나사렛 교단, 웨슬리안 교회, 구세군, 하나님의 교회 등이 있습니다. 그 중에서 마틴 웰스 냅과 셋 리스가 설립하고, 1901년 1월 시카고에서 동양선교회의 설립자인 찰스 카우만을 최초의 목사로 안수하고 일본 선교사로 파송한 단체는 어디일까요?

답: 만국성결연합입니다.

문3. 이 단체의 설립자는 찰스 카우만과 레티 카우만 부부와 어니스트 길보른, 그리고 나까다 쥬지와 사사오 데쓰사브로입니다. 이들은 1904년 11월 동경성서학원을 중심으로 동양선교를 위한 선교단체를 설립하였습니다. 이 단체의 이름은 무엇인가요?

답: 동양선교회입니다.

문4. 동양선교회는 예수 그리스도와 사도들로부터 비롯된 공교회의 전통과 종교개혁자의 정신을 이어 존 웨슬리의 부흥운동과 만국성결교회의 사중복음을 계승하여 세워졌습니다. 동양선교회의 창립 목적은 무엇인가요?

답: 사중복음을 전하는 것입니다.

문5. 도쿄의 동경성서학원에서 공부하던 정빈과 김상준은 조선으로 귀국하여 1907년 5월 2일 서울의 염곡(현 종로1가)에 작은 집을 얻었습니다. 동양선교회의 후원을 받아 새롭게 세운 이 단체는 '할렐루야', '아멘'을 외치며 열정적으로 전도하고, 성경공부반을 열어 양육하는 일에 최선을 다했습니다. 또한 성결집회를 열어 성장했는데 이 선교단체의 이름은 무엇인가요?

답: 동양선교회 복음전도관입니다.

문6. 초기성결교회의 선교원칙은 새로운 교단을 만들지 않는 것과 직접전도였습니다. 이들은 전도한 사람들을 교회로 인도하는 '구령회'라는 전도 집회를 열었고 이를 통해 수많은 사람이 예수님을 믿고 구원을 얻게 되었습니다. 구원받은 성도들은 성결의 은혜를 더욱 바라며 자신의 신앙을 고백하는 간증집회를 가졌는데, 이것은 무엇인가요?

답: 성별회입니다.

문7. 1907년 정빈과 김상준은 조선인들을 위한 교역자 양성을 위하여 찰스 카우만에게 경성(서울)에도 성서학원을 설립해 달라고 요청합니다. 그리고 1911년 3월, 존 토마스를 원장으로 경성 무교동에 복음전도관 안에 임시로 성서학원이 개원됩니다. 1912년 레티 카우만은 친정아버지의 유산으로 받은 일만 환을 헌금하여 80평 규모의 벽돌 건물로 무교정 예배당을 신축합니다. 당시 찰스 카우만은 "높은 곳에 학교를 세우리"(사 41::3)라는 응답을 받고, 서대문 애고개 마루턱에 성서학원을 신축합니다. 전국의 복음전도관에 목회자를 양성해서 보낸 성결교회의 최초의 목회자양성기관은 무엇인가요?

답: 경성성서학원입니다.

문8. 1930년대 일본은 각 지역에 신사를 세우는 등 남산에 조선신궁을 조성하여 신토를 장려했습니다. 조선총독부는 천조대신과 명치천황을 신으로 받들도록 강요했습니다. 신사참배를 강요하는 일제에 대항하여 1925년 강경보통학교 어린이들은 최초로 신사참배를 거부했습니다. 신사참배를 거부했던 어린이들이 다닌 교회는 어디인가요?

답: 강경성결교회입니다.

문9. 조선총독부와 일본 경찰은 1943년 5월 24일 한국성결교회 200여 명의 남녀 교역자와 100여명의 평신도 지도자들을 잡아들였습니다. 이후 9월에는 전국의 성결교회에 폐쇄령을 내렸습니다. 성경교회의 핵심교리인 사중복음의 중생, 성결, 신유, 재림 중에서 이 복음이 특히 일본 천황의 존엄성을 침해한다고 생각하였기 때문입니다. 일본의 국가 주권을 위반하는 사상이라고 정죄하며 성결교단 폐쇄의 빌미로 삼았던 사중복음의 복음 중 이 복음은 무엇일까요?

답: 재림입니다.

문10. 한국성결교회의 명칭은 1907년 동양선교회 경성복음전도관, 1921년 조선예수교 동양선교회성결교회, 1940년 동양선교회 기독교조선성결교회로 변경해 왔습니다. 해방 후 1945년 11월 9일 재흥총회부터 시작된 새로운 명칭은 무엇일까요?

답: 기독교대한성결교회입니다.

문11. 기독교대한성결교회의 교단 마크는 예수 그리스도의 고난과 부활을 의미합니다. 가시밭은 힘들고 어려운 세상을 의미합니다. 백합화는 가시밭과 같은 세상 속에서도 영원한 생명과 부활과 소망 중에 사는 그리스도인이 뿜어내는 향기를 의미합니다. 백합화의 꽃이 밖으로 향한 것은 성결복음이 외부로 뻗어 나가는 것을 보여주는 것으로 그리스도인의 향기를 세상으로 발산하는 것을 상징합니다. 마크의 푸른 바탕은 성결인의 고결한 의지를 명백히 보입니다. 백합화의 네 개의 잎은 중생, 성결, 신유, 재림의 사중복음을 드러냅니다. 기독교대한성결교회의 교단 마크는 무엇인가요?

답: 가시밭의 백합화입니다.

†

10장

그리스도인의 삶을
나누어요!

문1. 이는 하나님께 대한 인간의 최고 행위입니다. 매주 시간과 장소를 지키며 영과 진리로 드리는 것으로, 세례 받은 성도는 인도자에게 순종하며 따라야 합니다. 이는 무엇인가요?

답: 예배입니다.

문2. 성도는 경건한 삶을 살아야 합니다. 일요일을 구분하여 거룩하게 지키며 공예배를 경건하게 참여하는 것을 무엇이라 하나요?

답: 주일성수입니다.

문3. 하나님께 대한 경건생활 중 은밀한 가운데 기도하는 것과 가정예배를 통해서 지켜야 하는 생활은 무엇인가요?

답: 기도생활입니다.

문4. 하나님께 대한 경건생활 중 성도는 십일조의 의무를 다해야 합니다. 십일조는 하나님께서 보살피시고 베푸신 은혜를 감사함으로 수입의 십 분의 일을 헌금하는 것입니다. 이는 교회의 다양한 사역을 운영하고 지원하기 위한 것으로 물질을 드리는 성도의 경건생활은 무엇인가요?

답: 헌금생활입니다.

문5. 이는 성도가 지켜야 할 교회 안의 경건생활 중의 하나입니다. 증거가 없는 소문으로 개인이나 교회의 명예를 훼손될 만한 말을 하거나 퍼뜨려서는 안 되는 것을 말합니다. 또한 거친 언어나 비속어 등을 사용하고, 성도의 신앙을 무너뜨리게 하는 말을 하며, 교회 공동체를 혼란하게 하여 편을 나누게 하는 것들을 하지 않도록 지켜야 하는 것은 무엇인가요?

답: 성도의 언어 사용입니다.

문6. 성도는 하나님의 말씀으로 살아야 합니다(마 4:4). 성도가 하나님의 말씀을 어긋나게 가르치는 이단에 참가하거나 교육을 받아서는 안 됩니다. 잘못된 가르침을 주장하거나 불법으로 교회를 나누어서도 안 됩니다. 담임 목회자와 당회의 승인 없이 말씀을 훼손하는 회의나 결의를 하지 말아야 하는 성도의 경건생활 중 지켜야 할 주의 사항은 무엇인가요?

답: 이단 또는 사이비교에 대한 주의사항입니다.

문7. 성도는 경건한 신앙생활을 할 뿐만 아니라, 일상 속에서도 신앙인으로 살아야 합니다. 이는 생활신앙인이라 표현합니다. 생활신앙인으로 성도는 세상 속에서 덕스러운 생활을 해야 합니다. 특히 학생으로 자기 생각과 뜻만을 주장하는 것이 아니라 서로 돕고 섬기는 봉사정신으로 하나님의 영광을 위해 살아야 합니다. 이를 위해 진실하게 지켜야 유소년 세례자가 지켜야 할 것은 무엇인가요?

답: 공부하는 학생이 행해야 할 일입니다.

문8. 이는 세상 속에서 덕을 세우는 생활신앙인으로서 지켜야 할 것으로 낭비하거나 사치하지 않고 가진 것에 만족하며 절약함으로 다른 이들에게 본이 되어야 하는 자세입니다. 또한 자신이 맡은 일에 책임감을 갖는 자세이기도 합니다. 이 자세는 무엇인가요?

답: 부지런함입니다.

문9. 성도는 생활신앙으로 절제해야 할 것이 있습니다. 자신이 가진 것보다 더 지나친 것에 욕심내어서는 안 됩니다. 또한 하나님의 말씀과 반대되는 게임이나 오락을 해서는 안 되며, 저급한 대중문화를 좇아서도 안 됩니다. 신앙생활을 방해하는 것들은 피해야 합니다. 이 규정은 무엇에 관한 규범인가요?

답: 생활에 관한 규범입니다.

문10. 하나님은 남자와 여자를 하나님의 형상으로 창조하셨습니다. 남자와 여자가 만나 가정을 이루는 것은 하나님 앞에서 언약 행위입니다. 그렇기에 남녀교제는 하나님 앞에서 순결하게 이루어져야 합니다. 남녀교제에 있어서 남에게 오해를 받아 본의 아니게 교회의 명예를 훼손시키는 행동을 해서도 안 됩니다. 이와 같은 규정은 무엇에 관한 규범인가요?

답: 이성교제에 관한 규범입니다.

문11. 자녀는 부모를 공경해야 합니다. 또한 나이가 어린 자는 연장자에게 예의를 갖춰야 합니다. 물론 이는 반대의 경우에도 해당됩니다. 나이가 많다고 하여 연소자를 함부로 대해서는 안 됩니다. 나이의 많고 적음이나, 성별에 상관없이 생활신앙인은 타인을 멸시하거나 비하해서는 안 됩니다. 이처럼 생활신앙인으로 사회생활 속에서 덕을 세우기 위해 지켜야 할 규정은 무엇에 관한 규범인가요?

답: 인간관계에 관한 규범입니다.

문12. 이것에 빠지면 신앙생활에 도움이 되지 않을뿐더러 함께 하는 사람에게도 도움이 되지 않고 오히려 함께 죄를 짓게 만듭니다. 잘못된 약물이나 음주, 흡연, 중독 등의 행위를 하지 않아야 한다는 규정은 무엇에 관한 규범인가요?

답: 중독되지 말아야 할 규범입니다.

문13. 기독교대한성결교회의 신앙의 근간은 무엇일까요?

답: 사도신경입니다.

문14. 이는 성도가 지켜야 할 윤리 중에 한 영역입니다. 하나님의 말씀을 듣고 순종하며, 복음을 전하는 것에 힘쓰는 동시에 생활 속에서 모범을 보이기에도 최선을 다하는 것은 어떤 윤리인가요?

답: 말씀에 응답하는 성도의 신앙윤리입니다.

문15. 존 웨슬리는 사랑은 믿음을 가진 사람의 마음으로부터 시작되지만, 동시에 성령님의 능력으로 말미암아 사회를 변화시킬 수 있다고 주장합니다. 존 웨슬리는 교회가 지켜야 할 궁극적인 생활윤리를 무엇이라고 표현했나요?

답: "사랑의 윤리"입니다.

문16. 중생함으로 거듭난 성도는 복음을 전함으로 죄로 인해 죽을 수밖에 없던 이들에게 생명을 전해줍니다. 또한 공동체 안에서 생명윤리를 실천합니다. 이는 우리가 살고 있는 모든 곳에서 생명을 전하는 것을 말합니다. 사회, 문화, 정치 등의 영역에서 생명의 가치를 일깨워주는 것입니다. 또한 자연생태계에서 생명윤리를 실천함으로 다시 살아나도록 하는 것입니다. 이처럼 중생의 보편적 가치는 무엇인가요?

답: 중생의 보편적 가치는 생명입니다.

문17. 성령세례를 받아 하나님의 사랑을 경험한 성도는 이웃을 사랑함으로 하나님의 사랑을 실천합니다. 이는 이웃을 내 몸처럼 사랑하는 문화를 전파하는 것이며, 사랑을 실천함으로 모두가 함께 살아가는 상생의 정치가 이루어지도록 하는 것입니다. 자연생태계에서도 하나님의 은총 안에서 사람뿐만이 아니라 우주의 회복이 이루어지도록 하는 것입니다. 이처럼 성결의 보편적 가치는 무엇인가요?

답: 성결의 보편적 가치는 사랑입니다.

문18. 신유의 은혜를 받은 성도는 몸과 마음의 질병을 해결 받을 뿐만이 아니라, 고쳐주시는 하나님께 기도함으로 사회문화 곳곳에 생긴 질병들을 해결 받을 수 있습니다. 사회문화 곳곳에 생긴 질병이란 기근이나 재난과 더불어 인간성 상실과 가치관 혼란으로 인해 병든 세계관 등을 말합니다. 또한 정치적으로는 서로 대립하고, 불신하며, 대적하는 것을 말합니다. 자연환경으로는 하나님의 창조질서가 깨져서 자연재해가 벌어지고 오염으로 환경이 병들어가는 것을 의미합니다. 이처럼 병든 사회문화 곳곳에 벌어진 일들을 해결하는 신유의 보편적 가치는 무엇입니까?

답: 신유의 보편적 가치는 회복입니다.

문19. 성도는 예수 그리스도의 재림을 기다리며 의롭게 살아야 합니다. 오늘날 세상 문화는 돈을 인생 최고의 목표로 삼거나, 권력과 명예를 잡기 위해 남들에게 무자비한 행위를 하기도 합니다. 정치적으로는 폭력과 전쟁이 세계 곳곳에서 벌어지고, 가난하고 약한 자들을 긍휼로 돌보기보다는 착취합니다. 자연생태계는 지구온난화와 전염병 같은 것들로 점점 아파하며 신음하고 있습니다. 세속화되고 불법과 불의가 자연스럽게 벌어지는 세상을 개혁하기 위한 재림의 보편적 가치는 무엇인가요?

답: 재림의 보편적 가치는 공의입니다.

구원의 확신과 성령의 불세례

유소년 세례문답

발행일 _ 1판 1쇄 2022년 1월 14일
지은이 _ 총회교육부 편
편집인 _ 송우진
책임편집 _ 전영욱
기획/편집 _ 강영아 장주한 이우섭
디자인/일러스트 _ 권미경 하수진
홍보/마케팅 _ 이상욱 김효진
행정지원 _ 조미정

펴낸곳 _ 기독교대한성결교회 출판부
서울시 강남구 테헤란로64길 17(대치동)

대표전화 TEL (02) 3459-1051~2/ FAX (02) 3459-1070
홈페이지 http://www.eholynet.org
등록 1962년 9월 21일 등록번호/ 제16-21호
ISBN 978-89-7591-347-1 03230
가격 3,500원

• 유소년 세례문답은
  서산성결교회의 후원으로 제작되었습니다.

기독교대한성결교회 『유소년세례문답』은 15세 미만인 자가 세례를 받기 위해 준비해야 하는 내용을 잘 정리한 문답이다. 이 문답은 교단 『헌법』과 『신앙고백서 및 교리문답서』를 기초로 하여 작성되었다. 유소년세례교인은 교회에 출석하고 거듭난 증거가 확실한 자로 예문에 의하여 세례를 받은 자다. 기독교대한성결교회의 교인은 예수 그리스도를 구주로 믿고 본 교회에 등록한 모든 자로 신입교인, 세례교인, 유아세례교인, 유소년세례교인으로 나눈다.

– 헌법 제2절 제34조 중 –

가격 3,500원

03230

9 788975 913477

ISBN 978-89-7591-347-1